담화 기능에 따른

한국어 유사 문법 항목 연구

저자 **강현화**, 이현정, 남신혜, 장채린, 홍연정, 김강희

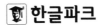 한글파크

서문

한국어 문법 교수를 하면서 가장 어려움을 겪는 것은 다양한 문법 항목의 수와 문법 항목 간의 유사성으로 인한 것이다. 예를 들어 한국어에는 '-아서', '-니까'와 같은 연결어미가 존재함에도 불구하고 '-는 바람에', '-기 때문에'와 같은 다양한 이유 표현이 사용된다. 이유 표현은 교재에 문법 항목으로 오른 항목만 해도 10여 개를 훌쩍 넘긴다. 이렇듯 한국어 문법 항목은 의미가 유사한 항목들이 매우 많은데, 이것은 아마 청자와의 관계를 중시하는 한국어 사용에서 거절이나 변명, 사과와 같은 청자에게 부담이 되는 화행을 수행하면서 화자의 공손함을 전달하고자 하는 의도가 표출되는 동시에, 가능한 다양하게 화자의 의도를 드러내고자 함이었으리라 짐작된다.

지금까지의 연구는 대부분 개별 문법 항목 간의 통사적 특성을 찾는 데에 초점을 두어 왔다. 하지만 최근 발화 의도에 따른 담화 기능별 문법 교수가 초점이 되면서, 담화 기능이 유사한 많은 유사 표현이 어떻게 통사적으로 혹은 화용적으로 변별되는지에 대한 관심이 높아가고 있다. 화자는 전달하고자 하는 의미를 떠올리고 적절한 사용 맥락을 살핀 뒤 가장 적절한 최종 문법 형태를 선택하게 된다. 따라서 교수자는 학습자가 표현하고자 하는 의미를 맥락에 적절하게 소통할 수 있도록 소통의 도구로서의 문법을 교수할 필요가 있다.

이 책은 이러한 점에 출발점을 두었다. 그런데 이렇듯 문법 교수를 담화 층위로 전환하려면, 개별 문법 항목에 대한 연구가 선행되지 않으면 안 된다. 그래서 개별 표제어를 기술하면서 코퍼스 분석을 통해 의미적, 형태 통사적, 담화적 정보를 정리하고자 했었고, 이러한 결과는『한국어교육 문법-자료편』이라는 성과로 정리되었다. 본 책은 앞선 작업인『한국어교육 문법-자료편』의 자료를 바탕으로 하여, 궁극적으로 구현하고자 했던 담화 층위의 한국어 문법 항목을 의미별로 정리하여 기술한 것이다. 지면의 관계로 애초에 기획했던 문법 항목 선정 근거와 절차는 대거 생략하였고 선정 과정에서 활용했던 자료만을 부록에 남기게 되어 아쉬운 마음도 있지만 유사 문법 항목 변별에 더 초점을 두고자 해당 부분을 과감히 접게 되었다.

한국어 교수에서 담화 기능을 중심으로 하는 문법 교수 논의는 의미가 있다. 특히 본 책에서 제시하는 담화 기능은 말뭉치에서 분석한 귀납적 분석의 결과이므로 교수 현장에서의 활용도 더욱 크리라 생각한다. 한국어교육 연구 결과물에 대한 현장의 수요는 매우 높으며 시급하다. 이런 이유로 좀 더 생각하고 고민할 시간적 여유 없이 책을 출간하게 되었다. [금요일엔 외솔관]이라는 스터디 팀이 지난 3년간 달려온 결과물을 털게 되어 마음 한 구석이 홀가분하기도 하지만 미진한 마음도 가득하다. 자료편과 더불어 이 책을 출간하는 데에 도움을 주신 한글파크 담당자분께도 감사의 말을 전하고 싶다.

2017.4 저자

① 부

① 장 한국어 교육용 문법 항목 연구의 쟁점

② 장 문법 항목의 복잡도

② 부

③ 장 조사

4장 연결 표현

1장 한국어 교육용 문법 항목 연구의 쟁점

1.1. 담화접근적 문법 연구의 중요성

학자들이 문법을 연구하는 이유는 다양하다. 우선, 한국어 자체의 내적 체계를 보고자 하는 사람도 있을 것이고, 또 이런 한국어의 모습이 다른 언어와 비교해서 어떤 점이 같고 다른지를 알고 싶어 하는 사람도 있다. 한편, 언어를 사용하는 사람과 세상 안에서의 언어를 살피고자 하는 연구자들도 있는데 이들은 언어 사용자들이 어떤 의도로 발화하며 어떤 상황 맥락에서 듣는 이들에게 전달 효과를 높이기 위해 어떻게 발화하는지, 또 사용자들은 이러한 상황 맥락이나 사회문화적 배경에 어떻게 영향을 받는지에 관심이 있다. 흔히 사회언어학, 화용론, 담화 분석, 언어 교육을 연구하는 사람들은 언어 자체보다는 언어의 사용에 관심을 두게 된다.

학자들의 연구 방법에 대한 관점의 차이도 있을 수 있다. 언중이 사용하는 언어를 그대로 기술하여 귀납적으로 체계를 찾고자 하는 연구자들도 있으며, 언어 체계의 정합성이나 규칙화에 초점을 두는 사람들도 있다. 전자는 실제 사용된 언어를 분석하는 데에 초점을 두고, 후자는 언어적 직관에 기대어 사용 가능한 언어를 기술하고자 한다.

한국어 교육학은 체계적인 한국어 교수를 위한 한국어 특성의 연구와 이를 효율적으로 교수하는 방안을 연구하는 학문이다. 국제 교류의 증가와 이로 인한 한국어 학습자의 증가는 새로운 학문 분야를 탄생시켰고, 최근 한국어 교육을 전문 연구 분야로 삼는 연구자의 수도 증가하고 있다. '언어'를 교육하는 일은 근본적으로 인간의 삶에서 '언어'가 어떤 역할을 하게 될 것인가에 주목하게 되며, 자연스럽게 '소통'의 역할에 주목하게 된다. 외국어 교육의 목표는 학습자의 의사소통 능력을 제고시키는 것이고, 이는 외국어 교육을 통해 발신자와 수신자 간의 효율적 소통을 돕고, 언어와 문화가 다른 언어 사용자 간의 의사소통 능력을 키우는 것이다.

흥미로운 것은 소통의 방법이 한 언어를 사용하는 사람들끼리 암묵적으로 닮아간다는 점이다. 이런 이유로 언어가 다르면 해당 언어만의 고유한 민족지학적 소통 방식이 존재할 수 있고, 서로 다른 소통의 방식은 다른 언어를 사용하는 사람들 간의 소통을 방해하기도 한다. 이런 이유로 한국어 교육에서는 사람들이 사용하는 실제의 언어를 다루게 되면서 자연스럽게 위에서 거론한 '언어'에 대해서 내적 체계뿐 아니라 외적 상황과의 연계에도 눈을 돌리게 되고, 한국어 사용자가 실제로 사용하는 언어의 전형적인 현상에 관심을 가지게 된다. 사실 일반인이나 한국어 학습자들에게 노출되는 한국어는 다양한 상황 맥락에 따라 달라지는 실제 언어이며, 화자의 발화 의도나 화청자 간의 관계에 의해 변이하는 실제 세상의 언어이기 때문이다.

그런데 언어의 사용은 사용자 간에 익숙한 정형화된 표현으로 드러나는 일이 많아서 한국어 역시 습관처럼 정형화해서 즐겨 사용하는 현상이 있으며, 특정 상황에 따라 전형적인 언어 표현으로 나타난다는 점에 주목할 필요가 있다. 이러한 전형성을 익히는 일은 어떤 상황에서 어떤 식으로 표현해야만 청자에게 설득력을 가지면서 적절하게 소통할 수 있는지에 기여하게 되므로 언어 교육에서는 이러한 언어 사용의 정형성에 주목하게 되는 것이다. 사용하는 언어의 정형성은 실제 담화에서의 사용 양상과 그러한 사용의 배경에 있는 화자들의 의식에 초점을 두어야만 그 실체를 잘 파악할 수 있다. 따라서 소통을 위한 문법을 알기 위해서는 언어 연구의 관점을 담화 층위에 두어야 하고, 발화의 생산적 도구가 되는 '문법'의 연구 역시 상황 맥락과 언어 사용자를 전제로 두는 것이 의미가 있다. 즉, 문법 연구는 총체적인 의사소통의 수행 도구로서의 문법을 규명해야 한다는 것이다. 따라서 언어 교육에서 초점을 두는 의사소통 수단으로써의 문법은 의미에서 출발한 담화의 맥락 기반에 근거한 기술이 필요하게 된다.

언중의 입장에서 보면 '문법'의 사용이란 전달하고자 하는 의미(발화 의도)를 다양한 상황 맥락에 따라 가장 적절한 형태(문법 형식)를 선택하여 사용하는 단계를 거치게 되는 셈이다. 그런데 사용되는 언어와 맥락은 서로 밀접하게 연관되어 있으며, 각각의 상황에 가장 적절한 표현을 선택하여 각각의 상황에 따라 다르게 말한다(문법의 선택). 누구와 대화를 하고 있는지, 대화하는 사람들 간의 관계는 어떠한지, 대화를 통해서 얻고자 하는 것은 무엇인지에 따라, 화자(필자)는 다른 언어 표현을 선택하게 되며, 반면에 같은 표현을 사용했을지라도 서로 다른 맥락에서는 각각 다른 의미로 쓰이기도 한다(상황 맥락). 한편 특정 사용역에서는 발화가 일어난 맥락에서 즐겨 사용되는 표현을 답습하게 되는데, 이러한 사실은 사실 언어는 형태와 의미로 고정되는 것이 아니라 결국 맥락에 따라 선택되어진다는 것을 의미한다(사회문화적 맥락). 사실 언어 습득은 보편적이고 선천적인 기제에 의하기보다는 시간의 흐름에 따른 지역적 경험에 의해 형상화되며, 문법의 습득 역시 맥락화된 담화에의 반복되고 유의미한 경험을 통해 이루어진다고 볼 수 있기 때문이다.

문법은 결국 기본 틀을 제외하고는 결국 발화자의 '선택'에 좌우된다고 볼 수 있다. 정확성은 통사적 측면에서의 적법성을 의미하지만 사용의 측면에서는 '적절성'이 문제가 되는데, 화자는 상대에 따라, 환경에 따라, 발화 의도에 따라 각각의 변인을 고려하며 자신의 의미를 표현할 수 있는 가장 적절한 문법 형태를 선택하게 된다. 실제 대화에서 문법의 선택은 화자에게 달려 있으며, 화자는 청자와의 심리적 거리에 따라, 혹은 상대를 평가하는 태도에 따라, 예의를 표시하고 싶은지 여부에 따라, 발화를 완곡하게 할 필요가 있느냐 등에 따라 문법을 선택하게 된다. 아울러 상대와의 힘의 관계나 자신이 속해 있는 집단이나 자신이 속해 있는 연령대, 출신 지역, 개인적 성향에 따라서도 문법의 선택은 달라질 수 있다. 실제로 모국어 화자가 동일한 언어 환경에서 늘 같은 패턴의 문법으로 발화하는 것은 아니며, 위의 여러 가지 변인을 고려해 관습적으로 용인되는, 혹은 기대되는 문법 요소를 선택하게 된다는 것에 주목할 필요가 있다. 이런 이유로 언어 교육에서의 문법은 담화적 맥락을 고려한 기술이 매우 중요하다. 이에 본서에서는 담화 기능에 따른 문법 항목 기술에 중점을 두고자 했다.

1.2. 문법 항목 선정 및 연구 방법

본서에서 연구의 대상으로 삼은 문법 항목은 한국어 교육 문법에서 주로 교수 학습의 대상이 되는 주요 항목들을 영역별로 선정한 것이다. 이들을 선정하기 위한 자료로는 우선 한국어 교재와 한국어 교육 관련 문법 사전을 참고하였다. 한국어 교재는 1권부터 6권까지 완간된 교재인 5종 교재를 대상으로 하였으며,[1] 관련 사전으로는 『한국어 기초 사전』, 『외국인을 위한 한국어 문법 2』, 『어미 · 조사 사전』을 대상으로 삼았다.

〈표 1〉 문법 항목 취합 및 선정을 위한 참고 자료

교재	사전
경희대학교 『경희 한국어』 고려대학교 『재미있는 한국어』 서강대학교 『서강 한국어』 연세대학교 『연세 한국어』 이화여자대학교 『이화 한국어』	『한국어 기초 사전』 『외국인을 위한 한국어 문법 2』 『어미 · 조사 사전』

아울러 맥락의 분석과 예문의 작성을 위해서는 말뭉치 자료를 사용하였는데, 문어 말뭉치는 〈21세기 세종 계획〉에서 제공하는 문어 말뭉치를 100만 어절로 축소한 균형 말뭉치를 사용하였다. 아울러 구어 말뭉치는 〈21세기 세종 계획〉의 현대 구어 말뭉치(80만 어절)에 드라마 · 영화 대본 등 준구어 20만 어절을 보충한 말뭉치를 사용하였다.

---

1) 서울대 교재 또한 참고하려 하였으나 조사 당시 일부 급수의 교재만 출간되어 있었으므로 반영하지 않았다.

〈표 2〉 문법 항목 취합 및 선정을 위한 참고 자료

문어 말뭉치	구어 말뭉치
〈21세기 세종 계획〉의 문어 축소 말뭉치	〈21세기 세종 계획〉의 구어 말뭉치 80만 어절과 드라마·영화 대본 등의 준구어 20만 어절2)

　　문법 항목의 선정은 말뭉치에서의 빈도 및 한국어 교재와 관련 사전에서의 표제어 중복도를 주요 기준으로 삼았고, 이를 바탕으로 하여 이형태와 관련 문법 형식의 목록을 정비하여, 조사, 연결 표현, 종결 표현의 영역에서 각각 대상이 되는 문법 항목의 목록을 최종적으로 선정하였다.

　　문법 항목은 크게 조사, 연결 표현, 그리고 종결 표현의 세 영역으로 구분하였다. 여기서 '조사'는 조사와 조사 결합형을 포함하는 개념이며, '연결 표현'이라 함은 연결어미와 연결어미에 대당되는 역할을 하는 구 단위 문법 항목을 아우르는 개념으로 사용하였다. 예를 들면 연결어미 '-(으)니까'와 구 단위 문법 항목인 '-기 때문에'를 모두 포함해서 연결 표현으로 기술하였다. '종결 표현'이란 종결어미와 종결의 위치에서 나타나는 구 단위 문법 항목을 아우르는 개념으로 사용하였으며, 논의의 편의상 일부 선어말어미와 보조동사 구성도 포함하였다. 예를 들면 종결어미 '-어(요)' 외에도 '-을 수밖에 없다'와 같은 종결 위치에서 나타나는 구 단위 문법 항목을 모두 포함하여 종결 표현으로 칭한 것이다. 흔히 한국어 교육의 문법 교수에서 제시되는 문법 항목들은 이렇게 덩어리로 된 구 단위로 제시되고 해당 항목 전체가 담화 기능을 수행하는 경우가 많으므로, 논의의 편의상 한 영역으로 분류하여 기술하였다.

　　본서는 한국어 교육용 문법 항목의 선정을 위해 영역별 쟁점을 살펴보고 영역별 대상이 되는 목록을 선정하였다. 조사와 어말어미(연결어미, 종결어미), 그리고 의존 구성에 대해 선행연구의 쟁점, 그리고 선정된 목록을 차례로 살펴보자.

---

2) 준구어 말뭉치는 조사와 연결어미의 빈도를 조사할 때에만 활용되었다. 종결어미의 빈도 조사 시에는 〈21세기 세종 계획〉의 구어 부분만 활용하였다.

■ 조사

  조사의 목록 선정에 대해서는 몇 가지 논의되어야 할 사항이 있다. 우선, 조사를 포함한 여러 구성 중에서 과연 어디까지를 조사의 범주 안에 담을 수 있을 것인가 하는 문제를 선결해야 할 필요가 있다. 흔히 조사라고 하면 '을/를'과 같은 단독형 조사를 떠올리기 쉽지만 한국어 교육 현장에서는 훨씬 다양한 양상으로 제시하고 있다. 조사가 조사끼리 대응쌍이나 연속 구성으로 제시되는가 하면, 일부 어미나 용언 등과 어울려 하나의 문형으로 제시되는 일이 있다. '-아/어서는', '-을 바에야'와 같이 조사가 어미나 의존명사에 공기하여 하나의 형태로 굳어진 것은 예외로 하더라도, '-습니다만', '이/가 아니다'와 같이 조사의 의미를 분명히 하기 위하여 자주 공기하는 어미나 서술어를 함께 보이는 경우에는 한국어 교육의 측면에서는 넓은 의미의 조사 표현에서 설명할 수 있을 것이다. 아래는 현재 교재에서 제시되는 문법 항목 중 조사와 관련된 표현이다.

《표 3》 조사와 관련된 표현

① '조사' 단일 구성 (예: 은/는, (으)로, 조차)
② '조사' 대응 구성 (예: ～에서 ～까지, ～부터 ～까지)
③ '조사' 연속 구성 (예: 만으로는, (으)로부터, 에서만)
④ '관형사' + '조사' 구성 (예: 아무 ～도, 아무 ～이나)
⑤ '조사' + '용언' 구성 (예: 에 가다, 이/가 아니다)
⑥ '조사' + '불구 용언' 구성 (예: 에 대해서)
⑦ '종결어미' + '조사' 구성 (예: 습니다만)
⑧ '명사형 전성어미' + '조사' 구성 (예: -음으로써, -기에는)
⑨ '명사형 전성어미' + '조사' + '용언' 구성 (예: -기로 하다)

  다음으로, 조사 관련 문법 항목을 선정하기 위해서는 한국어 교육용 조사의 적정 수에 관한 논의나 관련형의 처리 문제를 고민해 볼 수 있다. 조사 중에는 형태가 다르지만 유사한 의미·기능을 수행하는 것으로 보이는 것들이 있는가 하면, 형태마저도 유사한 것이 있어 그것의 대표형은 어떻게 설정되어야 하는가에 대한 논의가 중요하다. 또한 결합형 조사의 처리도 문제인데, 이를

단일 조사와 따로 분리하여 교수하는 것이 바람직한지에 대한 고려가 필요하다. 해당 논의가 결정된 뒤, 교재의 중복도, 빈도, 품사(격조사, 보조사) 등 주요 기준을 총체적으로 고려하여 목록을 선정해야 한다. 본서에서는 이러한 다양한 논의를 바탕으로 하여 분석의 대상이 되는 조사 관련 문법 항목을 다음과 같이 선정하였다.[3]

〈표 4〉분석 대상 조사 목록

이/가(께서), 을/를, 은/는(께서는), 이다, 의, 에, (으)로, 도, 에서, 과/와, 만, (이)나, 까지, (이)라고, 에게(께), 한테, 부터, 보다, 처럼, 요, (이)랑, 하고, (이)란, 아/야, (이)야, (으)로는, (으)로서, 밖에, (이)라도, (으)로써, (이)든지, 마다, 대로, 에다가, (이)라든가, 만큼, 조차, (이)니, 인들, 마저, 에게서, (이)야말로, (이)나마, 치고, 한테서, 은/는커녕, (이)며, (이)라야, (으)로는, (으)로부터, 보고, 더러, 따라, (이)라고(는)

■ 연결어미

연결어미에 대한 연구는 한국어 문법 교육에서 연결어미가 가지는 중요성으로 인해 연결어미에 대한 연구는 한국어 교육의 초창기부터 매우 활발히 이루어진 편이다. 특히 유사 의미·기능을 수행하는 일군의 연결어미를 대상으로 하여 그 의미적, 문법적 특성을 밝힌 연구가 가장 많다. 또한 연구의 주제가 다양해지면서 학습자의 연결어미 사용 오류 양상을 분석하여 효율적인 교수 방안을 도출하고자 한 연구도 많이 이뤄지고 있고, 특정 언어권별 학습자를 대상으로 한 연결어미 교육을 염두에 둔 대조분석 연구도 상당히 많다. 반면 한국어 교육과정에서 다뤄져야 할 연결어미의 목록을 선정하거나 이에 대한 위계화를 다룬 논문은 상대적으로 적다. 김제열(2001)에서는 문법 항목을 기능 중심 범주, 의미 중심 범주, 기초 문법 요소로 범주화하고 문법 항목의 배열 기준으로서 사용 빈도, 난이도, 일반화 가능성, 학습자의 기대 문법, 기능, 그 기능을

---

3) 교육용 조사 선정의 절차와 방법은 말뭉치와 교재 분석을 통해 빈도 정보를 조사하였다. 관련 자료는 부록에서 제시하였다.

달성하기 위한 과제를 제시하였다. 안주호(2004)에서는 말뭉치 빈도 자료와 활용도, 문법적 제약 등을 고려하여 연결어미 제시 순서를 논의하였으며, 임진숙(2008)은 학문 목적의 교재에 수록되어야 할 단일형 및 복합형 연결어미 목록을 선정하고 단계별로 위계화한 바 있다. 임지아(2010)에서는 한국어 교재와 한국어능력시험(이하 TOPIK)에 나타난 연결어미 항목을 살피고, 사용 빈도 및 오류 분석 결과를 바탕으로 하여 한국어 학습용 연결어미를 선정하였다.

그렇다면 연결어미 관련 문법 항목을 선정하기 위해서는 어떤 기준을 설정하고 어떤 절차를 거쳐야 할 것인가. 이를 위해서 몇 가지 고려해야 할 사항이 있는데, 우선 여러 형태소가 결합한 덩어리로서 문장 연결의 기능을 하는 표현을 연결어미의 범주에 포함시킬 것인가의 문제가 쟁점이 될 수 있다. 일단 본서는 '-느라고', '-어야'와 같은 단일 연결어미와 '-으려다가', '-으려거든'과 같이 연결어미와 연결어미가 결합한 형태, 그리고 연결어미에 조사나 선어말어미 등이 덧붙은 '-고서야', '-었으면' 등을 연결어미로서 처리하였다. 그리고 의존어가 포함된 문법적 연어로서 문장 연결의 기능을 하는 '-기 때문에', '-은/는 나머지' 등은 '의존어 구성의 연결 표현'으로 처리하고 이 둘을 '연결 표현'으로 묶어 유사한 의미·기능을 수행하는 표현을 한데 모아 비교하였다. 아래는 한국어 교재에 나타난 연결어미와 관련된 표현이다.

〈표 5〉 연결어미와 관련된 표현

① '연결어미' 단일 구성 (예: -느라고, -(으)면)
② '연결어미 + 연결어미' 구성 (예: -(으)려다가, -(으)려거든)
③ '연결어미 + 조사' 구성 (예: -고서야, -(으)니까는, -다가는)
④ '선어말어미 + 연결어미' 구성 (예: -던데, -았/었으면, -았/었던들)
⑤ 의존어 구성의 연결 표현 (예: -기 때문에, -은/는 후에)

한편 연결어미의 종결어미적 쓰임도 주목할 만한 부분이다. 문장 종결 자리에 쓰인 연결어미는 연결어미 본래의 의미를 유지하면서 도치나 생략에 의해 문말에 위치하기도 하고, 의미·기능이 전용되어 종결어미로서 독립적 지위를

획득한 것들이 있기 때문이다. 본래의 의미를 유지하는 것들은 연결어미로 처리하고, 의미가 전용된 것들은 독자적 종결어미로 처리하는 것이 바람직하다. 하지만 둘 사이의 경계가 명확하지 않은 경우가 많고 모든 용례를 일일이 분석하지 않는 한 둘을 구분해 내는 것은 쉽지 않은 측면이 있다.

본서는 말뭉치 빈도를 산출하고, 한국어 교육 자료 간 중복도를 참고하고, 연결어미의 내적 체계 및 특성을 고려하여 아래의 연결어미 최종 목록을 확정하였다.[4]

〈표 6〉 최종 선정 연결어미 목록

-어서, -고, -으면, -는데, -어야, -어야지, -(으)니까, -(으)며, -다가, -(으)면서, -지만, -어도, -는지, -(으)려고, -라, -는다면, -자, -(으)나, -(으)러, -도록, -거나, -든지, -을지, -었으면, -듯이, -었다가, -더니, -더라도, -고서, -(으)려면, -(으)므로, -을수록, -고자, -어다가, -(으)라고, -길래, -었다면, -자면, -느라고, -게, -자마자, -고도, -다시피, -(으)되, -던데, -던지, -음에도, -게끔, -을지라도, -거든, -은들, -(으)려다가, -(으)니만큼, -었더라면

■ 종결 표현의 선정

종결어미 관련 문법 항목에 관련된 선행연구들은 대부분 일부 종결어미군에 한하여 부분적으로 이루어져 왔다. 종결어미화된 연결어미에 대한 연구, 특정 서법을 이루는 종결어미군에 대한 연구, 복합 종결어미 혹은 통합형 종결어미에 대한 연구 등이 있다. 다음은 한국어 교재에 나타난 종결어미 관련 목록이다.

---

4) '-다가는', '-고서야', '-더니만'과 같이 연결어미에 '은, 는, 도, 만, 야' 등의 보조사가 결합하여 강조의 의미가 추가된 경우와 '-든', '-건'과 같이 줄어든 꼴은 따로 목록에 기재하지 않았다. 단, 말뭉치 빈도는 합산하여 산출하였다. 즉, '-다가'의 말뭉치 빈도에는 '-다가'의 빈도뿐만 아니라 '-다', '-다가는', '-단'의 빈도가 합산되었다.

〈표 7〉 종결어미와 관련된 표현

① **단일 형태 어미** (예: -어, -지, -군 등)
② **합성형 어미** (예: -습디다, -습디까 등)
③ **결합형 어미** (예: '요' 결합형, 선어말어미 결합형, '나' 결합형)
④ **융합형 어미** (예: -는답니다1, -어야지 등)
⑤ **준꼴 복합 형태**('-고 하-'가 줄어든 꼴) (예: -는단다2, -는답니다2 등)
⑥ **기타**(준말 어미) (예: -죠 등)

종결어미를 특정한 기능 혹은 형태에 따라 분류하여 개별 종결어미를 연구 대상으로 한 연구는 다양하게 이루어지고 있는 반면, 한국어 교육 과정 전반에 걸쳐서 학습자가 알아야 할 필요가 있는 종결어미를 전반적으로 고찰한 종합적 연구는 상대적으로 활발히 진행되지 않았다. 그간의 연구에서 교수의 대상이 되는 문법 항목 선정 기준에 대해서는 '한국어 모국인 화자가 사용하는 종결어미의 형태별 또는 의미별 빈도, 한국어 교재에서의 중복도, 문법 사전 표제어에서의 중복도, 전문가 견해' 등이 주요 요소로 다루어져 왔다. 이러한 논의를 참고하여 본서에서는 한국어 교육용 종결어미를 선정함에 있어 중복도, 빈도, 문법 항목의 내적 체계 및 특성을 고려한 평정 기준을 단계별로 적용하여 선정하였다.

〈표 8〉 분석 대상 종결어미 목록

-거/너라, -거든(요), -게(요), -고(요), -기, -기는(요), -나, -나요, -냐, -냐고(요), -냐니(요), -냐니까(요), -냐면서(요), -냬(요), -네(요), -는/은가, -는/은걸(요), -는데(요), -는구나, -는군(요), -는다, -는다고(요), -는다니(요), -는다니까(요), -는다면서(요), -는다지(요), -는단다, -는답니다, -는대(요), -니, -더군(요), -더라, -더라고(요), -던가(요), -던데(요), -습니까, -습니다, -아/어, -아/어라, -아/어야지(요), -아/어요, -(으)라, -(으)라고(요), -(으)라니(요), -(으)라니까(요), -(으)라면서(요), -(으)래(요), -(으)세요, -(으)십시오, -은가요, -을 것, -을걸, -을걸(요), -을게(요), -을까, -을까(요), -을래(요), -음, -읍시다, -자, -자고(요), -자니(요), -자니까(요), -자면서(요), -잖아(요), -재(요), -지(요), -지그래(요)

■ 의존어 구성

본서에서 다루는 의존어 구성은 크게 의존명사의 구성, 의존성을 지닌 일반
명사의 구성, 보조용언의 구성을 포함한다. 이를 문법적 연어 또는 복합 구성
등으로 명명하기도 하는데, 장미라(2008), 서희정(2009), 유소영(2013), 강현
화(2016) 등에서는 이러한 구성을 정의하고, 교육 목록을 선정하여 제시하였
다. 본서에서 다룬 문법 항목을 형태적 특징에 따라 정리하면 다음과 같다.5)

〈표 9〉 의존어 구성(연결 표현)과 관련된 표현

〈연결 표현으로서의 의존어 구성〉
① '관형사형 어미 + 의존명사 + 부사격 조사' 구성 표현 (예: –는 김에, –는 바람에, –는 통에)
② '관형사형 어미 + 일반명사 + 부사격 조사' 구성 표현 (예: –는 길에)
③ '관형사형 어미 + 일반명사' 구성 표현 (예: –은 나머지)
④ '연결어미 + 보조용언 +연결어미' 구성 표현 (예: –아/어 가지고, –고 나니까)

의존성 구성의 특징은 해당 문법 항목이 자주 쓰이는 문장 내의 위치와 기능
에 따라 연결 표현으로도, 종결 표현으로도 나타날 수 있다는 점이다. 가령, '–
기 때문에'는 연결 표현이지만 '–기 때문이다'는 종결 표현에 해당한다고 볼 수
있다. 따라서 본서에서는 이들을 형태적인 속성이 아니라 위치 및 기준에 따라
연결 표현과 종결 표현으로 나누어 제시하고자 하였다.

---

5) 용언의 제약된 활용형과 관계가 있는 '–아/어서 그런지, –음에도 불구하고' 등은 따로 선정
하지는 않았다.

〈표 10〉 의존어 구성(종결 표현)과 관련된 표현

> 〈종결 표현으로서의 의존어 구성〉
> ① '관형사형 어미 + 의존(성)명사 + 후행 요소' 구성 표현 (예: -은 적 있다/없다, -을 리 가 없다, -은/는 법이다)
> ② '명사형 어미 + 의존(성)명사 + 후행 요소' 구성 표현 (예: -기 마련이다, -기 십상이다)
> ③ '관형사형 어미 + 보조용언' 구성 표현 (예: -을 만하다, -을 법하다)
> ④ '보조적 연결어미 + 보조용언' 구성 표현 (예: -어 보다, -고 말다, -게 되다)
> ⑤ '연결어미 + 보조용언' 구성 표현 (예: -(으)려고 하다, -(으)면 하다, -어야 되다)
> ⑥ '종결어미 + 보조용언' 구성 표현 (예: -나/은가 하다, -을까 보다)
> ⑦ '명사형 어미 + 조사 + 보조용언' 구성 표현 (예: -기도 하다, -기는 하다)
> ⑧ 문장 서술부에 위치하는 관용 표현 (예: -는 둥 마는 둥 하다)

보조용언 구성에 대해서도 한국어 교육의 관점에서 보조용언의 의미나 기능, 교육 방안을 연구한 것들이 많다. 특히 한국어 교육학의 연구에서는 의미에 집중하여 실제 사용의 측면을 살피는 논의가 주를 이루었는데, 특정 보조용언을 선정하고 그 교육적 방향이나 효과에 대해 살피거나 다른 언어와 대조한 연구들이 활발히 이루어졌다. 하지만 전반적인 목록을 대상으로 목록 선정의 기준이나 위계화를 논의한 것은 많지 않다. 본서에서는 한국어 교육용 의존어 구성을 선정함에 있어 중복도, 빈도, 문법 항목의 내적 체계 및 특성을 고려한 평정 기준을 단계별로 적용하여 아래의 목록과 같이 분석 대상을 선정하였다.

〈표 11〉 분석 대상 의존어 구성 목록

> 〈연결 표현〉
> -고 나서, -고 보니, -고 해서, -기 때문에, -기에/(으)니 망정이지, -기 전(에), -는 길에, -는 날엔, -는 동안(에), -는 바람에, -는 중(에), -는 통에, -는 한이 있더라도, -는 다 뿐이지, -는다는 것이, -는다는 점에서, -다 못해서, -아/어 봤자, -은 끝에, -은 나머지, -은 다음(에), -은 채(로), -은 후(에), -은/는 가운데, -은/는 김에, -은/는 대로, -은/는 대신(에), -은/는 덕분에, -은/는 데다가, -은/는 마당에, -은/는 반면(에), -은/는 양, -은/는 이상, -은/는/을 듯이, -은/는/을 만큼, -은/는가 하면, -을 것까지는 없겠지만, -을 게 아니라, -을 겸, -을 때, -을 때마다, -을 바에, -을 뿐만 아니라, -을 양, -을 정도로

〈종결 표현〉

-게 되다, -게 하다, -고 말다, -고 싶다, -고 있다, -고자 하다, -곤 하다, -기(가) 십 상이다, -기(가) 일쑤이다, -기(가) 짝이 없다, -기 나름이다, -기는 하다, -기로 하다, -기/게 마련이다, -기만 하다, -나/은가 보다, -나/은가 싶다, -나/은가 하다, -는 게 좋겠 다, -는단 말이다, -는 둥 마는 둥 하다, -는 수가 있다, -다가 보다, -도록 하다, -아/어 가다, -아/어 내다, -아/어 놓다, -아/어 대다, -아/어 두다, -아/어 드리다, -아/어 버 리다, -아/어 보다, -아/어야 되다, -아/어야 하다, -아/어 오다, -아/어 있다, -아/어 주 다, -아/어 죽다, -아/어 치우다, -(으)려고 들다, -(으)려고 하다, -(으)면 되다, -(으)면 안 되다, -은/는 감이 있다, -은/는/을 것 같다, -은/는/을 게 틀림없다, -은/는/을 듯싶 다/듯하다, -은/는/을 모양이다, -은/는 법이다, -은/는 셈이다, -은/는/을 셈 치다, -은 적(이) 있다/없다, -은/는/을 줄 알다/모르다, -은/는/을 참이다, -던 참이다/차이다, -은/는 체하다/척하다, -은/는 축에 들다, -은/는 편이다, -을 것이다1, -을 것이다2, -을 까 보다, -을까 하다, -을 따름이다, -을 리(가) 없다, -을 만하다, -을 법하다, -을 뻔하 다, -을 뿐이다, -을 셈이다, -을 수 있다, -을 수밖에 없다, -을 수 있다/없다, -을 줄 알 다/모르다, -을 지경이다, -지 말다, -지 못하다, -지 않다

개별 문법 항목의 기술은 강현화 외(2016) 『한국어 교육 문법–자료편』에 기술한 바 있으며, 본고는 위와 같은 절차로 선정된 문법 항목에 대해 담화 기능을 중심으로 영역별로 기술하고자 한다. 특히 담화 기능의 유사함으로 인해 혼동을 줄 수 있는 표현을 모아서 이들의 공통성과 차별성을 기술하는 데에 목표를 두고자 했다.

앞서 살펴본 바와 같이 영역별로 다양하게 이루어진 논의를 바탕으로 객관적 지표로서의 교재 중복도 및 사전 중복도, 그리고 사용 빈도를 기준으로 삼아 연구의 대상을 삼고자 했다. 이러한 절차를 그림으로 보이면 다음과 같다.

〈그림 1〉 기준의 단계적 적용을 통한 목록 선정 방법

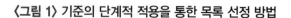
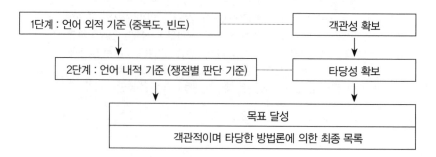

2장 문법 항목의 복잡도

2.1. 영역별 연구의 쟁점

◎ 2.1.1. 문법 항목 연구의 쟁점

한국어 교육용 문법 항목에 대한 연구들은 주로 문법 항목의 선정 및 등급화의 필요성 및 기준에 대한 논의가 많다. 김유정(1998)을 비롯해 그동안 많은 연구에서 다루어져 왔는데, 김제열(2001), 한송화(2005) 등은 초급 혹은 중급의 문법 항목 선정과 배열의 실례를 보이며, 그 과정에서 고려해야 할 사항에 대해 구체적으로 언급하였다. 이에 더 나아가 강현화(2006, 2007, 2012)에서는 한국어 교육 과정의 전반을 고려하였을 때의 문법 항목 선정 및 위계화를 위한 쟁점을 도출하고 객관적이며 구체적인 선정 방안 및 기준에 대해 제안한 바 있다. 이러한 이론적 논의를 발판으로 특정 문법 항목을 중심으로 문법 선정 및 위계화를 진행하고 있는 연구들이 최근 활발히 이루어지고 있다. 연결어미의 선정 및 위계화(이현정·최영롱, 2013), 종결어미의 선정 및 위계화(장채린·강현화, 2013), 조사의 선정 및 위계화(황정숙, 1992; 홍연정, 2014 등), 추측 표현 등 특정 의미·기능에 따른 문형의 선정 및 위계화 연구(윤혜진, 2011) 등이 그것이다.

한편 언어 교육용 문법 항목을 담화 기능별로 연계한 논의도 많다. 담화 기능이란 발신자는 수신자에게 의사소통 상황에서 담화를 통하여 특정한 의도나 목적을 드러내게 되는데 이를 의미한다. 먼저 기능에 관한 여러 논의 중에서 Jakobson(1960)의 여섯 가지 언어의 기능은 가장 잘 알려진 논의 중 하나이다. Jakobson은 언어의 기능을 각각 지시적, 표현적, 명령적, 시적, 친교적, 메타언어적 이렇게 여섯 가지로 나누어 제시한 바 있다. 지시적 기능이란 정보를 제공하는 것이고 표현적 기능은 화자의 감정이나 태도를 나타내는 것을 말한다. 명령적 기능은 청자에게 행동을 요구하는 것이며 시적 기능은 언어를 아름답게 표현해 내려는 것이다. 친교적 기능은 인사 응답과 같이 대화하고 있는 청자와의 친목을 높이기 위한 것이고 메타언어적 기능은 언어가 다른 언어를 정의하기 위한 것인데, Jakobson(1960)의 이 같은 기능의 분류는 인간이 언어를 가지고 무엇을 하려는가의 목적에 따라 나뉜다고 볼 수 있다.

다음으로 Brinker(1986)은 화행을 중심으로 담화의 기능을 유형화하였는데 담화의 기능은 모두 5가지로 제보(정보 전달), 호소, 책무, 친교, 선언이다. 여기에서 말하는 호소 기능은 Jakobson의 명령적 기능과 유사하며 화자가 청자에게 특정 행동을 수행하도록 하는 것이다. 대표적인 화행으로 명령, 요청, 지시, 추천 등이 있다. 책무 기능은 호소와 달리 특정 행위의 수행을 의무로 규정짓는 것을 말하는데 대표적인 예로 협박, 약속, 내기 등과 같은 언약 화행이 있다. 또한 '선언 기능'은 선포 화행을 염두에 두고 있는데 화자가 특정 사실의 도입을 청자에게 이해시키는 것이라고 정의하였다.

한편 Van EK(1976)은 다른 이론들과 조금 다르게 담화의 기능 유형에 대해 서술하였다. 총 6가지로 사실적 정보의 탐색, 지적 태도를 표현하거나 알아맞히기, 감정적 태도를 표현하거나 알아맞히기, 도덕적 태도를 표현하거나 알아맞히기, 설득하기, 사회화하기가 바로 그것이다. 이 연구는 타 연구들에 비해서 화자의 '태도' 측면을 세분화하여 기능을 분류하였다는 데 의의가 있다. Wilkins(1976) 또한 화자의 감정 표현하기나 태도 표현하기를 더 세분화하여 독립된 담화의 기능으로 설정하였는데 예를 들면 도덕적 가치 판단의 기능(판단, 용서, 사과, 반대 등), 개인적 감정의 기능(즐거움, 만족감, 슬픔, 후회 등), 정서적 관계의 기능(인사, 감사, 칭찬 등), 대인 관계 기능(정중함, 무례함, 신사적 정도 표시하기 등)이 있다. Finocchiaro & Brumfit(1983)은 일상생활에서 이루어지는 대화 내용을 분석하여 기능 범주를 설정한 연구로, 크게 5가지로 분류하여 제시하였는데 개인의 생각이나 느낌을 표현하는 개인적 기능, 원만한 사회적 관계를 유지시키고자 하는 대인적 기능, 다른 사람에게 행동을 요구하거나 그 요구를 받아들이는 지시적 기능, 묘사 및 정의와 같이 이야기하거나 보고하는 상위언어적 기능, 창작 활동 등에서 사용되는 상상적 기능으로 구분하였다. 이 중에서 상위언어적 기능은 정보 제공의 기능과 유사하다고 볼 수 있겠고 상상적 기능은 Jakobson의 시적 기능과 유사하다고 보아도 무방할 것 같다.

국내의 연구들을 살펴보면, 강현화(2007)는 Finocchiaro & Brumfit(1983)의 다섯 가지 기능 분류를 한국어 교육에 접목시켜 모두 8가지로 분류하여 제시하였고, 구체적으로는 생각 표현하기, 느낌 표현하기, 친교활동, 일상적 대인 관계, 지시적 화행, 정보·문제 해결, 선언 활동, 창조적 활동 등으로 분류하였다. 서혁(1995)에서는 앞서 언급한 Brinker(1986) 및 Reboul 이론을 재조합하여 지배적 기능을 제보적, 설득적, 미적 기능 이렇게 세 가지로 제시하였다. 선행연구를 살펴보면 공통적으로 지시하는 담화의 기능 유형이 있는데, 각기 용어는 다르지만 정보 제공 및 요구하기, 지시(요구)하기, 친교 등은 대부분의 연구가 인정하는 담화의 기능이며 분류 기준에 따라 미적 기능, 선언 기능, 감정이나 태도 표현하기 등의 기능이 담화의 기능으로서 성립되기도 하고 그렇지 않기도 한다.

이렇듯 담화 기능은 학자마다 매우 상이하고 공인되는 틀을 찾기가 쉽지 않은데, 담화 기능이란 본래 맥락 의존적이며 의미에 연계되기 때문으로 판단된다. 본서에서 제시하는 담화 기능은 개별 문법 항목의 의미를 기준으로 귀납적으로 정리한 담화 기능이다.

문법 항목	담화 기능
조사	■ 극단 ■ 나열 ■ 목적지 ■ 비롯됨 ■ 비슷함 ■ 상관없음 ■ 유일함 ■ 장소 ■ 접속 ■ 주체 ■ 차선
연결 표현	■ 결과 표현 ■ 기회 표현 ■ 대립 표현 ■ 목적 표현 ■ 시간 표현(선후 관계) ■ 시간 표현(동시 관계) ■ 양보 표현 ■ 원인 및 이유 표현 ■ 조건 표현 ■ 즉시 순차 표현 ■ 추가 표현
종결 표현	■ 가능성 표현 ■ 경험 ■ 능력 표현 ■ 당연 표현 ■ 메모·요약 표현 ■ 반발 및 불평의 인용 표현 ■ 발견한 사실 표현 ■ 부담 제거 표현 ■ 상태 지속 표현 ■ 성취 표현 ■ 속성 판단 표현 ■ 안타까움 표현 ■ 알려 주기 표현 ■ 의도 및 계획 표현 ■ 의무 표현 ■ 제안 및 청유 표현 ■ 진행 표현 ■ 추측 표현 ■ 한정 표현 ■ 해라체 의문형 종결어미 ■ 희망 표현

연역적으로 체계화된 틀에서 출발하지는 않았으나, 사전적 의미를 기준으로 실제 말뭉치 분석을 통해 귀납적으로 정리했다는 점에서는 실제 사용으로서의 담화 기능을 드러내는 것이라 하겠다. 귀납적으로 분석된 영역별 담화 기능의 분류는 2부에서 구체적으로 살피게 될 것이다. 다음 절에서는 세부 영역별로 복잡도를 산정하기 위한 선행연구에서의 쟁점을 영역별로 차례로 논의해 보기로 하겠다. 다음은 선행연구에서 다루어 온 주요 쟁점들이다.

◉ 2.1.2. 조사

한국어 학습자들은 조사를 학습하고 사용하는 데에 상당한 어려움을 겪는다. 이에 한국어 조사는 오랫동안 오류 연구의 대상이 되어 왔다. 연구자들은 자연스레 한국어 학습자들이 자주 틀리는 조사 오류의 유형을 분류하고 오류를 줄이기 위한 교육 방법에 대한 논의를 활발히 해 왔다. 그러나 한편으로는 학습자들의 오류 생산 결과에 지나치게 치중한 나머지, 교육 현장에서 한국어 조사의 '무엇'을 다루고 있는지 혹은 무엇을 다루어야 하는지에 대한 연구는 상대적으로 소홀했던 것이 사실이다. 한국어 학습자들의 조사 학습을 돕기 위해서는 오류 분석뿐만 아니라 조사의 교육 내용을 점검하고 부족한 점을 보완해 나가는 연구가 균형 있게 이루어질 필요가 있다.

대개 조사의 교육 내용에 대한 연구에서는 문장의 틀을 이루는 격조사와 일부 고빈도 보조사를 초기 단계에서 제시하고 그 외 보조사와 조사끼리의 결합에 대해서는 뒤에 다루는 것으로 암묵적인 합의가 이루어져 왔다. 그러나 격조사와 보조사, 조사 결합형과 같은 개념을 주요 기준으로 한국어 조사의 교육 내용을 결정하기에는 다소 무리가 있다. 일례로, '(이)서'는 주격 조사이지만 조사로 다루는 것보다는 '혼자서', '둘이서'와 같이 하나의 어휘적인 표현으로 제시하는 편이 훨씬 효과적이다. 반대로 일부 결합형 조사는 결합으로 인해 파생된 기능으로 인해 우선적인 교육 대상으로 고려해 볼 수 있다. 이처럼 각 범주 내에 속하는 조사들이 한국어 교육 현장에서 모두 동일한 가치를 지닌다고 보기 어려우며, 그 안에는 상대적으로 더 우선적인 것과 덜 우선적인 것이 존재한다. 그리고 이를 결정하는 기준은 각 조사의 빈도, 조사의 결합 제약 등 다양한 요인을 고려해 볼 수 있다.

아울러, 한국어 교육에서 조사에 대해서 다룰 때 '이다'나 '요'와 같은 것을 조사의 영역에서 다룰 것인가 말 것인가 하는 것도 하나의 쟁점이 될 수 있다. 특히, 소위 서술격 조사로 구분되어 온 '이다'는 그동안 한국어 교재에서 조사로 혹은 다른 무엇으로도 독자적으로 다루는 일이 거의 없었다. 그렇지만 '이다'가 비록 다른 조사와 달리 활용을 한다는 특징이 있을지라도 특정 범주에서 다루어야 한다면 그것은 바로 조사의 범주에 속한다고 봐야 할 것이다. 따라서 조사의 범주 안에 과연 어떤 것이 속할 수 있으며, 그리고 그 안에서 무엇이 한국어 교육용으로 상대적으로 더 적합할지, 그 기준은 어떠해야 할지에 대해서 논의하는 것이 중요하다.

◉ 2.1.3. 연결어미

형태론적으로 교착어에 속하는 한국어는 조사와 어미가 풍부하게 발달되어 있으며, 대부분의 문법 관계가 조사와 어미에 의해 표현된다. 그중에서도 연결어미는 선행절과 후행절의 접속 관계를 표시하는 어미로 문장 내의 논리적 관계를 나타낸다. 따라서 연결어미 사용에 오류가 생기면 텍스트의 응집성이나 통일성에 문제가 생기고 의사소통에도 장애가 된다. 그러므로 한국어 학습자의 원활한 구어 및 문어 의사소통을 도모하기 위해서 연결어미의 학습은 매우 중요하다고 할 수 있다.

그러나 연결어미의 학습과 사용은 한국어 학습자에게 부담이 굉장히 큰 영역이다. 그 첫 번째 이유는 하나의 연결어미가 다양한 의미·기능을 가지기도 하고, 반대로 하나의 기능이 여러 형태의 연결어미를 통해서 수행될 수도 있기 때문이다. 전자의 예로 '-어서'를 들 수 있는데 사전에 따라 '-어서'의 용법을 많게는 십여 개로 제시하기도 한다. 모어 화자가 아닌 외국인 학습자들이 이 모든 용법을 이해하고 사용 환경과 맥락에 맞게 적절히 사용하는 것은 결코 쉬운 일이 아니다. 그리고 다수의 유사한 연결어미가 동일한 의미·기능을 수행하는 대표적인 예로는 '원인 및 이유 표현'을 들 수 있다. 원인 및 이유를 나타내는 연결어미는 한국어 교재나 사전에 제시되고 있는 것만도 십여 개 정도이고, 여기에 '–기 때문에', '–은/는 바람에', '–은/는 통에' 등과 같은 의존어 구성의 연결 표현까지 합한다면 그 수가 매우 많다. 게다가 이들이 모든 경우에 교체되어 사용될 수 있는 것도 아니어서 학습자들은 유사 표현 간의 유사점과 차이점을 인지하고 변별적으로 사용하는 것에 자주 어려움을 호소한다.

또한 연결어미의 제약은 매우 다양하고도 복잡하다. 다의적 연결어미는 용법마다 문법적, 담화적 제약이 상이하게 나타나는 일이 많다. 또, 유사 의미를 나타내는 연결어미라도 의미나 어감에 미묘한 차이가 있고 제약도 다른 경우가 수두룩하다. 이에 따라 학습자들은 연결어미 학습의 어려움을 호소하고 사용에 많은 오류를 범하며, 오류를 회피하기 위해 가장 제약이 적고 보다 범용적으로 사용될 수 있는 연결어미를 반복적으로 사용하는 양상까지 나타난다. 그러나 현행 교재나 사전에서는 연결어미의 의미적, 문법적, 담화적 제약에 대한 정보를 충분히, 그리고 체계적으로 제시하고 있지는 못하므로, 유사 표현 간의 변별을 위한 정보도 보강될 필요가 있다.

이처럼 한국어 의사소통 능력 함양을 위해서는 연결어미 학습이 필수적임에도 불구하고 유사한 의미·기능을 수행하는 연결어미가 많고 개개의 연결어미에 내재한 제약 양상이 매우 복잡하여 학습자들이 연결어미의 학습과 사용에 혼란을 느낀다는 것은 연결어미의 변별적 용법에 대한 기술이 보강되어야 함을 의미한다고 하겠다.

◉ 2.1.4. 종결어미

한국어 문법 체계에서 종결어미가 갖는 중요도는 매우 높다. 일부 특수한 화용적 맥락을 제외하고는 모든 문장의 성립에 있어 종결어미의 존재가 필수불가결한 조건이기 때문이다. 이런 이유로 흔히 입말에서 생략이 가능한 조사나 단문 수준에서는 필요하지 않은 연결어미 등의 여타 문법 항목과는 달리 종결어미는 한국어 학습의 매우 초기 단계에서부터 필수적으로 익혀야 하는 요소라고 볼 수 있다. 이러한 점 때문에 대부분의 한국어 교육 현장에서 여러 문법 항목들 중에서 가장 먼저 교수되는 것 역시 종결어미인 경우가 많다. 문장 구조 측면에서 보면, 종결어미는 발화 순서상 문장의 맨 끝에 위치하면서 가장 기본적으로는 해당 문장을 종결하는 기능을 한다. 이러한 문장 끝맺기의 기능 외에도 한국어의 종결어미가 갖는 중요한 기능은 두 가지인데 첫째는 서법을 표시하는 것이고 둘째는 상대높임법상의 등분, 즉 화계를 표시하는 것이다.

이렇듯 한국어 문법 체계 내에서 종결어미가 갖는 중요성을 인식한다면 종결어미 선정에 기준을 세우고 개별 종결 어미에 대한 용법을 더 정교하게 기술할 필요가 있는데, 한국어 교육을 위한 종결어미로서의 기준은 국어 문법 체계를 위한 종결어미로서의 기준과는 다를 수밖에 없는 측면이 있다. 한국어 교육을 위한 문법 항목의 단위는 제2언어, 혹은 외국어로서의 한국어 교수-학습을 위한 실용적 언어 자원으로서의 유용성을 담보하는 문법 항목 단위여야 하기 때문이다. 따라서 한국어 교육을 위한 종결어미에 대한 논의는 무엇을 한국어 교육용 종결어미로 볼 것인가에 대한 논의를 출발점으로 삼을 만하다. 먼저 국어학계의 논의에서 종결어미의 정의에 대한 일반적 정의로서 남기심 · 고영근 (1985/1993:157)을 참고하면, 종결어미는 문장 종결법과 상대높임법에 의해 문장을 끝맺게 하는 기능을 하는 어말어미를 칭하는 것으로 볼 수 있다. 이렇게 볼 때 국어학적 개념에서 종결어미는 주로 그 위치와 기능에 의해 정의되는 문법 요소라고 할 수 있다. 즉 어말어미의 위치에 오면서 문장의 유형과 상대높임법의 등분을 표시하는 문법 형태가 바로 종결어미라는 것이다.

이와 마찬가지로 한국어 교육에서도 종결어미를 정의하는 데 가장 중요한 점은 해당 문법 형태의 출현 위치와 그 기능이라고 볼 수 있다. 그런데 첨가어인 국어의 특성상 단일 형태소로서의 종결어미 외에도 여러 문법 요소가 결합된 형태로 흔히 사용되는 여러 가지 모습의 종결어미, 혹은 유사 종결어미 형태가 존재할 수 있다. 한 가지 예로, 선어말어미 '-더-'와 어말어미 '-라'가 결합한 '-더라'에 대해 생각해 볼 수 있다. '-더라'는 국어학적 관점에서도 그 자체로 하나의 종결어미로 인정되는데, 여기에는 대개 선어말어미 '-더-'의 단일 형태소로서의 지위의 불완전성이 그 근거가 된다. 그런데 이 '-더라'에 인용격

조사 '고'가 붙은 '-더라고'나 더 나아가 보조사 '요'까지 추가로 결합한 '-더라고요' 역시 한국어 교육에서는 하나의 덩어리 표현으로 가르칠 필요가 있는데, 이는 종결어미를 종결 표현으로 확대해야 할 필요성을 제기한다.

한국어 교육을 위한 문법 항목의 단위 구분에 있어서는 어떤 말의 단위를 이루는 개별 형태소의 지위가 튼튼한가의 문제보다는 어디까지가 그 말이 본유의 의미·기능을 가지고 주로 사용되는 단위를 이루는가가 중요한 기준이라고 볼 수 있다. 즉 '-더라고(요)'는 '-더라'와는 다른 화계를 실현한다는 점에서 종결어미의 가장 중요한 기능인 상대높임법에 있어서 다르며 개별 형태소인 '-더', '-라', '고', '요' 모두가 결합된 형태가 특정 화계에서 특정 의미·기능을 실현하는 고유의 기능이 있으므로, 이것은 한국어 교육을 위한 문법 항목의 단위가 될 수 있다고 볼 수 있다.[6] 따라서 '-더라고(요)'와 같이 일정한 단위의 말이, 그 구성 형태소 각각의 자립성의 유무나 정도와는 관계없이, 고유의 의미·기능이 있고 어말에 위치하면서 해당 문장을 끝맺는 역할을 할 때 그것은 한국어 교육을 위한 종결어미, 혹은 종결어미 관련 문법 항목이라고 볼 수 있다. 따라서 한국어 교육을 위한 문법 항목이라는 큰 범주 안에서의 종결어미란, 그 구성 형태소 낱낱의 성질과는 관계없이 일정한 단위의 형태가 문장 끝에 위치하면서 특정 서법이나 화계와 결부된 의미·기능을 실현하는 것이라고 볼 수 있다.

◉ 2.1.5. 의존어 구성

모어로서의 한국어 문법 연구에서 의존명사는 자립명사와 동등한 지위를 가지는 것으로 품사 체계 내에서 다루어져 왔다. 학교 문법에서 의존명사는 '독립적으로 쓰이지 않고 반드시 다른 요소들과 함께 나타나 의존적 쓰임을 보이는 명사'라고 정의되고 있으며, 크게 단위성 의존명사와 형식성 의존명사로 구분된다. 이때, 수량이나 단위를 셀 때 쓰이는 단위성 의존명사와 달리 형식성 의존명사는 문장 내의 다른 요소와 항상 공기하여 나타난다는 특징이 있는

---

6) 〈표준국어대사전〉에서는 '-더라고'를 종결어미로 기술하지는 않았지만 표제어로 올림으로써 이 결합형이 하나의 단위를 이루는 말로 사용됨을 보여 주고 있다.

데, 이 경우 의존명사는 다른 요소와 함께 통어적 구성으로 쓰여 새로운 문법적 의미를 지니게 된다는 점에서 일반명사와 큰 차이가 있다. 한국어 모어 화자는 이러한 차이를 직관에 의해 받아들이고, 의존명사 구성을 하나의 의미 단위로 인지하지만, 모어화자로서의 직관이 없는 한국어 학습자에게 의존명사 구성은 반드시 교수 · 학습되어야 할 문법 형태, 즉 문형이 된다. 따라서 외국어로서의 한국어 문법 연구는 이러한 의존명사 구성의 문법적 의미에 초점을 둘 필요가 있다.

그뿐만 아니라 자립명사임에도 담화 내에서 의존명사와 같은 쓰임을 보이는 명사류를 분석하고 이를 포함하여 의존성 명사 문형을 연구할 필요성이 있다. 언어 사용을 목적으로 하는 한국어 학습자에게 자립명사와 의존명사의 형식적인 구분보다 핵심적인 것은 '실제 사용에 있어 해당 명사들이 구성으로서 유사한 분포와 기능을 보이는가.'이기 때문이다. 따라서 의존명사라는 프레임에서 벗어나 의존성 명사 문형, 즉 다른 요소들에 반드시 기대어 나타나는 명사를 포함한 문법적 기능의 구성을 정의하고 목록화하는 작업이 필요하다. 특히 실제 한국어 교육 현장에서는 이미 이러한 의존성 명사 구성들이 하나의 목표 문형으로 교수되고 있다는 점을 고려할 때, 한국어 문법 연구에서는 현장에서 산발적으로 교수되고 있는 의존성 명사 문형을 전반적으로 분석하여 체계화할 필요가 있다. 교육 현장을 반영하여 기존의 모어 문법 연구의 틀에서 주목받지 않았던 의존성 명사 문형을 체계화하는 작업은 한국어 문법 연구와 교육 현장 간의 선순환적 구도를 통한 실제적 문법 기술에 기여할 것이다.

의존어 구성 중에는 따로 언급해야 할 부류로 보조용언이 있다. 한국어에서 보조용언은 상, 양태를 드러내는 역할을 하기 때문에 의사소통의 성취를 위해 학습자들이 반드시 학습하여야 할 문법 요소이다. 보조용언 구성은 대개 두 동사가 연결어미를 매개로 하여 연결된 형태로 이루어져 있는데, 이 중 연결어미에 후행하는 동사를 가리켜 보조용언이라고 한다. 보조용언은 실제적 의미를 지니기보다는 선행 용언의 어휘적 의미에 상이나 양태 등을 더하는 문법적 의미를 지니고 있어 하나의 문형으로서 접근해야 할 필요가 있다.

특히 보조용언으로 사용되는 용언 대부분은 본용언으로 사용될 때와 의미 및 기능이 다르게 나타나며, 일부 보조용언 구성의 경우 인용 및 내포절 생성의 기능을 지닌다고 논의되고 있어 본용언의 동사, 형용사를 가르치듯 어휘적으로 접근할 것이 아니라, 하나의 구성이 문형으로서 언어 사용에서 어떠한 기능을 지니는가를 집중적으로 연구할 필요가 있다. 또, 연결어미에 따라 발생하는 의미적 차이에 대해 기술하고, 그 쓰임을 자세히 분석하여, 형태적 동일성으로 인해 발생하는 학습자의 혼란을 경감시켜 줄 필요가 있다.

2.2. 유사 문법 항목 변별 요소

복잡도는 흔히 난이도라는 용어와 혼동되기도 하는데, 복잡도는 목표 언어 자체가 가지고 있는 복잡성을 의미하는 데 사용하기로 한다. 반면, 난이도는 학습자가 느끼는 어려움이라는 점에서 학습자의 모국어 변인이나 목표 언어를 학습하기 이전에 학습한 다른 외국어 변인, 학습자의 인지적 요소 등 다양한 변인이 작용할 수 있는 것으로 보았다. 이런 의미에서 목표 언어가 가지고 있는 복잡성이 곧바로 난이도로 연계될 수는 없을 것이다. 한국어 문법 항목이 가지고 있는 복잡도는 5개의 정보로 구분하여 제시하였다. 개별 문법 항목의 구체적인 복잡도 기술은 강현화 외(2016) 『한국어교육 문법-자료편』에서 자세히 다룬 바 있다. 본서에서는 유사 문법 항목을 변별하기 위해서 형태 정보와 의미 정보, 문법 정보와 담화 정보의 다음의 복잡도를 활용하였다.

첫째, 형태 정보에는 해당 문법을 사용함에 있어서 학습자들이 알아야 하는 이형태 정보, 품사에 따른 형태 정보, 시제에 따른 형태 정보 등이 있다. 이형태 정보뿐만 아니라 선행 용언의 품사(동사, 형용사, 이다)나 선행 용언의 시제에 따른 결합 형태의 차이도 중요하다. 또한 준말이나 본딧말, 줄어든 꼴은 정보 역시 포함하여 제시하였다. 특히 의존 구성은 관형사형 어미와 결합하므로 시제에 따른 형태 정보도 필요하다. 이러한 형태 정보는 표제어에 따라 단순한 것부터 복잡한 것까지 다양한 정도를 보이는데 이를 형태적 복잡도로 볼 수 있다.

〈예〉

	동사			형용사	
	과거	현재	미래	현재	미래
받침 O	-은 게 틀림없다	-는 게 틀림없다	-을 게 틀림없다	-은 게 틀림없다	-을 게 틀림없다
받침 X	-ㄴ 게 틀림없다		-ㄹ 게 틀림없다	-ㄴ 게 틀림없다	-ㄹ 게 틀림없다

둘째, 의미 정보는 가능하면 명시적인 개념을 드러내는 메타 용어를 활용하여 뜻풀이를 제시하고, 기본 의미에서 확장 의미의 순으로 제시하고자 하였는데, 의미 항목이 많을수록 복잡도가 높아진다고 할 수 있다.

〈예〉 -잖아(요)

1. 확인하기: 상대방이 알고 있는 사실을 확인할 때 쓴다.
2. 알려 주기: 상대방이 알아야 한다고 생각하는 내용을 알려줄 때 쓴다. 특히 자신이 말한 것의 근거나 이유를 말할 때 쓴다.

셋째, 문법 정보는 해당 문법 항목이 속한 문장의 주어나 목적어 등 '문장 성분에 대한 정보', 결합되는 선행 용언이나 선어말어미나 조사 등에 대한 정보', 주어 인칭 관련 정보, 그 밖에 '부정형', '문장 유형', '분포나 활용상 특징에 대한 정보' 등을 논의하였는데, 고려해야 할 제약이 많을수록 복잡도는 높아진다.

〈예〉 -고 말다

- 조사 결합 정보 : '-고'와 '말다' 사이에 조사 '야'가 쓰여 그 의미를 더욱 강조하기도 한다.

  예문 김 선생은 불의의 사고로 일찍 세상을 떠나고야 말았습니다.

- 선행 용언 제약 : 주로 동사와 결합한다. 형용사, '이다'와 결합하기 어렵다.

  예문 *아기가 엄마를 닮아서 못생기고 말았어요.

- 선어말어미 제약 : 선행 용언과 결합할 때 '-었-', '-겠-'이 개재되기 어렵다.

  예문 *늦잠을 자는 바람에 중요한 행사에 (지각했고/지각하겠고) 말아요.

- 시제 정보 : 주로 '-었-'과 결합하여 과거형으로 쓴다. 그러나 미래의 사건을 기정사실화하여 표현할 때는 미래형으로 쓸 수도 있다.

  예문 나도 언젠가는 세상을 떠나고 말겠지. ← 변할 수 없는 사건을 표현할 때

  예문 김 선생은 사고로 일찍 세상을 떠나고 말 겁니다. ← 점쟁이가 미래를 예언할 때

- 문장 유형 제약 : 주로 평서문, 의문문으로 쓴다. 청유문, 명령문으로 쓰기 어렵다.

  예문 *중요한 행사에 지각하고 맙시다.

아울러 공기 정보는 해당 문법과 함께 자주 쓰이는 어휘나 문법 형태에 대한 정보이다. 유사 문법 항목을 구분하는 데 매우 중요한 정보가 된다. 필수적 공기 성분이 있는 경우, 복잡도는 높아진다.

〈예〉 -다시피

- 의미를 강조하기 위해 '거의', '매일' 등과 함께 쓴다.

  예문 할머니가 저를 거의 키우다시피 하셨어요.

넷째, 담화 정보는 한국어 교육용 문법에서 가장 초점을 두고자 한 영역으로 사용역별 빈도 정보를 비롯하여, 해당 문법 항목이 실제로 사용되는 장면, 화자와 청자 정보(나이, 사회적 지위, 성별, 친소 등), 화행 정보(해당 형태를 사용하는 화자의 태도에서 비롯되는 여러 심화된 의미, 함축된 의미 및 화행에 대

한 정보)를 담고 있다. 담화 정보가 많을수록 복잡도는 높아진다.

〈예〉 –는다고(요)
● 주로 구어에서 사용된다.
● 주로 비격식적인 상황에서 사용된다.
● 평서문의 '–는다고(요)'는 아주 가까운 관계의 윗사람에게 말할 때 사용될 수 있다. 그러나 가까운 관계의 윗사람이라 하더라도 조금 기분 나쁘게 들릴 수도 있으므로 주의하여 사용한다.
● 격식적인 상황에서 청자가 윗사람일 경우, 청자에게 자신이 한 말을 반복하여 전달할 경우에는 '–는다고요'를 사용하지 않고 자신이 한 말을 그대로 다시 말하는 것이 자연스럽다.
● 구어에서 '–는다구(요)'로 발음하기도 한다.

즉, 영역별 복잡도 산정에 활용된 변인들을 활용하여, 본서가 다루고자 하는 유사 문법 항목 간의 변별적 차이를 기술하고자 하였으며, 이러한 복잡도의 차이에 대한 분석 결과는 유사 문법 항목의 의미를 변별하여 이를 교수 현장에서 효율적으로 변별 교수할 수 있는 기초 자료를 제공하게 될 것이다.

3장 조사

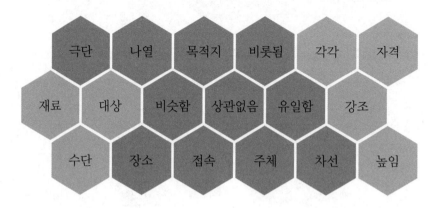

극단	나열	목적지	비롯됨	각각	자격
재료	대상	비슷함	상관없음	유일함	강조
수단	장소	접속	주체	차선	높임

❖ 조사의 유사 문형은 위와 같이 18개의 기능으로 정리될 수 있었다. 본서에서는 위의 18개의 기능 중 진하게 표시된 11개의 기능에 해당되는 유사 문형에 대해 설명하겠다.

조사는 용법과 분포를 기준으로 크게 격조사, 보조사(혹은 '특수조사'라고도 함)로 구분한다. 대개 격조사는 서술어에 대한 역할에 따라 주격 조사, 목적격 조사, 부사격 조사, 보격 조사 등으로 구분한다. 남기심·고영근(1993/2005:99-102)에서는 격조사의 갈래를 다음과 같이 나타내고 있다.[7]

[7) 남기심·고영근(1993/2005:102)에서는 접속조사를 격조사와 분리하였지만, 학자에 따라서는 열거격이라는 격조사의 일부로 파악하기도 한다.

■ **격조사의 갈래**(남기심 · 고영근, 1993/2005: 99–102)

① 주격: '이/가', 높임의 '께서', 단체의 '에서', 인수의 '서'

② 서술격: '이다'

③ 목적격: '을/를'

④ 보격: (형용사 '아니다'와 동사 '되다'의 지배를 받는) '이/가'

⑤ 관형격: '의'

⑥ 부사격: (ㄱ) 처소(낙착점): '에', '에게', '한테', '께', '더러', '보고'

　　　　 (ㄴ) 처소(출발점): '에게서', '한테서', '(으)로부터'

　　　　 (ㄷ) 처소(지향점): '(으)로', '에게로', '한테로', '에'

　　　　 (ㄹ) 도구: '(으)로써'

　　　　 (ㅁ) 비교의 대상: '처럼', '만큼', '보다'

　　　　 (ㅂ) 동반: '과/와', '하고', '이랑'

　　　　 (ㅅ) 변성: '(으)로'

　　　　 (ㅇ) 인용: 직접인용 '이라고', 간접인용 '고'

⑦ 호격: 아/야

이를 통해서 하나의 형태에 의미가 여러 개 있거나 유사한 의미와 기능을 나타내는 조사들이 여럿 있다는 것을 알 수 있다. 이중 부사격 조사는 종류가 많고 의미가 다양하여 가장 복잡하다고 할 수 있다.

보조사는 문장 내에서 의미를 더해 주는 조사이므로 격조사와 같이 몇 개의 하위 범주로 나누는 일은 거의 없다. 그러나 보조사의 의미나 공통적인 특징을 중심으로 유사한 조사들을 묶어 기술하는 경우가 많았는데, 대표적인 예로 이익섭 · 채완(1999:199–219)을 들 수 있다. 이 책에서는 보조사들 중에서 유사한 의미를 나타내는 조사들을 형태별로 제시하고, 그것의 공통점과 차이점에 대해서 기술하고 있다. 필요에 따라서는 보조사뿐만 아니라 일부 격조사도 포함하고 있다.

　(ㄱ) '은/는', '만', '도': 중립, 배제, 포괄

　(ㄴ) '은/는', '이/가': 문두에서의 쓰임

ⓒ '조차', '마저', '까지': '도'와 비슷한 '또한, 역시'라는 의미

ⓓ '나', '나마', '라도': 형태적 공통점, 의미적 공통점(최상의 것이 아님)

ⓔ '야', '은/는': 대조

이처럼 격조사와 보조사는 각각의 범주 안에서, 때로는 범주 간의 경계가 허물어지면서 유사한 의미·기능을 나타내고 있음을 알 수 있다. 본서에서는 이러한 선행연구의 구분을 참고로 하는 동시에, 《한국어교육 문법-자료편》에서 제시하고 있는 각 조사의 뜻풀이를 살피고, 그것의 중심 의미를 추출해 비교하여 아래와 같은 목록으로 정리하였다.

〈표 12〉 조사의 유사 문형 목록

의미·기능	조사
극단	까지 도 조차 마저
나열	에 이니 이며 이다
목적지	에 을/를 으로
비롯됨	에게 한테 에게서 한테서
비슷함	같이 처럼 만큼
상관없음	이나 이든지 이라도

유일함	만 밖에 뿐
장소	에 에서
접속	과/와 하고 이랑
주체	이/가 은/는
차선	이나 이나마 이라도

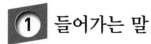

❀ 극단 ❀

1 들어가는 말

이 절에서는 극단의 의미를 나타내는 네 개의 조사 '도', '까지', '조차', '마저'에 대해 살피고자 한다. '도'와 '까지'는 다의 조사인데, 여러 의미 중 하나의 파생 의미로 '극단'의 의미가 있다. 이와 달리, '조차'와 '마저'는 극단이 기본 의미이며 대개 '도'나 '까지'로 환언하여 해석할 수 있다. 따라서 이 네 개의 조사는 서로 교체가 가능한 경우가 있어 한국어 학습자의 입장에서는 각각의 미묘한 의미 차이를 변별하여 파악하기가 쉽지 않다. 이에 극단의 의미를 나타내는 네 개의 조사를 비교하고자 한다.

〈표 13〉 극단의 의미를 나타내는 조사 목록

까지
도
조차
마저

2 현행 교재 출현 현황

'까지'와 '도'는 모두 초급에서 제시되지만 각각 '첨가'와 '범위의 끝'의 의미로만 제시될 뿐, 세부적인 의미를 구분하여 교재에서 목표 문형으로 삼는 경우는 드물다. 따라서 학습자들은 한국어 교재에 노출된 문장이나 실생활에서의 쓰임, 모어 지식 등을 이용하여 이 두 조사가 극단의 의미를 나타내는 경우가 있음을 암묵적으로 알게 된다. '마저'와 '조차'는 주로 중급에서 다루게 되는데, 이는 활용상의 복잡함 때문이라기보다 빈도와 의미적 복잡성에서 기인한 결과라고 볼 수 있겠다.

〈표 14〉 극단의 의미를 나타내는 조사의 현행 교재 출현 현황

초급	중급	고급
까지		
도		
	조차	
	마저	

③ 문형 간 비교

3.1. 공통점

이 네 조사는 모두 주어진 상황에서 더 극적인 상황이 추가된다는 의미를 지닌다. 따라서 동일한 명제를 네 개의 조사로 모두 표현할 수 있는 경우가 있다. 다만, 이 네 개의 조사를 사용할 때 사태에 대한 화자의 태도, 즉 양태적 의미에는 차이가 있다.

(1) 가. 믿었던 너(도/까지/마저/조차) 나를 배신하다니.
　　 나. 우리 아들은 공부는 물론이고 숙제(도/까지/마저/조차) 안 한다.
　　 다. 너무 더운데 바람(도/까지/마저/조차) 불지 않는다.

3.2. 차이점

✿ 3.2.1. 의미상 차이

첫째, 네 개의 조사가 교체 가능하다고 하더라도 각각의 조사가 극단의 의미를 나타내는 방식은 상이하다. 화자는 자신의 주관적 서열 중 가장 앞에 있는 것과 마지막에 있는 것을 선택함으로써 극단의 의미를 나타낼 수 있다. 또한 자신의 의식에 없었다는 것을 표현함으로써 사태를 극대화시켜 표현할 수 있다. 이때 서열 중 가장 기초적인 것에 속하는 것은 '조차', 마지막은 '마저', 인식의 범위 밖에 있음을 표현하고자 할 때는 '까지'를 쓴다. '도'는 단순히 하나의 사태에 또 하나가 첨가됨을 나타내는 비교적 중립적인 의미를 나타낸다.[8]

이러한 의미적인 차이로 말미암아, 각 조사의 앞에 붙는 대상을 화자가 어떻게 생각하고 있는지에 차이를 보인다. (2가)의 '너도'는 단순히 다른 사람과 마찬가지로 너도 나를 못 믿는 사람에 해당됨을, (2나)의 '너까지'는 나를 조금은 믿었던 '너'도 이제는 나를 못 믿는 사람으로 추가됨을 나타낸다. (2다)의 '너마저'는 '다른 사람이 모두 떠나고 마지막 남은 너'라는 의미를, (2라)의 '너조차'는 '화자의 기대가 부정될 가능성이 가장 낮은 사람인 너'라는 의미를 나타낸다.

(2) 의미상 차이

　가. (다른 사람처럼) 너도 나를 못 믿는구나.
　나. (다른 사람은 물론이고 이제는) 너까지 나를 못 믿는구나.

---

8) 따라서 '도'가 극단의 의미를 나타내는 것은 맥락에 의한 것일지도 모르겠다. 사와다(澤田)(2007:22-3)의 연구에 따르면, 한국어의 '도'와 유사하다고 할 수 있는 일본어의 'も(mo)'는 누계의 의미가 기본인데, 그것이 의외성을 나타낼 수 있는 것은 청자가 그에 대한 배경지식이 있을 때라고 하였다. 예를 들어, '수지도 왔다'는 '수지'가 이곳에 올 사람이 아니라는 화청자의 공유가 없다면, '영수, 민지' 다음에 온 사람이 하나 더 추가되었다는 의미로밖에는 해석되지 않는다는 것이다.

다. (마지막 남은) 너마저 나를 못 믿는구나.

라. (친한 친구인) 너조차 나를 못 믿는구나.

둘째, '도'가 비교적 중립적으로 하나의 극단적 사태를 덧붙이는 의미인 반면, '까지'는 의외성을, '마저'와 '조차'는 각각 긍정성과 부정성을 강조하는 의미가 있다. '도'는 선행된 어떤 일을 전제하여 거기에 동일한 사태가 추가됨을 나타내지만 '까지'와 '마저'는 꼭 그런 것은 아니다. 따라서 (3가)와 같이 '눈물을 흘린 단일한 사태'에 대한 언급에 '눈물도'를 쓰면 어색하다. (3나)는 화자가 선물을 기대하지 않았음을 '도'와 '조차'를 써서 나타낼 수 있는데, '기대조차'로 말하는 것이 화자의 부정성을 더욱 강조해 주는 효과가 있다.

(3) 파생 의미상의 차이

가. 무슨 큰일이 난 것도 아닌데 눈물(*도/까지/마저/*조차) 흘려요?

나. 선물은 기대(도/조차) 안 했어요.

❀ 3.2.2. 문법적 차이

첫째, 후행어 제약에 따른 차이가 있다. '조차'의 뒤에는 주로 부정문이 후행하거나 부정적 의미를 나타내는 말이 오는 것이 자연스러운데 반해, '도', '까지', '마저'에는 이러한 제약이 없다. (4가)의 부정문과 (4나)의 부정적인 내용을 나타내는 문장에서는 네 개의 조사가 모두 사용될 수 있지만, (4다)와 같이 긍정적 내용을 전달하는 긍정문에서는 '조차'의 쓰임이 어색하다.

(4) 긍정문과 부정문에서의 쓰임

가. 이제는 인사(도/까지/마저/조차) 안 한다.

나. 회사일은 물론이고 집안일(도/까지/마저/조차) 해야 한다.

다. 신혜는 얼굴뿐만 아니라 마음(도/까지/마저/*조차) 예쁘네.

간혹 '조차'도 긍정적 내용을 담고 있는 긍정문에서 쓰이기도 하는데, 이때는 '조차'의 앞에 오는 작고 사소한 것을 긍정함으로써 문장의 의미가 과장되어 표현된다.

(5) '조차'의 의미 특성

　가. 심지어 그 사람의 머리카락<u>조차</u> 멋있어 보이더라니까.

　둘째, 네 조사는 결합 양상에 차이를 보인다. '까지'가 극단의 의미가 있을 때는 주로 연결어미나 부사 '그렇게, 이렇게' 등과의 결합이 자연스럽다. 그러나 '도', '마저', '조차'는 연결어미와는 함께 쓸 수 있지만 '그렇게, 이렇게' 등과는 결합하지 않는다는 차이가 있다. 또한 '도', '까지', '조차'가 명사형 전성어미 '-기'와 잘 어울리는 데 반해, '마저'는 그렇지 않다.

(6) 결합 양상에서의 차이

　가. 너무 열심히 공부해서 자면서(도/까지/마저/조차) 외울 정도야.
　나. 그렇게(*도/까지/*마저/*조차) 할 필요가 있을까요?
　다. 음식을 삼키기(도/조차/??마저) 힘들었다.9)

　셋째, '마저', '조차'는 '-지 말다' 부정문과 청유문, 명령문과 어울리지 않는다. 이는 이 두 조사가 이미 일어난 일에 대한 화자의 판단을 나타내기 때문이다. 청유문과 명령문은 아직 일어나지 않은 어떤 행동을 청자에게 요구하는 것이므로 청유문과 명령문 내에서는 '마저', '조차'가 잘 쓰이지 않는 것이다.

(7) 명령문과 청유문에서의 쓰임

　가. 이제 나를 봐도 아는 척(도/*까지/*마저/*조차) 하지 마세요.
　나. 풀 한 포기(도/까지/*마저/*조차) 소중히 아낍시다.

---

9) '-기까지'는 '까지'의 다의적 의미로 인해 어떠한 시간에 이르기까지의 의미로 해석된다.

나열

 들어가는 말

　사람들은 말을 할 때 상대방에게 자신의 메시지를 청자에게 더 명확히 전달하기 위해 예를 들기도 하는데, 이때 사용할 수 있는 조사가 '에', '이니', '이며', '이다'이다. 이 네 조사는 어떤 대상을 나열하는 기능이 있는 접속조사이다. 한국어의 접속조사는 '과/와', '하고', '이랑'도 있는데, 이 조사들이 두 개 이상의 대상을 연결해 주는 것임에 반해, '에', '이니', '이며', '이다'는 예를 들어 어떠한 대상을 툭 늘어놓듯이 나열할 때 사용한다는 차이가 있다. 그러나 이 네 조사가 유사한 기능이 있다고 해도 각각의 개성이 존재한다. 이에 여기에서는 '에', '이니', '이며', '이다'를 비교하고자 한다.

〈표 15〉 나열 기능을 나타내는 조사 목록

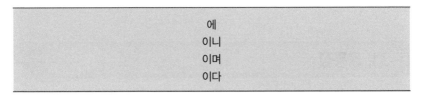

에
이니
이며
이다

 현행 교재 출현 현황

　이 세 조사 중 '에'는 다의 조사로 그것이 갖는 여러 의미 중 하나로 '나열'의 의미가 있다. 5종 교재에서는 '에'의 나열 기능을 목표 문형으로 제시하고 있지 않다. '이니'와 '이며'는 각각 고급과 중급 교재에서 제시되고 있다. '이다'도 5종 교재에서는 목표 문형으로 나타나지 않았다. 나열 기능은 기초 의사소통에 필수적인 기능은 아니므로 초급에서는 제시되지 않다가 중급 이후에 표현의 확장을 위해 제시되고 있는 것으로 보인다. 제시 형태와 관련하여서는 '이니'는 단독형인 '이니'만으로 제시되거나 '~이니 ~이니 해도'의 꼴로 제시하여 인용 상황과 관련한 표현으로 그 의미를 제한하여 제시하는 경향이 있었다. '이며'는 '이며/며', 'N이며'와 같이 모든 교재에서 단독형으로 제시되었다.

〈표 16〉 나열 기능을 나타내는 조사의 현행 교재 출현 현황

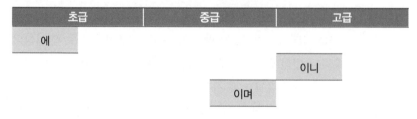

초급	중급	고급
에		
		이니
	이며	

③ 문형 간 비교

3.1. 공통점

'에', '이니', '이며', '이다'는 각각의 조사가 '~에 ~에', '~이니 ~이니' 등과 같은 꼴로 쓰여 예를 들어 나열할 때 사용한다는 공통점이 있다. 그리고 그 뒤에는 대개 이를 아우르는 말이 온다. (1가)에서는 '필요한 것', (1나)는 '온갖 잡동사니', (1다)에서는 '운동이란 운동'이 바로 그것이다.

(1) 가. 카드(에/니/며/다) 학생증(에/이니/이며/이다) 필요한 것은 다 집에 놓고 왔다.
　　나. 바닥에는 옷(에/이니/이며/이다) 가방(에/이니/이며/이다) 온갖 잡동

사니가 다 늘어져 있다.

다. 그는 축구(에/니/며/다) 수영(에/이니/이며/이다) 뭐(에/니/며/다) 운동이란 운동은 다 좋아한다.

3.2. 차이점

첫째, 나열되는 대상의 정도성을 표현할 수 있는지 여부에 차이가 있다. '에'는 단독으로 사용되었을 때 '첨가'의 의미인 경우가 있는데, '에'가 여러 번 사용될 때에도 무언가 더해진다는 어감을 갖기도 한다. 즉, 여러 대상을 단순히 나열하는 것이 아니라 그것의 정도성이 점차 심해진다는 것을 의미할 수 있다. 반면, '이니', '이며', '이다'에는 그런 정도성이 잘 나타나지 않는다. 예를 들어, 대상을 나열하는 중간에 '설상가상으로 이제는'과 같은 부사구를 삽입해 보면, (2가) 이외에 문장들이 어색해짐을 알 수 있다.

(2) 의미상의 차이점

가. 비에 안개에 설상가상으로 이제는 바람까지 불기 시작했다.
나. ?비니 안개니 설상가상으로 이제는 바람까지 불기 시작했다.
다. ?비며 안개며 설상가상으로 이제는 바람까지 불기 시작했다.
라. ?비다 안개다 설상가상으로 이제는 바람까지 불기 시작했다.

둘째, '이런저런 말을 하다'의 의미를 나타내는 '인용' 구성에서 차이를 보인다. '이니'와 '이다'는 각각 '~이니 ~이니 하다', '~이다 ~이다 하다' 구성으로 사용할 수 있는 데 반해, '에'와 '이며'는 그렇지 않다. (3)의 예는 어떤 사람을 판단하는 데 있어서 '외모, 직업' 등이 자주 언급되지만 그것보다는 인성이 중요하다는 의미를 나타낸 것인데, (3나)와 (3라)처럼 '에'와 '이며'로는 이런 의미를 나타낼 수 없다.

(3) '하다' 구성에서의 차이

  가. *외모에 직업에 해도 인성이 먼저다.
  나. 외모니 직업이니 해도 인성이 먼저다.
  다. *외모며 직업이며 해도 인성이 먼저다.
  라. 외모다 직업이다 해도 인성이 먼저다.

  '~이니 ~이니 하다'와 '~이다 ~이다 하다' 구성은 대개 대치 가능하지만, '뭐'를 두 번 반복하는 경우에는 전자의 사용이 더 자연스러운 것으로 보인다. (4가)에서처럼 '뭐니 뭐니 해도'는 일종의 굳어진 표현으로 그 뒤에 나오는 것이 최고, 제일이라는 것을 강조할 때 쓴다. 이 경우에는 (4나)에처럼 '뭐다 뭐다 해도'를 사용하면 어색해진다.

(4) 특정 구성에서의 선호도

  가. 뭐니 뭐니 해도 야식은 치킨이지.
  나. ?뭐다 뭐다 해도 야식은 치킨이지.

목적지

 들어가는 말

　조사 '을/를', '에', '으로'는 이동동사와 결합하여 주어가 행하는 곳을 나타낸다. 이 세 조사의 세부적인 의미는 각각 다르지만, 이 세 조사 모두 장소명사에 결합하며 이동동사가 후행할 수 있다는 점에서 공통적이다. 한국어 학습자들은 이러한 의미와 통사적 유사성에 의해 학습에 혼란을 겪기도 한다. 따라서 이 장에서는 '목적지'라는 의미상의 공통점에 착안하여 이 세 조사를 비교하고자 한다.

〈표 17〉 목적지의 의미를 나타내는 조사 목록

에
을/를
으로

 현행 교재 출현 현황

　이 장에서 다루는 조사들의 출현 현황을 현행 주요 5종 교재에서 살펴본 결과, 이들은 모두 초급에서 제시되고 있었다. 한국어 교재에서 '을/를'이 목적지의 의미가 있다는 것을 명시적으로 제시한 경우는 거의 없었다. 그러나 대상의 '을/를'을 배운 뒤로는 그 외의 의미들이 초급 단계에서부터 자연스럽게 노출되므로 여기에서는 교재 출현 현황을 '초급'으로 표시한다. '에'와 '으로'는 모두 초급 1에서 제시되고 있었는데, 세부적으로는 '에'가 '으로'보다 앞서 제시되고 있었다.

〈표 18〉 목적지의 의미를 나타내는 조사의 현행 교재 출현 현황

초급	중급	고급
에		
을/를		
으로		

③ 문형 간 비교

3.1. 공통점

첫째, 이 세 조사는 선행어로는 장소명사가 오며, 후행어로는 이동동사가 결합한다는 공통점이 있다. 즉, '장소명사 + 조사 + 이동동사'의 구성을 이룬다는 점에서 공통적이다.

둘째, 이 세 조사는 모두 주어가 행하는 장소를 나타낸다. 비록 세부적인 의미에는 차이가 있지만, 주어가 어느 곳을 향하여 이동한다는 의미를 나타낸다는 점에서는 동일하다.

(1) 가. 학교(에/를/로) 가요.
　　나. 이 버스는 명동(에/을/으로) 갑니다.
　　다. 나는 매일 이 빵집(에/을/으로) 온다.

3.2. 차이점

◉ 3.2.1. 의미상 차이

첫째, '(으)로'는 방향의 의미를 나타내지만, '을/를'과 '에'에는 이동을 하는 지점을 나타낸다. 따라서 위에서 살핀 것과 같이 이 세 조사는 '장소명사 + 조사 + 이동동사'의 구성을 이루지만 그것이 나타내는 의미는 각각 다르다. '에'는 이동의 도달점을 나타내므로 정확히 그 장소를 가는 것으로, '을/를'도 앞말이 이동의 대상이 되므로 목적지의 의미를 나타낸다. 그러나 '으로'는 방향의 의미가 있으므로 앞말이 목적지가 된다고 보기 어렵고, 앞말의 방향으로 이동하므로 맥락에 따라서는 그곳이 목적지가 되기도 하고 경유지가 될 수도 있다. 이를 그림으로 나타내면 다음과 같다.

(2) 가. 저는 산(에/을/[?]으로) 가요.

나. 저는 산([?]에/[?]을/으로) 가요.

둘째, 강조의 의미가 있는지 여부에 차이가 있다. '에'는 목적지를 중립적으로 나타내는 데 반해, '을/를'은 목적지를 강조하는 의미가 있다. 한국어에서는 목적지를 나타낼 때는 '에'를 쓰는 것이 일반적이다. (3)의 예에서처럼 '에'는

'가다'가 생략되어도 목적지의 의미를 나타낼 수 있는 반면, '을/를'이나 '으로'는 '가다'가 없으면 그 사용이 매우 어색하다.

(3) '가다' 생략 구문에서의 쓰임

가: 어디 가?
나: 집(에/*을/*으로).

'에' 대신에 '을/를'으로 목적지를 나타낼 때는 대개 목적지를 강조하고자 할 때이다.

(4) 강조성의 차이

가. A: 안녕, 어디(에/??를) 가?
　　B: 집(에/??을)가.
나. A: 나 지금 병원 가.
　　B: 뭐? 네가 병원(에/을) 간다고? 어디 아파?

(4가)에서처럼 친구와 만나서 인사를 할 때 '을/를'을 쓰는 것은 매우 어색하다. 이는 일상적인 맥락이므로 특별히 강조할 것이 없기 때문인 것으로 보인다. 그러나 (4나)에서처럼 친구의 목적지가 '병원'인 경우, 화자가 평소 건강한 친구가 어디가 아픈 것은 아닌지 걱정하면서 발화할 때는 '을/를'을 사용할 수 있다. 이때 '에'에 강세를 두어 발화하면 '을/를'과 마찬가지로 강조의 의미를 나타낼 수 있다.

◉ 3.2.2. 문법적 차이

첫째, 방향명사와의 결합 가능 여부에 차이가 있다. 이동동사 구문에서 '으로'는 방향명사와 결합할 수 있는 반면, '에'와 '을/를'은 방향명사와의 결합이 자연스럽지 못하다. (5가)에처럼 행사장을 안내할 때 그것의 방향을 가리킬 때는 '오른쪽으로'로 발화하는 것이 가장 자연스럽다. 다만, '에'는 맥락에 따라서는 방향을 나타내는 명사와 쓸 수 있는데, 이 경우에는 '으로'와 의미가 다르다. (5나)에서처럼 '손을 머리 위로'는 손이 위로 향하게 하라는 것이며, '손을 머리 위에'는 손이 머리 위에 위치하게 하라는 뜻이 된다.

(5)

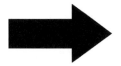

가. 오른쪽(으로/??에/*을) 가세요.

나. 손을 머리 위로 올려 주세요.

다. 손을 머리 위에 올려 주세요.

둘째, 이동동사 외의 동사와 결합할 수 있는가에 따른 차이가 있다. '에'는 지점의 의미를 나타내는 동사인 '도착하다', '도달하다', '이르다' 등의 동사와 잘 어울리는 반면, '으로'나 '을/를'은 이런 동사들과 잘 어울리지 않는 경향이 있다.10)

(6) 서술어 결합 제약

　가. 집(에/?을/?으로) 생각보다 일찍 도착했어요.

　나. 배가 항구(에/*를/*로) 이르렀다.

---

10) 맥락에 따라서는 '으로'가 '도착하다' 등의 지점을 뜻하는 동사와 결합 가능한 것으로 보이기
도 한다. '으로'는 '그것으로 하다'와 같은 구성에서 '다른 것이 아니라 이것을 선택한다'는 용법
을 갖기도 한다. 따라서 '이/가 아니라', '말고' 등과 같이 앞말을 부정하는 맥락이 주어지면 그
쓰임이 덜 어색해지는 것으로 보인다.

　가. 이 기차는 부산이 아니라 대구로 도착하는 기차였다.

비롯됨

들어가는 말

'에게'와 '한테', '에게서'와 '한테서'는 문체적인 차이를 중심으로 논의되어 온 조사이다. 그러나 이 네 조사는 어떠한 행위가 비롯된 대상을 나타낸다는 의미·기능상의 공통점이 있으므로 이들을 묶어서 다룰 수 있다. 여기에서는 이러한 의미적 공통점을 바탕으로 이 네 조사의 특징에 대해서 자세히 알아보도록 하겠다.

〈표 19〉 비롯됨을 나타내는 조사 목록

에게
한테
에게서
한테서

현행 교재 출현 현황

이 네 조사의 한국어 5종 교재의 출현 현황을 살펴본 결과, '에게'와 '한테'는 모두 1급에서 제시되고 있었다. '에게서'와 '한테서'는 1급과 2급에 걸쳐 제시되는 것으로 나타났다. 5종 교재에서의 대표형 제시 방법에 있어서 차이가 있었는데, '에게, 한테'와 같이 이 둘을 동시에 대표형으로 나열하여 제시하는 것이 있는가 하면, '에게'나 '한테' 중 한 조사를 대표형으로 세우고 문법 설명에서 나머지 한 형태에 대해 교체 가능한 형태로 제시하고 있는 교재도 있었다. '에게서'와 '한테서'도 마찬가지인데, '에게서, 한테서' 혹은 '에게서'만을 대표형으로 제시한 것이 있었다. 이는 교재 편찬자가 해당 교재를 펴냄에 있어서 문어와 구어 중 무엇을 더 중시하였는가에 따라서 대표형 제시가 달라진 것으로 보인다.

〈표 20〉 비롯됨을 나타내는 조사의 현행 교재 출현 현황

초급	중급	고급
에게		
에게서		
한테		
한테서		

③ 문형 간 비교

3.1. 공통점

이 네 조사는 어떠한 행동이 비롯된 대상을 나타낼 때 서로 교체하여 사용할 수 있다. (1가)는 화자에게 생일 선물을 준 대상이 '친구'라는 것을, (1나)는 한국어를 가르친 대상이 '선생님'임을, (1다)는 그 이야기를 나에게 한 대상이 '동생'임을 나타내고 있다. 이처럼 주어가 입은 행동이 일어난 대상을 나타낼 때에는 '에게', '에게서', '한테', '한테서'를 모두 교체하여 쓸 수 있다.

(1) 가. 친구(에게/에게서/한테/한테서) 생일 선물을 받았어요.
　　나. 저는 김 선생님(에게/에게서/한테/한테서) 한국어를 배웠어요.
　　다. 동생(에게/에게서/한테/한테서) 그 이야기를 들었어요.

이 네 조사는 행동을 일으킨 대상이라는 의미적 특성으로 인해 유정명사와
만 결합할 수 있다.

(2) 무정명사와의 결합 제약

　　가. *라디오(에게/에게서/한테/한테서) 그 이야기를 들었어요.

　　나. *그 단어는 책(에게/에게서/한테/한테서) 배웠어요.

3.2. 차이점

첫째, '에게'와 '한테'가 '에게서'와 '한테서'보다 더 용법이 많다. '에게서'와
'한테서'는 행동이 비롯된 대상임을 나타낼 경우에만 교체가 가능하며, '에게'와
'한테'의 다른 용법에서는 교체가 불가능하다는 차이가 있다. 따라서 '에게서'와
'한테서'는 대개 '에게'나 '한테'로 교체가 가능하지만, 그 반대의 경우에는 교체
가 불가능하다. (3가)는 소유하고 있는 대상을 나타내는 용법이며 이때는 '에
게서'와 '한테서'를 사용할 수 없다. (3나)는 주어의 행위가 미치는 대상을 나타
내고 있는데 이 경우에도 '에게'와 '한테'만을 사용할 수 있다.

(3) '에게'와 '한테'의 타 용법

　　가. 결정권은 나(에게/*에게서/한테/*한테서) 있다.

　　나. 아버지는 동생(에게/*에게서/한테/*한테서) 용돈을 줬다.

둘째, 이 네 조사는 문체적인 차이가 있다. '에게'와 '에게서'는 문어에서, '한
테'와 '한테서'는 주로 구어에서 사용하는 경향이 있다.

(4) 문체적인 차이

　　가. (신문에서) 장관 후보자는 기업 관계자들(에게/에게서/*한테/*한테서)
　　　　뇌물을 받은 혐의로 체포되었다.

나. 수지야, 남자 친구([?]에게/[?]에게서/한테/한테서) 무슨 선물받았어?

단, 구어에서라도 격식적인 상황에서는 '에게'와 '에게서'를 쓰기도 한다. 비격식적인 상황에서는 '한테', '한테서'를 사용하는 것이 자연스럽다.

(5) 격식성에 따른 차이

　가. (시상식) 올해 많은 사람들(에게/에게서/한테/한테서) 사랑을 받으셨는데, 소감이 어떠십니까?

비슷함

1 들어가는 말

'같이', '처럼', '만큼'은 모두 정도가 유사함을 나타낼 수 있으므로 문장에 따라서 이 세 조사 모두 교체가 가능할 때가 있다. 그러나 각각의 조사가 갖는 세부적인 의미·기능까지 일치하는 것은 아니어서 문법적으로는 교체가 가능하다고 해도 각각이 내포하고 있는 의미가 다른 경우도 있다. 이에 이 장에서는 이 세 조사의 공통점과 차이점에 대해서 살피고자 한다.

〈표 21〉 비슷함의 의미를 나타내는 조사 목록

같이
처럼
만큼

2 현행 교재 출현 현황

'같이', '처럼', '만큼'의 출현 현황을 현행 주요 5종 교재에서 살펴본 결과, 이들은 초급 후반에서부터 중급 교재에까지 걸쳐 제시되어 있음을 알 수 있다. 이 중 '처럼'과 '만큼'은 교재의 목표 문형으로 제시된 반면, '같이'는 어느 교재에서도 목표 문법으로 다루지 않았다. '같이'는 교재 안에서 노출되어 있거나 기타 문법으로 번역어를 제시하고 있다는 점에서 차이가 있었다. 그러나 '같이'와 '처럼'이 매우 유사한 의미·기능을 나타내고 이 둘의 번역어가 다르지 않

다는 점을 고려해 보면, 이 둘의 교육 내용이나 제시 방안에 대해 더욱 고민할
필요가 있어 보인다.

　한편, '처럼'과 '만큼'은 대개 '처럼'이 먼저 교재에서 제시된 후에 '만큼'이 제
시되는 순서를 따르고 있었다. 이때 '만큼'을 제시하기까지 시간적 간격을 두는
교재는 많지 않았는데, 5종 교재 중 한 권의 교재에서만 초급 2에서 '처럼'을
제시한 후에 중급 1에서 '만큼'을 제시하고 있었다. 나머지 교재에서는 '처럼'을
제시한 다음 과에서 '만큼'을 제시하는 등 시간적 간격 없이 이 두 조사가 거의
동일한 시기에 나타나고 있었다. 이처럼 이 두 조사를 연달아 제시하게 되면,
하나의 조사가 학습자의 언어 체계 안에 완전히 내재화되기 전에 유사한 의미
를 나타내는 조사를 다시 학습해야 하므로 학습에 부담이 될 수 있다. 향후에
는 이러한 점을 고려하여 둘 중 한 조사를 제시한 후에 충분한 여유를 두고 나
머지 조사를 제시해야 할 것이다.

〈표 22〉 비슷함의 의미를 나타내는 조사의 현행 교재 출현 현황

초급	중급	고급
	처럼	
	만큼	

③ 문형 간 비교

3.1. 공통점

　첫째, '같이', '처럼', '만큼' 모두 '앞의 말과 정도가 비슷함'의 의미가 있다. 따
라서 (1가)에서처럼 가수와 비슷한 실력으로 노래를 잘한다는 것을 나타낼 때
는 '같이'와 '처럼', '만큼'을 서로 바꾸어 쓸 수 있다. 그러나 이 세 조사가 의미

적으로 공유하고 있는 부분이 있다고 해도 늘 교체가 가능한 것은 아니다. 그렇다면 이러한 차이는 어디에서 기인하는 것인지를 다음에 자세히 살펴보자.

(1) 가. 현정이는 가수(같이/처럼/만큼) 노래를 잘해요.

　　나. 주말에도 평일(같이/처럼/만큼) 바빠요.

　　다. 제 고향도 서울(같이/처럼/만큼) 복잡합니다.

3.2. 차이점

◎ 3.2.1. 의미상 차이

첫째, 이 세 조사는 비유적 의미가 있는지 여부가 다르다. '같이'와 '처럼'은 앞말의 속성 혹은 전형적인 특징과 비슷하다는 의미가 있는 데 반해, '만큼'에는 이러한 비유적인 의미가 없다. (2가)는 얼굴색을 사과의 색깔에 비유하고 있다. 따라서 '사과같이 빨개지다, 사과처럼 빨개지다'는 가능하지만, '사과만큼 빨개지다'는 어색하다. '만큼'은 구체적인 수치 혹은 정량적인 말이 필요한데 어느 정도로 빨개져야 사과와 비슷한 정도가 되는 것인지 그 수치를 가늠하기 어렵기 때문이다. 마찬가지로 (2나)에서도 '새만큼 난다'고 한다면 나는 속도나 높이 등 정량적인 기준이 떠오르게 되므로 비유 표현에서는 잘 어울리지 않는 경향이 있다.

(2) 비유적 의미 여부에 따른 차이

　　가. 너무 부끄러워서 사과(같이/처럼/*만큼) 얼굴이 빨개졌어요.

　　나. 나도 새(같이/처럼/*만큼) 자유롭게 날고 싶다.

둘째, 이 세 조사 중에는 관용 표현에서 더 선호되는 조사가 있다. '같이'와 '처럼'은 비유 표현이라는 측면에서는 동일하지만, 일부 관용 표현에서는 '같이'를 쓰는 것이 더욱 자연스럽다. (3)의 예들은 일부 관용 표현에서의 '같이'

와 '처럼'을 비교한 것인데, '처럼'을 쓰면 다소 어색하게 느껴짐을 알 수 있다.

(3) 관용 표현에서의 선호도

　가. 불(같이/?처럼) 화를 낸다.
　나. 바다(같이/?처럼) 넓다.
　다. 시계(같이/?처럼) 정확하다.

　셋째, 이 세 조사는 선행어의 어떤 측면과 유사한 것인지, 즉 유사함의 대상이 다르다. '처럼'은 앞의 대상과 모양이나 생김새가 유사하다는 의미도 있는데 반해, '만큼'에는 이러한 의미가 없다. 앞서 이 세 조사의 공통점에서 든 예인 (4가)의 예를 살펴보자. '가수같이'와 '가수처럼'은 노래 실력이 가수와 비슷할 뿐만 아니라 무대 위에서의 몸짓이나 표정, 그 모습도 가수 같음을 나타낸다. '가수만큼'은 노래 실력이 가수와 비슷함을 나타낼 뿐, 무대 위에서의 모습이 어떤지는 알 수 없다. 즉 '만큼'에는 오직 앞의 대상과 견주어 볼 때 그 정도가 뒤처지지 않는다는 대등의 의미가 있을 뿐이다.

(4) 가. 가수(같이/처럼/만큼) 노래를 잘해요.

　넷째, 각 조사가 내포하고 있는 의미가 다르다. '처럼'과 '만큼'은 문장에서 교체가 가능하다고 할지라도 의미에는 차이가 있다. (5)의 두 문장은 모두 어머니와 비슷하게 키가 크다는 것을 나타내고 있지만, 그것이 지시하는 실제 나의 키는 다르다. '어머니처럼 키가 크다'는 어머니의 키가 평균 키보다 크고, 그런 어머니를 닮아서 내 키도 평균 키보다 크다는 의미를 나타낸다. 그러나 '어머니만큼 키가 크다'는 나와 어머니의 키가 서로 비슷하지만 평균 키보다 절대적으로 큰지는 알 수 없다(오경숙, 2004). 즉, '만큼'은 앞말인 비교 대상과 대등함을 나타내기 위해서 사용하는 것이지 비유 표현이 아님을 알 수 있다.

(5) 내포 의미상의 차이

　가. 저도 어머니처럼 키가 커요.

　나. 저도 어머니만큼 키가 커요.

◎ 3.2.2. 문법적 차이

　이러한 의미적인 차이들로 말미암아, 이 세 조사들의 선행어와 후행어로 오는 말도 달라진다. 먼저, 선행어의 측면에서 살펴보자. '만큼' 앞에는 '수, 크기, 높이' 등 정량적인 표현으로 바꿀 수 있는 말이 주로 결합한다. 그러나 '같이'나 '처럼'은 그렇지 않다. (6가)의 예는 학생 수가 다섯 명이므로 선생님이 그에 맞춰서 커피를 다섯 잔 사 왔으므로, 다섯 명이라는 정량적인 표현으로 앞말을 해석할 수 있다.

(6) 정량적 표현과의 어울림

　가. 선생님이 학생 수(*같이/*처럼/만큼) 커피를 사 오셨어요.

　다음으로, 후행어 제약에도 차이가 있다. '같이'나 '처럼' 뒤에는 생김새나 모양을 묘사하는 말, 자세 동사 등이 별다른 제약 없이 올 수 있지만 '만큼'은 그렇지 않다. (7가)에서는 요가를 할 때 교사가 학생에게 자신의 앉은 모습을 따라서 그렇게 하라는 것이므로 모양이 유사함을 나타내는 '같이'와 '처럼'만을 쓸 수 있다.

(7) 후행어 제약

　　가. 여러분, 저(같이/처럼/*만큼) 앉아 보세요.

◎ 3.2.3. 담화적 차이

　이 세 조사는 발화 의도에서 차이가 있다. '같이'와 '처럼'은 비유적인 의미가 있으므로 한국어 발화 공동체가 공유하고 있는 이미지를 이용하여 청자가 잘 모르거나 모르리라고 예상하는 어떤 것을 더 잘 설명하기 위해 사용하는 조사이다. 반면, '만큼'은 앞말과 유사한 수준임을 나타내므로 어떤 것을 비교하고자 하는 의도가 있을 때 더 잘 어울린다.

(8) 담화 의도에 있어서의 차이

　가. A: 나 어제 소개팅 했다.
　　　B: 그래? 어땠어? 얼굴은?
　　　A: 음. 그냥 모범생(같이/처럼/*만큼) 생겼어.
　나. A: 너 윗집 사는 수지 알지? 걔는 돈도 잘 번대.
　　　B: 엄마, 내가 들어서 아는데, 나도 수지(??같이/??처럼/만큼) 벌어.

　(8가)과 같이 대화 상대자가 내 소개팅 대상에 대해서 전혀 알지 못하므로 오직 말로써 이를 설명할 수밖에 없기에 '모범생같이' 혹은 '모범생처럼'의 표현을 써서 동일 언어문화권의 사람들이 공유하고 있는 '모범생'이라는 이미지를 떠올릴 수 있도록 하였다. (8나)의 대화에서 B는 윗집에 사는 그 사람과 비교했을 때 유사한 월급 수준이라는 점을 나타낼 뿐, 평균 급여보다 높다거나 어떠한 이미지를 이용하여 월급에 대해 설명하려는 의도는 없다.

상관없음

들어가는 말

'이나', '이든지', '이라도'의 사전적 의미는 각각 '모두를 포함', '어느 것이 선택되어도 차이 없음', '다른 경우와 마찬가지임'(『한국어 기초사전』)으로, 이러한 뜻풀이에서는 이 세 조사의 유의성이 잘 드러나지 않는다. 그러나 '어디', '무엇', '누구' 등과 같은 대명사와의 결합에서 이 세 조사 모두 '그중 어느 것이 되어도 상관없음' 의미로 해석되며, 큰 의미 차이 없이 교체가 가능한 경우가 있다. 이 세 조사의 차이가 문맥에 따라서는 아주 미세하여 한국어 모어 화자들도 이를 명확히 구분하기가 쉽지 않다. 한국어 학습자들은 이 세 조사를 혼동하는 경우가 많은데, 그 이유는 모어에서는 하나의 표현이 이 세 조사와 모두 대응되기 때문이다. 여기에서는 '상관없음'의 의미로 해석되는 조사 '이나', '이든지', '이라도'의 의미적, 통사적 특성을 살펴보겠다.

〈표 23〉 상관없음을 나타내는 조사 목록

이나
이든지
이라도

현행 교재 출현 현황

이 세 조사의 교재 출현 현황을 조사한 결과, '이나'는 5종 교재 중 2종 교재에서 부정칭 관형사 '아무'와 함께 '아무 ~이나'의 꼴로 제시되고 있었다. '이든지'는 교재마다 본말인 '이든지'를 제시한 경우와 준말인 '이든'을 제시한 경우로 유형이 나뉘었다. '이든지'를 제시한 교재는 반복하지 않고 해당 조사만을 제시한 데 반해, '이든'의 경우에는 '~이든 ~이든'과 같이 반복형으로 제시하고 있다는 공통점이 있었다. 제시 순서는 교재마다 공통된 경향성을 발견하기 어려웠다. '이든지'와 '아무 ~이나' 중 '이든지'를 먼저 제시하는 교재가 있는가 하면 '아무 ~이나'를 먼저 제시하는 경우도 있었다. '이라도'는 모든 교재에서 차선의 의미로만 제시되고 있었다. 아울러 교재의 등급을 살펴보면 '아무 ~이나'가 중급에서 제시되는 반면, '이든지'는 교재마다 초급에서부터 고급까지 제시 등급에 큰 차이를 보였다는 특징이 있었다.

〈표 24〉 상관없음을 나타내는 조사의 현행 교재 출현 현황

초급	중급	고급
	이나	
	이든지	
	이라도(차선)	

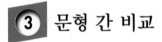 문형 간 비교

3.1. 공통점

이 세 조사는 '언제, 어디, 누구' 등 일부 대명사와 결합하여 '상관없음'의 의미를 나타낸다. 이러한 의미적 유사성으로 인해 이 세 조사는 큰 의미 차이 없이 교체가 가능한 경우가 있다. 아래의 예들에서 이를 확인할 수 있다. (1가)는 신청 자격이 상관없음을 (1나)는 때에 관계없이, (1다)는 장소를 막론하고의 의

미가 있다. 이러나 이 세 조사가 늘 교체가 가능한 것은 아니다.

(1) 가. 이번 대회는 누구(나/든지/라도) 신청 가능합니다.

　　 나. 상담은 언제(나/든지/라도) 환영합니다.

　　 다. 어디(나/든지/라도) 그런 사람이 있기 마련이다.

3.2. 차이점

　첫째, 의문사와의 결합에 있어서 각 조사가 지시하는 의미가 미세하게 다르다. '이나'는 '모두', '전부'라고 하는 전칭의 의미인 반면, '이든지'는 '특별한 자격이나 조건 없이', '이라도'는 'A도 B도 관계없이'의 의미를 나타낸다. 따라서 (2가)에서처럼 '여러 사람 중에서 어느 한 사람'이, (2나)에서처럼 '먹을 것 중에서 어느 하나'라는 개별적인 것을 가리키는 맥락에서는 '의문사+이나'의 결합이 다소 어색해 보인다. (2다)에서 '언제나'를 사용하면 시간의 일구간이 아니라 정해지지 않은 모든 시간을 지시하게 된다. 그러나 질문은 어느 한 시기에 이루어지는 행위이므로 특별히 과장을 하려는 의도가 없다면 '언제나'보다는 '언제든지'나 '언제라도'가 자연스럽다. 이는 '의문사+이나'가 '모든'의 의미로 해석되는 것과 관계가 있다.

(2) 해석상의 차이

　　 가. 누구(?나/든지/라도) 좋으니까 누가 나를 위로해 줬으면 좋겠다.

　　 나. 배가 고프니까 뭐(?나/든지/라도) 하나 좀 주세요.

　　 다. 선생님께 언제(?나/든지/라도) 질문하세요.

　둘째, 이 세 조사는 부정칭 대명사 '아무'와의 결합에 있어서 차이를 보인다. '이든지'는 '아무'와의 결합이 어색하다. 단, 장르에 따라서는(예: 성경) '아무든지'가 쓰이기도 하나 이는 일반적인 현상이라고 보기는 어렵다. '이나'와 '이라도'는 '아무'와의 결합에 제약이 없어, '아무나', '아무라도'로 활발히 사용된다.

'아무나'는 긍정문과 부정문에서 모두 사용되는 반면, '아무라도'는 부정문에서 그 쓰임이 어색하다는 차이가 있다(이금희, 2013). (3가)는 '아무든지'의 쓰임이 어색함을, (3나)는 부정문에서 '아무라도'의 쓰임이 어색함을 보인 것이다.

(3) 부정칭 대명사 '아무'와의 결합

　가. 이 우산은 아무(나/*든지/라도) 자유롭게 가지고 갈 수 있어요.
　나. 이 공연장에는 아무(나/*든지/*라도) 들어갈 수 없습니다.

　'아무'가 관형사로 쓰인 문장에서는 (4)에서처럼 조사 '이나'와의 결합이 가장 자연스러운 것으로 보인다.

(4) 부정칭 관형사 '아무'와의 결합

　가. 내 친구는 아무 때(나/?든지/??라도) 전화를 해댄다.
　나. 이 약을 먹는 동안에는 아무 음식(이나/*이든지/*이라도) 먹지 마세요.

　셋째, '이나'와 '이든지'는 반복 사용이 가능하지만 '이라도'는 반복해서 사용하면 어색하다는 차이가 있다.

(5) 반복 사용의 가능 여부

　가. (볼펜이나 연필이나/볼펜이든지 연필이든지/*볼펜이라도 연필이라도) 하나만 줘.
　나. (물이나 차나/물이든지 차든지/*물이라도 차라도) 있으면 한 잔만 마시고 싶다.

유일함

 들어가는 말

　화자가 대상을 한정하여 표현할 때 조사 '만', '밖에', '뿐'을 사용할 수 있다. 학습자의 모어에서도 한정하는 기능을 수행하는 말이 존재하는데, 예를 들어 영어는 부사 'only'로, 중국어에서는 '只'와 같은 단어로 표현한다. 학습자의 모어와 동일한 기능을 수행하는 항목이 목표어에 두 개 이상 존재할 때, 학습자들은 이 둘의 의미와 기능을 혼동하기 쉽다. 여기에서는 이 세 표현의 분포와 의미를 통해서 이들을 변별해 보고자 한다.

〈표 25〉 유일함 표현의 목록

만 밖에 뿐

 현행 교재 출현 현황

　유일함을 나타내는 '만'과 '밖에', '뿐' 중에서 '만'이 교재에서 가장 먼저 제시되고 있었다. '밖에' 역시 초급에서 제시되고 있었으나, 대개 '만'이 제시된 후에 '밖에'가 제시되는 순서를 따르고 있었다. '만'이 '밖에'보다 먼저 제시되는 이유는 통사적인 복잡성과 관련이 있는 듯하다. '만'은 후행어에 별다른 제약이 없는 데 반해, '밖에'는 그 의미가 부정이 아님에도 불구하고 후행문을 부정으로 바꿔야 한다는 제약이 따른다. 따라서 한국어 학습자들에게 '밖에'보다 '만'을 먼저 제시하는 것이 더 합리적일 것이다. '밖에'가 갖는 후행문 제약으로 인해 교재에 따라서는 '밖에'를 단독으로 제시하거나 '밖에 안/못 …, 밖에 없다'와 같이 후행하는 요소까지 문형에 포함하여 제시하기도 하였다. 조사 '뿐'은 목표 문형으로 제시되기보다는 한 교재에서 읽기의 이해를 돕기 위한 표현으로 고급 단계에서 소개되고 있었다.

〈표 26〉 유일함 표현의 현행 교재 출현 현황

초급	중급	고급
만		
밖에		
		뿐

③ 문형 간 비교

3.1. 공통점

첫째, 조사 '만'과 '밖에', '뿐'은 의미상의 공통점이 있다. 이 세 표현은 화자가 대상을 한정할 때 쓰는 것으로 선행 명사가 유일하다는 의미를 나타낸다. 예를 들어, 아래의 〈그림〉과 같이 냉장고에 물이 하나 놓여 있는 상황에서 화자는 그것이 냉장고에 있는 유일한 것이라는 것을 나타내기 위해 '만', '밖에', '뿐'을 써서 해당 사태를 묘사할 수 있다.

(1) 가. 냉장고에 물만 있다.
　　나. 냉장고에 물밖에 없다.
　　다. 냉장고에 물뿐이다.

둘째, 해석의 범위가 유사하다. '만', '밖에', '뿐'을 사용하면 유일함의 대상이 선행 명사에 그치지 않고 후행 행위에까지 그 범위가 미칠 수 있다. (2가)와 (2나)는 '과학 공부가 아니라 수학 공부를 한다'의 의미로도 해석될 수 있고, 맥락에 따라서는 '다른 일은 안 하고 수학 공부를 한다'의 의미로 해석될 수 있다. (2다)의 '수학 공부뿐이다'는 (2가)나 (2나)보다 더 많은 의미를 함축하고 있기는 하지만, 맥락에 따라서는 (2가), (2나)와 동일한 의미를 나타낼 수도 있다.

(2) 가. 영수는 수학 공부만 한다.

　　나. 영수는 수학 공부밖에 안 한다.

　　다. 영수는 수학 공부뿐이다.

3.2. 차이점

◉ 3.2.1. 의미상 차이

이 세 표현은 의미적으로는 다음과 같은 차이가 있다. 첫째, '만'과 '뿐'은 화자의 기대 심리를 함축하지 않는 데 반해, '밖에'는 화자의 기대 심리를 함축한다. (3)의 예에서 (3나)는 다소 어색하게 느껴지는데, 그 이유가 바로 '밖에'가 화자의 기대 심리를 함축하기 때문이다. 즉, (3나)처럼 말하면 '나는 여러 사람을 사랑해야 하는데 그러한 기대에 미치지 못하게'의 의미를 갖게 되므로 상대적으로 어색하게 느껴지는 것이다. 이러한 차이는 (4)의 예에서 더 두드러진다. 화자가 시간이 더 지났을 것이라고 예상하는데, 실제로는 화자의 기대에 미치지 않은 상황에서는 '밖에'를 쓰는 것이 더 자연스럽다(김효진, 2006).

(3) 화자의 기대 심리의 반영 여부 ①

　　가. 나는 너만 사랑해.

　　나. ?나는 너밖에 안 사랑해.

　　다. 나는 너뿐이야.

(4) 화자의 기대 심리의 반영 여부 ②

　가. 밤 12시는 됐을 줄 알았는데 *밤 9시<u>만</u> 됐다.

　나. 밤 12시는 됐을 줄 알았는데 밤 9시<u>밖에</u> 안 됐다.

따라서 '밖에'는 화자가 자신이 원하는 것보다 그 수가 적음을 나타낼 때 사용하는 것이 자연스럽다. 한편, '만'은 그것이 화자의 기대에 대해서는 어떠한 것도 함축하지 않고 현상 그대로를 표상한다. '뿐'은 앞의 대상이 유일하다는 것을 강조하고자 할 때 쓰는 것으로 화자의 기대 심리에 반함을 표현하지는 않는다. (5)의 예에서 '만'이나 '뿐'으로도 통장에 백 원이 있는 사실을 표현할 수는 있지만, '돈이 더 있어야 하는데 화자의 생각보다 너무 적다'는 의미를 나타내는 것은 (5나)라고 할 수 있다.

(5) 화자의 기대 심리의 반영 여부 ③

　가. 엄마, 저 돈 좀 보내 주세요. ?지금 통장에 백 원<u>만</u> 있어요. 밥도 못 먹어요.

　나. 엄마, 저 돈 좀 보내 주세요. 지금 통장에 백 원<u>밖에</u> 없어요. 밥도 못 먹어요.

　다. 엄마, 저 돈 좀 보내 주세요. ?지금 통장에 백 원<u>뿐</u>이에요. 밥도 못 먹어요.

둘째, 이 세 표현은 '-었으면'의 조건절에서 해석상의 차이가 있다. 아래 (6)의 예문은 모두 공통적으로 현실과의 반대 상황을 가정하지만, '~만 - 었으면'은 현실에서는 그렇지 못함을, '~밖에 - 었으면'은 현실에서는 그 이상임을 나타낸다. '~뿐 - 었으면'은 분열문에서의 쓰임이 자연스러워서 그 앞에 생략된 '필요한 것은', '현금으로 내야 하는 돈이' 등의 것이 현실에서는 더 많다는 것을 나타낸다. 예를 통해 살펴보자. (6가)는 화자에게 천만 원이 없었음을, (6나)는 화자에게 천만 원 이상이 있었음을, (6다)는 필요 경비가 천만 원 이상이라는 것을 나타낸다.

(6) 조건절의 해석

　가. 천만 원만 있었으면 그 차를 샀을 텐데, 돈이 없어서 차를 못 샀네.

　나. 천만 원밖에 없었으면 그 차를 샀을 텐데, 지금은 여유가 있으니까 더
　　비싼 차를 샀어.

　다. (필요한 경비가) 천만 원뿐이었으면 그 차를 샀을 텐데, 더 필요하대.

◉ 3.2.2. 문법적 차이

　이 세 표현은 통사적으로는 다음과 같은 차이가 있다. 첫째, 후행절 제약 유
무에 차이가 있다. '밖에'는 후행절에 '안', '못' 등의 부정 표현이나 '모르다',
'없다'와 같은 부정 극어가 와야 한다는 제약이 있다. 그렇지만 '만'에는 이러
한 제약이 없다. '뿐'은 선행 명사가 유일하다는 의미를 나타낼 때에는 '이다'가
함께 쓰여 '(명사)뿐이다'의 꼴로 비교적 고정적으로 사용한다. 아래의 예를 보
자. '있다'와 '없다' 중 무엇을 쓰느냐에 따라 의미에 차이는 있지만 (7가)의 '만'
은 이 둘과 모두 사용할 수 있는 반면, (7나)의 '밖에'는 '있다'와 공기하지 못하
며, (7다)의 '뿐'은 '있다', '없다'와 모두 공기하기 어렵다.

(7) 후행절 제약

　가. 오늘은 1교시 수업만 (있다/없다).

　나. 오늘은 1교시 수업밖에 (*있다/없다).

　다. 오늘은 1교시 수업뿐(이다/*있다/*없다).

　둘째, 이 세 표현은 명령문과 청유문에서 사용할 수 있는지 여부가 다르다.
'만'은 명령문과 청유문에서 쓰일 수 있는 반면, '밖에'와 '뿐'은 명령문과 청유
문에서 사용될 수 없다는 차이가 있다. (8가)와 (9가)는 각각 명령문과 청유문
에서 '만'이 사용될 수 있음을 보인 것이다. (8나)와 (9나)는 '밖에'가 명령문과
청유문에서 사용되지 않는다는 것을 보인 것인데, 이때는 '말다' 부정형과도 공
기할 수 없다. '뿐'도 (8다)와 (9다)처럼 명령문과 청유문 안에서 쓸 수 없다.

(8) 명령문에서의 쓰임

　가. 배가 아프면 죽만 드세요.

　나. ??배가 아프면 죽밖에 먹지 마세요.

　다. *배가 아프면 죽뿐 드세요.

(9) 청유문에서의 쓰임

　가. 우리 오늘만 놀자.

　나. *우리 오늘밖에 놀지 말자.

　다. *우리 오늘뿐 놀자.

　셋째, 이 세 표현은 분열문에서의 쓰임에 차이를 보인다. '만'이 분열문에서 쓰이는 것이 어색한 데 반해, '밖에'와 '뿐'은 매우 자연스럽다. 특히, '뿐'은 분열문에서 선행 명사를 지정하여 강조하는 의미가 있다.

(10) 분열문에서의 쓰임

　가. 내가 믿는 사람은 ?너만 있어.

　나. 내가 믿는 사람은 너밖에 없어.

　다. 내가 믿는 사람은 너뿐이야.

장소

① 들어가는 말

이 장에서는 장소명사와 결합하는 조사 '에'와 '에서'를 다룬다. '에'와 '에서'
는 각각 존재 및 도달점, 행위가 일어나는 장소를 나타내므로 의미적으로는 그
리 유사해 보이지 않는다. 그러나 이 두 조사는 한국어 학습자들이 고급이 될
때까지도 지속적으로 오류를 일으키는 것 중 하나로, 초급 단계에서는 특히 아
래와 같은 오류가 자주 발생한다.

(1) 가. *공원에서 사람이 많아요.
　　나. *저는 집에 공부해요.

이는 두 조사가 모두 장소명사와 결합한다는 공통점이 있으며 형태적으로도
유사하기 때문인 것으로 보인다. 이에 이 장에서는 두 조사 모두 장소명사와
결합하여 특정 행위를 하는 장소 혹은 존재의 장소를 나타낸다는 점에서 두 조
사의 공통점과 차이점을 살피고자 한다.

〈표 27〉 장소의 의미를 나타내는 조사 목록

에
에서

② 현행 교재 출현 현황

5종 교재에서는 '에'와 '에서'를 초급의 이른 시기에 제시되고 있었다. 이 두 조사는 대표적인 부사격 조사로 기본적인 문장을 만드는 데에 필요한 조사이므로 학습의 초기 단계에서 제시하는 것이다. 세부적으로는 '에'가 '에서'를 앞서 있었는데, 이는 후행어와 관계가 있다. 장소의 '에'는 '에 있다', '에 없다'와 같이 후행 서술어가 한정적인 데 반해, '에서'는 동사의 확장 단계에서 도입되는 만큼 다양한 동사와 올 수 있다는 차이가 있다. 따라서 장소의 '에'가 '에서' 보다 앞서 제시되는 것은 매우 자연스러운 순서임을 알 수 있다.

〈표 28〉 장소의 의미를 나타내는 조사의 현행 교재 출현 현황

	초급	중급	고급
에			
에서			

③ 문형 간 비교

3.1. 공통점

'에'와 '에서'는 장소명사와 결합하여 어떤 것이 존재하는 곳이나 영향을 받는 장소, 행위가 일어나는 장소 등 크게 장소의 의미를 나타낸다는 공통점이 있다. 이 둘을 변별하는 데에는 후행어가 큰 역할을 담당하게 되는데, 한국어 교육 현장에서는 후행어가 상태를 나타내는 말이면 '에', 동작을 나타내는 말이면 '에서'를 쓰는 것으로 구분하여 왔다. 그러나 '에'와 '에서'가 늘 이러한 통사

적 구분으로 이분되는 것은 아니다. (2)의 예와 같이 '에'와 '에서'가 문장에서
교체가 가능한 경우도 있다.

(2) 가. 여기(에/에서) 쓰레기를 버리지 마세요.

　　나. 집(에/에서) 있으면서 청소도 안 했니?

3.2. 차이점

◉ 3.2.1. 의미상 차이

　첫째, '에'와 '에서'가 나타내는 '장소'의 의미가 다르다. '에'는 주어가 존재하
는 위치 및 장소, 도달점의 의미가 있는 데 반해, '에서'는 주어가 동작을 행하
는 장소를 나타낸다는 차이가 있다. 즉, '에서'가 나타내는 장소의 범위가 더 넓
다고 할 수 있다. 다음의 예를 살펴보면 이러한 차이를 알 수 있다.

　(3) 가. 쓰레기통에 쓰레기를 버리세요.

　　나. ??쓰레기통에서 쓰레기를 버리세요.

(4) 가. 여기에 차를 세우지 마세요.

나. 여기에서 차를 세우지 마세요.

　(3)의 예를 살펴보면, '쓰레기통'은 쓰레기를 버리는 하나의 지점이므로 '에'를 써야 한다. '쓰레기통에서'를 사용하면 사람이 그 안에 들어가 있는 모습이 연상된다. (4)의 예는 '에'와 '에서'가 가리키는 장소의 범위가 어떻게 다른지를 보이고 있는데, '여기에'는 집 앞의 주차 구역을, '여기에서'는 백화점이나 주차장과 같은 더 넓은 장소를 가리키는 것으로 해석된다.

◉ 3.2.2. 문법적 차이

　'에'와 '에서'는 각각이 갖는 의미로 말미암아, 뒤에 결합하는 말에도 차이가 있다. '에'는 위치의 의미를 나타낼 때는 '있다, 없다, 많다' 등이 오며, 도달점의 의미를 나타낼 때는 '앉다, 눕다, 서다'와 같은 자세 동사, '버리다, 놓다, 세우다' 등 행위의 지점을 필요로 하는 일부 동사들이 온다. 반면, '에서'의 뒤에는 보통 동작을 나타내는 동사가 온다.[11]

---

11) '에서' 뒤에 형용사가 결합하는 일이 있기는 하지만, 'N에서 멀다', 'N에서 가깝다'와 같이 이때의 '에서'의 의미는 기준점이다.

(5) 후행어의 차이

　가. 책이 책상 위(에/*에서) 있어요.

　나. 저는 교실(*에/에서) 공부해요.

접속

 들어가는 말

여기에서는 한국어의 대표적인 접속조사인 '과/와', '하고', '이랑'을 비교하고자 한다. 이 조사들은 모두 두 개 이상의 것을 대등하게 접속한다는 점에서 의미·기능상 공통점이 있지만, 사용 환경에서 차이가 있다. 이러한 사용 환경에 대해 충분히 이해하지 못하면, 다음과 같이 고급 단계의 학습자가 작문 시험에서 '하고'나 '이랑'을 쓰는 오류를 범하기도 한다. 이 절에서는 이 세 조사의 공통점과 차이점에 대해서 살피고자 한다.

(1) 가. [?]이 글에서는 대가족하고 핵가족을 비교하고자 한다.

　　나. ^{??}무조건적인 개발이랑 발전은 피해야 한다.

〈표 29〉 접속 기능 조사의 목록

과/와
하고
이랑

 현행 교재 출현 현황

'과/와', '하고', '이랑'의 출현 현황을 현행 주요 5종 교재에서 살펴본 결과, 이들은 초급 교재에 제시되고 있었다. 그러나 세부 급수는 달랐는데, '과/와'와 '하고'를 동시에 제시하는 교재가 있는 반면, '하고'를 제시한 후에 시간적 간격을 두고 '과/와'를 도입하는 경우도 있었다. '과/와'와 '하고'의 제시 순서는 해당 교재가 구어와 문어, 격식성, 활용상의 용이성 중 무엇을 우선적으로 고려했는지에 따른 것이다. 한편, '이랑'은 5종 교재 중 한 교재에서만 초급 2의 목표 문법으로 제시되고 있었다. 이를 통해 한국어 교육 현장에서는 '이랑'을 적극적인 교수 대상으로 삼고 있지 않다는 것을 유추해 볼 수 있는데, 이는 '이랑'이 '하고'나 '과/와'에 비해 사용 상황이 비교적 제한적이라는 것과 관계가 깊다.

〈표 30〉 접속 기능 조사의 현행 교재 출현 현황

초급	중급	고급
과/와		
하고		
	이랑	

3 문형 간 비교

3.1. 공통점

첫째, '과/와', '하고', '이랑'은 의미 · 기능 면에서 동일하다. 이들은 (2가)에서처럼 두 개 혹은 그 이상의 사물이나 사람을 대등한 자격으로 이어준다. 또한 (2나)와 같이 서술어의 행위를 함께 하는 상대방을 나타내기도 하며, (2다)에서처럼 비교하는 기준을 나타낼 수 있다. 아래의 예문에서 이 세 조사는 서로 교체가 가능하며, 문법적으로 적법한 문장이 된다. 그러나 이 세 조사는 문체적인 차이가 있으므로 교체가 늘 자연스러운 것은 아니다.

(2) 가. 아침에는 커피(와/하고/랑) 빵을 먹습니다.

　　나. 어제 친구(와/하고/랑) 만났어요.

다. 이 신발이 원피스(와/하고/랑) 잘 어울리네요.

3.2. 차이점

◉ 3.2.1. 문법적 차이

첫째, 각 조사의 반복 사용이 자연스러운지 여부에 차이가 있다. '과/와'는 반복하여 사용하는 것이 어색한 반면, '하고'와 '이랑'은 이러한 제약이 없다. 따라서 '하고'와 '이랑'은 두 개 이상의 사물이나 사람 뒤에 연속적으로 나타날 수 있다는 점이 '과/와'와 다르다.

(3) 조사의 반복 사용에 있어서의 차이

　　가. ?방에 침대와 책상과 옷장과 텔레비전이 있다.
　　나. 방에 침대하고 책상하고 옷장하고 텔레비전이 있다.
　　다. 방에 침대랑 책상이랑 옷장이랑 텔레비전이 있다.

위의 그림과 같이 방에 있는 것을 나열할 때 (3가)처럼 '과/와'를 반복적으로 사용하는 것은 다소 어색하다고 할 수 있다. 이때는 ','를 사용하거나 마지막 사물을 제시하기 전에 '과/와'를 한 번만 사용하는 것이 자연스럽다.

둘째, 마지막 접속 대상 뒤에 조사 결합을 허용하는 것과 그렇지 않은 것이 있다. '하고'와 '이랑'은 마지막 대상에까지 각 조사를 반복해서 사용할 수 있는데, '과/와'는 그렇지 않다. 이러한 쓰임은 주로 구어에서 나타난다.

(4) 마지막 접속 대상 뒤에 결합 가능 여부에 따른 차이

　가. *어제 가방과 구두와 신발과 샀어.

　나. 어제 가방하고 구두하고 신발하고 샀어.

　다. 어제 가방이랑 구두랑 신발이랑 샀어.

◉ 3.2.2. 담화적 차이

　이 세 조사의 차이점은 담화상의 쓰임에서 더욱 두드러진다. 이 세 조사의 담화적 차이는 다음과 같다.

　첫째, 문체적인 차이가 있다. '과/와'는 주로 문어에서 사용하며, '하고'와 '이랑'은 주로 구어에서 사용한다. 예를 들어, 논문의 서론에서 논문의 구성을 설명하고자 할 때는 (6가)와 같이 '과/와'의 쓰임이 자연스럽다. 이때 '하고'나 '이랑'을 쓰는 일은 없을 것이다. (6나)와 같은 안내문에서도 '과/와'를 사용하는 경향이 있다.

(5) 문어에서의 쓰임

　가. 이 장에서는 연구 목적(과/*하고/*이랑) 방법을 소개하겠다.

　나. (가게 안내문) 우리 가게는 화요일(과/*하고/*이랑) 일요일에 쉽니다.

　둘째, 격식성과 비격식성에 따른 차이가 있다. '과/와'는 발표나 뉴스 보도 등 격식적인 상황과 잘 어울린다. 반면, '하고'와 '이랑'은 주로 일상대화와 같은 비격식적인 상황에서 자주 사용된다. (7가)와 같이 학회에서 사회자가 참석자에게 순서를 안내하는 공식적인 상황이라면 '과/와'를 사용하는 것이 가장 적절하다고 할 수 있다. 이 상황에서 '하고'나 '이랑'을 쓴다면 사회자는 상황에 어울리지 않는 발언을 한 사람으로 비칠 가능성이 높다. 만일, 공식석상이기는 하지만 사회자가 청중과 친분이 있으며, 다소 편안한 자리라면 '하고'의 쓰임이 어느 정도 용납될 수 있는 여지가 있을 수도 있다. 그러나 '이랑'은 아무리 편안한 자리라고 할지라도 공식석상에서는 잘 쓰지 않는다. (7나)와 같이 아주 친

한 친구나 친동생에게 격 없이 편하게 이야기할 때에는 '과/와'보다는 '하고'나 '이랑'을 쓰는 것이 더 자연스럽다.

(6) 격식성에 따른 차이

　가. 여러분, 지금부터 발표(와/^{??}하고/*랑) 토론이 있겠습니다.

　나. 야! 너 어제 청소(^{??}와/하고/랑) 설거지 했냐?

　셋째, 조사를 사용하는 화자의 연령층에 차이가 있을 수 있다. '하고'와 '이랑' 모두 구어에서 사용되는 조사라는 점에서는 같지만, '이랑'은 연령대가 낮은 화자들 사이에서 활발히 사용하는 경향이 있다. 연령대가 높은 사람들은 상대적으로 '이랑'을 덜 사용하는 편이다. 이는 아마도 연령대가 높은 사람들이 격식적인 상황에 놓이는 경우가 많기 때문이라고 생각된다.

(7) 화자의 연령층에 따른 차이

　가. 여기요, 냉면(하고/이랑) 만두 주세요.

　나. 아이: 엄마, 오늘 선생님이요, 사탕(하고/이랑) 초콜릿(하고/이랑) 주셨어요.

　다. 사장: 회장님, 오늘 인턴사원에게 사탕(하고/^{??}이랑) 초콜릿(하고/^{??}이랑) 받았습니다.

　넷째, 어감에 차이가 있다. '이랑'은 정감적인 느낌이 있다. 앞서 언급한 화자의 연령대도 '이랑'의 정감적 용법으로 인한 결과라고 할 수 있다. (8가)에서처럼 청혼할 때에는 '하고'와 '이랑' 모두 사용될 수 있는데, (8나)에서처럼 이혼을 요구할 때 '이랑'은 다소 어색하게 느껴진다.

(8) 정감성에 따른 차이

　가. 저(하고/랑) 결혼해 주세요.

　나. 저(하고/[?]랑) 이혼해 주세요.

주체[12)

 들어가는 말

  여기에서는 이른바 행위 및 상태의 '주체'에 결합하는 조사 '이/가'와 '은/는'을 다룬다. 이 두 조사는 문두에 출현하며 문장 성분 중 주어에 결합한다는 공통점이 있다. 이러한 공통점으로 인해 한국어 학습자들은 고급 단계가 되어도 '이/가'와 '은/는'을 정확히 구분하여 쓰는 데에 어려움을 겪는다(김정숙·남기춘, 2008 등). 특히, 영어나 중국어와 같이 조사 없이 어순으로 행위 및 상태의 주체를 나타낼 수 있는 언어가 모어인 학습자들에게는 이 두 조사의 차이를 변별하는 것이 큰 학습 과제가 된다. 또한 학습자의 모어에 '이/가'와 '은/는'에 해당하는 조사가 있다고 해도 그 의미·기능이 완전히 일치하지 않아 학습자들이 양 언어의 미묘한 차이를 구분하기란 여간 쉬운 일이 아니다. 이에 다음에서는 '이/가'와 '은/는'의 차이점에 대해서 다각도로 살펴보고자 한다.

〈표 31〉 주체를 나타내는 조사 목록[13)

이/가
은/는

---

12) 본서에서는 '이/가'와 '은/는'의 공통점을 묶는 메타용어로 '주어' 대신 '주체'라는 용어를 사용하고자 한다. 이는 '주체'라는 용어가 서술어와의 의미 관계를 더 잘 드러내 주기 때문이다.
13) 조사 '에서'도 단체 명사와 결합하여 행위의 주체를 나타낼 수 있다. 그러나 이때 '에서'는 형용사와 결합하지 않는 등 문법적인 제약이 따른다는 점에서 '이/가'나 '은/는'과 다르다. 이러한 특징으로 말미암아 이를 주체를 나타내는 조사로 보지 않는 의견도 있다(이정택, 2011). 아울러 한국어 교재에서도 '에서'의 교육 내용에 주체를 나타내는 용법이 포함되지 않으므로 이 장에서는 '에서'는 제외하고 논의를 진행하겠다.

② 현행 교재 출현 현황

'이/가'와 '은/는'의 교재 출현 현황을 현행 주요 5종 교재에서 살펴본 결과, 모두 초급에서 제시됨을 알 수 있다. 이 두 조사는 초급 교재 안에서도 한글 학습이 끝난 뒤에 초반에 제시되는 문법 항목이라는 특징이 있다. 제시 순서는 대개 '은/는'이 '이/가'를 앞선다. 이는 '제 이름은 …', '저는 ○○ 사람입니다'와 같이 자기소개 상황에서 '은/는'의 사용이 자연스러운 것과 관계가 있다. 한편, '이/가'는 한국어의 대표적인 주격 조사이지만, 자기소개 단원이 끝난 후에 주변 사물로 단어를 확장하는 단계에서 '이것이 무엇입니까?'와 같이 지시사와 함께 제시되거나 '있다' 구문에서 문장의 주어를 나타내는 조사로 소개된다. 그런데 주격 조사로서의 '이/가'의 쓰임을 학습하는 시점에서 '아니다' 구문에서 '이/가'가 보격 조사로 사용되는 쓰임마저도 거의 동시에 학습을 해야 하므로 한국어 학습자들에게는 여간 복잡한 문제가 아닐 수 없다. 한글을 배우고 겨우 자모를 읽고 쓸 수 있는 단계가 지난 지 얼마 되지 않아 '저는 제시카입니다.', '이것이 무엇입니까?', '이것은 지우개가 아닙니다.'와 같이 주어 자리에서 '은/는'과 '이/가'가 동시에 사용되는 현상과 '이/가'가 늘 문장의 주어를 나타내는 것은 아니라는 것을 이해해야 하기 때문이다.

대다수의 한국어 교재 편찬자와 교사들은 한국어 학습자들이 겪어야 하는 이러한 어려움을 인지하고 있을 것이다. 그럼에도 불구하고 교재 제시 순서를 쉽사리 개선하지 못하는 것은 이 두 조사의 실제 쓰임이 매우 복잡하여 한마디로 정리될 정도로 명확한 구분이 쉽지 않으며, 한국어 모어 화자의 말뭉치에서 알 수 있듯이 실생활에서 매우 고빈도로 활발히 사용되는 조사이기 때문이다. 따라서 교수·학습의 편의를 우선적으로 고려하여 이 두 조사 중 하나만을 제시하거나 일정 시간의 간격을 두고 각각을 제시하는 것은 실제 언어생활과 유리되어 버린다는 문제가 발생할 수 있다. 이를 해결하기 위해서는 초급과 중급, 고급으로 학습 단계가 나아가면서 '이/가'와 '은/는'의 차이를 보다 심도 있게 제시하고 다양한 문맥에서의 쓰임, 이를 활용한 연습 문제를 개발하는 것이 필요할 것이다. 일부 교재에서는 중급 단계에서 이 두 조사의 차이에 대해 부록 자료를 통해 다시 한 번 언급해 주고 있는데, 이러한 시도가 확장되어야 할 것으로 보인다.

〈표 32〉 주체의 기능을 나타내는 조사의 현행 교재 출현 현황

	초급	중급	고급
이/가			
은/는			

③ 문형 간 비교

3.1. 공통점

'이/가'와 '은/는'은 모두 문두에 와서 행동 및 상태의 주체를 나타낼 수 있다.

(1) 가. 우산(이/은) 없어요.
　나. (내가/나는) 친구를 만났습니다.
　다. 친구(가/는) 태권도를 할 수 있다.
　라. 이 치마(가/는) 얼마예요?
　마. 이 버스(가/는) 신촌으로 가요.

(1가)의 '우산이 없어요'와 '우산은 없어요'는 모두 문법적으로 적절한 문장이다. 그러나 맥락에 따라서는 둘 중 한 표현이 더 적절하게 느껴질 수 있다. 이처럼 이 두 조사는 의미·기능적 공통점으로 말미암아 문법적인 적법성을 이분법적으로 따질 수 있는 것이 아니라서 학습자들은 다음과 같이 어색한 문장을 만들어 내기도 한다.

(2) 가. ??제가 한국 음식이 좋아요.

　　나. ??지금부터 저는 발표를 할게요.

3.2. 차이점

◉ 3.2.1. 의미상 차이

'이/가'와 '은/는'은 의미상에 몇 가지 차이가 있다. 첫째, 두 조사의 파생 의미가 다르다. '이/가'는 맥락에 따라서 '선택 지정'의 의미가 있고, '은/는'은 대조의 의미가 있다.14) '선택 지정'은 선행어의 후보가 되는 자매항 중에서 '다른 후보가 아니라 바로 그것이' 선택되었다고 하는 의미이며, '대조'는 서술어의 내용에 반함을 의미한다.

(3) 파생 의미의 차이

　　가. 아빠(가/는) 한국에 왔어요.

　　나. 얼굴(이/은) 예뻐요.

　　다. A: 오늘 시간 없다고? 그럼 내일도 안 돼?

　　　　B: 아니, 내일(은/*이) 괜찮아.

위의 예문 (3가)에서 '아빠가'와 '아빠는'은 모두 한국에 온 주체가 '아빠'임을 나타내고 있다. 이 경우 모두 화자의 아버지가 한국에 왔다는 명제적 사실에는 차이가 없다. 그러나 맥락에 따라서 '아빠가'는 '엄마, 할아버지, 할머니가 아니라 바로 아빠가', '아빠는'은 '엄마는 안 왔지만 아빠는 왔다'와 같은 파생 의미를 나타낼 수 있다. '은/는'의 대조 의미는 단문에서 상태의 주체를 나타낼

---

14) '선택 지정'은 고석주(2001)의 용어를 빌린 것으로, 남기심(1991)에서는 이를 '이/가'가 '배타성'을 갖는다고 하였다. '은/는'의 경우, 박철우(2014)에서는 '은/는'의 기본 의미를 '화제'로, '대조'는 파생적 의미로 본다. 설령 '은/는'이 맥락과 억양으로 실현되는 파생적 의미라고 할지라도 구어에서는 '은/는'의 의미가 대부분 대조로 나타난다는 점(최동주, 2012)은 주목할 만하다.

경우에 더욱 두드러진다. (3나)에서 '얼굴이'는 미인이라는 명제적인 사실 전달에 초점이 있거나 얼굴을 강조하고자 발화한 것으로 볼 수 있다. 그러나 '얼굴은'은 '성격은 나쁜데 얼굴은 예쁘다'라든지 '다른 것은 모르겠지만 얼굴만은 예쁘다'와 같은 대조적 함축을 지니는 것으로 해석될 가능성이 높다. (3다)는 대화 상황에서 '이미 오늘은 시간이 없다'는 대조적 의미를 나타내고 있으므로 '내일이'의 사용이 어색하다.

둘째, 소위 '주제어'로서의 기능을 할 수 있는지에 따른 차이가 있다. 문장의 주어 자리에 쓰인 '이/가'는 대개 행동 및 상태의 주체로 해석되는 데 반해, '은/는'은 반드시 그런 것은 아니다. 오히려 '은/는'은 문장보다 넓은 담화상의 주제 혹은 화제를[15] 나타내며, 소위 '~에 대하여'로 환언하여 해석되기도 한다.

(4) 주제어로서의 기능

　가. 냉면(*이/은) 역시 여름이지.
　나. 언어학(*이/은) 인간의 언어를 탐구하는 학문이다.

(4가)에서 '냉면=여름'의 관계가 성립되지 않으므로 '냉면이'의 사용은 어색한 반면, '냉면은'의 사용은 가능하다. 이는 화자가 '여름에는 냉면을 먹어야 맛있다'는 생각을 함축적으로 표현한 것으로 '냉면에 대해서' 이야기를 하고 있지만 그것이 '여름이다', 즉 서술어의 주체가 되지는 않는다. 언어학 개론서에서 언어학에 대한 정의를 한다면, (4나)와 같이 '언어학은'으로 시작하는 것이 자연스럽다. 그리고 이는 '언어학이란'으로 교체할 수 있는 것으로 책에서 주어진 화제인 '언어학'을 중심으로 그것에 대한 정의를 내리고 있다는 점에 주목할 만하다. 이때는 '언어학=인간의 언어를 탐구하는 학문'이라고 하는 관계가 성립된다고 하더라도 '이/가'의 사용이 어색하다.

---

15) 김영일(2016a, b)에서는 '이/가'와 '은/는'을 각각 주어와 주제로 분리하여 학습자들에게 제시하는 것은 합당하지 않다고 지적하고 있다. 그는 기존 논의를 비판적으로 검토하는 동시에 한국어 직관이 없는 학습자들에게 이 두 조사를 적절히 사용하게 하기 위해서 복잡한 설명보다는 '은/는'은 '주어 고정, 술어 선택(초점)', '이/가'는 '주어 선택(초점), 술어 고정'(김미형, 2011)을 핵심으로 제시하고 맥락에 따라 이 두 조사가 어떻게 사용되는지를 교육해야 한다고 주장한다.

◉ 3.2.2. 문법적 차이

첫째, 내포문에서의 쓰임이 다르다. 내포문에서는 '이/가'를 쓰는 것이 보통이다. '은/는'이 대조의 의미가 있다면 간혹 내포문에서 쓰일 수 있기도 하지만, 이는 매우 특수한 경우이다. 관형절에서는 대조의 의미를 나타내고 싶다고 하더라도 '은/는'의 쓰임이 자연스럽지 않다. 아래의 세 예문은 모두 내포문이라는 공통점이 있다. 이때 '이/가'의 사용은 자연스러운데 반해, '은/는'은 특별한 맥락이 주어지지 않는다면 그 쓰임이 매우 어색하다.

(5) 내포문에서의 쓰임

　가. 친구(가/*는) 제 선물을 좋아할지 모르겠어요.

　나. 신혜 씨, 혹시 크리스 씨(가/*는) 어디에 사는지 알아요?

　다. 이 빵은 (내가/*나는) 어제 산 빵이에요.

둘째, 의문사와의 결합에서 차이를 보인다. '이/가'는 '어디, 뭐, 언제' 등과 같은 의문사와의 결합이 자연스러운 반면, '은/는'은 그렇지 않다. 그 질문에 대한 대답을 할 때에도 '이/가'를 사용하는 것이 더 자연스럽다. 이는 '이/가'가 열린 범주 중에서 어떤 것을 특별히 선택하는 '선택 지정'의 의미가 있는 것과 관계가 있다. (6가)의 예를 살펴보면, '과일'이라고 하는 열린 선택지에서 화자는 '사과, 배, 수박, 귤, 딸기, 오렌지, 바나나 …' 중 화자가 마음에 들어 하는 과일 하나를 지정하여 말하고 있으므로 '이/가'를 사용하는 것이다.[16] (6나)에서도 마찬가지로 해당 공간에 있는 사람들 중에서 어느 사람이 '김수지'인지를 묻고 있다. 그리고 이러한 물음에 대한 대답으로는 '다른 사람이 아니라 바로 화자 자신'이라는 의미로 '제가'를 사용하고 있다.

---

16) 이러한 용법에 대해 '배타', '선택', '지정' 등 다양한 용어가 사용되어 왔다(이미지, 2013: 411-3). '이/가'가 다른 자매항이 아니라 바로 그것을 선택함으로 강조의 의미가 있다고 보는 견해도 있으나, '강조'라는 용어 자체가 다소 모호하므로 이 용법을 가리키는 데에는 사용하지 않는다. '강조'라는 용어 제시가 갖는 문제점에 대해서는 김영일(2016a)를 참조할 수 있다.

(6) 의문사와의 결합

　가. A: 과일 중에서 뭐(가/*는) 좋아?

　　　B: 수박(이/*은) 좋아.

　나. A: (누가/*누구는) 김수지 씨입니까?

　　　B: (제가/*저는) 김수지예요.

　셋째, '은/는'과 '이/가'는 분포의 차이를 보인다. '은/는'은 한국어의 대표적인 보조사로 목적격 조사의 자리에도 올 수 있으며, 부사나 다른 조사, 어미에도 활발히 결합한다. '이/가'도 보조사로서의 쓰임이 있기는 하지만 상대적으로 분포가 제한적이다. (7가)와 같이 문두에서는 '은/는'과 '이/가'가 모두 사용될 수 있지만, 목적격 자리에서는 '이/가'의 사용이 어색하다. (7나)에서 '이제'라는 부사 뒤에 '은/는'이 사용되었다. (7다)에서는 조사 뒤에 '은/는'이 결합한 것이다. (7라)는 연결어미 '-(으)면'에 '은/는'이 결합되는 반면, '이/가'가 결합되지 않음을 보이는 예이다. (7마)와 같이 '이/가'도 다른 조사와 결합할 수 있기는 하지만 '은/는'에 비해서 결합할 수 있는 조사의 수가 한정적이다.

(7) 분포의 차이

　가. 내 친구(는/가) 술(은/*이) 안 마셔.

　나. 이제(는/*가) 말할 수 있다.

　다. 실내에서(는/*가) 뛰지 마시오.

　라. 만약 또 아프면(은/*이) 일단 병원에 가.

　마. 오직 너만(*은/이) 나를 이해할 수 있어.

　단, '이/가'와 '은/는' 모두 공통적으로 부정 표현에서 사용되는 어미 '-지' 뒤에 결합할 수 있다는 공통점이 있다. 그러나 이 경우에도 이 두 조사의 의미적 차이로 말미암아 해석이 달라진다. (8가)는 단순히 방이 깨끗하지 않다는 것을 완곡하게 발화하고 있는 반면, (8나)는 '다른 것은 모르겠고', 혹은 '방도 넓고 좋지만' 등의 대조적인 함축의 의미가 숨어 있다.

(8) 해석상의 차이

　가. 방이 깨끗하지가 않네.
　나. 방이 깨끗하지는 않네.

　넷째, 화자의 의지를 나타내는 문장에서는 '이/가'가 더 자주 공기한다. 화자의 의지를 나타내는 '-겠습니다', '-을게요'로 문장을 종결하는 경우, '은/는'을 쓰면 어색하다. 이는 '이/가'가 '다른 사람이 아니라 바로 자신'이라는 지정의 의미가 있는 것과 연관이 있어 보인다.

(9) 의지를 나타내는 문장에서의 쓰임

　가. (제가/*저는) 도와 드릴게요.
　나. (제가/*저는) 설명해 드리겠습니다.

◉ 3.2.3. 담화적 차이

　지금까지 '이/가'와 '은/는'의 의미적, 통사적 차이점에 대해서 살펴보았다. 그러나 이 두 조사의 의미적, 통사적 차이점을 이해했다고 하더라도 이 둘을 완벽하게 분리하여 사용하기란 쉽지 않다. 왜냐하면 '이/가'와 '은/는'은 담화상의 차이도 있기 때문이다. 즉, 문장을 넘어서서 상황-구어에서는 발화 상황, 문어에서는 문맥, 화청자가 공유하고 있는 지식 여부를 종합적으로 판단할 때 비로소 이 두 조사의 차이가 좀 더 분명해진다.

　첫째, '이/가'는 신정보에 결합하는 반면, '은/는'은 구정보와 결합한다.[17] 신정보란 화자가 청자 혹은 독자가 모르리라고 기대하는 것을 가리킨다. (10가)는 동화가 시작되는 도입부로 첫 문장에서는 '공주가'가 자연스러운데, 그 다음에는 '공주는'의 쓰임이 자연스럽다.[18] (10나)와 같이 모르는 사람에게 길을 물을 때에도, 화자는 청자에게 '서울역'이라는 장소를 대화에서 처음 제시하게 된다. 따라서 '서울역이 어디예요?'가 자연스럽다. 만약 '서울역은 어디예요?'라고 묻는다면 화자는 청자가 당연히 서울역이 어디에 있는지 알 것이라는 가

정 하에 말을 한다는 인상을 주므로 자연스럽지 않다.[19] 그리고 그것의 대답
으로는 '서울역'이라는 장소가 공유된 상태이므로 '서울역은'으로 발화하는 것
이 자연스럽다.

(10) 정보성에 따른 차이

　가. 옛날 옛날에 공주(가/*는) 살았어요. 그 공주(는/*가) 아주 예뻤어요.

　나. A: 저기요, 길 좀 물을게요. 서울역(이/*은) 어디예요?

　　B: 서울역(은/*이) 이쪽으로 좀 더 걸어가셔야 돼요.

　그러나 담화에서 처음 도입되는 대상이라고 할지라도 해당 문장이 전달하고
자 하는 명제가 상식적인 것이라면 '은/는'의 쓰임이 자연스럽다. (11가)에서처
럼 '현대인이 정보화 시대에 살고 있다'고 하는 것은 새삼스러운 일이 아니며,
화자가 청자에게 강조하여 말하지 않아도 일반적으로 공유하고 있는 상식적인
내용이다. 마찬가지로 (11나)처럼 '지구가 둥글다'고 하는 것도 사실로 받아들

---

17) 정연창·최현욱(1998:484)은 소위 구정보−신정보의 개념은 '가'의 사용과 관련이 없거나
적어도 결정적인 요인은 아니라고 지적하였다. 그 예로 일본어의 논의를 빌려, 그것을 한국어
로 적용한 다음과 같은 문장을 들고 있다.
　가. 강도가 내 집에 침입했다/했는데,
　나. 그 강도가 나에게 권총을 겨누며 돈을 내라고 했다.
그러나 이 예는 화자가 청자가 모르는 경험을 일방적으로 서술하고 있다는 점에서 신정보의 범
위에 들어갈 수도 있다. 또한 김수정·최동주(2013:55)에서도 이처럼 '이/가'가 선행 맥락에서
언급된 대상과 결합하는 경우가 있음을 지적하며, 이때는 서술어의 내용이 주어에 대해서 새로
운 것을 추가해 주며 새로운 사건이 전개되는 문장으로 느껴진다는 점에 주목할 필요가 있다고
하였다.
18) 최석재(2013:92)와 최동주(2012: 34)에서는 소설의 첫 구절이 (10가)의 구성을 따르지 않
는다는 점을 지적하였다. 즉, 반드시 '이/가'를 통해 주인공이 제시되는 것이 아니라 '옛날에 공
주는 …'과 같이 '은/는'을 사용하여 화제를 도입하는 문학 작품을 볼 수 있음을 밝혔다. 최석재
(2013:92)에서는 이러한 원인을 후행절의 내용이 '살다'와 같은 일반적인 것이므로 설명할 가치
가 없는 내용이기 때문이라고 하는 정보 가치설에 따른 차이임을 주장하였다. 같은 현상에 대해
최동주(2012)에서는 글을 쓴 저자가 독자가 모르는 것을 이미 아는 것처럼 의도적으로 '은/는'
을 사용하여 더욱 글에 몰입할 수 있도록 하려는 일종의 효과를 노린 결과라고 하였다.
19) 만일 식당에서 손님이 종업원에게 '화장실'에 대해서 묻는다면, '화장실이 어디예요?'와 '화
장실은 어디예요?' 모두 가능하다. 후자가 가능한 이유는 손님(화자)는 종업원(청자)가 이 식당
의 사람이므로 당연히 화장실의 위치를 안다고 생각할 수 있기 때문이다.

여지는 정보이므로 '이/가'가 아니라 '은/는'을 쓰는 것이 자연스럽다.

(11) 상식적 정보 전달에서의 쓰임

　가. 현대인들(은/*이) 정보화 시대에 살고 있다.

　나. 지구(는/*가) 둥글다.

　한편, '은/는'은 구정보와 결합하는 것이 자연스럽다. 구정보는 화청자 간의 정보 공유 여부와 관계가 있다. 김미형(2011)에서 '은/는'은 주어가 고정되고 술어가 선택될 때 사용된다고 하였는데, 이 역시 '은/는' 앞의 대상이 담화상에서 이미 화자와 청자에게 공유되어 초점을 받지 않는 구정보라는 점과 궤를 같이 한다. 흔히 한국어 교재에서 자기소개를 하는 상황에서는 '은/는'을 쓴다고 제시하고 있는데, 이 역시도 화자의 존재가 구정보인 것과 관련이 있어 보인다. 즉, 화자의 존재가 시각적으로 청자와 공유되었으므로 '은/는'의 쓰임이 자연스럽다. (12가)는 자신을 소개하는 상황으로 '나'라는 존재를 공유한 상태에서 '나'에 대해서 이야기를 하고 있으므로 '제 취미', '우리 가족' 등에도 모두 '은/는'이 결합하는 것이 자연스럽다. 그러나 (12나)와 같이 처음 인사를 할 때, 화자가 말로만 들어 왔던 '수지 동생'의 존재를 눈으로 처음 확인한 경우에는 해당 인물의 실물이 화자에게 있어서 신정보가 되므로 '이/가'를 쓰게 된다.

(12) 소개 상황에서의 쓰임

　가. 안녕하세요. (저는/*제가) 이수지라고 합니다. 제 취미(는/*가) 독서
　　　예요.
　　　우리 가족(은/*이) 모두 5명이에요.

　나. A: 얘기 많이 들었어. (네가/*너는) 수지 동생이구나.
　　　B: 처음 뵙겠습니다.

　지금까지 '이/가'는 신정보에, '은/는'은 구정보와 잘 어울린다는 담화적 특징에 대해서 살펴보았다. 그러나 신정보이냐 구정보이냐 하는 정보의 종류를 한국어 학습자가 매번 판단하는 것은 어렵다. 또한 정보성은 화자가 판단하기 나

름이므로 이것이 '이/가'와 '은/는'을 가르는 절대적인 기준은 될 수 없다. 일례로 때때로 '이/가'가 없이도 새로운 정보가 제시될 수 있으며 '은/는'이 신정보를 나타내는 일도 있다(김지현, 2007). 따라서 '이/가'와 '은/는'의 담화상의 특징을 잘 드러내 주는 특정 발화상황을 예로 들어, 이 두 조사의 쓰임을 변별하는 것도 하나의 대안이 될 것으로 보인다. 예를 들어, '자기소개'에서는 '은/는', 화자가 자기만 아는 것을 청자에게 말해야 하는 상황, 즉 '자신의 경험 이야기하기', '들은 내용 전달하기', '청자에게 어떤 것을 상기시키기', '변명하기', '고백하기' 등의 기능을 수행할 때는 '이/가'의 사용이 자연스럽다는 식의 상황중심적인 접근이 유용할 것으로 보인다.

차선

 들어가는 말

　여기에서는 차선이나 미흡함의 의미를 나타내는 세 개의 조사를 다룬다. 이 조사들은 모두 선행어로 온 대상이 화자의 마음에 흡족하지 않은 것이라는 점에서 의미적으로 공통되는 지점이 있다. 따라서 이 세 조사를 처음 접하는 한국어 학습자들은 이 세 조사의 의미적 유사점으로 인해 사용상의 혼란을 겪으며, 이 세 조사의 차이점을 명확히 하고 싶어 한다. 특히 '이나'와 '이라도'는 한국어 화자라고 해도 분명한 의미의 차이를 느끼기 어려운 경우가 있다. 여기에서는 차선 혹은 미흡함의 의미가 있는 '이나', '이나마', '이라도'에 대해서 살피고자 한다.

〈표 33〉 차선의 의미를 나타내는 조사 목록

이나
이나마
이라도

 현행 교재 출현 현황

　이 장에서 다루는 조사들의 출현 현황을 현행 주요 5종 교재에서 살펴본 결과, 이들은 초급, 중급, 고급에 걸쳐 제시되고 있었다. '이나'는 이 조사의 여러 의미 및 용법이 초급에서부터 고급까지 다루어지고 있었으나, 차선의 의미는 주로 초급과 중급에서 나타났다. 형태별로는 대개 '이나', '이나마', '이라도'의 순으로 제시되고 있었다. 교재들은 세 조사를 한 급에서 하나씩 순차적으로 제시하고 있었다. 그러나 이 세 조사는 의미 설명이 매우 간략하고 '차선', '최선이 아닌 것', '마음에 차지 않는 선택', '차선, 그런대로 괜찮은 것'과 같이 뜻풀이가 유사하였다. 향후에는 한국어 학습자들의 의미 혼동을 피할 수 있도록 이 세 조사의 뜻풀이를 가능한 한 차별화할 필요가 있어 보인다. 세부적인 급수는 교재에 따라 다르지만 대체적인 현행 교재 출현 현황을 숙달도별로 나타내면 다음과 같다.

〈표 34〉 차선의 의미를 나타내는 조사의 현행 교재 출현 현황

초급	중급	고급
이나		
	이나마	
이라도		

③ 문형 간 비교

3.1. 공통점

'이나', '이나마', '이라도'는 자신의 선택이나 상황이 매우 좋은 것은 아니라는 의미를 나타낸다는 점에서 공통적이다. (1가)에서 화자는 '밥'이 아닌 다른 것이 먹고 싶지는 않지만, 상황이 여의치 않아 '밥'을 선택할 수밖에 없었음을 나타낸다. (1나)는 '큰 선물을 보내면 좋겠지만' 불가능하므로 '작은 선물'을 보내고자 한다는 의미를 나타낸다.

(1) 가. 맛있는 게 없으니까 밥(이나/이나마/이라도) 먹어야겠다.

나. 올 연말에는 고마운 분들께 작은 선물(이나/이나마/이라도) 보내려고
해요.

3.2. 차이점

⊛ 3.2.1. 의미상 차이

첫째, 화자가 사태를 바라보는 관점에 차이가 있다. '이나마'는 화자가 객관
적으로 불리한 사태일지라도 이를 긍정적으로 바라보는 태도를 나타내는 반
면, '이나'와 '이라도'는 그렇지 않다. 따라서 이 세 조사가 모두 불만족스러운
상황에 대해서 쓰인다는 것은 같지만, 그래도 '이나마'는 그 상황마저 인정하고
긍정하고자 하는 화자의 태도를 나타낸다. (2가)에서 '물이나마'를 쓰면 어색한
데, 이는 '이나마'에 있는 긍정성 때문이다. '이나마'는 (2나)와 같이 커피가 없
지만 물이 있어서 다행이라는 것을 잘 드러내 줄 수 있도록 후행절에 '다행이
다, 고맙다, 감사하다' 등의 서술어가 오는 것이 자연스럽다.

(2) 사태에 대한 화자의 태도 차이

　가. 커피가 없으면 물(이나/*이나마/이라도) 마시자.
　나. 커피가 없지만 물이나마 있어서 얼마나 다행인지 몰라요.

둘째, 선행어가 어떻게 해석되느냐에 따른 차이가 있다. '이나'는 앞의 것을
대수롭지 않게 여긴다는 느낌을 준다. 그러나 '이라도'와 '이나마'에는 이런 무
시나 비하의 의미를 갖지 않는다는 차이가 있다. (3가)에서 '유럽 여행이나'는
유럽 여행을 가볍게 여기고 있다는 의미를 나타내며, 이에 반해서 (3나)의 '유
럽 여행이라도'는 특별히 할 일이 없으니까 등의 의미로만 해석된다. 따라서 이
두 발화를 들은 청자의 응답 발화에도 차이가 발생한다.

(3) 선행어의 해석상 차이

　　가. A: 나는 이번 여름 방학에 유럽 여행<u>이나</u> 갈까 해.
　　　　B: 뭐? 유럽 여행이나? 너 부자야?
　　나. A: 나는 이번 여름 방학에 유럽 여행<u>이라도</u> 갈까 해.
　　　　B: 응. 특별히 할 거 없으면 여행도 좋지.

　셋째, '이라도'는 차선의 의미 외에도 양보의 의미가 있다. 이로 인해서 '이나마'는 대개 '이라도'와 바꾸어 쓸 수 있다. (4)의 예에서 '늦게나마'와 '늦게라도' 간의 큰 의미 차이를 느낄 수 없다. 이때의 '이라도'는 '−지만'의 의미가 있다.

(4) '이라도'의 양보 의미

　　가. 늦어서 미안해.
　　나. 아니야. 늦게(*나/나마/<u>라도</u>) 와 줘서 고마워.

◉ 3.2.2. 문법적 차이

　첫째, 서법 제약에 있어서 차이를 보인다. '이나'와 '이라도'는 청유문이나 청유의 기능을 하는 의문문에서의 쓰임이 자연스러우며, '이나마'는 대개 서술문에서 자연스럽게 사용되는 경향이 있다. (5가)와 (5나)에서는 화자가 무언가를 제안하고 있는데, 이때에는 '이나'나 '이라도'를 쓰고 있다. '이나마'는 화자가 사태를 받아들이고 이를 긍정적으로 해석하고 있다는 화자의 태도를 진술하고 있으므로 (5다)과 같이 서술문에서의 쓰임이 가장 자연스럽다.[20]

---

20) 그러나 서술문이 아니라도 '이나마'가 갖는 의미로 인해 '부족하지만 그래도 다행히'의 태도를 나타내는 경우에는 이러한 서법 제약이 다소 완화되는 것으로 보인다.
　가.우리가 갈 수 없으면 택배로(*나/나마/라도) 선물을 보냅시다.
　나.우리가 갈 수 없으면 택배로(*나/나마/라도) 선물을 보낼까요?

(5) 문장 유형상의 차이

　가. 우리 날씨도 좋은데 산책(이나/*이나마/이라도) 합시다.

　나. 주말에 같이 영화(나/*나마/라도) 볼까요?

　다. 이렇게 잠시(*나/나마/라도) 볼 수 있어서 좋았어요.

　둘째, 이 세 조사의 후행어에도 차이가 있다. '이나마'의 뒤에는 앞의 부족한 상황을 극복하기 위한 행위를 나타내는 말이나 '다행이다, 감사하다' 등의 서술어가 오는 반면, '이라도'의 후행어로는 '괜찮다, 좋다, 상관없다' 등의 말이 올 수 있다는 차이가 있다. '이나'는 '이나마'와 달리 '다행이다, 감사하다'와 같은 긍정적 평가를 나타내는 후행어와 잘 결합하지 않는다.

(6) 후행어의 차이

　가. 이렇게 잠시(*나/나마/라도) 볼 수 있어서 다행이야.

　나. 이번 주가 안 되면 다음 주(*나/*나마/라도) 괜찮아.

◉ 3.2.3. 담화적 차이[21]

　첫째, '이나'와 '이라도'는 공손성에서 차이를 보인다. 어떤 것을 함께할 것을 제안하는 상황에서는 이러한 공손성에 차이를 보이지 않지만, 부탁이나 요청과 같은 그 외의 상황에서는 '이나'를 쓰면 공손성이 낮아지는 경향이 있다. 이는 '이나'가 갖는 비하의 의미에서 기인한 것으로 윗사람이나 격식을 차려야 하는 사이에서는 주의하여 사용해야 한다. 아래의 예에서 (7가)는 동등한 관계나 아랫사람에게 하는 발화로 적절하다. 평소 친분이 있는 비교적 편안한 관계라면 윗사람에게도 사용할 수 있다. 그러나 (7나)와 (7다)와 같이 직장 상사, 선생님에게 어떤 것을 제안할 때에는 '이나'보다는 '이라도'를 사용하는 것이 더

---

21) '이나'와 '이라도'는 제안하는 상황에서는 교체가 가능하며, 공손성에 따른 선호도를 표시할 수 있지만 '이나마'는 그렇지 않다. 이는 '이나마'가 '이나'와 공유하고 있는 의미 영역이 상대적으로 적기 때문으로 보인다. 따라서 여기에서는 '이나마'에 대한 언급을 하지 않았다.

적절하게 느껴진다.

(7) 공손성에 따른 차이

　가. 시간 있으면 같이 차(나/라도) 한잔 하실래요?

　나. 김 과장님, 전화가 안 되면 문자(^{??}나/라도) 보내 주세요.

　다. 선생님, 오늘이 안 되시면 내일(*이나/이라도) 만나 뵐 수 있을까요?

4장 연결 표현

정도	조건	기회	조건	추가	선택
막연한 이유, 판단	대립	원인 및 이유	양보	목적	나열
추가	결과	시간-선후 관계	시간-동시 관계	즉시 순차	배경

❖ 연결 표현의 유사 문형은 위와 같이 18개의 기능으로 정리될 수 있었다. 본서
에서는 위의 18개의 기능 중 진하게 표시된 13개의 기능에 해당되는 유사 문형
에 대해 설명하겠다.

한국어 연결어미의 범주 설정을 둘러싼 논의는 크게 연결, 접속, 내포를 어떠
한 층위에서 다룰 것인가에 대한 견해 차이로 진행되어 왔다.[22] 현행 학교 문법
을 비롯하여 최현배(1937, 1971), 권재일(1985), 윤평현(1989) 등에서는 접속
과 내포를 구분하여 부사절에 대한 설정 없이, 대등접속과 종속접속을 제시하
였고, 유현경(1986, 2002), 이관규(1992), 최재희(1991), 이익섭·채완(1999)

---

22) 이은경(2007)에서는 역대 학교 문법 교과서의 어미 설정을 분석하였다. 이은경(2007)에 의
하면 역대 학교 문법의 어미는 크게 부사형 어미의 설정 여부로 구분될 수 있으며, 현행 학교
문법을 포함하여 부사형 어미를 인정하지 않고 '종결어미, 연결어미, 명사형 어미, 관형사형 어
미'로 어미를 규정하는 견해와 '종결어미, 연결어미, 명사형 어미, 관형사형 어미, 부사형 어미'
로 제시하는 견해가 있다.

등에서는 접속과 내포를 모두 인정하되, 종속접속을 부사절로 처리하고 대등 접속을 연결어미로 제시하였다. 한편, 서태룡(1979), 고광주(1999) 등에서는 접속과 내포를 동일한 것으로 간주하였다. 연결어미 설정에 대한 이러한 논쟁은 복합문에서 문장의 구조를 어떻게 분석할 것인지와 직결되기 때문에 국어 문법 연구에서 활발히 논의되어 왔으나, 사실상 기능 중심 문법 교수의 효용성이 강조되는 한국어 교육에서는 이러한 접근보다도 선행절과 후행절의 연결 기능을 나타내는 문법 표지들을 모두 아울러 그 기능에 따른 유형의 재분류가 더욱 요구되는 측면이 있다. 특히 김진호(2013)에서는 이유·원인 기능을 나타내는 의미 기능어를 제시함에 있어 사전, 교재의 중복도 및 말뭉치 빈도를 중심으로 복합구성와 종결어미를 포함하여 '-으니까', '-어서', '-기 때문', '- 때문에', '-느라고', '-는 바람에', '-거든요', '-더니', '-길래', '-은/는 탓에', '-탓에', '-으므로', '-잖아요', '-은/는 덕분에', '-덕분에', '-어 가지고', '-기에', '-는 통에', '-다고', '-고 해서', '-어서 그런지'로 기술한 바 있는데, 교육적 필요성에 의하여 복합구성과 연결어미가 함께 다루어질 수 있음을 보이고 있다고 할 수 있다.

본서에서 역시 '연결 표현'이라는 용어하에 연결어미, 관형사형 어미에 의존명사가 함께 쓰여 이루어진 구성, 일반명사가 다른 요소들과 공기하여 쓰인 구성, 보조용언의 활용형 등을 아울러 다루고자 한다. 연결 표현은 문장 차원에의 의미상으로는 선행하는 내용과 후행하는 내용을 연결해 주며, 사용상으로는 한국어 교재에서 연결어미와 함께 목표 문형으로 도입되는 문법 형태라고 정의할 수 있다. 이 장에서는 이들 연결 표현을 몇 가지 주된 기능 중심으로 변별하고자 한다. 기능을 제시함에 있어서는 기존의 국어학 문법서들이 연결어미의 주요 기능으로 기술하였던 내용을 참조하였다.[23] 남기심·고영근(1993),

---

23) 대표적으로 남기심·고영근(1993)에서는 한 가지 이상의 일을 동시에 나열하는 것, 한 가지 이상의 일이 동시에 일어남을 보이는 것, 두 가지 일이 거의 동시에 잇달아 일어남을 보이는 것, 서로 상반됨을 보이는 것, 조건이나 가정을 보이는 것, 이유나 원인을 보이는 것, 어떤 일의 결과나 상태의 지속을 보이는 것, 한 가지 일이 다른 일로 바뀌는 것을 보이는 것, 다른 일이 더 보태지거나 점점 더해 감을 보이는 것, 의도를 보이는 것, 목적을 타나내는 것, 어느 쪽이나 상관없음을 보이는 것, 반드시 그래야 함을 보이는 것, 어떤 일의 배경을 보이는 것, 어떤 행위가 어떤 정도까지 이름을 보이는 것을 연결어미의 기능으로 제시하였다.

서정수(1994), 이은경(1996), 이익섭·채완(1999) 등에서는 주로 나열, 동시, 대조, 원인, 조건, 지속, 전환, 목적, 상관없음, 당위, 배경, 정도, 결과, 반복, 시간, 인정, 방법·수단, 비교, 양보 등을 제시하였는데, 용어의 차이는 있지만 대개 공통으로 시간 표현, 원인 및 이유 표현, 결과 표현, 목적 표현, 대립 표현, 양보 표현, 조건 표현 등을 기술하고 있다. 기술 대상이 되는 연결 표현 목록은 아래의 표와 같다.

〈표 35〉 연결 표현의 유사 문형 기술 대상 목록

의미·기능	문법 표현
결과 표현	-은 결과 -은 끝에 -은 나머지
기회 표현	-은/는 김에 -는 길에
대립 표현	-지만 -는데 -으나 -은/는 반면(에) -은/는 대신(에) -는가 하면 -으되
목적 표현	-으려고 -으러 -고자 -게 -게끔 -도록 -으라고

시간 표현(선후 관계)	-고 -고서 -어서 -고 나서 -은 다음(에) -은 후(에) -은 뒤(에)
시간 표현(동시 관계)	-으며 -으면서 -을 때 -는 동안(에) -는 중(에) -는 가운데 -는 사이(에) -는 도중(에) -는 동시에
양보 표현	-어도 -더라도 -을지라도 -은들 -음에도 -어 봤자 -는 한이 있더라도
원인 및 이유 표현	-어서 -으니까 -더니 -으므로 -길래 -느라고 -으니만큼 -기 때문에 -는 바람에 -는 통에 -은/는 덕분에 -은/는 탓에 -어 가지고 -어

조건 표현	-으면 -어야 -거든 -는다면 -어야지
즉시 순차 표현	-자 -자마자 -기가 무섭게 -는 대로
추가 표현	-을 뿐만 아니라 -은/는 데다가

결과 표현

 들어가는 말

　결과 표현은 '결과, 끝, 나머지' 등의 일반명사가 관형사형 어미와 공기하여 어떤 일로 인하여 얻어진 결과를 강조하기 위해 사용되는 문법 항목을 의미한다. 본서에서 중점적으로 다룬 결과 표현은 한국어 교재 및 사전에 수록되어 있는 '-은 결과', '-은 끝에', '-은 나머지'이다.

〈표 36〉 결과 표현의 목록

-은 결과
-은 끝에
-은 나머지

 현행 교재 출현 현황

　이 장에서 다루는 위의 결과 표현의 출현 현황을 현행 한국어 교재 5종에서 살펴본 결과, 이들은 주로 중급 및 고급에서 제시되고 있었다. 세부적인 급수는 교재에 따라 다르지만 대체적인 현행 교재 출현 현황을 숙달도별로 나타내면 〈표 37〉과 같다.

　'-은 나머지'는 중급 혹은 고급에서 제시되고 있었으며, '-은 끝에'는 고급에서 주로 도입되고 있었다. '-은 결과'는 어휘적 성격이 비교적 강한 문형으로 교재에서는 제시되고 있지 않으나 유사한 문형으로 학습자 사전에서 제시되고 있어 함께 포함하여 다루고자 하였다.

〈표 37〉 결과 표현의 현행 교재 출현 현황

초급	중급	고급
	−은 나머지	
		−은 끝에

※ 목표 문형으로 제시되고 있지 않아 학습자 사전을 근거로 대상에 포함하였으며, 따라서 본 표에
는 제시하지 않았음.

③ 문형 간 비교

3.1. 공통점

이 장에서 다루는 3개의 문형은 모두 관형사형 어미 '−은'에 결과의 의미를
나타내는 명사가 공기하여 이루어진 구성이다. 이들은 크게는 인과 표현 안에
서 기술될 수 있지만, 원인을 나타내는 선행절보다 결과의 의미를 나타내는 후
행절의 의미를 강조하거나 그러한 결과가 나타난 과정을 드러내기 위한 문법
항목이라는 점에 공통분모가 있기 때문에 본서는 이들을 '결과 표현'으로 묶어
다루고자 한다.

(1) 가. 밤새 조사한 결과 정답을 찾았다.

나. 밥을 급하게 먹은 나머지 체하고 말았다.

다. 오랫동안 훈련한 끝에 금메달을 땄다.

이들 문형은 세부적인 의미·기능에 있어서는 차이가 있지만 문법적으로는
아래와 같은 공통점이 있다.

첫째, 이들은 모두 선어말어미 '-었-', '-겠-'과 함께 쓰일 수 없다. 관형사형 어미 '-은'과 선어말어미 '-었-', '-겠-'이 공기할 수 없는 것은 모어 화자에게는 지극히 당연한 제약이겠으나, 한국어 학습자에게는 오류가 자주 나타나는 부분이기 때문에 이에 대한 제약을 명시적으로 설명해 줄 필요가 있다(정대현 2008, 강현화 · 조민정 2001). 예문 (2가~다)는 모두 관형사형 어미에 선어말어미 '-었-', '-겠-'이 결합하지 못하는 제약을 보이고 있다.

(2) 가. *밤새 (조사했은/조사하겠은 결과) 정답을 찾았다.

　　나. *밥을 급하게 (먹었은/먹겠은 나머지) 체하고 말았다.

　　다. *오랫동안 (훈련했은/훈련하겠은 끝에) 금메달을 땄다.

둘째, 이들 문형은 모두 후행절이 명령문, 청유문으로 나타나지 않는다. 그 이유는 결과 표현이 결합된 선행절뿐만 아니라 후행절 역시 과거 사태를 나타내는 것이 보통이기 때문이다. 즉 이미 어떠한 일이 이루어진 결과 및 사태를 나타내기 때문에 의미적으로 명령, 청유와의 호응이 부자연스럽다고 볼 수 있다. 예문 (3가~다)는 결과 표현이 사용된 후행절이 명령문, 청유문으로 쓰일 경우 어색해지는 것을 보이고 있다.

(3) 가. *밤새 조사한 결과 정답을 (찾자/찾아라).

　　나. *밥을 급하게 먹은 나머지 (체하고 말자/말아라).

　　다. *오랫동안 훈련한 끝에 금메달을 (따자/따라).

3.2. 차이점

◉ 3.2.1. 의미상 차이

결과 표현은 선행절과 후행절의 의미 자질에 차이가 있다. 먼저, '-은 끝에'는 상대적으로 선행절의 의미가 오랫동안 지속되어 온 행위 및 사태를 나타낸다는 특징이 있다. 후행절에서는 그로 인해 이루어진 긍정적인 결과 혹은 주어가 성취한 결과 등이 나타나는 것이 일반적이다. 한편, '-은 나머지'는 선행절의 사태가 극에 달하여 정도가 지나친 원인을 나타내고, 후행절의 내용은 화자가 의도치 않은 결과를 나타낸다는 특징이 있다. 따라서 '-은 나머지'의 후행절에는 대체로 화자에게 부정적인 영향을 끼치는 일이 쓰이거나 화자가 결코 의도하지 않았던 일이 쓰이게 된다. 마지막으로 '-은 결과'는 다른 문형에 비하여 비교적 객관적인 상황이나 객관적인 결과를 기술하는 담화에서 자주 사용된다는 특징이 있다.

〈표 38〉 선행절과 후행절의 의미 자질에 따른 구분

문법 항목	선행절의 의미	후행절의 의미
-은 결과	-	-
-은 끝에	[+오랜 시간]	[+성취]
-은 나머지	[+지나침]	[+비의도성]

아래 예문 (4)는 모두 결과 표현이 사용된 경우이다. 먼저 (4가)는 '-은 끝에'의 쓰임을 보이고 있는데, 선행절이 노력을 한 오랜 기간의 의미를 나타내고 있고, 후행절은 그러한 노력으로 말미암아 성취하였음에 대한 의미를 강조하고 있다. 한편, (4나)는 '-은 나머지'의 선행절이 정도가 지나친 어떤 원인을 나타내며, 후행절은 그로 말미암아 화자가 의도치 않은 결과가 발생하였음을 강조하고 있다. 마지막으로 (4다)는 '-은 결과'가 사용된 경우를 보이고 있는데, 특별한 의미적 제약 없이 두루 쓰일 수 있으며 경우에 따라 객관적인 상황을 강조하여 기술하기 위해서도 자주 쓰인다는 특징이 있다.

(4) 가. 아빠는 꾸준히 운동한 끝에 체중 감량에 성공하셨다.

　　나. 너무 긴장한 나머지 큰 실수를 했다.

　　다. 다시 조사한 결과 새로운 문제를 발견했다.

◉ 3.2.2. 문법적 차이

결과 표현의 문법적 특징을 정리하면 다음과 같다.

〈표 39〉 결과 표현의 문법적 특징

문법 항목	주어 제약	선행 용언 제약	선어말 어미 제약	관형사형 어미 제약	문장 유형 제약	부정형 결합 제약
–은 결과	O	O	O	O	O	X
–은 끝에	O	O	O	O	O	O
–은 나머지	X	O	O	O	O	X

위의 표에서는 각 문형의 문법적 특징을 주어 제약, 선행 용언 제약, 선어말 어미 제약, 문장 유형 제약, 관형사형 어미 제약, 그리고 부정형 제약으로 구분하여 나타내었다. 이해를 돕기 위해 이와 같은 문법 정보가 나타내는 바를 간략히 설명한 후에 결과 표현의 문법적 특징을 기술하고자 한다.

먼저 '주어 제약'은 해당 문형이 사용된 문장의 주어에 대한 제약을 뜻한다. 주어 제약에는 선·후행절의 인칭 관련 제약(혹은 정보)이나 주어 일치 제약, 주어의 의미 및 형태와 관련된 제약 등이 포함된다.

둘째, 선행 용언 제약은 해당 연결 표현과 결합하는 선행 용언의 의미, 형태, 품사와 관련된 정보이다.

셋째, 선어말어미 제약은 해당 연결 표현과 선행 용언 사이에 위치하는 '–었–', '–겠–' 등의 선어말어미에 대한 정보이다.

넷째, 문장 유형 제약은 후행절의 문장 유형을 결정짓는 어말어미의 종류와 관련된 정보를 나타낸다.

다섯째, 부정형 제약은 해당 문형의 선행절 혹은 후행절이 '안', '못' 등의 부정소와 결합하는 데 있어 제약이 있는지 여부를 나타낸다.

마지막으로 '관형사형 어미 제약'은 의존어 구성의 연결 표현이 관형사형 어미 '-은/는'과의 결합에 어떠한 제약이 있는지를 나타낸다.

이상과 같은 기준으로 결과 표현의 문법적 특징을 살펴보면 다음과 같다.

먼저, 주어 제약은 사람이 주어로 오는가, 사람 이외의 주어가 올 수 있는가로 구분할 수 있다. 아래 예문 (5)에서 나타나듯 '-은 결과'는 주로 사람이 주어로 오지만, 경우에 따라서는 무정물 주어도 나타날 수 있다. (5가)는 유정물 주어와, (5나)는 무정물 주어와 함께 쓰인 예를 보인 것이다. 다음으로 예문 (6)은 '-은 끝에'가 어떠한 결과를 성취하였다는 의미를 지니기 때문에 반드시 사람 주어와만 자연스럽게 결합함을 보여 주고 있다. 한편, 예문 (7)은 '-은 나머지'에 관한 예문으로 주어에 유정물 주어와 무정물 주어가 모두 나타날 수 있음을 보이고 있다.

(5) 가. 강희는 하루도 빠짐없이 <u>운동한 결과</u> 예전보다 더 건강해졌다.

　　나. 환경오염이 <u>가속화된 결과</u> 이상기후 현상이 나타났다.

(6) 가. 연정이는 열심히 <u>공부한 끝에</u> 1등을 했다.

　　나. *햇빛이 뜨겁게 <u>내리쬔 끝에</u> 열매가 잘 익었다.

(7) 가. 신혜는 너무 <u>어지러운 나머지</u> 쓰러졌다.

　　나. 비가 너무 많이 <u>온 나머지</u> 운동회를 진행할 수 없었다.

이들 문형은 주로 어떠한 용언과 결합하는지에 있어서 차이가 있다. 먼저 '-은 결과'는 예문 (8)과 같이 주로 동사와 결합한다는 제약이 있다. (8나)와 같이 형용사와 결합하면 부자연스럽게 느껴지는 경향이 있다. '-은 끝에' 역시 예문 (9)와 같이 주로 동사와 결합하는데, 특히 이 문형은 오랜 시간의 노력이 전제되기 때문에 일회적인 순간 동사는 결합하지 못한다는 제약이 있다. (9나)는 '(시험에) 합격하다'와 같은 일회적인 순간 동사가 '-은 끝에'와 결합하는 것이 부자연스러움을 보여 주고 있다. 이는 앞서도 기술했듯이 '-은 끝에'가 [+오랜 시간]의 의미 자질을 가지기 때문이다. 마지막으로 '-은 나머지'는 선행절이 의미적으로 '정도성이 지나침'을 나타내야 하기 때문에 예문 (10가)과 같이 주로 형용사와 결합하거나 (10나)와 같이 정도성 부사와 동사가 공기하여 쓰이는 것이 자연스럽다.

(8) 가. 채점을 <u>한 결과</u> 우리 반 평균은 80점으로 나타났다.

　　나. *날씨가 <u>맑은 결과</u> 우리 반은 소풍을 갈 수 있게 되었다.

(9) 가. 조금씩 식사량을 <u>줄인 끝에</u> 다이어트에 성공했다.

　　나. *채린이는 시험에 <u>합격한 끝에</u> 공무원이 되었다.

(10) 가. 어지러운 <u>나머지</u> 아무 말도 할 수 없었다.

　　나. 밥을 급하게 <u>먹은 나머지</u> 체하고 말았다.

　'–은 끝에'는 오랜 시간의 지속을 전제로 하는 사태에 관한 것이기 때문에 기본적으로 하지 않았거나 하지 못한 행위에 대해 쓰는 것이 의미적으로 어색한 경우가 많다. 따라서 예문 (11)과 같이 선행절에 부정형이 잘 쓰이지 않는다는 특징이 있다.

(11) 가. *서준이는 매일 10시간씩 공부하지 <u>않은 끝에</u> 시험에 합격했다.

　　나. *오랫동안 욕을 <u>안 쓴 끝에</u> 고운 말을 쓰게 되었다.

　마지막으로 이들 문형은 원인이 되는 사태가 이미 발생하였음을 의미적으로 전제하기 때문에 관형사형 어미가 현재형인 '–는'으로 실현되지 못하며, 반드시 '–은'으로 실현되어야 한다는 제약이 있다. 예문 (12)에서 보이고 있는 관형사형 어미 제약은 모어 화자의 직관이 없는 학습자에게는 어려울 수 있는 부분이기 때문에 형태적인 제약을 명시적으로 교수할 필요가 있다.

(12) 가. 연구원들이 꼼꼼하게 (<u>조사한</u>/*조사하는 결과), 문제의 해결책을 찾을 수 있었다.

　　나. 김 선생은 급하게 식사를 (<u>한</u>/*하는 나머지) 체하고 말았다.

　　다. 그 학생은 열심히 (<u>공부한</u>/*공부하는 끝에) 우수한 성적을 받았습니다.

기회 표현

 들어가는 말

이 장에서는 이른바 '기회 표현'으로 묶일 수 있는 2개의 문형을 다룬다. 기회 표현이란 어떤 일을 기회로 삼아 후행하는 일을 아울러 함을 나타내기 위해 쓰이는 연결 표현을 의미한다. 이 문형은 모두 선행하는 일을 기회로 하여 후행하는 일을 함을 나타낸다는 점에서 의미적 공통점이 있으며 함께 비교될 수 있다. 이들은 의미적으로 유사할 뿐만 아니라 형태적으로도 유사하기 때문에 두 문형을 함께 비교하여 교수할 필요성이 더욱 제기된다. 여기에서는 이러한 의미적 특징을 중심으로 하고 문법적 특징을 아울러 살펴봄으로써 이 두 문형을 비교해 본다.

〈표 40〉 기회 표현의 목록

-은/는 김에
-는 길에

 현행 교재 출현 현황

이 장에서 다루는 기회 표현의 출현 현황을 현행 주요 5종 교재에서 살펴본 결과, '-은/는 김에'는 주로 중·고급에 제시되고 있었고 '-는 길에'는 초·중급에 제시되고 있었다. 세부적인 급수는 교재에 따라 다르지만 대체적인 현행 교재 출현 현황을 숙달도별로 나타내면 다음과 같다.

초급	중급	고급
	−은/는 김에	
−는 길에		

 # 문형 간 비교

3.1. 공통점

이 장에서 다루는 2개의 대상 문형은 모두 앞선 일을 기회 또는 계기로 삼아 후행하는 일을 함을 나타낸다는 공통점이 있다. 아래 (1가)의 예문에서 보이는 바와 같이 이들 문형은 모두 앞선 일을 기회 또는 계기로 삼아 후행하는 일을 함을 나타내는 역할을 한다.

(1) 가. 백화점에 (가는 김에/가는 길에) 제 우산도 좀 사다주세요.

이러한 의미 · 기능적 공통점은 이들 문형이 일부 문법적 특징을 공유할 수 있도록 하게도 한다. 즉 이들 문형은 다음과 같은 공통적인 문법적 특징이 있다.

첫째, 이들은 사람을 나타내는 주어와 주로 공기한다. 아래 예문에서 (2가)와 같이 유정성이 없는 주어 '비'가 쓰이면 문장이 부자연스러워지는 것을 알 수 있다.

(2) 주어 제약 있음

가. *비가 (오는 김에/오는 길에) 조금만 더 있다 가세요.

3.2. 차이점

이 문형은 크게 다음과 같은 점에서 차이가 있다.

첫째, '-은/는 김에'는 어떤 일을 하는 것을 기회로 삼아 후행하는 일을 한다는 의미가 있으나, '-는 길에'는 오거나 가는 도중이라는 의미가 강하다. 따라서 '-은/는 김에'는 앞선 일을 기회로 삼아 어떤 일이 후행하는지가 나타나야 하며 선행절에는 동작성이 있는 대부분의 용언이 결합할 수 있다. 예문 (3가)와 같이 '-은/는 김에'의 형태로만 사용되며, 예문 (3나)에서와 같이 '-는 김이다'로는 결코 사용되지 않는다. 한편, '-는 길에'는 (3다, 라)에서 보이듯 '-는 길이다'의 형태로도 사용될 수 있다. (3라)와 같이 '-는 길이다'로 사용될 경우에는 기회를 나타내는 표현이 아니라 다만 오거나 가는 도중임을 설명하는 기능으로 나타난다.

(3) 가. 숙제를 <u>하는 김에</u> 예습도 해 보세요.
　　나. *숙제를 <u>하는 김입니다</u>.
　　다. 집에 <u>오는 길에</u> 우편물을 좀 가져다 주세요.
　　라. 집에 <u>오는 길입니다</u>.

둘째, '-은/는 김에'는 동작성이 있는 동사와 모두 결합할 수 있지만, '-는 길에'는 오다, 가다 류의 이동동사와만 결합한다는 제약이 있다.

(4) 선행 용언 제약 있음

　가. *동생은 <u>예쁜 김에</u> 키도 크다.
　나. *숙제를 <u>하는 길에</u> 예습까지 하자.

시간 표현(선후 관계)

 들어가는 말

  종결 표현에서 시간 표현은 어떤 사건의 발생이 시간이라는 축을 기준으로 어느 시점에 이루어졌는가를 묘사하는 데 방점이 있지만, 연결 표현에서 시간 표현은 선행하는 사건과 후행하는 사건의 순서, 혹은 과정을 화자가 어떻게 인식하고, 묘사하고 있는가에 방점이 있다. 즉 연결 표현의 시간 표현은 두 사건 혹은 사태에 대한 화자의 인식 및 관점을 드러내는 문법 형태인 것이다. 모어 화자의 직관으로는 매우 자연스러운 두 사태의 연결이 한국어 학습자에게는 문법 형태뿐 아니라 인지 구조에 있어서도 생경할 수 있기 때문에 시간을 나타내는 연결 표현은 상세하게 다루어질 필요가 있다. 특히 개별 형태들이 어떠한 문법적, 담화적 제약이 있는지에 대해서는 실제 언어 사용 환경을 중심으로 친절하게 교수되어야 한다. 본서에서는 시간 표현을 크게 선후 관계를 나타내는 문법 형태와 동시 관계를 나타내는 문법 형태로 구분하여 기술하고자 한다. 다음 〈표 42〉는 본서에서 다룰 시간 표현(선후 관계)에 해당하는 문법 항목이다. 그중 '-고'는 '나열'을 나타내는 것과 '순서'를 나타내는 것으로 다의적인 용법이 있지만 이 장에서는 '순서'로서의 용법에 국한하여 다루었음을 밝힌다. '-어서' 역시 '원인 및 이유'의 용법을 지니기도 하나, 이 장에서는 '행위의 시간 순서'를 나타내는 용법에 한하여 다루었다.

〈표 42〉 시간 표현 (선후 관계)의 목록

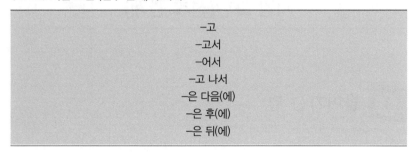

-고
-고서
-어서
-고 나서
-은 다음(에)
-은 후(에)
-은 뒤(에)

 ## 2 현행 교재 출현 현황

　시간 표현(선후 관계)의 출현 현황을 현행 한국어 교재 5종에서 살펴본 결과
는 아래 〈표 43〉과 같다. 이들은 세부적인 제시 급수 및 순서는 교재에 따라
다르지만 대부분 초급 단계에서 제시되고 있다는 공통점이 있다. 그중 '-고서'
는 조사와 결합한 형태인 '-고서야(고려대)', '-고서는(연세대)' 등이 중급 또
는 고급에서 다시 도입되는 양상을 보이기도 한다. 한편, '-은 뒤에'는 교재에
서는 목표 문형으로 제시한 바 없으나, 학습자 사전을 통해 유사한 의미·기능
을 지닌 항목으로 제시되고 있어 본서에서는 함께 다루었다.

〈표 43〉 시간 표현(선후 관계)의 현행 교재 출현 현황

초급	중급	고급
-고		
-은 후(에)		
-은 다음(에)		
-고서		
-어서		
-고 나서		

③ 문형 간 비교

3.1. 공통점

이 장에서 다루는 7개의 문형은 연결어미 '-고', '-어서', '-고서' 의존명사의 구성 '-은 후(에), -은 다음(에), -은 뒤(에)', 보조용언 구성의 활용형 '-고 나서'로 각각 다른 범주에서 논의되어 오던 형태들이다. 그러나 이러한 형태적 차이에도 불구하고 이들은 모두 의미적으로 시간의 순차적 선후 관계를 나타낸다는 공통점이 있다. 그중 '-고', '-고서', '-은 후(에)', '-은 뒤(에)', '-은 다음(에)'는 앞의 내용과 뒤의 내용의 순서 혹은 순차적 진행 과정을 나타내는 반면, '-어서'는 앞의 행동이 뒤의 내용까지 지속되거나 매우 긴밀한 연관성이 있다는 점에서 미묘한 의미의 차이가 있다. 예문 (1가)에서 나타나듯 '-고', '-고서', '-고 나서', '-은 후(에)', '-은 뒤(에)', '-은 다음(에)'는 대체로 교체가 가능하지만, (1나)와 같이 '-어서'는 긴밀한 연관성이 전제되지 않는 문장에서는 거의 사용하지 않는다. 예문 (1다)에서와 같이 '-어서'는 앞의 내용이 뒤의 내용까지 지속되거나 긴밀한 연관성이 있을 때에만 사용할 수 있다.

(1) 가. 손을 (씻고/씻고서/씻고 나서/씻은 후에/씻은 뒤에/씻은 다음에) 밥을 먹었다.

　　나. *손을 씻어서 밥을 먹었다.

　　다. 친구를 만나서 카페에 갔다.

이들 문형은 미묘한 의미적인 차이에도 불구하고 크게는 모두 시간 표현(선후 관계)을 나타내기 때문에 문법적으로도 아래와 같은 공통점이 있다.

먼저, 이들은 행위 또는 어떤 일의 순차적 진행을 나타내는 것이기 때문에 주로 동사와 결합한다. 예문 (2가)는 특별한 화용적 의미 해석을 받는 경우가 아니라면 순차의 의미보다는 나열로 해석되는 것이 보통이다. 그러나 (2나)와 같이 시간의 선후 관계를 나타내는 문형은 주로 동사와 결합하여 선행절과 후행절의 내용이 순차적으로 이루어진 것임을 나타낸다. 이들은 (2다)와 같이 형용사와 결합할 경우에는 부자연스러워지기 때문에 주로 동사와 사용된다.

(2) 가. 비가 <u>오고</u> 날이 개었다.

　　나. 비가 (<u>오고서/오고 나서/온 후에/온 뒤에/온 다음에/오고서</u>)날이 개
　　　　었다.

　　다. 날씨가 (<u>*춥고서/*춥고 나서/*추운 후에/*추운 뒤에/*추운 다음에/*
　　　　추워서</u>) 비가 왔다.

3.2. 차이점

◉ 3.2.1. 의미상 차이

　시간 표현(선후 관계)의 의미 차이는 크게 다음과 같은 두 가지 층위에서 살펴볼 수 있다. 첫째, 선행하는 내용과 후행하는 내용 사이의 연관성에 따라 구분할 수 있다. 둘째, 선행하는 상황의 완료 여부에 대한 정도성에 따라 구분할 수 있다. 셋째, 화자가 강조하고자 하는 시구간에 따라 구분할 수 있다.

① 선행하는 내용과 후행하는 내용의 연관성

　이 문형은 선행하는 내용과 후행하는 내용의 연관성에 따라 구분할 수 있는데, '-어서'는 선행하는 내용이 후행하는 내용과 긴밀한 연관성이 있으며, 선행하는 내용으로 말미암아 후행하는 내용이 이어지는 전개를 한다. 가령 다음 (3가)는 친구를 만나는 행위가 이루어지고, 친구와 함께 학교에 갔다는 의미가 되지만, (3나)는 친구를 만나는 행위가 있고, 그와 별개로 또는 그 행위가 종료된 이후에 학교에 가는 행위가 있었음을 의미한다. 즉 (3가)는 반드시 친구가 함께 학교에 간 사건이 되지만, (3나)는 친구를 만나는 행위가 종료되고 나 혼자 학교에 갔음을 의미하는 사건이 된다.

(3) 가. 친구를 <u>만나서</u> 학교에 갔다.

　　 나. 친구를 (만나고/만나고서/만나고 나서/만난 후에/만난 뒤에/만난 다
　　　　 음에) 학교에 갔다.

② 선행하는 일의 끝점 강조 여부

이 문형은 선행하는 일이 끝점이 있는지의 여부에 따라서도 변별할 수 있다.
먼저 (4가~다)에 대하여 살펴보자.

(4) 가. 커피 <u>마시고</u> 양치질 할게요.

　　 나. 커피 <u>마시고서</u> 양치질 할게요.

　　 다. 커피 <u>마시고 나서</u> 양치질 할게요.

　　 라. 커피 <u>마신 후에</u> 양치질 할게요.

　　 마. 커피 <u>마신 뒤에</u> 양치질 할게요.

　　 바. 커피 <u>마신 다음에</u> 양치질 할게요.

　　 사. *커피 <u>마셔서</u> 양치질 할게요.

(4가)는 커피를 마시는 행위가 선행하고 양치질하는 행위를 하겠다는 발화로
단순히 두 행위를 시간 순서에 따라 배열하고 있다. 그러나 (4나, 다)는 커피를
마시는 행위가 끝나고 그 이후에 양치질을 할 것임을 강조하는 표현으로, '-고
서', '-고 나서' 모두 '-고'에 비하여 선행하는 상황이 완료된 이후에 후행하는
상황이 이루어지는 것을 강조하는 의미가 있다.[24]

한편, (4라~바)는 모두 '-고서', '-고 나서' 등과 대부분 교체가 가능한데,

---

24) 이때 주의할 점은 '-고서'와 '-고 나서'의 용법에 대한 것이다. '-고서'와 '-고 나서'는 시간
표현의 용법 외에 앞의 사실이 뒤의 사실의 근거임을 나타내는 용법이 있는데, 이 경우는 후행
하는 문장이 명령문, 청유문으로 쓰이지 않는다는 제약이 있으며, 시간 표현과 변별되기 때문
에 이 장에서 다루는 용법과는 차이가 있다.
　가. 그 약을 (먹고서/고 나서) 감기가 다 나았다.
　나. *그 약을 (먹고서/고 나서) 감기가 다 나아라.
또, '-고서'는 '-고 나서'와 달리 경우에 따라 앞의 내용이 뒤의 내용까지 지속됨을 나타내는 용
법이 있는데, 이 용법 역시 시간 표현에서 확장되었다고 판단하여 본 장에서는 다루지 않는다.
　가. 수업에 늦어서 택시를 (타고서/*타고 나서) 학교에 가는 중이야.

다만 명사 '후, 뒤, 다음'이 지니는 어휘적 의미를 부가적으로 강조하고자 할 때
사용하는 경향이 있다.

　이와 달리 (4사)의 '-어서'는 앞의 내용이 뒤의 내용까지 지속되는 성격이 있
기 때문에 선행하는 행동이 분명히 끝점이 있는 경우에는 잘 사용하지 않는다.

〈표 44〉 선행하는 일이 끝점이 있는가에 따른 구분

[선행하는 일이 끝점이 있고 다음 일이 일어남을 강조]
-고　　〈　　-고서　　〈　　-고 나서, -은 다음(에), -은 후(에), -은 뒤(에)

◉ 3.2.2. 문법적 차이

　이들 표현의 의미적 차이는 앞선 장에서 예문을 중심으로 기술하였으므로,
이 장에서는 주어 제약, 결합 용언 제약, 선어말어미 제약, 관형사형 어미 제
약, 문장 유형 제약, 보조사 '야' 결합 여부, 선행절의 부정형 제약을 중심으로
문법적 특징을 변별해 보고자 한다.

〈표 45〉 시간 표현(선후 관계)의 문법적 특징

문법 항목	주어 제약	결합 용언 제약	선어말 어미 제약	관형사형 어미 제약	문장 유형 제약	보조사 '야' 결합	선행절 부정형 제약
-고	X	O	△	–	X	O	–
-고서	X	O	O	–	X	O	–
-고 나서	X	O	O	–	X	O	O
-은 다음(에)	X	O	O	O	X	O	–
-은 후(에)	X	O	O	O	X	O	–
-은 뒤(에)	X	O	O	O	X	O	–
-어서	O	O	O	–	X	O	O

먼저, 앞서 의미상 차이가 나타났던 '-어서'와 '-고', '-고서', '-고 나서', '-은 다음(에)', '-은 후(에)', '-은 뒤(에)'는 주어 일치 제약에 있어 구분이 된다. 먼저, 선행하는 내용이 후행하는 내용까지 지속되거나 긴밀한 연관성이 있어야 하는 '-어서'는 선행하는 내용과 후행하는 내용의 주어가 반드시 일치해야 하지만 단순히 두 상황의 선후 관계를 나타내는 나머지 '-고', '-고서', '-고 나서', '-은 다음(에)', '-은 후(에)', '-은 뒤(에)'는 주어가 일치해야 한다는 제약이 없다. 아래 (5가)는 '-어서'의 선행하는 내용과 후행하는 내용의 주어가 일치해야 함을 보이는 예문이고, (5나)는 나머지 문형에 있어 주어 일치 제약이 없음을 보이고 있다.

(5) 가. 소현이는 미국에 가서 (소현이는/*강희는) 경영학을 공부했다.
　　나. 소현이가 미국에 (가고/가고서/가고 나서/간 후에/간 뒤에/간 다음에) 강희는 경영학을 공부했다.

이들 문형은 모두 선어말어미 '-겠-'과 결합하지 못한다는 제약이 있다. 단, 선어말어미 '-었-'은 '-고'와는 결합할 수 있으나, 나머지 문형과는 결합하지 못한다.

(6) 가. 머리를 (감고/감았고/*감겠고) 세수를 했다.
　　나. 머리를 (감고서/*감았고서/*감겠고서) 세수를 했다.
　　다. 머리를 (감고 나서/*감았고 나서/*감겠고) 나서 세수를 했다.
　　라. 친구를 (만나서/*만났어서/*만나겠어서) 학교에 갔다.

한편, 이들 문형 중 의존성 명사가 관형사형 어미 및 부사격 조사 '에'와 결합한 구성으로 나타나는 '-은 후(에)', '-은 뒤(에)', '-은 다음(에)'는 모두 관형사형 어미의 쓰임에 제약이 있다. 예문 (7)은 이들 문형의 선행절이 의미적으로 모두 후행절에 비하여 반드시 먼저 일어난 일이기 때문에 '-은'과 결합하며, '-는'과 결합할 경우 부자연스러워짐을 보이고 있다. 관형사형 어미 '-은/는'의 사용은 학습자들이 많은 오류를 생산하는 영역이기 때문에 한국어 교육에서는 모어 화자와 달리 이 부분을 따로 설명해 줄 필요가 있다.

(7) 가. *나는 항상 밥을 먹는 (후에/뒤에/다음에) 낮잠을 잔다.

이들 문형은 행위가 이루어지고 다음 행위가 발생하는 순차적 관계를 나타내는 것이기 때문에 기본적으로 일어나지 않았거나 하지 못한 행위에 대해 쓰는 것이 의미적으로 어색한 경우가 많다. '-고', '-고서'는 부정형의 결합이 비교적 자연스럽고, '-고 나서'는 선행절에 부정형이 거의 결합하지 않는다는 제약이 있으며, '-은 후(에)', '-은 뒤(에)', '-은 다음(에)' 역시 부정형의 쓰임이 자연스럽지는 않다는 특징이 있다. 아래 예문 (8)은 이러한 특징을 나타낸다.

(8) 가. 양치질을 안/못 하고 잤다.
　나. 양치질을 안/못 하고서 잤다.
　다. *양치질을 안/못 하고 나서 잤다.
　라. ?양치질을 안/못 한 (후에/뒤에/다음에) 잤다.

시간 표현(동시 관계)

 들어가는 말

본서에서 다루는 시간 표현(동시 관계)은 크게 연결어미와 의존어 구성으로 이루어진다. 〈표 46〉과 같이 연결어미 '–으며', '–으면서'와 의존어 구성 '–을 때', '–는 동안(에)', '–는 중(에)', '–는 가운데', '–는 사이(에)', '–는 도중(에)', '–는 동시에'를 다루었다.

〈표 46〉 시간 표현(동시 관계)

–으며
–으면서
–을 때
–는 동안(에)
–는 중(에)
–는 가운데
–는 사이(에)
–는 도중(에)
–는 동시에

 현행 교재 출현 현황

시간 표현(동시 관계)의 출현 현황을 현행 한국어 교재 5종에서 살펴본 결과, 가장 많은 교재에서 제시하고 있는 문법 항목(중복도5)은 '–으면서'와 '–을 때'였다. 이들은 시간 표현(동시 관계)의 가장 기본적인 용법으로 초급 단계에서 주로 도입되고 있었으며, 그 외에 '–는 동안', '–는 중에'도 초급에서 다루어지고 있었다. '–으며'는 나열 용법과 시간 표현으로 구분할 수 있는데, 본서에서는 시간 표현으로서의 '–으며'만 대상에 포함하고자 한다. 또, '–는 사이에', '–는 동시에'는 교재에서 목표 문법으로 선정하고 있는 중복도가 낮은 편에 속하였으나, 학습자 사전에서 다루고 있을 뿐만 아니라, 시간 표현의 관련 표현 등으로 도입되고 있기 때문에 본서의 내용에는 포함하였다.

〈표 47〉 시간 표현(동시 관계)의 현행 교재 출현 현황

초급	중급	고급
–을 때		
–는 동안		
–으면서		
–는 중에		
		–는 가운데

※ '–으며': 대개 '–으면서'와 함께 도입되며 목표 문형으로는 주로 '–으며(나열 용법)'에 선정되고 있어 교재 제시 현황 표에서는 제외하였다. 기타 표현 역시 사전을 통해 주로 제시되고 있는 항목은 해당 표에서 보이지 않았다.

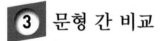

③ 문형 간 비교

3.1. 공통점

이 장에서 다루는 9개의 문형은 연결어미 '–으며', '–으면서', '의존명사의 구성 '–을 때', '–는 동안', '–는 중에', '–는 가운데', '–는 사이에', '–는 도중에', '–는 동시에'로 형태적으로는 다른 범주에서 논의되어 오던 것들이다. 그러나 이러한 차이에도 불구하고 이들 문법 형태는 모두 교육 현장에서 시간의 동시 관계를 나타내는 표현으로 교수 · 학습되고 있다는 점에서 공통분모가 있다. 먼저 예문 (1가)와 같이 동시 관계의 시간 표현 '-으면서'와 '-으며'는 대체로 자유롭게 교체된다. 또 이들은 '-는 동안(에)', '-는 중(에)'로도 대체로 자연스럽게 교체될 수 있는데, '-는 사이(에)'와 '-는 동시에'는 동시 관계를 나타낸다는 의미는 동일하지만, 핵심어의 어휘적 속성으로 인해 '-으며', '-으면서'와 완전히 교체되지 않는 경우가 있다.

(1) 가. 운전을 (하면서/하며/하는 동안에/하는 중에/*하는 사이에/*하는 동시에) 전화를 하면 안 됩니다.

　　나. 잠깐 화장실에 (간 사이에/*가며/*가면서) 전화가 왔다.

　　다. 결혼을 (하는 동시에/*하며/*하면서) 임신을 했다.

　　다음으로 이들 문형이 지니는 문법적 공통점에 대해서 살펴보겠다.

　　먼저, 이들 문형은 모두 행위 및 사태의 동시 관계를 나타내기 때문에 주로 동사와 결합한다는 제약이 있다. 예문 (2)와 같이 이들 문형은 동작성이 있는 동사와 주로 결합하며, '예쁘다', '반짝이다' 등 상태성이 있는 형용사, '이다'와는 잘 결합하지 않는다.

(2) 가. 엄마가 커피를 (마시며/마시면서) 이모와 이야기를 하고 계시다.

　　나. 엄마는 커피를 마실 때 설탕을 넣는 편이다.

　　다. 은영이는 커피를 마시는 동안 가수 엑소의 신곡을 들었다.

　　라. 커피를 마시는 중에 중요한 전화가 왔다.

　　마. 잠깐 커피를 마시는 사이 아기가 잠에서 깼다.

　　바. 엄마는 커피를 마시는 동시에 사레가 걸렸다.

　　그뿐만 아니라, 이들 문형 중 '-는 동안', '-는 중', '-는 사이', '-는 동시에'는 모두 선행절과 후행절의 동시적인 진행을 의미하기 때문에 관형사형 어미 '-는'을 사용한다는 특징이 있다. 모어 학습자에게는 완료되지 않은 일을 '-는'으로 나타내는 것이 지극히 자연스러운 일이지만, 학습자에게는 강조되지 않을 경우 잦은 오류를 생산할 수 있는 영역이다. 따라서 예문 (3가)와 같이 '-은'이 결합되는 것이 부자연스러움을 강조할 필요가 있다.

(3) 가. *커피를 (마신 동안/마신 중에/마신 사이에/마신 동시에) 딸꾹질을 했
    다.

3.2. 차이점

◉ 3.2.1. 의미상 차이

  시간 표현(동시 관계)의 의미 차이는 각각의 문항이 나타내는 시간적 구간에
차이가 있다는 점에서 학습자들에게 난해하게 느껴질 수 있다. 즉, 가장 넓은
시구간을 포함할 수 있는 '-을 때'와 가장 좁은 시구간을 나타내는 '-는 동시
에'를 같은 선상에서 이야기할 경우, 논의가 지나치게 산만해질 수 있다는 것
이다. 따라서 본서에서는 의미상의 차이를 기술함에 있어 모든 문항을 다 다
루지 않고, 의미적 차이가 두드러지게 나타나는 일부 문형 간의 비교만을 제
시하고자 한다.

① 의존어 구성의 핵심어가 지니는 의미자질

  이 문형은 핵심어가 지니는 어휘적 의미 속성에 따라 의미상의 차이를 나타
낸다. 먼저, '-는 동안'은 '동안'이라는 명사의 의미에 이미 어떤 지속 구간이
전제되기 때문에 선행절과 후행절이 동시에 발생하는 시구간이 길 수 있다는
특징이 있다. (4가)는 '-는 동안'이 연결하고 있는 '학교를 다니다'와 '많은 이야
기를 나누다'가 오랫동안 지속된 일임을 나타내고 있다. 한편, '-는 사이에'는
'사이'라는 명사가 '아주 잠깐, 짧은 시간에'라는 의미가 있기 때문에 영구적이
거나 지속 구간이 긴 사태는 나타낼 수 없다. (4나)에서는 '화장실에 가다'라는
일과 '전화가 오다'라는 일이 '-는 사이에'로 연결되고 있음을 보이는데, '전화
가 오다'는 짧게 발생하는 일이기 때문에 '-는 사이에'와 결합하는 것이 의미적
으로 자연스럽다. (4다)의 '-는 동시에'는 '동시'라는 명사가 완전히 같은 시간
을 의미하기 때문에 이 문형은 선행하는 일과 후행하는 일이 중첩되는 경우에

만 쓰일 수 있다. (4라)는 '중'이 '가운데, 진행'의 의미를 지닌다는 특징이 있다.

(4) 가. 우리는 학교를 다니는 동안 함께 많은 이야기를 나누었다.

　　나. 잠깐 화장실에 간 사이 전화가 왔다.

　　다. 버튼을 누르는 동시에 전등이 꺼졌다.

　　라. 시험을 보는 중에는 휴대폰을 꺼두세요.

◎ 3.2.2. 문법적 차이

〈표 48〉 시간 표현(동시 관계)의 문법적 특징

	주어 제약	결합 용언 제약	선어말 어미 제약	관형사형 어미 제약	문장 유형 제약	부정형 제약
-을 때	X	O	O	–	X	X
-으며	O	O	O	–	X	X
-으면서	O	O	O	–	X	X
-는 동안(에)	X	O	O	O	X	X
-는 중(에)	X	O	O	O	X	O
-는 가운데	X	O	O	O	X	X
-는 사이(에)	X	O	O	O	X	X
-는 도중(에)	X	O	O	O	X	O
-는 동시(에)	X	O	O	O	X	X

　　먼저, '-으며', '-으면서'는 선행절과 후행절의 주어가 일치해야 한다는 제약이 있는 반면, '-는 사이에'는 선행절과 후행절의 주어가 달라야 한다는 제약이 있다. 그 외 나머지 문형은 주어가 일치해야 한다는 제약이 없다.

(5) 가. 상은이는 노래를 들으며/들으면서 (상은이는/*미연이는) 책을 읽고
　　　있다.

　　나. 상은이가 노래를 (들을 때/듣는 동안/듣는 가운데) 미연이는 책을 읽

고 있다.

다. 상은이가 박수를 치는 사이에 (미연이도/*상은이도) 박수를 쳤다.

다음으로 이들 문형은 결합하는 용언의 의미에 따라 제약이 있는데, '−는 동안(에)', '−는 중(에)', '−는 가운데', '−는 사이(에)', '−는 도중(에)'는 지속성이 있는 용언과 결합 가능한 반면, '−을 때, −으며, −으면서'는 용언이 지니는 [±지속성]의 자질과 상관없이 두루 쓰일 수 있다는 특징이 있다.

(6) 가. *준수는 시험에 (떨어지는 동안/가운데/사이에/도중에) 크게 낙담해했다.

마지막으로 '−는 중(에)'와 '−는 도중(에)'는 선행하는 절에 안 부정형, 못 부정형이 오지 않는다는 특징이 있다. 이 문형은 선행절에 의미적으로 이미 실현된 행위가 나타나야 하기 때문에 부정형 제약이 나타나는 것으로 볼 수 있다.

(7) 가. 동생은 집에 (오는 중에/도중에) 합격 소식을 들었다.

　 가'. *동생은 집에 (오지 않는 중에/도중에) 합격 소식을 들었다.

◉ 3.2.3. 담화적 차이

'−으며'는 '−으면서'에 비해 문어에서 자주 쓰이는 경향이 있다.

(8) 가. 담당 직원은 매주 같은 요일에 점검 사항을 확인하며 순찰을 도는 편이다.

　 나. 담당 직원은 매주 같은 요일에 점검 사항을 확인하면서 순찰을 도는 편이에요.

대립 표현

 들어가는 말

　대립 표현은 서로 반대되는 의미가 있거나 상반되는 성질이 있는 선행 내용과 후행 내용을 연결하는 역할을 한다. 기존에 대립 표현으로 논의되어 온 형태에는 '-는데', '-지만', '-으나', '-라', '-고도', '-은/는 반면(에)', '-은/는 대신(에)', '-는가 하면', '-으되' 등이 있으나 본서는 대립 표현 중 대표적인 일부 문형만을 연구 대상으로 삼아 변별해 보고자 한다. 본서에서 다룬 대립 표현은 〈표 49〉와 같다.

〈표 49〉 대립 표현의 목록

-지만
-는데
-으나
-은/는 반면(에)
-은/는 대신(에)
-는가 하면
-으되

 현행 교재 출현 현황

　이 장에서 다루는 위의 대립 표현의 출현 현황을 현행 한국어 교재 5종에서 살펴본 결과, 이들은 초급, 중급, 고급에 걸쳐 제시되고 있었다. 현행 교재 출현 현황을 숙달도별로 나타내면 다음과 같다.

먼저 '-지만', '-는데'는 대체로 초급에서 도입되고 있었고, '-으나', '-은/는 대신(에)'는 중급에서, '-은/는 반면(에)', '-는가 하면'은 중급과 고급에서 제시되고 있었다. 마지막으로 '-으되'는 대체로 고급에서 제시되는 양상을 보였다. 구체적인 출현 현황을 표로 보이면 아래와 같다.

〈표 50〉 대립 표현의 현행 교재 출현 현황

초급	중급	고급
-지만		
-는데		
	-으나	
	-은/는 대신(에)	
		-은/는 반면(에)
		-는가 하면
		-으되

③ 문형 간 비교

3.1. 공통점

이 장에서 다루는 대립 표현은 연결어미 '-지만', '-는데', '-으나', '-으되', 의존성 명사 구성 '-은/는 대신(에)', '-은/는 반면(에)', 보조용언의 활용형 '-는가 하면'으로 각각 형태적 기준에서는 다른 범주에서 논의되어 오던 문형이다. 하지만 이러한 형태적 차이에도 불구하고 이들 문법 형태는 모두 의미적으로 선행하는 내용과 후행하는 내용과 상반된 내용을 나타낸다는 공통점이 있다. 그러나 다음 예문 (1)과 같이 세부적으로 유형을 분류할 수 있는데, (1가) 반대되는 내용의 연결, (1나) 보상, (1다) 예상에 반하는 내용으로 구분할 수 있다.

먼저 예문 (1가)는 일반적인 대립 관계로 선행하는 내용과 후행하는 내용이 서로 반대되는 것을 연결하는 기능을 한다. (1나)는 보상 용법이라고 할 수 있는데 어떠한 단점에 대하여 보상하는 내용이 후행절에 나타난다는 특징이 있다. (1다)는 예상하는 내용에 반하는 내용이 후행하는 내용으로 오게 되었음을 나타낼 때 쓰는 용법이다.

(1) 가. 형은 키가 (크지만/큰데/크나/큰 반면/큰가 하면/크되) 동생은 키가 작다.

　나. 그 식당은 (비싸지만/비싼데/비싸나/비싼 반면/비싼 대신/비싼가 하면/비싸되) 맛이 좋다.

　다. 설명을 (들었지만/들었는데/들었으나/들었으되) 이해가 안 된다.

3.2. 차이점

◉ 3.2.1. 의미상 차이

본서에서 다루는 대립 표현은 세부 의미에 따라 교체가 가능하기도 하고, 그렇지 않은 경우도 있다. 이 장에서는 앞서 보인 예문 (1)을 중심으로 세부 의미에 따라 교체가 가능한 형태들을 변별해 보고자 한다. 먼저, (1가)는 선행절과 후행절이 역접의 의미를 지니는 것으로 가장 일반적인 대립을 표현하는 문형이다. '-지만', '-는데', '-으나', '-은/는 반면(에)', '-는가 하면', '-으되' 등이 두루 교체되어 사용될 수 있다. 한편, '-은/는 대신(에)'는 '보상'의 의미를 지니는 대립 표현이며, (1나)와 같이 선행 내용과 후행 내용이 보상의 의미를 나타낼 때 사용된다는 특징이 있다. 이 때에는 '-지만', '-는데', '-으나', '-은/는 반면(에)', '-는가 하면', '-으되' 등이 두루 교체될 수 있다. (1다)는 예상하는 내용에 반하는 내용이 후행하는 내용으로 오게 되었음을 나타낼 때 쓰는 용법이다. 이 용법에서는 '-지만', '-는데', '-으나', '-으되' 등이 교체되어 사용될 수 있다.

◉ 3.2.2. 문법적 차이

〈표 51〉 대립 표현의 문법적 특징

	주어 제약	결합 용언 제약	선어말 어미 제약	문장 유형 제약	관형사형 어미 제약	부정형 제약
-지만	X	X	X	X	–	X
-는데	X	X	X	O	–	X
-으나	X	X	X	X	–	X
-은/는 반면(에)	X	X	O	O	X	X
-은/는 대신(에)	△	X	O	X	X	X
-는가 하면	X	X	O	O	–	X
-으되	X	X	X	O	–	X

대립 표현 중 '-지만', '-는데', '-으나', '-으되', '-은/는 반면(에)', '-는가 하면'은 대체로 주어 일치 제약이 없다. 예문 (2가)는 이들 표현에서 주어가 일치하지 않아도 부자연스럽지 않음을 보이고 있다. 한편, 보상의 의미가 강조되는 '-은/는 대신(에)'는 일반적으로 주어가 일치하는 것이 자연스럽다. 그러나 아래 예문 (2나)와 같이 선행절과 후행절의 주어가 다를지라도 상위 주제어가 동일한 경우 주어가 반드시 일치하지 않아도 자연스럽게 사용될 수 있다.

(2) 가. 현정이는 요리를 (잘하지만/잘하는데/잘하나/잘하는 반면/잘하는가 하면/잘 하되) 서준이는 요리를 못 한다.

　　 나. 딸이 공부를 잘 하는 대신에 아들은 축구를 잘 해요. → 상위 주제어: 자식

이들 문형은 대체로 후행절의 문장종결형에 제약이 없지만, '-는데', '-은/는 반면(에)', '-으되', '-는가 하면'은 명령문, 청유문으로 잘 사용되지 않는다는 제약이 있다. 이들은 대체로 평서문으로 쓰이는 것이 자연스러우며, 의문문으로 쓰일 때는 확인의문문으로 사용되는 경우가 많다. 예문 (3가)는 (3나)와 달리 '-는데', '-은/는 반면(에)', '-으되', '-는가 하면'은 명령문, 청유문으로 잘 쓰이지 않음을 보이고 있다. 특히 '-는데'는 상황의 배경을 제시하는 용

법에서는 후행절의 문장종결형 제약이 없으나, 아래와 같이 대립적인 사실을 나타낼 때에는 대체로 평서문으로 사용된다.

(3) 가. *어떤 날은 아침밥을 (굶는데/굶는 반면에/굶되/굶는가 하면) 어떤 날은 아침밥을 꼭 챙겨 (먹어라/먹자).

　　가'. 어떤 날은 아침밥을 (굶는데/굶는 반면에/굶되/굶는가 하면) 어떤 날은 아침밥을 꼭 챙겨 (먹는다./먹지요?)

　　나. 어떤 날은 아침밥을 (굶지만/굶으나/굶는 대신에) 어떤 날은 아침밥을 꼭 챙겨 (먹는다./먹지?/먹어라/먹자).

◉ 3.2.3. 담화적 차이

이들 표현을 변별하는 중요한 기제는 사실상 의미 및 문법상의 차이보다 담화적인 차이에서 작동한다. 특히 격식성에 있어서 사용상의 뚜렷한 차이를 보인다. 아래 〈표 52〉와 같이 '-는데', '-은/는 대신(에)'는 비격식성이 강한 담화에서 주로 사용되고, '-으나', '-으되', '-은/는 반면(에)'는 격식성이 강한 담화에서 주로 사용되는 경향이 있다. '-은/는 대신(에)', '-은/는 반면(에)'는 문어에서 쓰일 경우 부사격 조사 '에'가 자주 생략되어 나타나는 경향이 있으며, '-지만'은 문어, 구어, 격식, 비격식을 아울러 두루 사용된다는 특징이 있다.

〈표 52〉 격식성에 따른 구분

비격식성 ──────────────────────────→ 격식성
-는데
-은/는 대신(에)
-으나
-으되
-은/는 반면(에)

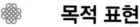

목적 표현

 들어가는 말

　한국어 교육과정에서는 목적이나 의도를 나타내는 연결 표현 역시 여럿 제시되고 있다. 목적 표현은 다른 연결 표현과 마찬가지로 여러 언어권 학습자의 모국어에 복수로 대응되어서 변별하기 쉽지 않다. 또 통사적 제약을 강하게 받는 편이어서 학습 부담도 큰 편이다. 그럼에도 초·중급에서 집중적으로 제시되고 있어서 이들의 공통점과 차이점을 어떻게 명료하게 제시할 것인가는 현장에 있는 교사의 숙제가 된다. 예컨대 초급에서 제시되는 대표적 목적 및 의도 표현으로는 '-으러'와 '-으려고'가 있는데 '가방을 (사려고/사러) 백화점에 갔어.'처럼 큰 의미 차이 없이 교체되기도 하고, '가방을 (사려고/*사러) 돈을 모았다.'에서처럼 바꿔 쓰면 비문이 되는 경우도 있다. 또한 '가방을 사고자 백화점에 갔어.'와 같이 비문이 아님에도 목적의 연결 표현의 문체적 특징 때문에 어색하게 느껴지는 문장도 있다. 따라서 여기에서는 한국어의 목적 표현 중 비교적 사용 빈도가 높으면서도 여러 교재에 두루 배치되는 '-으려고', '-으러', '-고자', '-게', '-도록', '-으라고, -게끔'을 살펴, 학습자들이 적절한 맥락에서 적절한 목적 표현을 선택하여 사용하는 데 도움을 주고자 한다.

〈표 53〉 목적 표현의 목록

-으려고
-으러
-고자
-게
-게끔[25]
-도록
-으라고

② 현행 교재 출현 현황

목적이나 의도를 나타내는 연결 표현은 비교적 한국어 교육과정의 전반부
에 제시된다. 의도를 나타내는 연결어미 '-으려고'와 목적을 나타내는 '-으러'
가 초급 교재에 실려 있고, 중급에서 '-게', '-도록', '-으라고'가 제시된다. '-
고자'의 경우 높은 사용 빈도에도 불구하고 중급 또는 고급에서 제시된다. 이
는 '-고자'가 문어성이 강하여 문어나 격식적인 상황에서 주로 쓰이기 때문으
로 보인다.

〈표 54〉 목적 표현의 교재 출현 현황

초급	중급	고급
-으려고		
-으러		
	-게	
	-도록	
	-으라고	
	-고자	
		-게끔

---

25) '-게끔'은 '-게'와 의미적, 통사적으로 별반 차이가 없다. 단, '-게끔'이 '-게'에 비해 더욱
강조하는 느낌이 있다. 따라서 '-게끔'에 대해서는 목적 표현의 '의미적 특성'을 다룰 때에만 간
략히 언급하였다.

③ 문형 간 비교

3.1. 공통점

◎ 3.1.1. 의미적 특성

목적 표현은 공통적으로 '앞의 내용이 뒤에 이어지는 내용의 목적이 됨'을 나타낸다.

(1) 가. 요즘 살을 <u>빼려고</u> 운동을 열심히 하고 있어.

　　나. 한국어를 <u>배우러</u> 한국에 왔습니다.

　　다. 두 사람이 <u>이야기하게</u> 자리를 비켜 줬어.

　　라. 더 잘 <u>보이게끔</u> 크게 써 주시겠어요?

　　마. 순서대로 접수하실 <u>수 있도록</u> 번호표를 뽑아 주세요.

　　바. 남편 <u>먹으라고</u> 떡볶이를 만들어 놨다.

　　사. 저는 오늘 중대한 결심을 <u>말씀드리고자</u> 오늘 이 자리에 섰습니다.

◎ 3.1.2. 문법적 특성

목적 표현은 다음과 같은 문법적 공통점이 있다.

첫째, 목적의 표현은 주로 행위의 의도나 목적을 나타낼 때 쓰이므로 형용사와 결합하기 어렵다. 예문 (2가)와 (2나)는 '-으러', '-으려고', '-고자', '-게', '-도록', '-으라고'가 형용사와의 결합에 제약이 있다는 것을 보여 준다.

(2) 가. *나는 매일 <u>똑똑하러</u> 도서관에 간다.

　　나. 언니는 (<u>*예쁘려고/*예쁘고자/*예쁘게/*예쁘도록/*예쁘라고</u>) 화장을 했다.

둘째, 목적을 나타내는 연결 표현과 선행 용언 사이에는 시제 선어말어미 '-었-'과 '-겠-'이 개재되기 어렵다.

(3) 가. 나는 어제 케이크를 (*샀으려고/*샀으러/*샀고자) 빵집에 갔다.

　　나. 아이가 (*먹었게/*먹었도록/*먹었으려고) 음식을 작게 잘랐다.

　　다. 내일 쇼핑을 (*하겠으려고/*하겠러/*하겠고자) 백화점에 갈 거예요.

　　라. 어머니가 편하게 (*가시겠게/*가시겠도록/*가시겠으려고) 비즈니스 좌석 표를 사 드렸어.

3.2. 차이점

3.2.1. 의미상 차이

① 이동의 목적과 다양한 행위의 목적: '-으러', '-으려고', '-고자'

'-으러'는 주로 [이동의 목적]을 나타낸다. 이러한 의미적 특성 때문에 '-으러'의 후행절 서술어로는 주로 '가다, 오다, 다니다, 나가다, 나오다, 들어가다, 들어오다' 등의 이동동사가 온다. 이에 비해 '-으려고'와 '-고자'는 다양한 행위의 목적을 나타내는 데 쓰일 수 있고, 따라서 후행절에는 다양한 행위를 나타내는 서술어가 쓰인다. 따라서 (4가)와 (4나)처럼 선행절의 내용이 후행절에 나타난 위치 이동의 목적이 될 때는 '-으러'와 '-으려고', '-고자'를 서로 바꿔 쓸 수 있다. 그러나 (4다), (4라)와 같이 후행절의 서술어가 이동동사가 아닐 때는 목적 표현으로 '-으러'를 쓸 수 없고, '-으려고'나 '-고자'를 써야 한다.

(4) 가. 연정이가 (공부하러/공부하려고/공부하고자) 도서관에 (간다/온다/다닌다).

　　나. 중국어를 (배우러/배우려고/배우고자) 학원에 (가고 있다/오고 있다/다니고 있다).

　　다. 아침에 (*운동하러/운동하려고/운동하고자) 일찍 일어났다.

라. 저 스스로와의 약속을 (*지키러/지키려고/지키고자) 노력해 왔습니다.

'-으려고'는 [목적]과 함께 [의도]를 나타낸다. 보조용언 '하다' 및 '들다'와 함께 '-으려고 하다', '-으려고 들다'의 꼴로 쓰여 의도의 의미로 쓰인다는 것이 이를 방증한다.

(5) 가. 이번 방학에는 유럽으로 배낭여행을 <u>가려고 해요</u>.
    나. 너는 왜 자꾸 <u>싸우려고 들어</u>?

'-고자'도 [목적]과 [의도]를 나타내므로 '-으려고'와 비슷한 의미·기능이 있다. 그러나 '-고자'는 주체의 강한 의지나 포부를 나타낼 때 자주 쓴다는 점에서 차이가 있다.[26] 아래의 (6가)와 (6나)가 이런 차이를 보여 주는데, 이 두 문장의 화자의 목적은 동일하지만 '-으려고'보다 '-고자'를 썼을 때 주체의 의지가 더욱 강하고 적극적으로 느껴진다.

(6) 가. 저는 그 지역 사람들의 비참한 현실을 <u>알리고자</u> 이 글을 썼습니다.
    나. 저는 그 지역 사람들의 비참한 현실을 <u>알리려고</u> 이 글을 썼습니다.

〈표 55〉 '-으러', '-으려고', '-고자'의 의미적 특성

-으러	• 위치 이동의 목적을 나타냄.
-으려고	• 목적과 의도를 나타냄. • 다양한 행위의 목적을 나타낼 수 있음.
-고자	• 목적과 의도를 나타냄. • 다양한 행위의 목적을 나타낼 수 있음. • 주체의 강한 의지나 포부를 나타낼 때 자주 씀.

---

26) 이미정(2012:35-36)에서는 '-고자'가 목적이나 의도의 의미·기능이 있다는 점에서 '-으려고'와 비슷하지만, 주어의 강한 의지나 포부를 나타내거나 사실, 논리를 표현하고자 하는 문어체에서 주로 사용된다는 점에 차이가 있다고 하였다.

② 목적에 따르는 행위의 적극성 정도의 차이: '-게', '-도록', '-으라고'

'-게'와 '-도록'의 선행절은 [목적]을 나타내고 후행절은 목적에 맞는 행위를 나타낸다. 둘은 의미 · 기능이 매우 유사하여 많은 경우에 서로 바꿔 쓸 수 있다. 어감에는 다소간 차이가 있는데, '-게'문보다는 '-도록'문이 더 강조하는 느낌이 있다.[27] 즉, 아래 예문은 목적과 그에 따른 행위는 같지만, '-게'를 쓴 (7가)가 상대적으로 소극적으로 느껴지고, '-도록'을 쓴 (7나)가 더 적극적인 느낌을 준다.

(7) 가. 그녀는 남편이 쉽게 이부자리를 폈다. (이미정, 2012)

　　나. 그녀는 남편이 쉬도록 이부자리를 폈다. (이미정, 2012)

'-으라고' 역시 [목적]을 나타내고 통사적 제약도 서로 비슷해서 '-게' 및 '-도록'과 교체하여 쓸 수 있는 경우가 있다. 단, '-게'와 '-도록'보다 '-으라고'를 썼을 때 목적과 그에 따른 행위의 적극성이 가장 강하게 느껴진다.

(8) 가. 그녀는 남편이 (쉽게/쉬도록/쉬라고) 이부자리를 폈다.

　　나. 둘이 편하게 (이야기하게/이야기하도록/이야기하라고) 자리를 비켜 줬어요.

한편, '-게끔'은 '-게'와 의미적으로 별반 다르지 않고, 단지 '-게'에 비해 목적을 강조하는 의미가 강하다.

(9) 가. 문제가 (없게끔/없게) 마무리를 잘 하십시오.

　　나. 강 선생님은 누구든지 이해할 수 (있게끔/있게) 쉽게 설명해 주신다.

---

27) 이미정(2012:37-38)에 따르면 '-게'와 '-도록' 모두 목적의 의미를 나타내지만, '-게'문보다는 '-도록'문이 더 강조된 느낌을 받을 수 있다. 또한 사용 환경에서도 '-게'가 구어적인 성격이 강한 반면에 '-도록'은 문어적인 성격이 강하다.

〈표 56〉 '-게', '-게끔', '-도록', '-으라고'의 의미적 특성

-게	• 선행절은 목적을 나타내고 후행절은 목적에 맞는 행위를 나타냄. • '-도록'에 비해 목적과 그에 따른 행위가 소극적인 느낌이 있음.
-게끔	• 선행절은 목적을 나타내고 후행절은 목적에 맞는 행위를 나타냄. • '-게'보다 목적을 강조하는 의미가 있음.
-도록	• 선행절은 목적을 나타내고 후행절은 목적에 맞는 행위를 나타냄. • '-게'에 비해 목적과 그에 따른 행위가 적극적인 느낌이 있음.
-으라고	• 선행절은 목적을 나타내고 후행절은 목적에 맞는 행위를 나타냄. • 목적과 그에 따른 행위의 적극성이 강한 느낌이 있음.

◉ 3.2.2. 문법적 차이

목적 표현의 문법적 특징을 요약하면 〈표 57〉과 같다.

〈표 57〉 목적 표현의 문법적 특성

연결어미	주어 제약	선행 용언 제약	선어말어미 제약	문장 유형 제약	부정형 제약
-으려고	○	○	○	○	○
-으러	○	○	○	○	○
-고자	○	○	○	○	×
-게	×	○	○	×	×
-도록	×	○	○	×	×
-으라고	×	○	○	×	×

먼저 주어 제약을 살피면, '-으러', '-으려고', '-고자'가 주어 제약을 강하게 받는 편이다. 이들은 첫째, 선행절과 후행절의 주어가 같아야 하는데, 표면적으로 두 주어 중 하나는 생략되는 경우가 많다. 둘째, 주로 유정물 주어에 쓴다. 먼저 '-으러'의 선행절은 주어가 이동하는 목적을 나타내고, 후행절은 주어의 위치 이동을 나타낸다. 따라서 선행절과 후행절의 주어는 (10가)와 같이 일치해야 한다. 또한 선행절과 후행절의 주어는 유정물 주어여야 하므로 (10나)와

같이 사람이나 동물이 아닌 무정물 주어를 쓰면 비문이 된다.

(10) 가. 신혜가 옷을 <u>사러</u> (신혜가/*내가) 백화점에 간다.

　　나. *차가 <u>수리하러</u> 공장에 들어갔다.

　'-으려고' 역시 목적의 의미를 나타낼 때 선행절과 후행절의 주어가 같아야 한다. 그리고 '-으려고'에는 [+유정성]의 의미 자질이 있어서 목적을 나타낼 때 유정물 주어를 써야 한다. 만약 '-으려고'의 선행절에 무정물 주어가 쓰이면 의미 변화가 있다. 즉, '-으려고'를 무정물 주어와 쓰면 [목적]이 아니라 곧 일어날 움직임이나 사실을 나타내는 [징후]의 의미로 해석된다. (11나)는 선행절 주어가 '비'라는 무정물인 예문으로서 이때 '-으려고'는 비가 곧 올 것이라는 징후를 나타낸다. 이때는 선행절과 후행절의 주어가 달라도 된다.

(11) 가. 아들이 배낭여행을 <u>가려고</u> (아들이/*딸이) 열심히 돈을 모으고 있어요.

　　나. 비가 <u>오려고</u> 아침부터 날이 궂었나 봐요. → [목적]이 아닌 [징후]의 의미로 해석됨.

　'-고자'도 주로 사람을 나타내는 주어와 쓰고 선행절과 후행절의 주어가 같아야 하는 제약이 있다.

(12) 가. 저는 오늘 중대한 결심을 <u>말씀드리고자</u> (제가/*제 비서가) 이 자리에 섰습니다.

　한편, '-게', '-도록', '-으라고'는 특별한 주어 제약이 없어서 1, 2, 3인칭의 주어와 자유롭게 결합할 수 있으며 선행절과 후행절의 주어가 같지 않아도 된다. 또 유정물 주어뿐만 아니라 무정물 주어에도 쓸 수 있다. (13가)는 '-게', '-도록', '-으라고'가 주어의 인칭 제약이 없으며 선행절과 후행절의 주어가 다를 때도 쓸 수 있음을 보여 준다. 그리고 (13나)는 '옷'이라는 무정물 주어를 써도 자연스럽다는 것을 보여 준다.

(13) 가. (내가/우리가/남자가) <u>지나가(게/도록/라고)</u> 사람들이 옆으로 비켜섰다.

나. 옷이 더 (하얘지게/하얘지도록/하얘지라고) 저는 흰 옷을 빨 때 표백
제를 넣어요.

다음으로 문장 유형 제약을 살피면, '-으려고'와 '-고자'는 청유문, 명령문으
로 쓰기 어려운 반면, 나머지 목적의 연결어미들은 문장 유형에 제약이 없다.

(14) 가. 친구와 먹(으려고/고자) 아이스크림을 (샀다./샀니?/*사자./*사라.)

마지막으로 부정형 제약을 살펴보자. 목적 표현 중에서 '-으려고', '-으러',
-고자'는 '안'이나 '못' 등의 부정소와 자유롭게 어울리지 못한다는 제약이 있
다. '-으러'는 '안'과 '못' 둘 다 쓰기 어렵고, '-으려고'와 '-고자'는 '안'이나 '-
지 않다'와는 함께 쓸 수 있지만 '못'이나 '-지 못하다'와 쓰기 어렵다.

(15) 가. *친구의 생일 선물을 안 사러 백화점에 안 간다.

나. *나는 게임을 못 하러 PC방에 가지 않는다.

다. 아이가 목욕을 안 하려고 이리저리 도망 다니고 있어요.

라. *나는 공부를 못 하려고 매일 놀고만 있다.

바. 나는 스스로와의 약속을 어기지 않고자 항상 노력하고 주의했다.

사. *간식을 못 먹고자 보이지 않는 곳에 치워 두었습니다.

아. 다시는 남의 물건에 손대지 (않게/않도록) 따끔하게 혼냈어.

자. 아이가 게임을 못 (하게/하도록) 비밀번호를 설정했다.

◉ 3.2.3. 담화적 차이

'-도록', '-게'에 비해 문어적인 표현이다. 그리고 '-고자'는 문어와 격식적
인 상황에서 주로 쓰이는 표현이다.

(16) 가. 엄마, 준비물 사게 돈 좀 주세요.

나. 같은 사고가 재발하지 않도록 주의해야 한다.

다. 정부는 경제를 부양시키고자 다양한 정책을 내놓았다.

양보 표현

 들어가는 말

　‘양보’의 의미를 국어학계에서는 ‘기대 부정, 기대에 어긋남’으로 정의하기도 한다. 양보의 연결 표현이 의미적으로 ‘앞의 내용이 뒤에 이어지는 내용에 영향을 미치지 않거나 기대와 다름’을 나타내기 때문이다. ‘-어도’, ‘-더라도’, ‘-을지라도’, ‘-은들’ 등의 양보를 나타내는 연결어미는 의미적 유사성이 크고 문법적 제약도 대동소이하게 나타난다. 그러나 분명 개개의 연결어미가 가지고 있는 어감이나 의미에 차이가 있고, 서로 바꿔 쓰기 어려운 경우가 존재한다. 그렇기 때문에 한국어 교육 현장에서 양보 표현을 어떻게 구별 지어 교수할 것인가는 고스란히 교사의 숙제가 된다. 따라서 여기에서는 개개의 연결어미가 가지는 의미 속성에 주목하여 양보의 연결어미를 어떻게 변별할 수 있을지에 대해 다룬다. 또한 양보의 연결어미와 더불어 ‘-어 봤자’와 ‘-는 한이 있더라도’와 같이 기대 부정의 의미가 있어 양보 표현으로 분류될 수 있는 의존어 구성의 표현도 아울러 비교해 보았다.

〈표 58〉 양보 표현의 목록

-어도
-더라도
-을지라도
-은들
-음에도[28]
-어 봤자
-는 한이 있더라도

② 교재 출현 현황

본서에서 교재 및 말뭉치 분석 결과를 바탕으로 선정한 양보 표현은 총 7개이다. 이중에서 연결어미는 '-어도', '-더라도', '-을지라도', '-은들', '-음에도'로서, 이들은 초급, 중급, 고급 단계의 교재에 고르게 배치되고 있었다. 이와 같은 숙달도별 배치는 사용 빈도 및 문체적 특성과 관계가 깊어 보인다. 의사소통 상황에서 가장 고빈도로 나타나는 '-어도'는 초급과 중급에, '-어도'보다 빈도가 낮은 '-더라도'와 '-을지라도'는 중급과 고급에서 제시하는 경우가 많았다. 문체적 측면에서 보면, '-음에도'와 '-을지라도'는 상대적으로 문어성이 강한 만큼 중·고급에서 제시되고, 역시 문어적인 표현으로서 주로 연령대가 높은 사람들이 사용하는 경향이 있는 '-은들'도 고급에서 제시되고 있다. 의존어 구성의 연결 표현인 '-어 봤자'는 1종 교재에서만 중급 문법으로 제시하고 있었다. '-는 한이 있더라도'는 본서가 조사한 교재에 수록된 문법은 아니지만, 여타 교재와 한국어 학습 사전에 수록되어 있는 양보 표현이다.

한국어는 양보 표현이 풍부하게 발달된 편이고 여러 교재에서도 이들 표현을 목표 문법으로 수록하고 있다. 그러나 이들의 의미적 차이가 크지 않고 단일 번역어에 복수로 대응되는 경우가 많기 때문에 개개 연결 표현의 의미적, 문법적, 담화적 특성에 관해 명확히 구별할 필요가 있다.

---

28) '-음에도'는 '상관하지 않음'을 뜻하는 동사 '불구하다'와 함께 '-음에도 불구하고'의 구성으로 쓰여 그 뜻을 더욱 강조하기도 한다. '-음에도 불구하고'는 연결어미 '-음에도'와 의미적, 통사적으로 차이가 없고 단지 강조하는 의미가 있을 뿐이다. 따라서 본서에서는 연결어미 '-음에도'를 문법 항목으로서 제시하고 예문에서 '-음에도 불구하고'의 구성을 종종 사용하였다.

〈표 59〉 양보 표현의 교재 출현 현황

초급	중급	고급
-어도		
	-음에도	
	-어 봤자	
	-더라도	
	-을지라도	
		-은들

③ 문형 간 비교

3.1. 공통점

◉ 3.1.1. 의미적 특성

양보의 연결 표현은 공통적으로 '기대에 어긋남, 소용없음'의 의미가 있다. 예문 (1가~사)에서 드러나듯, '선행절의 내용이 성립되어도 후행절의 내용에는 영향을 주지 않거나 소용이 없음'을 나타낸다.

(1) 가. 아이가 넘어져도 울지 않았어요.

　　나. 철수가 무슨 말을 하더라도 사람들은 그를 믿지 않았다.

　　다. 부모님이 반대하실지라도 저의 뜻을 꼭 이루고야 말겠습니다.

　　라. 누가 직원으로 온들 김 사장님 마음에 들겠습니까?

　　마. 그녀는 어린 나이임에도 뛰어난 실력을 갖추고 있다.

　　바. 그렇게 노력해 봤자 아무도 알아주지 않아.

　　사. 비록 실패하는 한이 있더라도 도전해 보고자 합니다.

◉ 3.1.2. 문법적 특성

양보의 표현은 다음과 같은 문법적 특성을 공유한다.

첫째, 주어 제약을 크게 받지 않아서 1, 2, 3인칭의 주어와 쓸 수 있다.

둘째, 미래 시제를 나타내는 '-겠-'이 덧붙기 어렵다는 공통점이 있다. 따라서 미래의 상황을 가정하더라도 '-겠-'이 개재되지 않는다.

(2) 가. 아무리 (바빠도/*바쁘겠어도) 네 결혼식에는 꼭 갈게.

　　나. 철수가 무슨 말을 (하더라도/*하겠더라도) 이제 사람들은 그를 믿지 않을 것이다.

　　다. 세상이 그대를 (속일지라도/*속이겠을지라도) 슬퍼하거나 노여워하지 말라.

　　라. 그 아이는 아무리 (혼낸들/*혼내겠은들) 눈 하나 깜짝 안 할 것이다.

　　마. 행사가 내일 (시작됨에도/*시작되겠음에도) 불구하고 아직 준비가 완벽하지 못해서 걱정입니다.

　　바. 우리가 아무리 (말해 봤자/*말하겠어 봤자) 그 사람은 고집을 부릴 것이다.

　　사. 꼴찌를 (하는 한이 있더라도/*하겠는 한이 있더라도) 끝까지 도전해 보겠습니다.

3.2. 차이점

◉ 3.2.1. 의미상 차이

① 가정하여 말하는 사태의 현실성 정도 차이

양보의 표현은 가정하는 사태의 현실성 정도에 있어 차이가 있다. 먼저 의미적 유사성이 비교적 커서 교체 사용이 가능한 경우가 있는 '-어도', '-더라도', '-을지라도'를 살펴보자. '-어도', '-더라도', '-을지라도'는 모두 '어떤 일이 일어났으나 그에 기대되는 다른 사건이 발생하지 않았거나 기대와 다른 사건이 발생했음'을 나타낸다. 이처럼 의미·기능이 유사하므로 서로 교체 사용하여도 의미적으로 자연스러운 경우가 있다. 그러나 이들 어미는 가정하는 명제의 현실성 정도에 차이가 있다. (3가~다)는 모두 부모님이 반대하시는 상황을 가정하고 그런 상황이 유학을 가겠다는 화자의 의지에는 아무런 영향을 주지 않음을 나타낸다. 그러나 (3가)의 선행절에서 가정하는 상황은 현실일 가능성이 높고 (3나)와 (3다)로 갈수록 선행절에서 비현실성 사태를 가정하는 의미가 강하다. 다시 말해, (3가)는 부모님이 반대하실 수도 있고 그렇지 않을 수도 있음을, (3나, 다)는 부모님이 반대하실 가능성이 적거나 없음을 나타낸다고 볼 수 있다.

(3) 가. 부모님이 반대하셔도 유학은 간다.
    나. 부모님이 반대하시더라도 유학은 간다.
    다. 부모님이 반대하실지라도 유학은 간다.

그렇다고 '-어도'가 비현실성 사태에 쓰일 수 없다거나 '-더라도'가 현실성 사태에 쓰일 수 없는 것은 아니다. (4가)는 아이가 넘어졌고 울 것으로 기대되었지만 울지 않았다는 현실성 사태를 나타낸다. (4나)는 하늘이 두 쪽이 나는 비현실성 사태를 가정하는 문장이다. 이처럼 '-어도'는 전자의 현실적 양보와 후자의 가상적 양보 모두에 쓰일 수 있다.

(4) 가. 아이가 넘어져도 울지 않았다.
    나. 하늘이 두 쪽 나도 그 일은 내일까지 끝내야 한다.

반면, '-더라도'는 (5가)와 같은 가상적 양보에 쓰면 자연스럽지만, (5나)와 같은 현실적 양보, 즉 선행절이 현실성 사태일 때 쓰면 어색한 경우가 많다. 그러나 '-더라도'가 현실성 사태에 쓰일 수 없는 것은 아닌데, 서정수(1994)는 '-더라도'가 현실성 사태에 사용되는 것이 어색한 경우가 있긴 하지만 '-더라도'가 '-어도'보다 가상적 양보절을 이끌어 들이는 경향이 짙을 뿐, 현실성 사태에도 쓰일 수 있다고 하였다. (5다)에서 화자가 지칭하는 아이가 청자의 동생인 것과 (5라)에서 화자가 바쁜 것은 현실적 명제이지만 '-더라도'를 써도 자연스럽다.

(5) 가. 내일 지구가 <u>망하더라도</u> 나는 오늘 나의 할 일을 하겠다.

　　나. [?]잠을 많이 <u>자더라도</u> 피곤했다.

　　다. 아무리 그 애가 네 <u>동생이더라도</u> 그 애만 두둔하면 되겠니? (서정수, 1994)

　　라. 아무리 <u>바쁘더라도</u> 친구 결혼식에는 갔다. (박재연, 2009)

'-을지라도' 역시 '-더라도'와 마찬가지로 주로 비현실성 사태에 어울린다. 특히 (6가, 나)처럼 일어날 가능성이 매우 적거나 극단적이라고 여겨지는 명제에 자주 쓰이고, 그렇기 때문에 강조의 의미가 있다.

(6) 가. 비록 굶어 <u>죽을지라도</u> 너한테 손 벌리는 일은 없을 거야.

　　나. 죽음이 우리를 <u>갈라놓을지라도</u> 당신과 헤어지지 않을 거예요.

이상을 정리하여, '-어도'는 선행절의 명제가 현실성 사태와 비현실성 사태인 경우 모두에 쓸 수 있고, '-더라도'는 주로 비현실성 사태에 쓰이는 경향이 있으며, '-을지라도'는 일어날 가능성이 적고 극단적이라고 여겨지는 명제에 주로 쓰인다고 할 수 있다.

다음으로는 '-어도', '-더라도', '-을지라도'와 마찬가지로 양보의 관계 의미를 나타내면서 한국어 교재나 사전에 수록된 '-은들', '-음에도', '-어 봤자', '-는 한이 있더라도'를 살펴보기로 하자.

먼저 '-은들'은 '어떤 상황을 가정하여 인정한다고 해도 그 결과가 예상과 다른 내용임'을 나타낸다. '-은들' 역시 '-더라도'와 마찬가지로 비현실성 사태에 주로 쓰는 경향이 있다. 그러나 (7가~라)에서 나타내듯이 현실성 사태에 쓰일 수 없는 것은 아니며, '-어도'보다 현실이 아닌 상황을 가정하는 느낌이 강하다고 할 수 있다.

(7) 가. 아무리 (<u>바빠도</u>/*<u>바쁜들</u>) 친구 결혼식에는 간다. (이은경, 1990)

나. 아무리 (바빠도/바쁜들) 친구 결혼식에 안 가겠니? (이은경, 1990)

다. A: 너는 돈이 많아서 부러워.

　B: 돈이 많은들 뭐하니? 건강하지가 않은데.

라. A: 선생님, 몸에 좋다는 음식은 다 먹고 있는데 차도가 없네요.

　B: 아무리 몸에 좋은 음식을 먹은들 운동을 안 하면 건강이 좋아지지 않아요.

'-음에도'는 '앞의 내용으로 인해 기대되는 사건이 발생하지 않았거나 기대에 상반되는 사건이 발생하였음'을 나타낸다. (8가, 나) 같은 현실성 사태를 가정하여 말할 때 쓰이는 경우가 많으나 (8다)처럼 실현될 것이 확실한 비현실성 사태에 쓰이기도 한다.

(8) 가. 그녀는 실력이 <u>뛰어남에도</u> 게으른 탓에 성공하지 못했다.

　나. 여러 번 주의를 <u>주었음에도</u> 철수는 같은 실수를 반복했다.

　다. 곧 유학을 <u>감에도</u> 불구하고 그는 아무런 준비를 하지 않고 있다.

'-어 봤자'는 '어떤 일을 시도해도 소용이 없거나, 어떤 상황을 가정해도 그 정도가 대단하지 않음'을 나타낸다. 이 표현에는 어떤 시도나 노력이 기대하는 결과를 가져오지 못할 것이라는 화자의 부정적인 인식이 드러난다. (9가)는 지금 출발한다고 가정해도 약속 시간에 늦을 것이므로 시도가 아무 소용이 없음을 나타내고, (9나)는 청자가 장난감을 사 줄 것을 기대하고 떼를 썼지만 장난감을 사 주지 않을 것이므로 역시 청자의 노력이 소용없음을 나타낸다. (9가)는 비현실성 사태를 가정하고 (9나)는 현실성 사태를 가정하며 이때 '-어 봤자'를 써도 의미적으로 자연스럽다. 따라서 '-어 봤자'는 현실성 사태와 비현실성 사태 모두에 어울린다고 할 수 있다.

(9) 가. 지금 출발해 <u>봤자</u> 약속 시간에 늦을 게 뻔해.

　나. 그렇게 떼써 <u>봤자</u> 장난감은 사 주지 않을 거야.

'-어 봤자'는 부정적 함의를 가진다. 이에 비해 '-어도'와 '-더라도'는 부정적 함의를 가지는 것은 아니다. 따라서 '-어도'가 선행절에서 가정하는 사태가 기대하는 결과를 가져오지 못한다거나 그 정도가 대단하지 않음을 나타낼 때는 '-어도'와 '-어 봤자'를 교체할 수 있는 경우가 있다. 아래 (10가, 나)가 그 예로, (10가)는 지수에게 이야기를 하는 행동이 소용없음을 의미하고, (10나)는 아저씨가 살 수 있는 기간이 별로 길지 않음을 의미한다. 이런 경우 '-어 봤자'와 '-어도'를 서로 교체하여 써도 자연스럽다. 그러나 (10다)는 화자가 실패하는 것에 대해 부정적으로 평가하고 있지 않으므로 '-어도'와 '-더라도'는 쓸 수 있지만 '-어 봤자'를 쓸 수 없게 된다.

(10) 가. 우리가 지수에게 아무리 이야기를 (해 봤자/해도/하더라도) 지수는 우리의 말을 안 믿을 거예요. → 행동이나 시도가 소용없음.

나. 아저씨는 (길어 봤자/길어도/길더라도) 6개월 정도밖에 못 사신다고 해요. → 정도가 기대에 미치지 못하거나 대단하지 않음.

다. 최선을 다했으니까. (*실패해 봤자/실패해도/실패하더라도) 좌절할 필요는 없어.

'-는 한이 있더라도'는 '앞의 상황이나 사태를 감수하더라도 뒤의 내용에는 영향을 미치지 않음'을 나타낸다. 주로 화자의 의지를 나타낼 때 쓰는데, 선행절의 상황은 화자가 감수해야 하는 상황이므로 긍정적인 내용이 오지 않는다.

(11) 가. (실패하는/*성공하는) 한이 있더라도 끝까지 도전해 보겠습니다.

나. (원망을 듣는/*감사를 받는) 한이 있더라도 조언을 해 주고 싶구나.

'-는 한이 있더라도'는 '-어도', '-더라도', '-을지라도'에 비해 좁은 의미를 나타낸다. 첫째, '-는 한이 있더라도'는 주로 비현실적 명제에 쓰인다. 둘째, 양보를 나타내지만 앞의 상황을 극복해서라도 뒤에 이어지는 내용을 꼭 이루겠다는 의지를 나타낼 때 주로 쓴다. 따라서 의미적으로 첫째와 둘째의 조건이 충족될 경우에 '-는 한이 있더라도'는 '-어도', '-더라도', '-을지라도' 등과 바꿔 쓸 수 있다. 예문 (12가~다)는 첫째와 둘째 조건이 충족되어 세 표현이 교체 가능한 경우를 보여 준다. (12라, 마)는 현실적 명제에 '-는 한이 있더라도'를 쓴 예로 비문이고, (12바)는 의미적 조건이 충족되지 않은 예로 역시 어색한 문장이 된다.

(12) 가. 오늘은 밤을 (새워도/새우는 한이 있더라도) 일을 모두 끝냅시다.

나. 죽음이 우리를 (갈라놓더라도/갈라놓는 한이 있더라도) 너를 영원히 사랑할거야.

다. 비록 (굶어죽을지라도/굶어죽는 한이 있더라도) 남에게 손 벌리지는 않을 겁니다.

라. 신혜는 많이 (먹어도/*먹는 한이 있더라도) 살이 찌지 않아요.

마. 그가 무슨 말을 (하더라도/*하는 한이 있더라도) 사람들은 믿지 않는다.

바. 정도의 차이는 (있을지라도/*있는 한이 있더라도) 대체적으로는 비슷한 결과이다.

〈표 60〉 '-어도', '-더라도', '-을지라도', '-은들', '-음에도', '-는 한이 있더라도'의 의미적 특성

-어도	• '어떤 일이 일어났으나 그에 기대되는 다른 사건이 발생하지 않았거나 기대와 다른 사건이 발생했음'을 나타냄. • 현실성 사태와 비현실성 사태 모두에 쓸 수 있음. • '-더라도', '-을지라도'에 비해 선행절 명제의 실현 가능성이 높음.
-더라도	• '어떤 일이 일어났으나 그에 기대되는 다른 사건이 발생하지 않았거나 기대와 다른 사건이 발생했음'을 나타냄. • 주로 비현실성 사태에 씀. • '-어도'에 비해 선행절 명제의 실현 가능성이 낮음.
-을지라도	• '어떤 일이 일어났으나 그에 기대되는 다른 사건이 발생하지 않았거나 기대와 다른 사건이 발생했음'을 나타냄. • 주로 비현실성 사태에 씀. • '-어도'에 비해 선행절 명제의 실현 가능성이 낮음. • 선행절의 명제가 일어날 가능성이 매우 낮거나 극단적이라고 여겨지는 경우에 자주 씀. • '-어도', '-더라도'보다 강조하는 느낌이 있음.
-은들	• '어떤 상황을 가정하여 인정한다고 해도 그 결과가 예상과 다른 내용임'을 나타냄. • 비현실성 사태에 주로 쓰는 경향은 있으나 현실성 사태에 쓰일 수 없는 것은 아님. • '-어도'보다 현실이 아니거나 일어나지 않은 상황을 가정하는 느낌이 강함.

-음에도	• '앞의 내용으로 인해 기대되는 사건이 발생하지 않았거나 기대에 상반되는 사건이 발생하였음'을 나타냄. • 주로 현실성 사태에 쓰나 비현실성 사태에 쓸 수 없는 것은 아님.
-어 봤자	• '어떤 일을 시도해도 소용이 없거나, 어떤 상황을 가정해도 그 정도가 대단하지 않음'을 나타냄. • 현실성 사태와 비현실성 사태 모두에 쓸 수 있음. • 어떤 시도나 노력이 기대하는 결과를 가져오지 못할 것이라는 화자의 부정적인 인식이 드러남(부정적 함의를 가짐).
-는 한이 있더라도	• '앞의 상황이나 사태를 감수하더라도 뒤의 내용에는 영향을 미치지 않음'을 나타냄. • 주로 비현실성 사태에 씀.

이상의 양보 표현을 가정하는 사태의 현실성 정도에 따라 아래와 같이 나타낼 수 있다. 단, '-더라도', '-을지라도', '-은들', '-는 한이 있더라도'가 주로 비현실성 사태를 가정하여 말할 때 쓰는 경향이 있음을 나타내는 것이지 현실적 양보에 쓸 수 없는 것이 아님을 다시 한 번 일러둔다.

〈표 61〉 양보 표현이 가정하는 사태의 현실성 정도의 차이

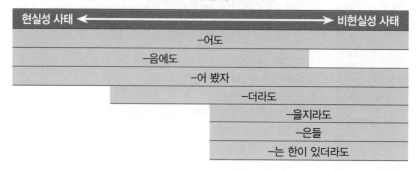

◉ 3.2.2. 문법적 차이

양보 표현의 문법적 특징을 요약하면 〈표 62〉와 같다.

〈표 62〉 양보 표현의 문법적 특성

	주어 제약	선행 용언 제약	선어말 어미 제약	문장 유형 제약	부정형 제약	관형사형 어미 제약
-어도	×	×	○	×	×	-
-더라도	×	×	○	×	×	-
-을지라도	×	×	○	×	×	-
-은들	×	×	○	○	×	-
-음에도	×	×	×	○	×	-
-어 봤자	×	×	○	○	-	-
-는 한이 있더라도	×	○	○	○	-	○

　첫째, 선행 용언 제약을 살펴보면 양보 표현은 비교적 동사, 형용사, '이다'와의 결합이 자유로운 편이다. 이에 비해 '-는 한이 있더라도'는 주로 동사에 쓰는 차이가 있다.

(13) 가. 비록 쓰러지는 한이 있더라도 끝까지 최선을 다해 달릴 것이다.

　　　나. ?가슴 아픈 한이 있더라도 그 사람과는 헤어지는 게 옳아.

　　　다. ?건강에 나쁜 한이 있더라도 다이어트를 할 거예요.

　둘째, 과거 시제를 나타내는 선어말어미 '-었-'은 '-어도', '-더라도', '-을지라도', '-음에도'에 붙어 쓰이나, '-은들', '-어 봤자', '-는 한이 있더라도'에는 개재되기 어렵다. 단, '-어도', '-더라도', '-을지라도'에 '-었-'이 붙어 '-었어도', '-었더라도', '-었을지라도'가 되면 과거 상황과 반대되는 사실, 즉 반현실을 가정하는 의미가 된다.

(14) 가. 조금 일찍 출발했어도 제 시간에 도착하진 못했을 거야. → 과거 상황과
　　　반대되는 사실을 가정하는 의미가 됨.

　　　나. 철수가 모임에 왔더라도 영희는 안 갔다. → 과거 상황과 반대되는 사실을 가
　　　정하는 의미가 됨.

다. 부모님이 반대하셨을지라도 지금의 아내와 결혼했을 겁니다. → 과거
  상황과 반대되는 사실을 가정하는 의미가 됨.

라. 내가 (간들/*갔은들) 그 일을 성공시키지 못했을 것이다.

마. 한국 대표팀은 최선을 다했음에도 불구하고 패배하고 말았다.

바. 그가 죽도록 (애써 봤자/*애썼어 봤자) 알아주는 사람은 아무도 없
  었다.

사. 그녀는 꼴찌를 (하는 한이 있더라도/*했는 한이 있더라도) 몇 번이고
  도전했다.

〈표 63〉 양보 표현의 선어말어미 제약

	'-었-'과의 결합	'-겠-'과의 결합
-어도	가능 → 과거 상황과 반대되는 사실을 가정하는 의미가 됨(반현실).	불가능
-더라도	가능 → 과거 상황과 반대되는 사실을 가정하는 의미가 됨(반현실).	불가능
-을지라도	가능 → 과거 상황과 반대되는 사실을 가정하는 의미가 됨(반현실).	불가능
-은들	불가능	불가능
-음에도	가능	불가능
-어 봤자	불가능	불가능
-는 한이 있더라도	불가능	불가능

  셋째, 양보 표현의 문장 유형 제약을 살펴보면, '-은들', '-음에도', '-어 봤
자'의 후행절이 강한 제약을 받는다. 이 세 표현의 후행절은 평서문과 의문문
으로 쓸 수 있으나 청유문과 명령문으로 종결되기는 어렵다. '-은들'은 주로 수
사의문문을 취하는데 이는 순수한 물음을 나타내는 것이 아니라 주로 답변을
요구하지 않고 강한 진술 등의 효과를 나타내는 것이다. 예컨대 (15다)는 문장
형식은 의문문이지만 누가 새로 와도 김 사장님의 마음에 들지는 않을 것임을

강하게 진술하는 것이고 (15라)는 돈이 많아도 건강하지 않으면 소용이 없음을 힘주어 말하는 것이다. '-음에도' 역시 (15바)에서 나타나듯 청유문과 명령문으로 쓰기 어렵다. '-어 봤자'는 평서문과 의문문으로 자주 쓴다. 의문문의 경우 '-은들'과 마찬가지로 수사의문문으로 주로 쓰여 시도나 노력이 소용없음을 강하게 표현한다. (15아)는 아무리 굶어도 운동을 안 하면 살이 빠지지 않음을, (15자)는 잘해 줘도 애들이 고마워하지 않으므로 노력이 헛됨을 수사의문문의 형식으로 강하게 표현한 것이다.

(15) 가. 많은 세월이 흐른들 그 사람을 잊을 수는 없을 거예요.

　　　나. 그 아이는 아무리 혼낸들 눈 하나 깜짝 안 한다.

　　　다. 누가 새로 온들 김 사장님 마음에 들겠습니까? → 새로 누가 와도 김 사장님 마음에 들지는 않을 것이라는 의미

　　　라. 돈이 아무리 많은들 건강하지 않다면 무슨 소용이 있겠습니까? → 돈이 많아도 건강하지 않으면 소용이 없다는 의미

　　　마. 아이가 떼쓴들 장난감은 사 주지 (*말자/*말아라).

　　　바. 심한 감기 몸살에 걸렸음에도 불구하고 회사에 출근(했다./했니?/*하자./*해라.)

　　　사. 서준아, 그렇게 떼써 봤자 장난감은 안 사 줄 거야.

　　　아. 아무리 굶어 봤자 운동을 안 하면 살이 빠지겠어? → 아무리 굶어도 운동을 안 하면 살이 빠지지 않는다는 의미

　　　자. 그렇게 잘해 줘 봤자 애들이 고마워하니? → 아무리 잘해 줘도 애들이 고마워하지 않는다는 의미

　　　차. 아이가 그렇게 떼써 봤자 초콜릿을 주지 (*말자/*말아라).

〈표 64〉 양보 표현의 문장 유형 제약

	평서문	의문문	청유문	명령문
-어도	가능	가능	가능	가능
-더라도	가능	가능	가능	가능

	평서문	의문문	청유문	명령문
-을지라도	가능	가능	가능	가능
-은들	가능	가능 → 주로 수사의문문으로 씀.	불가능	불가능
-음에도	가능	가능	불가능	불가능
-어 봤자	가능	가능 → 주로 수사의문문으로 씀.	불가능	불가능
-는 한이 있더라도	가능	가능	가능	가능

넷째, 의존어 구성의 연결 표현인 '-는 한이 있더라도'는 관형사형 어미 제약이 있다. '-는 한이 있더라도'는 일어나지 않았거나 일어날 가능성이 적은 비현실성 사태를 가정하여 말할 때 쓰기 때문에 과거를 나타내는 관형사형 어미 '-은'을 쓸 수 없다.

(16) 가. 그녀는 (실패하는 한이 있더라도/*실패한 한이 있더라도) 몇 번이고 도전했다.

◉ 3.2.3. 담화적 차이

'-은들'은 문어에서 주로 사용하는 표현이며 주로 연령대가 높은 사람들이 사용하는 경향이 있다. 또한 '-은들'은 부정적으로 평가하는 의미가 있으므로 윗사람에게 사용하면 실례가 될 수 있음을 유의해야 한다. '-어 봤자' 역시 어떤 시도가 기대하는 결과를 가져오지 못할 것이라는 화자의 부정적인 인식이 드러나기 때문에 보통 연령이나 지위가 높은 청자에게는 사용하지 않는다. '-은들'을 쓴 (17가)와 '-어 봤자'를 쓴 (17나) 두 문장 모두 비문은 아니지만 청자가 화자보다 지위가 높으므로 공손하지 못한 느낌이 있다.

(17) 가. ?교수님, 지금 출발한들 제 시간에 도착하시겠어요?
　　 나. ?교수님, 지금 출발해 봤자 제 시간에 도착하시지 못할 것 같아요.

원인 · 이유 표현

 들어가는 말

여기에서는 연결 표현 중에서 앞선 내용이 뒤에 이어지는 내용의 원인이나 이유가 됨을 나타내는 표현을 한데 모아 그 공통점과 차이점이 무엇인지 살펴보기로 한다. 원인 · 이유 표현은 그간 한국어 교육에서 특히 집중적인 연구가 이루어진 부분이다. 그 이유는 원인이나 이유를 나타내는 연결어미나 문형의 수가 워낙 많으면서도 그 의미적 특성이 미묘하게 달라 학습자들이 변별적 사용을 어려워하기 때문이다. 게다가 문법적 제약과 담화적 제약도 문법 항목마다 상이하게 나타나 학습자들의 부담이 크다. 따라서 여기에서는 원인 · 이유를 나타내는 연결어미와 문장 연결의 위치에 사용되는 의존어 구성의 연결 표현까지 아울러 각각의 표현의 의미적, 문법적, 담화적 특성이 무엇인지 살피고 이들의 공통적인 특성과 변별 지점에 대해 다룬다.

본서에서 다루는 원인 · 이유의 표현은 다음의 〈표 65〉와 같다. 현행 한국어 교재와 한국어 학습자 사전에 실린 원인 · 이유의 표현은 더 많겠으나 다음의 목록은 전술한 것처럼 말뭉치에 나타난 사용 빈도와 교재 중복도, 그리고 TOPIK 출제 문법 여부 등을 종합적으로 고려하여 한국어 교육과정에서 우선적으로 교수 · 학습될 만한 것들을 선정한 결과이다.

-어서

-으니까

-더니

-으므로

-길래[29)]

-느라고

-으니만큼

-기 때문에

-는 바람에

-는 통에

-은/는 덕분에

-은/는 탓에

-어 가지고

-어[30)]

2 현행 교재 출현 현황

교재 중복도와 빈도 등을 바탕으로 본서에서 선정한 연결 표현 중, 원인 · 이유를 나타내는 문법은 총 14개에 이를 정도로 많다. 그중에서 '-어서', '-으니까', '-기 때문에'는 학습자의 한국어 능력이 아직 부족한 1, 2급에서 연달아 제시되고, 번역어로도 변별이 잘 되지 않으며, 내재하는 문법적 제약도 달라

---

29) 국어학에서는 통상 '-길래'가 '-기에'의 구어체적 이형태로 받아들여지고 있다. 그러나 본서의 원인 · 이유 표현 목록에서는 '-길래'를 포함하고 '-기에'가 배제되었다. 그 이유 중 하나는 현행 한국어 통합 교재에서 구어적인 표현인 '-길래'가 예스럽고 문어적인 '-기에'에 비해 더 널리 제시되고 있기 때문이다. 또한 본서는 '-기에'를 자주 공기하는 의존어와 함께 '-기에 망정이지'의 덩어리 표현으로 뒤에 포함하고 있으므로 연결 표현에서는 '-기에'를 다루지 않기로 한다.

30) '-어 가지고'와 '-어'는 원인 및 이유를 나타내는 '-어서'와 의미적, 통사적으로 크게 다르지 않다. 단, '-어 가지고'는 구어에서, '-어'는 문어에서 자주 사용하는 경향이 있다. 따라서 '-어 가지고'와 '-어'는 원인 · 이유 표현의 '담화적 특성'을 다룰 때만 간략히 언급하였다.

서 학습자들이 이해와 사용을 매우 어려워하는 대표적 문법이다. 여기에 한국어 과정의 중급이 되면 '-은/는 덕분에', '-더니', '-길래', '-느라고', '-으니만큼', '-어 가지고' 등의 원인 · 이유 표현이 쏟아져 나오고, 문어적인 표현인 '-으므로'나 '-어', 의존어 구성의 연결 표현 '-는 바람에', '-는 통에', '-은/는 탓에' 등도 중급부터 고급에 걸쳐 연속적으로 제시된다. 따라서 학습자들이 한국어의 원인 · 이유 표현을 학습하는 것에 대해 어려움을 토로하는 것은 당연한 일일 것이다. 이와 같은 연유로 한국어 교육에서는 원인 · 이유 표현에 대한 연구가 타 문법에 비해 더욱 활발히 이루어져 왔다. 그러나 학술적 연구 성과와는 별개로, 한국어 교재와 사전에서 이들 문법의 의미적, 문법적, 담화적 차이에 대한 정보를 명쾌하고 충분히 제공하고 있지는 않다고 보인다. 그렇기 때문에 이들이 어떤 특성을 공유하고, 또 어떤 점에서 차이가 있는지에 대한 정보를 한데 모아 명시적으로 제공해 줄 필요가 있을 것이다.

〈표 66〉 원인 · 이유 표현의 현행 교재 출현 현황

초급	중급	고급
-어서		
-으니까		
-기 때문에		
-은/는 덕분에		
	-더니	
	-길래	
	-느라고	
	-으니만큼	
	-어 가지고	
	-으므로	
	-는 바람에	
	-는 통에	
	-은/는 탓에	
		-어

③ 문형 간 비교

3.1. 공통점

◎ 3.1.1. 의미적 특성

여기에서 다루는 표현은 공통적으로 '앞선 내용이 뒤에 이어지는 내용의 원인이나 이유, 근거가 됨'의 의미 속성을 공유한다. 물론 더 자세히 살펴면 이유가 되는 상황이나 이에 대한 화자의 인식 등에 차이가 있어 서로 교체가 가능한 경우도 있고 아닌 경우도 있으나, 큰 틀에서는 이들을 '원인·이유 표현'으로 묶을 수 있겠다.

(1) 가. 엄마가 (예뻐서/예쁘니까/예쁘므로/예쁘니만큼/예쁘기 때문에) 아이도 예쁠 것이다.

나. 어제 등산을 (해서/했더니/했기 때문에) 다리가 아파요.

다. 마트에서 포도가 세일을 (해서/하길래) 한 상자를 샀다.

라. 언니가 (도와주셔서/도와주신 덕분에) 이사를 쉽게 했어요.

마. 샤워를 하느라고 중요한 전화를 받지 못했어.

바. 사람들이 너무 (떠들어서/떠드는 바람에/떠드는 탓에/떠드는 통에) 친구의 말이 잘 들리지 않았다.

3.2. 차이점

◎ 3.2.1. 의미상 차이

위에서 제시한 연결 표현은 공통된 의미적 특성에 따라 [원인·이유]로 묶이지만, 사실 개별 문법 항목의 의미적 특성을 낱낱이 살펴보면 원인·이유가 되는 사태의 특성이나 화자의 인식에 차이가 있다. 다음에서는 원인이 되는 사태의 의미적 특성에 따라 연결 표현을 묶고 각각의 차이를 기술하였다.

① 보편적 원인과 주관적 판단에 근거한 원인: -어서, -으니까

'-어서'와 '-으니까'는 한국어의 가장 대표적인 원인·이유 표현이다. '-어서'는 '앞의 내용이 원인이 되어 뒤에 이어지는 내용과 같은 결과가 있음'을 나타내며, '-으니까'는 '앞의 내용이 뒤에 오는 내용의 이유 또는 판단의 근거임'을 나타낸다. 이처럼 이들 두 어미는 용법이 비슷하고 번역어로도 변별이 잘되지 않아서 학습자들이 이해와 사용을 매우 어려워한다. 그럼에도 한국어 의사소통 상황에서 매우 고빈도로 사용되고 필수적인 의미·기능을 담당하므로 한국어 교육과정의 매우 초반부에 제시되고 있다. 그러나 교재와 사전에서는 이 둘의 미묘한 의미적 차이를 충분히 설명하기보다는 분명하게 대비되는 문법 규칙 차이를 설명하는 데 치중한 감이 있다. 따라서 학습자들은 어떤 경우에 '-어서'와 '-으니까'가 교체 가능한지, 교체 가능한 경우에 의미적으로 어떤 차이가 있는지, 그리고 어떤 경우에 바꿔 쓸 수 없는지를 변별하는 데 어려움을 겪는다. 따라서 여기에서는 '-어서'와 '-으니까'의 의미적 차이에 집중하여 살펴보자.

첫째, '-어서'는 보편적인 원인을 나타내고, '-으니까'는 주관적 판단에 근거한 원인을 나타낸다. 남기심(1978ㄱ)에 따르면, '-어서'는 어떤 결과에 대해서 보편적으로 누구나 동의할 것으로 전제하고 있는 원인을 나타내고, '-으니까'는 화자 개인의 판단에 의한 근거를 나타내는데 청자의 동의를 항상 전제하는 것은 아니다. (2가~다)는 남기심(1978ㄱ)의 예문을 인용하거나 약간 변형한 것인데, 해당 논의에 따르면 '-어서'가 쓰인 (2가)는 '바람이 심하게 불면 나뭇잎이 떨어질 것'이 상식이며 당연한 이치임을 전제로 해서, 나뭇잎이 떨어지게 된 원인으로서 바람이 심하게 분 사실과 그로 인해 나뭇잎이 떨어졌다는 인과관계에 있는 사건을 기술한 것이다. 이와 비교하여 '-으니까'가 쓰인 (2나)는 나뭇잎이 떨어진 이유를 생각해 본 결과 바람이 불었기 때문이라는 결론에 이른 것을 나타낸다. (2다)처럼 후행절의 종결어미를 '-더라'로 교체해 보면 그 차이가 더 선명해진다. '바람이 부니까 나뭇잎이 떨어지더라'는 바람이 심하게 분 사실과 나뭇잎이 떨어진 두 개의 사건을 관찰하여 앞선 사건이 뒤에 이어지는 사건의 원인이라는 화자의 판단을 나타낸다. 따라서 이때는 '-어서'를 쓰면 다소 어색하고 '-으니까'를 써야 자연스러운 문장이 된다. 마찬가지로 (2라)에서도 '-으니까'를 써야 하고 '-어서'를 쓸 수 없는데, 그 이유는 화자의 관찰을 토대로 상대방이 살이 찌는 이유가 군것질을 많이 하기 때문이라고 추정하는 것이기 때문이다. 이에 비해 (2마)는 '-어서'가 자연스럽고 '-으니까'를 쓰면 어색하다. 이상복(1985)은 '-으니까'의 선행절은 화자가 추측 판단한(추정한) 이유나 원인을 나타내고, 후행절은 그에 따른 당연한 결과를 기술한다고 설명했다.[31] 다시 말해, '-으니까'에는 전건 때문에 후건이 발생하는 것을 당연시하는 의미가 있다. 따라서 '차가 막혔으니까 회의에 늦었습니다.'라고 하면 차가 막혔기 때문에 늦은 것이 당연하다는 어감이 있어 공손하지 못하게 느껴진다. 그렇기 때문에 사과나 감사의 표현을 할 때 '-으니까' 보다는 '-어서'를 쓰는 것이 더 자연스러운 것이다.

(2) 가. 바람이 **불어서** 나뭇잎이 떨어졌다. (남기심, 1978)

　　나. 바람이 **부니까** 나뭇잎이 떨어졌다. (남기심, 1978)

　　다. 바람이 (?불어서/부니까) 나뭇잎이 떨어지더라. (남기심, 1978)

　　라. A: 저녁을 안 먹는데도 자꾸 살이 쪄.

　　　　B: 너는 군것질을 많이 (*해서/하니까) 저녁을 안 먹어도 살이 찌지.

　　마. 차가 (막혀서/?막혔으니까) 회의에 늦었습니다.

---

31) 이상복(1981)은 아래의 예문을 제시하면서. '-어서'는 부사 '당연히'나 서술어 '당연하다'가 후행하면 비문법적이고, '-으니까' 구문은 문법적이라고 설명했다. 따라서 '-으니까' 구문은 후행절의 내용을 당연한 결과로 판단하는 의미가 있다고 보았다.

　1. 가. 그동안 통 공부를 안 했으니까 당연히 성적이 나쁠 거예요.

　　나. *그동안 통 공부를 안 해서 당연히 성적이 나쁠 거예요.

　2. 가. 안 배웠으니까 모르는 것은 당연합니다.

　　나. *안 배워서 모르는 것은 당연합니다.

이익섭(2008:364~367)에서도 '-어서'에는 누구나 다 아는 당연하고도 자연스러운 이치를 나타내는 포괄적이고 보편적인 원인의 의미가 있고 '-어서'가 '-으니까'에 비해서 필연성이 더 강하다고 한 바 있다. 이외 많은 논자도 이와 맥을 같이 하는데, 이들 논의를 바탕으로 '-어서'는 많은 이가 동의할 수 있는 보편적인 인과관계를 나타내고, '-으니까'는 주관적 판단에 의한 원인과 그에 따른 당연한 결과를 나타내는 것으로 정리할 수 있겠다.

〈표 67〉 '-어서'와 '-으니까'의 의미적 특징

	의미적 특성
-어서	• 앞의 내용이 원인이 되어 뒤에 이어지는 내용과 같은 결과가 있음을 나타냄. • 어떤 결과에 대해서 보편적으로 누구나 동의할 것으로 전제하고 있는 원인을 나타냄. • 원인과 결과 사이의 필연성이 '-으니까'보다 강함.
-으니까	• 주관적 판단에 의한 원인과 그에 따른 당연한 결과를 나타냄. • 주관적 판단, 추리에 의거한 이유를 나타내며 청자의 동의를 항상 전제하는 것은 아님.

② 지각한 사실로서의 원인: '-더니', '-길래'

'-더니'와 '-길래'의 선행절은 경험하거나 지각한 사실로서 뒤에 이어지는 내용의 원인 또는 조건이 된다. 그렇기 때문에 일견 이 둘의 의미·기능이 매우 유사해 보인다. 그러나 이 둘은 교체하여 사용할 수 있는 경우가 거의 없다. 그 이유는 '-더니'는 후행절이 [-의도성]의 의미 속성을 가지고, '-길래'는 이와 반대로 선행절이 [-의도성]의 자질을 가져야 하기 때문이다.

먼저 '-더니'는 '듣거나 경험한 사실이 다른 사실의 이유나 원인, 조건이 됨'을 나타낸다. 다음 (3가~다)처럼 말을 많이 하고, 어제 늦게 자고, 주말에 등산을 하는 등 화자가 경험한 사실이 후행절의 원인이 된다. 많은 한국어 교재, 사전에서는 이와 같은 수준에서 '-더니'의 의미를 설명하고 있는데, 이와 같은 의미 정보만 주어진다면 학습자들은 (3라~바)와 같은 비문을 생산할 수 있다.

(3라~바)가 어색한 문장이 되는 이유는 '-더니'의 후행절이 의미적으로 [-의도성]이 아니기 때문이다. 즉, '-더니'의 후행절에 화자가 자신의 의지로 행한 행위가 놓였고, 이는 [+의도성]이므로 어색한 문장이 되는 것이다. 이와 반대로 (3가~다)의 후행절은 화자의 의지와 무관하게 일어난 사실로서 의도성이 없으므로 자연스러운 문장이 된다. 다시 말하면, (3가)는 말을 많이 했고 그 결과로 목이 아프다는 사실을 화자가 발견했음을 의미하며, (3나)는 어제 늦게 잤기 때문에 피곤한 상태가 되었음을, 그리고 (3다)는 지난 주말에 등산을 했고 그 결과로 의도와 상관없이 다리가 아픈 상태가 되었음을 나타낸다.

(3) 가. 말을 많이 <u>했더니</u> 목이 아프네요.

　　나. 어제 늦게 <u>잤더니</u> 오늘은 좀 피곤해요.

　　다. 지난 주말에 등산을 <u>했더니</u> 아직도 다리가 아프다.

　　라. *말을 많이 <u>했더니</u> 물을 마셨다.

　　마. *어제 늦게 <u>잤더니</u> 오늘은 늦게 출근을 했어요.

　　바. *지난 주말에 등산을 <u>했더니</u> 이번 주말에는 집에서 쉬었다.

　'-길래'는 '화자가 지각한 내용이 이유, 원인이 되어 화자가 어떤 행위를 했음'을 나타낼 때 쓴다. (4가)는 백화점이 세일 중이라는 사실을 발견하고 화자가 옷을 샀음을 나타내고, (4나)는 오늘이 철수 생일이라는 사실을 깨닫고 축하해 주었다는 의미이다. (4다)는 머리가 아프다는 사실을 인지해서 약을 먹었음을 나타낸다. 여기에서 중요한 사실은 '-길래'가 나타내는 원인이 화자가 의도한 것이 아니라 우연히 발견하거나 새롭게 깨달은 사실, 즉 [-의도성]이어야 한다는 점이다. (4라)와 (4마)는 컴퓨터를 안 가져와서 컴퓨터실에서 발표 준비를 하게 된 상황이 같다. 그러나 (4라)는 자연스럽고 (4마)는 어색한 이유는 전자는 컴퓨터를 깜빡하고 안 가져온 것이고 후자에서는 무거워서 의도적으로 안 가져왔기 때문이다.

(4) 가. 백화점이 세일을 <u>하길래</u> 옷을 한 벌 샀어요.

　　나. 오늘이 철수 <u>생일이길래</u> 축하해 주었어.

　　다. 머리가 <u>아프길래</u> 약을 먹었어요.

라. 깜빡하고 컴퓨터를 안 가져왔길래 컴퓨터실에서 발표 준비를 했어요.

마. *무거워서 컴퓨터를 안 가져왔길래 컴퓨터실에서 발표 준비를 했어요.

〈표 68〉 '–더니'와 '–길래'의 의미적 특징

	의미적 특성	선행절	후행절
–더니	• 듣거나 경험한 사실이 다른 사실의 이유나 원인, 조건이 됨을 나타냄.		[–의도성]
–길래	• 화자가 지각한 내용이 이유, 원인이 되어 화자가 어떤 행위를 했음을 나타냄. • '–길래'가 나타내는 원인은 화자가 의도한 것이 아니라 우연히 발견하거나 새롭게 깨달은 사실임.	[–의도성]	

③ 부정적 결과가 자주 후행하는 원인: '–느라고', '–는 바람에', '–은/는 탓에', '–는 통에'

'–느라고', '–는 바람에', '–은/는 탓에', '–는 통에' 역시 원인을 나타내는 연결 표현으로서, 부정적인 결과가 후행하는 경우가 많다는 공통점이 있다. 그러나 선행절과 후행절에 놓일 수 있는 상황이 조금씩 다르고, 이들 전부가 부정적 함의를 갖는 것도 아니며, 통사적 제약도 상이하기 때문에 이들 연결 표현역시 변별적 교수 · 학습이 어려운 문법 항목이다.

가장 먼저 '–느라고'를 살펴보자. '–느라고'는 '앞선 내용이 뒤에 오는 내용의 원인임'을 나타낸다. 이숙(1985)은 '–느라고'가 선행절과 후행절의 사실이한 시간대에 놓일 것을 요구하는 특징이 있다고 하였다. 즉, '–느라고'가 연결하는 선행절과 후행절의 사실은 동시간대에 발생하여서 시간적 겹침이 있다. 예문 (5가)를 보면 선행절의 샤워를 한 시간대와 후행절의 전화를 받지 못한시간대가 일치한다. 예문 (5나, 다)에서도 마찬가지로 선행절과 후행절의 사건이 동일한 시간대 속에서 발생한다. 그렇기 때문에 선행절과 후행절이 기술하는 사태에 시차가 있을 경우에 '-느라고'를 쓰면 (5라)와 같이 비문이 된다. 이 때는 선행절의 원인과 후행절의 결과를 순차적으로 연결하는 '-어서'를 사용하는 것이 더 자연스럽다.

(5) 가. 샤워를 <u>하느라고</u> 전화를 받지 못했다.

　나. 늦게까지 텔레비전을 <u>보느라고</u> 숙제를 못했어.
　다. 요즘 서준이는 <u>크느라고</u> 온몸이 뻐근하대요.
　라. 점심을 많이 (*먹느라고/먹어서) 저녁을 굶었다.

　한편 '-느라고'의 후행절에 부정적인 사실이 놓이는 경우가 많기는 하지만 항상 그런 것은 아니다. 예컨대 '우리는 오랜만에 수다를 떠느라고 시간 가는 줄도 몰랐다.'나 '등산을 다니느라고 살이 빠졌다.'에서 후행절의 결과를 부정적이라고 볼 수는 없다. 따라서 '-느라고' 자체가 [+부정성]의 의미가 있다고 단정하기는 어렵다.

　'-는 바람에'는 갑작스럽거나 예기치 않은 원인을 나타낸다. 예컨대 (6가) 처럼 갑자기 비가 오거나 (6나)처럼 파업으로 지하철이 늦게 오는 등의, 화자가 예상하지 못한 원인 때문에 후행절의 사실이 발생하였음을 나타낸다. 예문 (6다)는 '-느라고'와 '-는 바람에'가 교체 가능한 경우인데, 휴대전화를 집에 두고 온 원인이 급하게 나왔기 때문임을 나타낸다. 그러나 어감에 조금 차이가 있는데, '-는 바람에'를 썼을 때 예상치 못하게 집에서 급하게 나오게 됐다는 느낌이 더욱 강하다. (6라)에서는 '-느라고'를 써야 하고 '-는 바람에'를 쓰기 어렵다. 성장기에 아이가 빠르게 크고 그것 때문에 뻐근함을 느끼는 것은 일반적인 사실이며 보편적인 인과관계이다. 따라서 예상하지 못한 원인과 그에 따른 결과를 나타내는 '-는 바람에'를 쓰면 어색하다. 그러나 (6마)와 같이 '요즘 아이가 갑자기 크는 바람에'로 변형하여 아이가 최근 들어 갑자기 많이 컸고, 그로 인해 온몸이 뻐근하다는 의미일 때는 '-는 바람에'를 써도 자연스럽게 느껴진다.

(6) 가. 갑자기 비가 <u>오는 바람에</u> 운동회가 연기되었다.

　　나. 파업으로 지하철이 늦게 <u>오는 바람에</u> 회의에 이십분이나 늦었어.

　　다. 급하게 (<u>나오는 바람에/나오느라고</u>) 휴대전화를 집에 두고 왔어요.

　　라. 아이가 (*<u>크는 바람에/크느라고</u>) 온몸이 뻐근하대요.

　　마. 요즘 아이가 갑자기 (<u>크는 바람에/크느라고</u>) 온몸이 뻐근하대요.

김경화 · 김정남(2012)은 '-는 바람에'가 갑작스러운 혹은 예기치 않은 원인을 의미하고 그것이 핑계를 댈 때 자주 쓰인다는 점에서 부정적 함의를 가질 수도 있다고 보나, 이는 일정한 경향성일 뿐 절대적인 것은 아니라고 하였다. '못 올 줄 알았던 친구가 모임에 나타나는 바람에 깜짝 놀랐다.'와 같은 예문이 그 수는 적지만 발견되기 때문이다.

'-은/는 탓에'는 어떤 부정적인 현상의 원인이나 책임 소재를 나타낼 때 사용하는 표현이다. '탓' 자체에 '부정적인 현상이 생겨난 원인이나 이유'라는 뜻이 있으므로 '-은/는 탓에'에는 부정적인 결과가 후행한다. (7가)는 며칠째 이어진 폭염 때문에 열사병 환자가 늘어나는 부정적 현상이 있음을 나타내고, (7나)는 상대방이 일을 제대로 하지 않았기 때문에 화자가 상대방의 일까지 맡게 된 것에 대해 책망하는 것이다. 이에 비해 '-는 바람에'는 [-부정성]의 인과 관계에도 사용이 가능하다는 점에서 '-는 바람'에 와 '-은/는 탓에'가 구별된다. (7다)는 갑작스럽게 날씨가 추워졌고 그 결과로 두꺼운 겨울옷이 많이 팔리는 긍정적인 결과가 있었으므로 '-는 바람에'가 자연스럽고 '-은/는 탓에'를 쓰면 어색해진다. (7라)의 결과 역시 의미적으로 [-부정성]이므로 '-은/는 탓에'를 쓰는 것은 부자연스럽게 느껴진다.

(7) 가. 연일 폭염이 <u>이어진 탓에</u> 열사병 환자가 늘어나고 있습니다.

　　나. 네가 일을 제대로 하지 <u>않은 탓에</u> 내가 너의 일까지 맡게 되었잖아.

다. 날씨가 갑자기 (*추워진 탓에/추워지는 바람에) 두꺼운 겨울옷이 많
이 팔렸어요.

라. 우연히 옛날 사진을 (?본 탓에/보는 바람에) 고향 생각이 많이 났다.

'-는 통에'는 어떤 상황, 주로는 복잡하고 정신이 없는 상황을 원인으로 댈
때 사용한다. 예컨대 (8가)의 아이들이 떠들어 대거나 (8나)의 전쟁이 난 상황
처럼, 분주하고 정신이 없는 상황이 원인이 된다. 따라서 부정적인 결과에 대
한 원인을 나타낼 때 자주 쓰지만, '-는 통에'가 [+부정성]의 의미가 있는 것
은 아니다. (8다)와 같이 점심시간이라 손님이 몰렸고 매우 바쁜 상태가 된 것
은 식당 주인의 입장으로서 반갑고 긍정적인 일이며 이때에도 '-는 통에'를 쓸
수 있기 때문이다. 따라서 (8다)에서 '-는 통에'를 [+부정성]의 의미를 지니
는 '-은/는 탓에'로 바꾸어 쓰면 어색함이 있다.

(8) 가. 아이들이 떠들어 (대는 통에/댄 탓에) 정신이 하나도 없어요.

　　나. 할아버지는 전쟁이 (나는 통에/난 탓에) 가족들과 헤어지셨다.

　　다. 텔레비전 프로그램에 식당이 소개된 후, 손님이 (몰리는 통에/?몰린 탓
에) 요즘 눈코 뜰 새 없이 바쁘다.

한편 부정적인 결과가 자주 후행하는 표현은 아니지만, '-은/는 탓에'와 반
대되는 의미가 있는 표현인 '-은/는 덕분에'를 함께 살펴보자. '-은/는 덕분에'
는 어떤 사람의 은혜나 도움, 또는 어떤 일의 발생으로 인해 이익이 있을 때 사
용한다. (9가)와 (9나)는 어떤 사람의 도움과 은혜에 대해서 감사함을 나타내
고, (9다)는 회의가 일찍 끝났다는 상황이 긍정적으로 작용하여 일찍 퇴근할
수 있었음을 나타낸다.

(9) 가. 네가 도와준 덕분에 일을 빨리 끝낼 수 있었어.

　　나. 선생님이 쉽게 설명해 주신 덕분에 잘 이해되었습니다.

　　다. 회의가 일찍 끝난 덕분에 오늘은 오래간만에 일찍 퇴근했다.

〈표 69〉 '–느라고', '–는 바람에', '–은/는 탓에', '–는 통에', '–은/는 탓에', '–은/는 덕분에'의 의미적 특징

	의미적 특성	
–느라고	• 앞선 내용이 뒤에 오는 내용의 원인임을 나타냄. • 선행절의 사실과 후행절의 사실이 동시간대에 발생하여 시간적 겹침이 있음.	
–는 바람에	• 갑작스럽거나 예기치 않은 원인을 나타냄.	
–은/는 탓에	• 어떤 부정적인 현상의 원인이나 책임 소재를 나타냄.	[+부정성]
–는 통에	• 복잡하고 정신이 없는 상황이 원인임을 나타냄.	
–은/는 덕분에	• 어떤 사람의 은혜나 도움, 또는 어떤 일의 발생으로 인해 이익이 있음을 나타냄.	

④ 논리적 이유: '–으므로'

'–으므로'는 어떤 사실을 전제하고 그 전제된 사실을 이끌어 낸 결론을 기술한다.[32] 예컨대 '모든 사람은 죽는다. 영수는 (사람이므로/?사람이어서/?사람이니까) 죽는다.'에서 전제와 결론을 연결해 주는 경우에 '–으므로'만이 자연스럽기 때문이다. 김승곤(1979)에서도 '–으므로'가 뒷문장의 이유가 되는 것을 논리적으로 따져 말할 때 쓰이며 특히 서술적 이유를 나타낼 때 쓴다고 하였다. 그렇기 때문에 '–으므로'가 문어와 격식적인 상황에서 주로 사용되는 것이다. 예문 (10나)는 문어에, (10다)는 가장 논리적인 텍스트 중 하나인 수학적 증명에, (10라)는 공식적 상황에 '–으므로'가 쓰인 예이다.

---

32) 이상복(1981:98–99)은 전제와 결론을 연결해 주는 경우에 '–으므로'만이 자연스럽게 쓰인다는 사실을 통해서 '–으므로'의 선행절의 내용은 후행절의 전제가 되고, 후행절은 그러한 전제를 기초로 하여 이끌어 낸 결론임을 알 수 있다고 하였다.

> 모든 사람은 죽는다.
> 영수는 사람이다.
> ?그래서
> ?그러니까 } 영수는 죽는다.
> 그러므로

(10) 가. 모든 사람은 죽는다. 영수는 (사람이므로/?사람이어서/?사람이니까)
　　　죽는다.

　　나. 나이가 어릴수록 언어 습득 속도가 빠르므로 언어는 어릴 때 배우는
　　　것이 좋다.

　　다. A는 B와 같고 B는 C와 같으므로 A와 C는 같다.

　　라. 공연 시작 20분 전이므로 입장해 주시기 바랍니다.

⑤ 원인 및 이유 강조: '-기 때문에', '-으니만큼'

'-기 때문에'에는 이유나 원인을 더욱 강조하는 느낌이 있다. 아래의 (11가)
와 (11나)는 '-어서'나 '-으므로'를 쓸 때보다 '-기 때문에'를 썼을 때 앞의 내
용이 뒤에 오는 내용의 원인임을 더욱 부각시키는 의미가 있음을 보여 준다.

(11) 가. 그 선수는 항상 1위를 (했기 때문에/해서) 이번 경기의 결과에 크게 실
　　　　망했다.

　　나. 나이가 어릴수록 언어 습득 속도가 (빠르기 때문에/빠르므로) 언어는
　　　어릴 때 배우는 것이 좋다.

'-으니만큼' 역시 선행절 명제 내용이 후행절의 원인이나 이유가 됨을 더욱
강조한다. 그리고 선행절과 후행절의 인과관계가 매우 긴밀하여 선행절의 원
인이 있으므로 후행절의 결과가 있는 것이 타당하다는 느낌이 있다. 그러므로
아래 (12가~다)처럼 원인이 되는 사태에 필연적으로 뒤따를 것으로 보이는 결
과를 예측하거나, 당연히 있어야 하는 결과를 주장하거나 설득할 때 자주 쓴다.

(12) 가. 큰 병원으로 (옮기느니만큼/옮기므로/옮기니까) 곧 나을 겁니다.

　　나. 최선을 (다했으니만큼/다했으므로/다했으니까) 좋은 결과가 있을 것
　　　이다.

　　다. 고객의 불만이 (있었으니만큼/있었으므로/있었으니까) 서비스를 개
　　　선해야 한다.

〈표 70〉 '–으므로', '–기 때문에', '–으니만큼'의 의미적 특징

	의미적 특성
–으므로	• 어떤 사실을 전제하고 그 전제된 사실을 이끌어 낸 결론을 기술함. • 뒤에 이어지는 내용의 이유를 논리적으로 따져 말할 때 씀.
–기 때문에	• 앞의 내용이 뒤에 오는 내용의 이유나 원인임을 나타냄. • 이유나 원인을 더욱 강조하는 의미가 있음.
–으니만큼	• 앞의 내용이 뒤에 오는 내용의 원인이나 이유가 됨을 나타냄. • 이유나 원인을 더욱 강조하는 의미가 있음. • 선행절과 후행절의 인과관계가 매우 긴밀하여 선행절의 원인이 있고 따라서 후행절의 결과가 있는 것이 타당하다는 느낌이 있음.

◉ 3.2.2. 문법적 차이

원인 · 이유 표현의 문법적 특징을 요약하면 〈표 71〉과 같다.

〈표 71〉 원인 · 이유 표현의 문법적 특성

	주어 제약	선행 용언 제약	선어말 어미 제약	문장 유형 제약	부정형 제약	관형사형 어미 제약
–어서	×	×	○	○	×	–
–으니까	×	×	×	×	×	–
–더니	○	×	○	○	×	–
–으므로	×	×	×	×	×	–
–길래	○	×	○	○	×	–
–느라고	○	○	○	○	○	–
–으니만큼	×	×	○	×	×	–
–기 때문에	×	×	○	○	–	–
–는 바람에	×	○	○	○	–	○
–는 통에	×	○	○	○	–	○
–은/는 덕분에	×	×	○	○	–	×
–은/는 탓에	×	×	○	○	–	×

먼저 주어 제약을 살펴보자. 원인·이유 표현 중 주어 제약이 있는 것은 '-길래', '-더니', '-느라고'이다. '-길래'는 '화자가 지각한 내용이 이유, 원인이 되어 화자가 어떤 행위를 했음'을 나타내므로 '화자의 행위'를 기술하는 후행절에는 1인칭 주어가 주로 쓰인다. 선행절에는 인칭 제약이 없으나 주로 2인칭과 3인칭 주어가 쓰이는 경향이 있다. '-길래'가 나타내는 원인은 화자가 우연히 발견하거나 새롭게 깨달은 사실이 되어야 하므로, 화자 자신에 대한 사실보다는 외부적 상황이 원인으로 쓰이는 경우가 많고, 따라서 2, 3인칭 주어가 자주 쓰인다고 할 수 있겠다.

(13) 가. 어머니가 <u>주무시길래</u> 깨우지 않고 조용히 나왔어요.

　　나. 나만 <u>늦었길래</u> 재빨리 교실에 들어갔다.

　　다. 지갑을 안 <u>가져왔길래</u> 집에 돌아가서 가지고 왔다.

'-더니'는 1인칭 주어에는 '-었더니'를 쓰고, 2인칭과 3인칭 주어에는 '-더니'를 써야 하는 특징이 있다. 예컨대 (14가~다)는 점심을 굶었고 그 결과로 기운이 없다는 사실은 동일하지만 (14가)의 선행절 주어는 1인칭이고 (14나, 다)의 주어는 2인칭과 3인칭이라는 차이가 있다. 단, '-었-'의 유무와 상관없이 '-더니'가 결합한 선행절은 발화 시점 이전의 상황을 나타낸다는 것이 특징이다.

(14) 가. 점심을 <u>굶었더니</u> 기운이 하나도 없어요. 1인칭 → '-었더니'

　　나. 너는 점심을 <u>굶더니</u> 기운이 하나도 없구나. 2인칭 → '-더니'

　　다. 민우 씨가 점심을 <u>굶더니</u> 기운이 하나도 없네요. 3인칭 → '-더니'

'-느라고'는 선행절과 후행절의 주어나 화제가 같아야 하는 제약이 있다. (15가)는 선행절과 후행절의 주어가 일치하는 예문이고, (15나)에서는 선행절의 주어가 '강희'이고 후행절의 주어는 '강희'의 일부분인 '(강희의) 옷'이 된다.

(15) 가. 미안해. 아까는 (내가) <u>샤워하느라고</u> (내가) 전화를 못 받았어.

　　나. 강희는 <u>청소하느라고</u> (강희의) 옷이 더러워졌다.

〈표 72〉 원인 · 이유 표현의 주어 제약

	주어 일치 제약	인칭 제약	
		선행절	후행절
-길래	없음	없음	있음 1인칭 주어를 씀.
-더니	없음	있음 1인칭 주어 → '-었더니' 2 · 3인칭 주어 → '-더니'	없음
-느라고	있음 선행절과 후행절의 주어나 화제가 같아야 함.	없음	없음

다음으로 연결 표현의 문장 유형 제약을 살펴보면, '-어서', '-더니', '-길래', '-느라고'가 후행절에 문장 종결형 제약이 있다. 이들은 청유문과 명령문에 쓰면 어색하다는 공통점이 있다. '-어서'는 (16가, 나)처럼 청유문이나 명령문에 쓸 수 없다. 그 이유에 대해 남기심(1978ㄱ)은 '-어서'는 청자의 공감, 공인을 전제로 해서 쓰이기 때문에 일방적인 요청이나 명령을 할 수가 없다고 설명하였다. 이에 비해 '-으니까'는 개인적으로 판단한 이유를 나타내므로 이를 가지고 명령하고 결단할 수 있고, 따라서 청유문과 명령문으로도 쓰일 수 있다.

(16) 가. 날씨가 더워서 창문을 (열었다./열었니?/*열자./*열어라.)

　　나. 막히는 시간이어서 조금 일찍 (출발했습니다./출발했습니까?/*출발합시다./*출발하십시오.)

　　다. 날씨가 더우니까 창문을 (열자/열어라).

　　라. 막히는 시간이니까 조금 일찍 (출발합시다/출발하십시오).

'-더니'는 '듣거나 보거나 경험한 사실이 원인이 되어 어떤 상황, 내용이 있음'을 나타낸다. 이때 후행절의 내용은 의미적으로 [−의도성]이어야 한다. 그러나 어떤 행위를 청유하거나 명령하는 것은 [−의도성]이 될 수 없으므로 '-더니'의 후행절에는 청유문과 명령문을 쓰기 어렵다.

(17) 가. 아침부터 비가 오더니 빨리 빨래를 (*걷자/*걷어라).

　　나. 너는 어제 그렇게 많이 먹더니 오늘은 조금만 (*먹자/*먹어라).

　'-길래'의 후행절은 선행절의 이유 때문에 화자가 어떤 행동을 했는가를 나타내므로, 평서문이나 의문문으로 쓰는 것이 자연스럽고 청유문과 명령문으로 쓰면 비문이 된다.

(18) 가. 오후에 비가 온다고 하길래 우산을 가지고 나왔다.

　　나. 도대체 무슨 일이길래 그렇게 화가 났어?

　　다. 비가 올 것 같길래 빨래를 (걷자/걷어라).

　'-느라고'의 후행절은 주로 평서문, 의문문으로 쓴다. 의문문의 경우 '-지요?', '-잖아요?' 등과 결합하여 확인의문문으로 쓰는 일이 많다. 역시 청유문, 명령문으로 쓰기 어렵다.

(19) 가. 집에서 급하게 나오느라고 휴대전화를 놓고 왔다.

　　나. 요즘 시험 공부하느라고 많이 바쁘지요?

　　다. 영화를 보느라고 늦게 (*자자/*자라).

　반대로 후행절에 특별히 문장 유형 제약이 없는 연결어미도 있다. '-으니까'와 '-으므로', '-으니만큼'은 평서문, 의문문뿐만 아니라 청유문과 명령문으로도 쓸 수 있다.

(20) 가. 차가 막히는 시간이니까 조금 일찍 (출발하자/출발해라).

　　나. 수심이 깊으므로 (조심합시다/조심하십시오).

　　다. 요즘 경제 상황이 안 좋으니만큼 조금 더 (절약하자/절약해라).

　원인·이유를 나타내는 의존어 구성의 연결 표현은 대부분 청유문과 명령문으로 쓰기 어려운 제약이 있다.

(21) 가. 시끄럽기 때문에 TV 소리를 (줄였다/*줄이자/*줄여라).

　　나. 교통사고가 나는 바람에 병원에 (입원했다/*입원하자/*입원하십시오).

다. 까다로운 상사를 <u>만난 탓에</u> 항상 야근을 (해요/*합시다/*하자).

라. 식당에서 아이가 <u>울어대는 통에</u> 계산하는 걸 (깜빡했다/*깜빡해라/* 깜빡하자).

마. 장학금을 <u>받은 덕분에</u> 등록금 고민이 (해결됐다/*해결하자/*해결합시다).

〈표 73〉 원인 · 이유 표현의 문장 유형 제약

	평서문	의문문	청유문	명령문
-어서	가능	가능	불가능	불가능
-길래	가능	가능	불가능	불가능
-더니	가능	가능	불가능	불가능
-느라고	가능	△[33]	불가능	불가능
-기 때문에	가능	가능	불가능	불가능
-는 바람에	가능	가능	불가능	불가능
-은/는 탓에	가능	가능	불가능	불가능
-는 통에	가능	가능	불가능	불가능
-은/는 덕분에	가능	가능	불가능	불가능
-으니까	가능	가능	가능	가능
-으므로	가능	가능	가능	가능
-으니만큼	가능	가능	가능	가능

선행 용언과의 결합에 제약이 있는 연결 표현은 '-느라고', '-는 바람에', '-는 통에'이다. 이들은 공통적으로 형용사와의 결합이 자유롭지 못하다. 먼저 '-느라고'는 주로 동사에 결합하고 형용사에 쓰기 어렵다. 동사 중에서도 시간적 폭이 있는 동사에 쓰며, '떨어지다, 도착하다, (눈을) 뜨다, (눈을) 감다, 일어서다, 앉다'와 같이 순간적으로 완료되는 동사에는 자유롭게 결합하지 못한다. 이는 '-느라고'의 의미적 특성과 연관된다. 앞서도 밝혔다시피, '-느라고'의 선행절과 후행절의 사건은 같은 시간대 속에서 진행되어 시간적으로 겹친

---

[33] '-느라고'는 '-지요?', '-잖아요?' 등과 결합하여 확인의문문으로 쓰는 일이 많다.

다. 그러려면 '-느라고'에 결합하는 서술어는 동작의 진행상을 나타내는, 즉 시간적 폭이 있는 동사여야 하는 것이다.[34] (22가, 나)는 '수업을 듣다'나 '일하다'와 같이 진행상을 나타내는 동사와 '-느라고'가 결합한 예로서 정문이다. (22다)는 '-느라고'가 형용사와 결합하면 비문이 되는 것을 보여 준다. (22라)는 순간적으로 완료되는 동사에 '-느라고'를 쓴 것으로 비문이다.

(22) 가. 수업을 듣느라고 친구에게 전화가 온 것을 몰랐다.

　　나. 매일 늦게까지 일하느라고 이삿짐을 쌀 시간이 없다.
　　다. *머리가 아프느라고 수업에 집중할 수가 없었어요.
　　라. *피곤해서 눈을 감느라고 너를 못 봤어.

　'-는 바람에'는 동사 및 '이다'와 결합하고 형용사와 자유롭게 결합하지 못한다. (23가)는 동사와, (23나)는 '이다'와 '-는 바람에'가 결합한 예이다. (23다)는 형용사에 '-는 바람에'를 쓰는 것이 자유롭지 않음을 보여 준다. 그러나 '춥다'에 상태 변화를 나타내는 '-어지다'를 덧붙여 동사 '추워지다'로 바꾸면 '-는 바람에'를 충분히 쓸 수 있다. '-는 바람에'는 갑작스럽거나 예기치 않은 원인을 나타내기 때문에 (23라)처럼 '추워지다'를 써서 날씨가 추워진 것이 예상하지 못한 사실이라는 의미가 되면 자연스러운 문장이 되는 것이다. 그러나 형용사를 쓴다고 늘 비문이 되는 것은 아니다. (23마, 바)의 '아프다', '어지럽다'처럼 갑작스럽게 나타난 상태를 묘사할 수 있는 형용사와는 결합이 가능한 경우가 있다.

---

34) 이숙(1985) 역시 같은 견지에서 '-느라고'가 동작의 진행상을 나타내는 서술어와만 통합 가능하다고 한 바 있다.

(23) 가. A: 연락도 없이 <u>찾아오시는</u> 바람에 대접을 제대로 못했습니다.

　　　　B: 아니에요. 갑작스러운 방문에도 반겨 주셔서 감사할 따름입니다.

　　나. 하필이면 여행지가 <u>우기인</u> 바람에 며칠 동안 호텔에만 머물렀다.

　　다. *날씨가 <u>추운</u> 바람에 여행을 취소했어요.

　　라. 날씨가 <u>추워지는</u> 바람에 여행을 취소했어요.

　　마. 갑자기 배가 <u>아픈</u> 바람에 시합을 포기했어요.

　　바. 수업 중에 머리가 <u>어지러운</u> 바람에 쓰러질 뻔했어.

'–는 통에'는 (24가)처럼 주로 동사와 결합하고 (24나, 다)와 같이 '이다'와의 결합은 부자연스럽다. '–는 통에'는 분주하고 정신이 없는 상황이 원인임을 나타내므로 '어수선하다', '시끄럽다', '시끌벅적하다' 등과 같이 복잡하고 정신없는 판국을 묘사하는 형용사에 쓸 수 있다.

(24) 가. 아이가 밤새도록 <u>우는</u> 통에 한숨도 못 잤어요.

　　나. ??어수선한 <u>시국인</u> 통에 내 마음도 어수선하다.

　　다. ??시끄러운 <u>장소인</u> 통에 친구의 말이 잘 들리지 않았다.

　　라. 시국이 <u>어수선한</u> 통에 내 마음도 어수선하다.

　　마. 주변이 너무 <u>시끄러운</u> 통에 친구의 말이 잘 들리지 않았다.

〈표 74〉 원인·이유 표현의 선행 용언 제약

–느라고	• 동사와 결합한다. • 형용사와 결합하기 어렵다. • 시간적 폭이 있는 동사에 결합하고 순간적으로 완료되는 동사에 쓰기 어렵다.
–는 바람에	• 동사 및 '이다'에 결합한다. • 형용사와 자유롭게 결합하지 못한다. • '아프다', '어지럽다'처럼 갑작스럽게 나타난 상태를 묘사할 수 있는 형용사와 결합이 가능한 경우가 있다.
–는 통에	• 동사와 결합한다. • '이다'와 결합하기 어렵다. • '어수선하다', '시끄럽다', '시끌벅적하다' 등과 같이 복잡하고 정신없는 판국을 묘사하는 형용사에 쓸 수 있다.

선행 용언과의 사이에 시제 선어말어미가 '-었-'과 '-겠-'이 개재되기 어려운 연결 표현은 '-어서', '-느라고', '-는 바람에', '-는 통에', '-은/는 탓에', '은/는 덕분에'이다.

(25) 가. 이번 여름은 날씨가 매우 (더워서/*더웠어서) 전기 사용량이 크게 증가했다.

　　나. 내일 아침에 회의가 (있어서/*있겠어서) 오늘은 집에 일찍 들어가야 해요.

　　다. 주말에 혼자 두 아이를 (돌보느라고/*돌보았느라고) 너무 힘들었어.

　　라. 곧 결혼 준비하(느라고/*겠느라고) 무척 바쁠 것 같아.

　　마. 갑자기 소나기가 (내리는 바람에/*내렸는 바람에) 쫄딱 젖었다.

　　바. 배탈이 (나는/*났는) 바람에 하루 종일 굶었다.

　　사. *소나기가 오겠는 바람에 운동회가 취소될 거예요.

　　아. 여진이 몇 주 동안 (계속되는 통에/*계속되었는 통에) 사람들이 불안해했어요.

　　자. *지진이 나겠는 통에 교통이 마비될 것입니다.

　　차. 신입사원이 일을 잘못 (처리한 탓에/*처리했는 탓에) 고객들의 불만 전화가 오고 있어요.

　　카. *소화가 안 되는 음식을 먹겠는 탓에 배탈이 나면 안 돼요.

　　타. 연정이가 차를 (태워준 덕분에/*태워주었는 덕분에) 집까지 편하게 왔어.

　　파. *내일도 도움을 주시겠는 덕분에 행사를 잘 마칠 수 있을 것입니다.

'-으니만큼'은 과거 시제를 나타내는 '-었-'과의 결합은 가능하지만 미래 시제를 나타내는 '-겠-'이 붙기 어렵다.

(26) 가. 공연이 시작되었으니만큼 정숙해 주십시오.

　　나. *내일은 비가 오겠으니만큼 집에서 쉽시다.

선어말어미가 개재될 수 있는 연결 표현은 '-길래', '-으니까', '-으므로', '-

기 때문에'이다. 그러나 유의해야 할 점은, '-길래'의 경우 과거의 내용이라 하더라도 선행절과 후행절의 사건이 한 시간대 속에서 일어난 경우에는 '-길래'를 쓰며, 선행절의 사건이 완료되고 후행절의 사건이 일어난 경우에 '-었길래'를 쓴다는 점이다. (27가)는 화자가 동생이 빵을 먹는 것을 발견하고 동생에게 빵을 나눠 먹자고 제안했음을 나타낸다. 이때는 전건과 후건의 사건시가 겹치므로 과거임에도 불구하고 '-길래'를 쓴다. 그러나 (27나)는 전건이 완료되고 난 후, 즉 이미 동생이 빵을 먹는 행위가 완료되고 나서 후행절의 사건이 있음을 나타낸다. 따라서 이때는 '-었길래'를 쓴다.

(27) 가. 동생이 빵을 먹길래 나눠 먹자고 했다. 전건과 후건의 사건시가 겹침 → '-길래'

　　나. 동생이 빵을 다 먹었길래 빵집에 가서 더 사 왔다. 전건이 완료되고 후건이

　　　　있음 → '-었길래'

　　다. 약을 먹었으니까 이제 괜찮을 거예요.

　　라. 서울행 열차가 이미 떠났으므로 다음 열차를 이용해 주시기 바랍니다.

　　마. 이미 백화점의 세일이 끝났기 때문에 다음에 옷을 사기로 했다.

〈표 75〉 원인 · 이유 표현의 선어말어미 제약

	'-었-'과의 결합	'-겠-'과의 결합
-어서	불가능	불가능
-느라고	불가능	불가능
-는 바람에	불가능	불가능
-는 통에	불가능	불가능
-은/는 탓에	불가능	불가능
-은/는 덕분에	불가능	불가능
-으니만큼	가능	불가능
-길래	전건과 후건의 사건시가 겹침 → '-길래' 전건이 완료되고 후건이 있음 → '-었길래'	

　부정형 제약이 있는 것은 '-느라고'인데, '-느라고'는 '안', '못' 등의 부정소와 함께 쓰면 어색한 느낌이 있다.

(28) 가. *오늘 숙제를 안 <u>하느라고</u> 불안했어.

　　나. *술을 못 <u>마시느라고</u> 사이다를 마셨다.

관형사형 어미 제약이 있는 것은 '-는 바람에'와 '-는 통에'이다. 이 둘 표현은 선행절의 사건시가 후행절의 사건시보다 먼저이더라도 대부분의 경우에 관형사형 어미 '-는'을 쓰고 '-은'을 쓰지 않는다.

(29) 가. 계단에서 넘어지는 바람에 다리에 멍이 들었어.

　　나. 아이가 고래고래 소리를 <u>지르는 통에</u> 도저히 통화를 할 수가 없었어요.

◉ 3.2.3. 담화적 차이

원인·이유의 표현 중 비교적 구어체적 특성이 강한 것은 '-으니까', '-더니', '-길래', '-느라고', '-어 가지고'이다. 이 중에서 '-어 가지고'는 '-어서'와 의미적으로나 통사적으로는 큰 차이가 없고, 단지 일상적 구어 환경에서 주로 쓰이는 경향이 강한 표현이다. 문어적인 표현으로는 '-으므로'가 있는데, '-으므로'는 논리적으로 이유를 따질 때 사용하므로 학술적 텍스트에 자주 사용된다. '-기 때문에' 역시 문어에서의 사용 비중이 비교적 높다고 할 수 있다. '-어서'와 큰 의미 차이 없이 바꿔 쓸 수 있는 '-어' 역시 문어에서의 사용 빈도가 상대적으로 높다. 이에 비해 '-어서'는 구어와 문어에서 두루 사용된다고 할 수 있다.

(30) 가. A: 왜 이렇게 늦었어?

　　　 B: 차가 너무 <u>막혀 가지고</u> 늦었어. 미안해.

　　나. (기사에서) 그 후보는 여러 의혹에 대한 답변을 회피하고 <u>있어</u> 국민들이 답답해하고 있다.

'-으니까', '-더니', '-길래', '-느라고', '-어 가지고'는 일상적 구어에서 자주 사용되는 만큼 비격식적 표현으로 분류할 수 있겠다. 이에 비해 '-으므로'는 연설, 담화, 발표와 같은 격식적 상황에서 자주 사용된다. '-으니만큼'과 '-기 때문에', '–어' 역시 일상적 대화보다는 격식적 상황에서 사용되는 비중이 더 높다고 볼 수 있다.

한편, '–는 바람에', '–는 통에', '–은/는 덕분에', '–은/는 탓에' 등은 담화적 특성이 상대적으로 뚜렷하게 드러나지 않아서 '구어/문어', 또는 '격식/비격식'으로 구분짓지 않았다.

〈표 76〉 원인·이유를 나타내는 연결 표현의 담화적 특성

구어적 / 비격식적	⟷	문어적 / 격식적
–으니까 –더니 –길래 –느라고 –어 가지고	–어서	–으므로 –으니만큼 –기 때문에 –어

조건 표현

 들어가는 말

한국어 교육에서 가장 대표적인 조건 표현으로 다루어지는 것은 '-으면'과 '-어야', '-거든'이다. 그리고 교재에 따라서는 '-으면'보다 불확실하거나 이루어지지 않은 사실을 가정하는 느낌이 강한 '-는다면'이나 '-어야'의 구어체적 표현인 '-어야지'를 싣기도 한다. 이들 조건 표현이 비록 학습자의 모국어로 번역하여 변별하기는 쉽지 않지만 개개의 기본 의미와 의미적 차이가 비교적 명료하고, 문법적 제약도 단순한 편이어서 교수·학습이 까다로운 편은 아니다. 하지만 분명 서로 교체 가능한 경우와 교체하면 어색한 경우가 있으므로 여기에서는 각 문법의 의미적, 통사적, 담화적 특성에 대해 짚어본다.

〈표 77〉 조건 표현의 목록

-으면
-어야
-거든
-는다면
-어야지[35]

---

35) '-어야지'는 '-어야'와 의미·기능이나 문법적 제약이 거의 다르지 않다. 단, '-어야'가 문어와 구어에 두루 쓰이는 데 비해, '-어야지'는 주로 구어에서 사용하는 경향이 있다. 따라서 '-어야지'에 대해서는 뒤에서 조건 표현의 담화적 차이를 논할 때 간략히 언급하였다.

현행 교재 출현 현황

조건 표현 중에서는 의미가 가장 포괄적이고 문법적 제약도 비교적 단순한 '-으면'이 교재의 초급에 주로 배치된다. 그리고 중급이 되면 필수 조건을 나타 내는 '-어야'나 실현될 사건을 가정하여 말할 때 쓰는 '-거든' 등이 제시된다.

〈표 78〉 조건 표현의 현행 교재 출현 현황

초급	중급	고급
-으면		
	-어야	
	-거든	
	-는다면	
	-어야지	

③ 문형 간 비교

3.1. 공통점

◎ 3.1.1. 의미적 특성

조건 표현은 공통적으로 앞의 내용이 뒤에 오는 내용의 [조건]이 된다.

(1) 가. 봄이 오면 꽃이 핀다.

　　나. 5분 전까지 도착하셔야 시험을 볼 수 있습니다.

　　다. 한국에 도착하거든 바로 연락해.

라. 나도 언니처럼 <u>예쁘다면</u> 참 좋을 텐데.

마. 주말에는 <u>예매해야지</u> 영화를 볼 수가 있어요.

◎ 3.1.2. 문법적 특성

조건 표현과 선행 용언과의 사이에는 시제선어말어미 '-겠-'이 개재되기 어렵다.

(2) 가. 수업이 (<u>끝나면/*끝나겠으면</u>) 집으로 곧장 오도록 해.

나. 밥을 다 (<u>먹어야/*먹겠어야</u>) 좋아하는 간식을 먹을 수 있어.

다. 신혜를 (<u>만나거든/*만나겠거든</u>) 안부를 전해 주세요.

라. 내일도 열이 많이 (<u>난다면/*나겠다면</u>) 병원에 꼭 가 보세요.

마. 오후에는 날이 (<u>개야지/*개겠어야지</u>) 빨래를 널 텐데요.

3.2. 차이점

◎ 3.2.1. 의미상 차이

'-으면'이 단순한 [조건]이나 근거를 나타내는 데 비해,[36] '-어야'는 뒤의 사실이 성립되기 위해 반드시 있어야 하는 [필수 조건]을 나타낼 때만 쓸 수 있다. 따라서 (3가)와 (3나)처럼 선행절이 후행절의 필수 조건인 경우에는 '-으면'과 '-어야'를 교체하여 쓸 수 있는 경우가 있다. 그러나 (3다)를 보면, 여자이면 사람이지만 사람이라고 모두 여자인 것은 아니므로, 즉 선행절이 후행절

---

36) 여기에서 다루는 '-으면'의 용법은 일반적으로 어떤 분명한 사실을 어떤 일에 대한 조건으로 말할 때 쓰는 '조건'의 용법이다. 불확실하거나 이루어지지 않는 사실을 가정할 때 쓰는 '가정'의 용법은 포함하지 않는다.

[조건]: 은행은 오후 네 시가 <u>넘으면</u> 문을 닫는다.
[가정]: 하늘을 <u>날면</u> 어떤 기분일까?

의 필수 조건이 아니므로, 이때는 '-어야'를 쓸 수 없다. 수학적 명제를 예로 들면 둘의 의미 차이가 조금 더 분명해진다. 예컨대 (3라)는 선행절의 명제가 후행절 명제의 필요충분조건이 되므로 '-으면'과 '-어야'를 바꿔 써도 의미적으로 자연스럽다. 그러나 (3마)를 보면, 6의 배수이면 2의 배수이지만, 2의 배수인 것이 6의 배수는 아니므로 선행절이 후행절의 충분조건일 뿐, 필요조건이 되지 못한다. 따라서 이 경우에 '-으면'을 쓸 수 있지만 '-어야'를 쓸 수 없다.

(3) 가. 만 19세가 (되면/되어야) 투표를 할 수 있다.

　　나. 봄이 (오면/와야) 꽃이 핀다.

　　다. 여자(이면/*여야) 사람이다.

　　라. 2의 배수(이면/*여야) 짝수이다.

　　마. 6의 배수(이면/*여야) 2의 배수이다.

안찬원(2001)은 기존의 논의를 정리하여 '-으면'과 '-어야'의 의미를 성분 분석 방법으로 아래와 같이 나타내었다.

-으면	[+조건], [-필수]
-어야	[+조건], [+필수]

'-거든'은 '어떤 일이 사실이거나 사실로 실현되면'의 뜻을 나타낸다. '-거든'은 아직 실현되지 않은 사건을 선행절로 취하지만, 이때 가정하는 사건은 실현성이 높다. (4가)에서 스무살이 되는 것은 아직 실현되지는 않았지만 시간이 지나면 자연히 현실이 될 사건이다. (4나) 역시 청자가 한국에 도착하는 것이 기정사실이라는 의미가 있다. 따라서 '-거든'은 [조건]을 나타내면서 동시에 [+실현성]의 의미 자질이 있다. 그러므로 '-으면'이 '-거든'을 포괄하는 의미 영역이 있다고 할 수 있다.

(4) 가. 스무 살이 (되거든/되면) 너의 용돈은 스스로 벌어서 써라.

　　나. 한국에 (도착하거든/도착하면) 바로 연락해.

'–는다면'은 '어떤 사실이나 상황을 가정하여 조건으로 삼는 것'을 나타내고, 많은 경우에 '–으면'과 교체하여 쓸 수 있다. 단, '–는다면'이 '–으면'에 비해 일어날 가능성이 적거나 사실이 아닌 것을 가정하는 의미가 강하다고 할 수 있다.

(5) 가. 도로가 막히지 (않는다면/않으면) 다섯 시간 정도 걸립니다.

　　나. 나도 언니처럼 (예쁘다면/예쁘면) 좋을 텐데.

　　다. 저는 (성공한다면/성공하면) 가장 먼저 부모님께 집을 사 드리고 싶어요.

　　라. 하늘을 날 수 (있다면/?있으면) 어떤 기분일까?

한편, 박승윤(1988)에서는 화자가 조건절의 내용을 사실로 받아들이고 있을 경우에는 '–는다면'을 쓸 수 없다고 주장하였다. (6가~다)의 조건절의 명제는 사실이거나 화자가 사실로 믿고 있는 사실이므로 어떤 사실을 가정하는 조건 표지인 '–는다면'을 쓰면 어색한 문장이 되는 것이다. (6가)의 전원 버튼을 누르면 TV의 전원이 켜지는 것은 누구나 알고 있는 사실이고, (6나)의 조건절 명제는 직시적 사실이며, (6다)의 딸이 곧 미국에 도착하는 것은 곧 실현될 사실이므로, 이런 경우 [가정]의 의미가 강한 '–는다면'을 쓰면 어색하다.

(6) 가. (TV 설명서에서) 전원 버튼을 (누르면/*누른다면) TV의 전원이 켜집니다. (박유경, 2015)

　　나. (길 한 가운데 서 있는 사람에게) 거기 서 (계시면/*계신다면) 위험합니다. (Bak, 2003)

　　다. (곧 미국 여행을 앞둔 딸에게) 미국에 (도착하면/*도착한다면) 엄마한테 전화해! (박유경, 2015)

〈표 79〉 '–으면', '–어야', '–거든', '–는다면'의 의미적 특성

–으면	• 앞의 내용이 뒤에 이어지는 내용의 단순한 조건이나 근거를 나타냄.
–어야	• 앞의 내용이 뒤에 이어지는 내용의 필수 조건임을 나타냄.
–거든	• '어떤 일이 사실이거나 사실로 실현되면'의 뜻을 나타냄. • 아직 실현되지 않은 사건을 선행절로 취하지만, 이때 가정하는 사건은 실현성이 높음.

–는다면	• '어떤 사실이나 상황을 가정하여 조건으로 삼는 것'을 나타냄.
	• '–으면'에 비해 일어날 가능성이 적거나 사실이 아닌 것을 가정하는 의미가 강함.

◉ 3.2.2. 문법적 차이

조건 표현의 문법적 특징을 요약하면 아래 표와 같다.

〈표 80〉 조건 표현의 문법적 특징

	주어 제약	선행 용언 제약	선어말어미 제약	문장 유형 제약	부정형 제약
–으면	×	×	○	×	×
–어야	×	×	○	○	×
–거든	×	×	○	○	×
–는다면	×	×	○	×	×
–어야지	×	×	○	○	×

조건 표현은 다음과 같은 문법적 차이가 있다.

첫째, 과거 시제를 나타내는 '–었–'의 결합에는 제약이 없지만, '–었–'이 결합했을 때 조건절에서 나타내는 사실의 현실성에는 다소 차이가 있다. 먼저 '–으면'의 경우 '–었–'과 결합하여 과거형으로 쓰이면 조건절이 이미 완료된 사실을 나타낸다.[37]

(7) 가. 다 <u>모이셨으면</u> 회의를 시작합시다.

　　나. 서준아, 손 <u>씻었으면</u> 이리 와서 간식 먹으렴.

'–어야'가 과거형 '–었어야'의 꼴로 쓰이면 이미 완료된 사실을 필수적인 조건으로 내세우거나 현재 사실과 반대되는 내용을 가정하는 의미가 된다. (8가)가 전자의 예이고 (8나)가 후자의 예이다.

(8) 가. A: 초대장을 <u>받으셨어야</u> 입장하실 수 있습니다. → 조건절의 내용이 이미 완
료된 사실임.

　　B: 네. 초대장 여기에 있습니다.

　나. A: 오늘 시험 너무 못 본 것 같아.

　　B: 너 어젯밤에도 게임했지? 공부를 <u>했어야지</u> 시험을 잘 보지. → 조건
절의 내용이 현재의 사실과 다른 사실임.

'-거든'은 사실로 실현될 사건을 가정하는 의미가 있다. 그러나 '-었-'이 결
합하여 과거형으로 쓰이면 완료상의 의미가 강해진다. (9가)와 (9나) 모두 조
건절은 이미 완료된 사실을 나타내는 것으로 볼 수 있다.

(9) 가. 이 과장이 <u>출근했거든</u> 내 사무실로 좀 오라고 하시오.

　나. 모두 다 <u>모였거든</u> 출발합시다.

둘째, 문장 유형 제약을 살펴보자. 먼저 '-어야'의 후행절은 주로 평서문과
의문문으로 종결되고 청유문이나 명령문으로 쓰기 어렵다.

(10) 가. 내일 비가 안 <u>와야</u> 소풍을 (갑니다./갑니까?/*갑시다./*가십시오.)

　나. 모두 자리에 <u>앉아야</u> 회의를 (시작합니다./시작합니까?/*시작합시
다./*시작하십시오.)

'-거든'의 후행절 서술어는 주로 명령, 권유, 부탁, 약속 등을 나타내는 '-어
라, -으세요, -자, -읍시다'나 의향을 나타내는 '-겠다, -을 것이다' 등과 결
합한다.

---

37) '-으면'의 용법 중 불확실하거나 일어나지 않은 사실을 [가정]하는 용법의 경우, 과거 시제
를 나타내는 '-었-'과 결합하면 이미 일어난 과거의 일과 반대되는 내용, 또는 현재 사실과 반
대되는 상황을 가정하는 의미를 나타낸다.

　1. 가. 조금만 일찍 출발했으면 기차를 놓치지 않았을 텐데. (과거와 반대되는 상황 가정)

　　나. 어머니가 살아 계셨으면 너를 자랑스러워하셨을 거야. (현재와 반대되는 상황 가정)
또한 '-었으면 좋겠다/하다/싶다'의 꼴로 쓰이면 그렇게 되기를 바라거나 희망함을 나타낸다.
이때는 '-었으면'의 꼴로 쓰여도 과거가 아닌 현실, 미래에 대한 희망, 바람을 나타낸다.

　2. 가. 올해는 좋은 일만 <u>생겼으면</u> 좋겠다.

　　나. 우리 싸우지 말고 사이좋게 <u>지냈으면</u> 해.

(11) 가. 좋은 대학에 가고 싶거든 죽기 살기로 공부해라.

　　 나. 졸업하거든 같이 유럽 여행을 가자.

　　 다. 먹어보고 맛있거든 계속 주문해서 먹어야겠어요.

🎯 3.2.3. 담화적 차이

'–어야'는 구어와 문어에서 두루 쓰이는 데 비해, '–어야지'는 구어에서 주로 사용되는 표현이다.

(12) 가. 철저한 조사가 (선행되어야/?선행되어야지) 진상을 파악할 수 있다.

　　 나. 군대를 (다녀와야/다녀와야지) 진짜 남자지.

'–거든'은 비격식적인 상황에서 구어체로 '–거들랑', '–걸랑'으로 쓰기도 한다. '–거들랑'과 '–걸랑'은 예스러운 느낌이 있으며, 격식적인 상황에서나 지위가 높은 청자에게 사용하면 어색할 수 있다.

(13) 가. 잘 모르거들랑 아는 척 하지 마.

　　 나. 걔 만나걸랑 나한테 전화 좀 하라고 해.

　　 다. 손님, 불편한 것이 (있거든/??있걸랑/??있거들랑) 언제든지 말씀해 주십시오.)

즉시 순차 표현

1 들어가는 말

이 장에서는 이른바 '즉시 순차 표현'으로 묶일 수 있는 4개의 문형을 다룬다. 이 문형은 모두 어떤 일이 일어나고 잇따라 다음 일이 일어나는 것을 나타내는 순차 표현의 일종이다. 그러나 일반적인 순차 표현과 달리 이들은 앞선 일이 있고 얼마 지나지 않아 곧바로 다음 일이 일어나는 '즉시성'을 강조한다는 점에서 함께 묶어 비교할 수 있다. 여기에서는 이러한 의미적 특징을 중심으로 아울러 문법적, 담화적 특징을 살펴봄으로써 이 4개의 문형을 비교해 보고자 한다.

〈표 81〉 즉시 순차 표현의 목록

–자
–자마자
–기가 무섭게
–는 대로

2 현행 교재 출현 현황

이 장에서 다루는 '즉시 순차' 표현의 출현 현황을 현행 주요 5종 교재에서 살펴본 결과, '–자마자'는 주로 중급에 제시되고 있었고, 경우에 따라 초급 후반부에서 제시하고 있는 경우가 있었다. 한편, '–자'는 고급에서 제시하고 있었다. 세부적인 급수는 교재에 따라 다르지만 대체적인 현행 교재 출현 현황을 숙달도별로 나타내면 다음과 같다.

〈표 82〉 즉시 순차 표현의 현행 교재 출현 현황

초급	중급	고급
-자마자		
	-는 대로	
		-자

※ '-기가 무섭게'는 5종 교재 내에서 목표 문형으로 선정된 바 없어 제시하지 않았다.

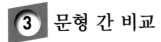 **문형 간 비교**

3.1. 공통점

이 장에서 다루는 4개의 대상 문형은 모두 앞선 일이 있고 다음 일이 일어남을 나타낸다는 공통점이 있다. 그러나 이들은 일반적인 순차 표현과 달리 앞선 일이 있고 곧바로 다음 일이 즉시 일어난다는 의미가 강조되기 때문에 함께 묶어 비교할 필요가 있다. 아래 (1가)의 예문에서 알 수 있듯, 이들 문형은 선행하는 일과 후행하는 일이 순차적으로 즉시 이루어짐을 표현하기 위해 사용된다.

(1) 가. 아침에 (일어나자/일어나자마자/일어나기가 무섭게/일어나는 대로) 양
　　　치질을 할 거예요.

이러한 의미상의 공통점은 이들 문형이 일부 문법적 특징을 공유할 수 있도록 한다.

첫째, 이들은 모두 순차적으로 일이 진행되는 사태를 나타내기 때문에 주로 동작성이 있는 용언과 결합한다는 특징이 있다. 즉, 다음 예문 (2가)와 같이 형용사, 또는 '이다'와는 거의 함께 쓰이지 않는다. 한편, (2나)와 같이 동사와의 결합은 대체로 자연스럽게 사용된다.

(2) 선행 용언 제약 있음

　　가. 그 애가 (*예쁘자/*예쁘자마자/*예쁘기가 무섭게/*예쁜 대로) 인기
　　　　가 많아졌다.

　　나. 감찰관이 (오자/오자마자/오기가 무섭게/오는 대로) 가게들이 문을 닫
　　　　았다.

　둘째, 이 문형은 선어말어미 '-었-', '-겠-'과 함께 결합하여 쓰이지 않는다.
아래 (3가)는 선어말어미 '-었-'이 결합할 경우 아래 (3가)와 같이 비문이 되
며, 선어말어미 '-겠-'이 쓰일 경우 (3나)와 같이 잘못된 문장이 된다.

(3) 선어말어미 개재 불가

　　가. 동생은 선물을 (받자/*받았자/*받았자마자/*받았기가 무섭게/*받았
　　　　는 대로) 뛸 듯이 기뻐했다.

　　나. 동생은 선물을 (받자/*받겠자/*받겠자마자/*받겠기가 무섭게/*받겠
　　　　는 대로) 뛸 듯이 기뻐했다.

3.2. 차이점

　이들 문형은 모두 앞선 일이 있고 연이어 다음의 일이 즉시 발생함을 나타낸
다는 공통점이 있으나, '-자'에 비해 '-자마자', '-기가 무섭게'가 앞선 일과 다
음 일 사이에 걸린 시간이 매우 짧다는 점에서 차이가 있다. '-자'는 경우에 따
라서는 원인을 나타내기도 하지만, '-자마자', '-기가 무섭게'는 원인을 나타
내는 의미로는 사용되지 않으며, 앞선 일과 다음 일 사이의 간격이 매우 짧음
을 강조하는 의미가 크다.

　다음의 예문들을 비교해 보면 '-자'와 '-자마자'의 이러한 차이를 알 수 있다.
(4가)는 동생이 감기에 걸리는 일이 있고 뒤이어 가족들이 모두 감기에 걸리는
일이 발생했음을 의미한다. '-자'는 선행하는 일이 후행하는 일의 원인이 되었
음을 의미하기도 한다. 그러나 (4나)의 '-자마자'는 원인의 의미가 없으며, 상

대적으로 앞선 일과 후행하는 일 사이의 시간 간격이 매우 짧음을 강조하는 의미가 있다. 한편, (4다)는 앞선 일이 있고 바로 뒤이어 후행하는 일이 일어났음을 과장하여 묘사하고 있다. '-기가 무섭게'는 '무섭게 느껴질 만큼 어떤 일이 끝나자마자 곧 바로'의 의미를 나타낸다.

(4) '즉시성'의 의미상 차이

    가. 동생이 감기에 <u>걸리자</u> 가족들이 모두 감기에 걸렸다.
    나. 동생이 감기에 <u>걸리자마자</u> 가족들이 모두 감기에 걸렸다.
    다. 동생이 감기에 <u>걸리기가 무섭게</u> 가족들이 모두 감기에 걸렸다.

  한편, '-는 대로'는 선행하는 일이 후행하는 일에까지 지속될 수 있기 때문에 우연히 발생한 일에 대해서는 사용할 수 없다는 특징이 있다.

(5) '우연성'의 의미상 차이

    가. 비가 (<u>오자/오자마자/오기가 무섭게/?오는 대로</u>) 가게들이 문을 닫았다.

  셋째, '-자'는 후행하는 문장이 명령문, 청유문으로 쓰이지 않는다는 제약이 있으나 '-자마자', '-기가 무섭게', '-는 대로'는 후행문의 서법에 이러한 제약이 없다.

  우선 (6가)와 같이 '-자'는 명령문, 청유문과 쓰이지 않을 뿐만 아니라 주로 현재형, 과거형으로 나타난다. 그러나 (6나~6라)와 같이 '-자마자', '-기가 무섭게', '-는 대로'에는 이러한 후행절 제약이 없음을 예문을 통해 확인할 수 있다. 특히 '-자'와 '-자마자'는 형태적, 의미적으로 유사성에도 불구하고 의미와 문법적 특성에 차이가 있기 때문에 이에 대하여 명시적으로 교수할 필요가 있다.

(6) 후행문의 서법 제약상 차이

    가. 수업이 <u>끝나자</u> 화장실에 (갔다/*갑시다/*가십시오).

나. 수업이 끝나자마자 화장실에 (갔다/갑시다/가십시오).

다. 수업이 끝나기가 무섭게 화장실에 (갔다/갑시다/가십시오).

라. 수업이 끝나는 대로 화장실에 (갔다/갑시다/가십시오).

넷째, 이들 문형은 사용역에 있어서도 차이가 있다. 특히 '–기가 무섭게'의 경우에는 사적인 감정을 표현하기 때문에 공적 담화에서는 잘 사용하지 않는다.

(7) 비격식 담화

가. 김 선생은 교장이 <u>되자</u> 많은 교칙을 만들었습니다. → 공적 담화에서 사용 가능

나. 김 선생은 교장이 <u>되자마자</u> 많은 교칙을 만들었습니다. → 공적 담화에서 사용 가능

다. 김 선생은 교장이 <u>되기가 무섭게</u> 많은 교칙을 만들었습니다. → 공적 담화에서 사용하기에 부적합한 느낌을 줌.

추가 표현

 들어가는 말

이 장에서는 이른바 '추가 표현'으로 묶일 수 있는 2개의 문형을 다룬다. 이 문형은 모두 앞의 일에 뒤의 일이 더해짐을 나타낸다는 점에서 함께 비교될 수 있다. 이들은 의존명사가 포함된 구성이라는 점에서 형태적 유사성이 있고 있다. 여기에서는 이러한 의미적 특징을 중심으로 문법적, 담화적 특징을 아울러 살펴봄으로써 이 두 문형을 비교해 보도록 한다.

〈표 83〉 추가 표현의 목록

−을 뿐만 아니라
−은/는 데다가

 현행 교재 출현 현황

이 장에서 다루는 추가 표현의 출현 현황을 현행 주요 5종 교재에서 살펴본 결과, '−을 뿐만 아니라'와 , '−은/는 데다가'는 모두 주로 중급에 제시되고 있었고, 일부 교재에서 '−은/는 데다가'를 초급 후반부에서 제시한 경우도 있었다. 세부적인 제시 급수 및 제시 순서는 교재에 따라 다르게 나타났으나 대체적인 현행 교재 출현 현황을 숙달도별로 나타내면 다음과 같다.

〈표 84〉 추가 표현의 현행 교재 출현 현황

초급	중급	고급
	-을 뿐만 아니라	
	-은/는 데다가	

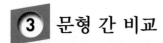 **문형 간 비교**

3.1. 공통점

이 장에서 다루는 2개의 대상 문형은 모두 앞선 내용에 관련된 내용을 더함을 나타낸다는 공통점이 있다. 아래 (1가)의 예문에서 보이는 바와 같이 이들 문형은 모두 서술된 앞선 내용에 후행하는 내용을 추가하여 나타내는 역할을 하고 있다.

(1) 가. 언니는 공부를 (잘할 뿐만 아니라/잘하는 데다가) 얼굴도 예쁩니다.

이러한 의미·기능적 공통점은 이들 문형이 일부 문법적 특징을 공유할 수 있도록 하게 한다. 즉 이들 문형은 공통적으로 다음과 같은 문법적 특징이 있다.

첫째, 이들은 모두 목적어에 조사 '도', '조차', '까지' 등이 자주 함께 쓰인다는 특징이 나타난다. 예문 (2가)는 '-을 뿐만 아니라'의 후행절 목적어에 '도, 까지, 조차'가 결합하는 것이 자연스럽다는 것을 나타내고 있다. 또 예문 (2나)는 '-은/는 데다가'의 후행절 목적어에 조사 '도, 까지, 조차'가 결합하는 것이 자연스럽다는 것을 보이고 있다.

(2) 목적어에 조사 결합 정보

　가. 언니는 공부를 잘할 뿐만 아니라 (얼굴도/까지/조차) 예쁩니다.
　나. 언니는 공부를 잘하는 데다가 (얼굴도/까지/조차) 예쁩니다.

둘째, 이 문형은 후행절이 명령문, 청유문으로 쓰이는 것이 어색하다는 제약이 있다. 아래 예문 (3)은 이들 문형이 명령문, 청유문으로 쓰이지 않음을 보이고 있다.

(3) 후행절 제약 있음

    가. 밥을 <u>먹었을 뿐만 아니라</u> 후식도 (먹었다/*먹읍시다/*드십시오).
    나. 밥을 <u>먹은 데다가</u> 후식도 (먹었다/*먹읍시다/*드십시오).

3.2. 차이점

이 문형은 다음과 같은 점에서 차이가 있다.

첫째, 이 두 문형은 모두 앞선 내용에 후행하는 내용이 더해진다는 의미를 지니지만, 구체적으로는 선행하는 내용과 후행하는 내용 중 말하는 이가 무엇을 더 강조하고 있는지를 추론할 수 있다는 특징이 있다. 먼저, '-을 뿐만 아니라'의 경우에는 말하는 이가 선행하는 내용을 더 당연한 것으로 보고 있음을 추정할 수 있다. 예문 (4가)에서 말하는 이는 '공부를 잘하다'와 '성격이 좋다' 중 선행하는 내용인 '공부를 잘하다'가 주어로 나타나는 '언니'의 더욱 중요한 특징이라고 보고 있음을 추정할 수 있다는 것이다. 따라서 '-을 뿐만 아니라'의 후행하는 내용은 대개 말하는 이가 상대적으로 기대하지 않았던 속성을 나타내기도 한다. 한편, (4나)에서와 같이 '-은/는 데다가'는 선행하는 내용과 후행하는 내용 간에 있어 말하는 이가 중요도에 큰 차이를 두고 있지 않다는 점이 특징적이다. 즉, '-을 뿐만 아니라'는 선행하는 내용이 후행하는 내용에 비하여 더욱 당연시되고 중요하게 여겨지는 내용인 반면, '-은/는 데다가'는 중요도의 차이 없이 병렬적으로 더해짐을 표현할 때 사용되는 경향성이 있다고 추론해 볼 수 있다.

(4) 강조되는 요소의 정도 차이

　　가. 언니는 공부를 잘할 <u>뿐만</u> 아니라 성격도 좋습니다. → '공부를 잘하다'가 더
　　　　욱 당연하고 중요하게 여겨지는 내용

　　나. 언니는 공부를 <u>잘하는 데다가</u> 성격도 좋습니다. → '공부를 잘하다', '성격이
　　　　좋다' 두 가지 속성 사이에 중요도의 차이가 없음.

　　둘째, '-을 뿐만 아니라'는 대개 논증과 설명이 요구되는 학술 논문 등의 장
르에서 자주 사용되는 경향이 있다.

(5) 장르상 특징

　　가. (보고서에서) 잠을 많이 자는 학생이 체력이 <u>좋을 뿐만</u> 아니라 성적도
　　　　우수한 것으로 나타났다.

5장 종결 표현

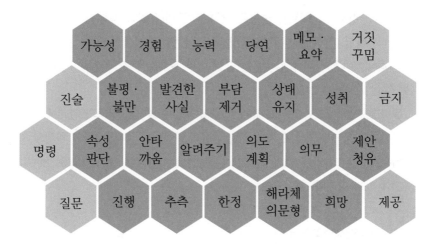

◈ 종결 표현의 유사 문형은 위와 같이 27의 기능으로 정리될 수 있었다. 본서에서는 위의 27개의 기능 중 진하게 표시된 21개의 기능에 해당하는 유사 문형에 대해 설명하겠다.

본서에서는 문말에 나타나는 기능적인 의미를 수행하는 형태들을 한데 모아 '종결 표현'이라 하였다. '종결 표현'에는 가장 기본적으로 종결어미가 포함되며, 또한 선어말어미, 그리고 이른바 '의존어 구성'이라 불리는 것들이 포함된다. 여기에서 의존어 구성은 의존명사와 결합하여 나타나는 구성들이 대부분을 차지한다. 여기에서는 형태보다는 의미와 기능을 중심으로 하여 의미 및 기능이 비슷한 형태를 분류하여 그 공통점과 차이점에 대하여 살펴보고자 한다. 본격적인 논의에 앞서 종결 표현으로 분류될 수 있는 '종결어미', '선어말어미', '의존어 구성'의 특징을 살펴보겠다.

한국어는 어미가 매우 발달된 언어이다. 그중에서도 연결어미, 선어말어미 등은 필요에 따라 쓸 수도 안 쓸 수도 있지만 종결어미는 어느 문장에서든지 항상 나타난다. 그만큼 종결어미는 한국어 문법의 많은 부분을 담당하고 있다. 종결어미의 역할을 크게 세 가지로 나누어 보겠다.

첫째로, 평서문, 의문문, 명령문, 청유문 등의 문장의 종류를 나누는 기능을 한다. 어떤 언어에서는 주어 생략 혹은 어순이 바뀌어 이러한 문장의 종류를 나타내지만 한국어에서는 문장 끝의 어미 형태로 문장의 종류가 결정된다(이익섭, 1986/2002:142).

둘째로, 상대높임법을 나타낸다. 상대높임법은 화자와 청자의 관계에 따른 종결어미의 형태를 가른다. 이 상대높임법의 등급이나 종류, 반말인 해체의 처리에 대해서는 학자에 따라 견해가 다르다. 본서에서는 남기심(2001/2007: 377)에 따라 아래와 같이 보았다.

〈표 85〉 상대높임법의 등급

격식체	높임	합쇼
		하오
	안 높임	하게
		해라
비격식체	높임	해요
	안 높임	해

즉 격식적인 상황이냐 비격식적인 상황이냐에 따라 사용되는 상대높임법의 형태가 다른 것이다.

셋째로, 이들은 서법 혹은 양태를 나타내는 기능을 하기도 한다. 만약 이들이 위에 나온 두 가지 기능만을 한다면 각 문장 유형과 높임법을 나타내는 어미가 각각 하나이면 될 것이다(이익섭, 1986/2002:142). 그러나 기본적인 위와 같은 기능을 하는 종결어미를 제외하고 여러 기능의 종결어미들이 있다. '-네(요)', '-는군(요)', '-지(요)' 등과 같은 어미들은 모두 비격식체로 각각 해/해요체에 속하지만 이와 같은 내용만으로는 이들의 의미 및 기능을 충분히 설명할 수 없다. 따라서 종결 표현의 유사문형 비교에서는 양태의 의미를 고려하여 기술되었다.

다음으로 선어말어미에 대하여 살펴보겠다. 선어말어미는 의미·기능에 따라 크게 공대법 관련 선어말어미와 시제 및 서법, 양태 관련 선어말어미로 아래와 같이 나눌 수 있다(고영근·구본관, 2008:177-178).

〈표 86〉 선어말어미의 구분

공대법 관련	'-시-', '-옵-', '-ㅂ-'
시제 및 서법 관련	'-는-', '-었-', '-겠-', '-느-', '-더-', '-리-', '-니-', '-것-'

본서에서는 위의 선어말어미 중 현대국에서 활발히 사용되고 있는 '-시-', '-었-', '-겠-', '-더-' 정도만 언급하게 될 것이다. 여기에 이어 문말에 나타나는 의존어 구성의 역할에 대하여 살펴보도록 하겠다. 의존어 구성은 그동안 '통어적 구문', '관용구', '표현', '구문 표현', '표현 항목', '표현 문형'[38] 등 여러 이름으로 불려 왔다. 이들의 의미 분류 또한 여러 의미에서 아주 다양한 관점으로 연구되어 왔다. 김지은(1998)에서는 '화자 중심 양태와 주어 중심 양태'로, 한송화(2000)에서는 '상적 보조용언, 양태적 보조용언, 화행적 보조용언'으로, 이종은(2005)에서는 문법적 의미와 화용적 의미로 나누어 세분화를 한 바 있다. 본서에서는 이러한 의존어 구성의 여러 기능과 의미 중에서 '추측', '가능성', '판단', '의도', '의무' 등을 나타내는 의존어 구성을 중심으로 다른 종결 표현, 즉 선어말어미 또는 종결어미에서 이에 상응하는 의미를 나타내는 것을 상호 비교하여 아래에 기술하겠다.

5장에서는 종결어미, 선어말어미, 일부 의존어 구성을 한데 모아 보았는데 그 이유는 다음과 같다. 형태나 문법범주를 기준으로 국어학의 입장에서는 선

---

38) 각각 백봉자(1999), 이희자·이종희(2001), 방성원(2002), 최윤곤(2004), 이미혜(2005), 이소형(2005)에서의 개념이다. 이와 관련한 내용은 박문자(2007)에서 발췌한 것이다.

어말어미와 이러한 의존어 구성의 비교가 잘 이루어지지 않았으나 한국어 교육학의 입장에서는 의미 및 기능을 중심으로 하나의 문법 범주에 속한다고 할 수 있는 '-겠-'과 여기에 속하지 않는 의존어 구성까지 아울러 보는 것이 유의미하다고 생각되기 때문이다.

예를 들어 '-겠-'은 시제와 양태, 이 두 영역에 걸쳐 의미가 나타나는 형태이다. 시제의 관점에서 보면 '미래'로, 양태의 관점에서 보면 '추측'의 의미가 있다. 그런데 이러한 '추측'의 의미는 선어말어미에만 나타나는 것은 아니다. 이른바 '의존어 구성'이라고 하는 한국어 문법 항목에도 이러한 기능이 나타난다. '-을 듯하다', '-음에 틀림없다', '-을 것이다', '-을 것 같다' 등은 확신의 정도 등에서 차이가 난다뿐이지 모두 추측의 범위 안에 있는 것으로 볼 수 있다. 따라서 5장에서는 종결 표현의 유사 문형을 기술하기 위해서 종결어미, 선어말어미 일부 의존어 구성을 한데 모아 살핀다.

본서에서 나타난 종결 표현의 기능 및 담화 중 기술된 것을 정리하면 아래 표와 같다.

〈표 87〉 종결 표현의 유사 문형 목록

의미 · 기능	문형
가능성 표현	-을 수밖에 없다 -기(가) 십상이다 -기(가) 쉽다 -을 만하다 -을 법하다 -을 수 있다 -는 수가 있다 -을지(도) 모르다 -기(가) 어렵다 -을 수 없다 -을 리(가) 없다 -을 리(가) 만무하다
경험 표현	-어 보다 -은 적이 있다/없다

능력 표현	-을 수 있다/없다 -을 줄 알다/모르다
당연 표현	-은/는 법이다 -기/게 마련이다
메모 · 요약 표현	-기 -음 -을 것
반발 및 불평의 인용 표현	-냐니(요) -냐고(요) -냐니까(요) -냐면서(요) -는다고(요) -는다니(요) -는다니까(요) -는대(요) -는단다 -으라고(요) -으라니(요) -으라니까(요) -으라면서(요) -으래(요) -자고(요) -자니(요) -자니까(요) -자면서(요)
발견한 사실 표현	-네(요) -는군(요) -는구나
부담 제거 표현	-어 버리다 -어 치우다
상태 지속 표현	-어 두다 -어 놓다 -고 있다 -어 있다

성취 표현	-고 말다 -어 내다
속성 판단 표현	-은/는 편이다 -은/는 축에 들다 -은/는 감이 있다
안타까움 표현	-고 말다 -어 버리다
알려 주기 표현	-거든(요) -잖아(요) -더라고(요)(-더라) -는답니다(-는단다)
의도 및 계획 표현	-겠- -을게(요) -을래(요) -을 것이다 -고자 하다 -으려고 하다 -을까 보다 -을까 싶다 -을 테다
의무 표현	-어야 되다 -어야 하다
제안 및 청유 표현	-읍시다 -을까(요) -을래(요) -지(요) -지그래(요)
진행 표현	-고 있다 -는 중이다

추측 표현	−은/는/을 게 틀림없다 −겠− −을 것이다 −을걸(요) −나/은가 보다 −은/는/을 모양이다 −은/는/을 것 같다 −은/는/을 듯싶다/듯하다
한정 표현	−을 뿐이다 −을 따름이다
해라체 의문형 종결어미	−니 −냐
희망 표현	−고 싶다 −으면 싶다 −으면 하다 −었으면 좋겠다

가능성 표현[39]

 들어가는 말

이 장에서는 이른바 '가능성 표현'으로 묶일 수 있는 12개의 문형을 다룬다. 이 문형은 모두 서술된 사태의 발생 가능성 정도에 대한 화자의 생각을 나타낼 때 쓴다는 점에서 의미·기능상 공통점이 있다.[40] 물론 이 형태들이 언제나 가능성 표현의 의미·기능만을 나타내는 것은 아니다. 예를 들어 '-을 만하다'는 해당 사태에 대하여 그럴 만한 가치가 있음을 표현하는 용법으로도 사용될 수 있고 해당 사태의 발생 가능성 정도에 대한 화자의 생각을 나타내는 용법으로도 사용될 수 있다. 사실상 '가능성 표현'이라고 묶일 수 있는 문형 중 대다수는 이와 같이 동일 형태에 여러 가지 의미·기능이 대당되어 있다. 이러한 경우에 그들 각 용법에 따른 변별도 중요하지만, 유사한 의미·기능이 있는 서로 다른 형태 사이의 변별 역시 그 중요성이 간과되어서는 안 된다. 따라서 이 장에서는 형태 중심 접근이 아닌 의미·기능 중심 접근으로서 서로 유사한 '가능성'의 의미·기능을 나타내는 문형을 다루기로 한다.

---

39) 이 장의 내용은 '남신혜(2016), 한국어의 가능성 표현에 대한 연구, 새국어교육 107호'를 참고하였다.

40) 가능성 표현은 '가능성에 대한 화자의 추측을 나타내는 것'이라는 측면에서 추측 표현과 밀접한 관련을 맺고 있다. 그러나 가능성 표현은 반드시 사태의 발생 가능성 정도에 대한 화자의 인지적 태도를 표현하는 반면에 추측 표현은 가능성과 상관없이 무엇에 관한 것이든 해당 사태가 화자의 추측이라는 점을 나타낼 수 있다는 점에서 양자 간 변별이 가능하다. 이렇게 볼 때 기존의 논의에서 추측 표현으로 인식되어 왔던 '-을지(도) 모르다'는 그 의미·기능으로 보아 가능성 표현의 범주로 묶는 것이 더 타당하다고 할 수 있다.

〈표 88〉 가능성 표현의 목록

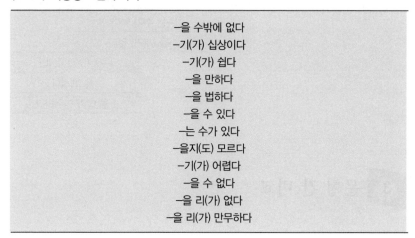

-을 수밖에 없다
-기(가) 십상이다
-기(가) 쉽다
-을 만하다
-을 법하다
-을 수 있다
-는 수가 있다
-을지(도) 모르다
-기(가) 어렵다
-을 수 없다
-을 리(가) 없다
-을 리(가) 만무하다

 # ② 현행 교재 출현 현황

이 장에서 다루는 위의 가능성 표현의 출현 현황을 현행 주요 5종 교재에서 살펴본 결과, 이들은 초급, 중급, 고급 교재에 걸쳐 제시되어 있음을 알 수 있다. 세부적인 급수는 교재에 따라 다르지만 대체적인 현행 교재 출현 현황을 숙달도별로 나타내면 다음과 같다.

〈표 89〉 가능성 표현의 현행 교재 출현 현황

초급	중급	고급
-기(가) 쉽다		
-기(가) 어렵다		
-을 수 있다		
-을 수 없다		
	-을 만하다	
	-을지(도) 모르다	
		-을 수밖에 없다

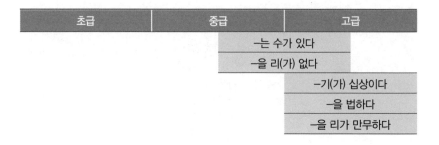

초급	중급	고급
	−는 수가 있다	
	−을 리(가) 없다	
		−기(가) 십상이다
		−을 법하다
		−을 리가 만무하다

③ 문형 간 비교

3.1. 공통점

이 장에서 다루는 12개의 대상 문형은 가능성 표현으로서 가장 흔히 언급되어 온 의존명사 '수' 구성을 포함하여 대부분 의존명사나 보조용언을 포함한 구성이라는 형태적 기원이 있다. 또한 이들은 모두 서술된 사태의 발생 가능성 정도에 대한 화자의 생각을 나타낸다는 공통 분모 위에 있다. 아래 (1가)의 예문에서 보이는 바와 같이 서로 다른 11개의 문형은 모두 '비가 오다'라는 명제와 결합하여 이 명제의 발생 가능성에 대한 화자의 추측을 나타내는 역할을 하는 것이다. 이러한 의미·기능상 공통점은 이들 각 문형을 그 상이한 형태에도 불구하고 의사소통적 관점에서 '가능성 표현'이라는 한 범주로 묶을 수 있도록 한다.

(1) 가. 비가 (올 수밖에 없어요/오기 십상이에요/오기 쉬워요/올 만해요/올 법해요/올 수 있어요/오는 수가 있어요/올지도 몰라요/오기 어려워요/올 수 없어요/올 리 없어요/올 리 만무해요).

이러한 의미·기능적 공통점은 이들 문형이 일부 문법적 특징을 공유할 수 있도록 하기도 한다. 즉 이들 문형은 공통적으로 다음과 같은 문법적 특징이 있다.

첫째, 이들은 모두 가능성에 대해서 추정하는 의미를 나타내므로 1인칭 주어와 함께 쓰면 어색한 경우가 있다. 특히 이러한 주어 제약은 현재 시제, 그리고 진행상과 결부될 때 더욱 두드러진다. 이는 일반적으로는 현재 사실을 표현할 때는, 화자가 자신이 처한 상황에 대하여 잘 인지하고 있는 것이 보통이므로 가능성 표현을 사용하여 추측을 하는 것이 어색하기 때문이다. 예컨대 아래 예문 (2)와 같은 문장은 화자가 상상의 나래를 펼치거나 가정을 하는 특별한 담화 상황을 상정하지 않는 한 어색하게 느껴진다.[41]

(2) 주어 제약

　가. ??저는 지금 밥을 <u>먹고 있을 수밖에 없어요</u>.

　나. ??저는 지금 밥을 <u>먹고 있기 십상이에요</u>.

　다. ??저는 지금 밥을 <u>먹고 있기 쉬워요</u>.

　라. ??저는 지금 밥을 <u>먹고 있을 만해요</u>.

　마. ??저는 지금 밥을 <u>먹고 있을 법해요</u>.

　바. ??저는 지금 밥을 <u>먹고 있을 수 있어요</u>.

　사. ??저는 지금 밥을 <u>먹고 있는 수가 있어요</u>.

　아. ??저는 지금 밥을 <u>먹고 있을지도 몰라요</u>.

　자. ??저는 지금 밥을 <u>먹고 있기 어려워요</u>.

　차. ??저는 지금 밥을 <u>먹고 있을 수 없어요</u>.

　카. ??저는 지금 밥을 <u>먹고 있을 리 없어요</u>.

　타. ??저는 지금 밥을 <u>먹고 있을 리 만무해요</u>.

---

41) 그런데 화자가 스스로의 어떠함에 대해서 자신도 단언하기 어려운 사태를 표현할 때는 일부 가능성 표현이 1인칭 주어와 함께 사용될 수 있다.
　가. 이렇게 어려운 문제를 풀다니, 나는 천재일 수밖에 없어.
　나. 이렇게 어려운 문제를 풀다니, 나는 천재일 수도 있어.
　다. 이렇게 어려운 문제를 풀다니, 나는 천재일지도 몰라.
　라. 이렇게 쉬운 문제도 틀리다니, 나는 천재일 리가 없어.
　마. 이렇게 쉬운 문제도 틀리다니, 나는 천재일 리가 만무해.

둘째, 이 문형은 모두 해당 문법 항목이 선행 용언과 결합할 때 그 사이에 개재될 수 있는 시제 선어말어미에 대한 제약이 있다. 특히 (3)에서 보는 바와 같이 선어말어미 '-겠-'은 모든 문형의 경우 허용이 제한되는데, 이는 선어말어미 '-겠-'이 지니는 '예정'이라는 상적 속성이 문형의 공통적인 의미인 '가능성'과 상충되기 때문인 것으로 생각된다. '-겠-'의 '예정'이라는 상적 속성은 '확정적'인 느낌이나 '가능성'은 비확정적인 느낌을 주기 때문이다.

이러한 사실은 선어말어미 '-었-'이 '-는 수가 있다', '-기 십상이다', '-기 어렵다'를 제외한 모든 문형과 결합 가능하다는 점과 대비된다.

(3) 시제 선어말어미 제약 있음

　　가. *비가 <u>오겠을 수밖에 없어요</u>.
　　나. *비가 <u>오겠기 십상이에요</u>.
　　다. *비가 <u>오겠기 쉬워요</u>.
　　라. *비가 <u>오겠을 만해요</u>.
　　마. *비가 <u>오겠을 법해요</u>.
　　바. *비가 <u>오겠을 수 있어요</u>.
　　사. *비가 <u>오겠는 수가 있어요</u>.
　　아. *비가 <u>오겠을지도 몰라요</u>.
　　자. *비가 <u>오겠기 어려워요</u>.
　　차. *비가 <u>오겠을 수 없어요</u>.
　　카. *비가 <u>오겠을 리 없어요</u>.
　　타. *비가 <u>오겠을 리 만무해요</u>.

셋째, 이 문형은 모두 어말어미 앞에 위치하는데, (4가)와 (4나)에서 보는 바와 같이 이들 문형이 사용될 수 있는 문장의 유형에 따른 제약이 있어, 공통적으로 청유문이나 명령문에서는 쓰이기 어렵다. 이는 '화자'가 어떤 사태가 발생할 가능성에 대한 자신의 의견을 표현한다는 의미·기능이 명령이나 청유의 서법과 상충되기 때문이기도 하고, 해당 문형에 포함된 '없다/이다/쉽다/어렵다/있다/만무하다' 등의 형태들이 본질적으로 명령형이나 청유형 종결어미와 결합할 수 없기 때문이기도 하다.

(4) 종결어미 제약 있음

　　가. *좀 (쉴 수밖에 없읍시다/쉬기 십상입시다/쉬기 쉬웁시다/쉴 만합시다/쉴 법합시다/쉴 수 있읍시다/쉬는 수가 있읍시다/쉴지도 모릅시다/쉬기 어려웁시다/쉴 수 없읍시다/쉴 리 없읍시다/쉴 리 만무합시다).

　　나. *좀 (쉴 수밖에 없으십시오/쉬기 십상이십시오/쉬기 쉬우십시오/쉴 만하십시오/쉴 법하십시오/쉴 수 있으십시오/쉬는 수가 있으십시오/쉴지도 모르십시오/쉬기 어려우십시오/쉴 수 없으십시오/쉴 리 없으십시오/쉴 리 만무하십시오).

3.2. 차이점

◉ 3.2.1. 의미상 차이

가능성 표현의 의미 차이는 다음과 같이 두 가지 측면에서 변별된다. 첫째, 화자가 인식하는 가능성 정도에 따른 차이가 있다. 둘째, 가능성이 점쳐지는 사태의 의미 속성에 따른 차이가 있다. 이러한 두 가지 기준에 따른 차이를 구체적으로 살펴보면 다음과 같다.

① 화자가 인식하는 가능성 정도에 따른 의미 차이

이 문형은 화자가 해당 사태의 발생 가능성이 어느 정도 높거나 낮다고 생각하는지에 따라 가장 가능성이 낮은 문형으로부터 가장 가능성이 높은 문형까지 일렬로 늘어뜨릴 수 있다. 이는 다음 〈표 90〉과 같다.

〈표 90〉 가능성의 높고 낮음에 대한 화자의 인식에 따른 연속체

가능성 낮음 ←		→ 가능성 높음			
-을 수 없다	-기(가) 어렵다	-을 수 있다	-을 만하다	-기(가) 십상이다	-을 수밖에 없다
-을 리(가) 없다		-는 수가 있다	-을 법하다	-기(가) 쉽다	
-을 리(가) 만무하다		-을지(도) 모르다			

우선 '-을 수 없다', '-을 리(가) 없다/만무하다'는 비교되는 문형 가운데 가장 낮은 가능성을 나타낸다. 이들 문형을 사용할 때 화자는 해당 사태가 발생할 가능성이 거의 없다는 확신에 가까운 추정을 표현한다. 화자가 해당 사태 발생의 불가능함에 대해 확신하는 정도가 매우 높기 때문에 (5)에서와 같이 '불확실하지만'의 의미가 있는 부사어 '어쩌면'과 공기하기 어렵다.

(5) '-을 수 없다', '-을 리(가) 없다', '-을 리(가) 만무하다'의 의미 특성

　　가. *어쩌면 회의가 일찍 <u>끝났을 수 없어요</u>.
　　나. *어쩌면 회의가 일찍 <u>끝났을 리 없어요</u>.
　　다. *어쩌면 회의가 일찍 <u>끝났을 리 만무해요</u>.

그 다음으로 위치하는 '-기(가) 어렵다'의 경우 어떤 상황이 될 가능성이 별로 높지 않다는 화자의 인식을 나타낸다. 즉 어떤 조건에서 해당 상황이 되지 않는 것이 이치상 알맞고 자연스러운 것임을 나타낸다. 이에 따라 (6가)와 같이 '-으면 … -기 어렵다'의 꼴로 사용되어 선행절은 조건이나 상황을 제한해 주는 내용을 나타낼 때가 많다.

(6) '-기(가) 어렵다'의 의미 특성

　　가. 서두르지 않으면 제때 <u>도착하기 어렵겠어요</u>.

다음으로 오는 '-을 수 있다', '-는 수가 있다', '-을지(도) 모르다'부터는 전술한 문형과는 달리 가능성이 없거나 적다는 인식이 아니라 가능성이 있거나 많다는 인식을 표현할 때 쓴다. 이들 문형을 사용할 때 화자가 인지하는 가능성의 정도는 불확실한 추정 정도이며, (7)과 같이 '불확실하지만'의 의미가 있는 부사어 '어쩌면'과 공기할 수 있다는 점을 통해 이를 확인할 수 있다.

(7) '-을 수 있다', '-는 수가 있다', '-을지(도) 모르다'의 의미 특성

    가. 어쩌면 회의가 일찍 끝났을 수도 있어요.
    나. 어쩌면 회의가 일찍 끝나는 수도 있어요.
    다. 어쩌면 회의가 일찍 끝났을지도 몰라요.

다음으로 '-을 만하다'와 '-을 법하다'는 어떤 일의 가능성이 충분하다는 화자의 인식을 나타내며, 화자가 인지하는 가능성의 정도는 비교적 높은 편이다. 따라서 아래 예문 (8)과 같이 '불확실하지만'의 의미가 있는 부사어 '어쩌면'과 공기하면 어색할 때가 있다.

(8) '-을 만하다', '-을 법하다'의 의미 특성

    가. *그동안 무리를 했으니 어쩌면 피곤할 만하다.
    나. *그동안 무리를 했으니 어쩌면 피곤할 법하다.

다음으로 '-기(가) 십상이다/쉽다'는 어떤 상황이 될 가능성이 높다는 화자의 인식을 나타낸다. 이때 '십상'은 '꼭 알맞은 것'을 의미하는데, 이로 인해 '-기(가) 십상이다'는 어떤 조건에서 해당 상황이 되는 것이 이치상 알맞고 자연스러운 것임을 나타낸다. 따라서 (9)에서와 같이 '불확실하지만'의 의미가 있는 부사어 '어쩌면'과 공기하기 어렵다.

(9) '-기(가) 십상이다', '-기(가) 쉽다'의 의미 특성

    가. *서두르지 않으면 어쩌면 늦기 십상이에요.
    나. *서두르지 않으면 어쩌면 늦기 쉬워요.

마지막으로 위치한 '-을 수밖에 없다'는 진술된 사태 외에는 다른 가능성이 없다는 화자의 확신에 가까운 추측을 나타낼 때 사용된다. 가능성을 나타내는 표현 중에서 화자가 인지하는 가능성의 정도가 가장 높으며, 이에 따라 '불확실하지만'의 의미가 있는 부사어 '어쩌면'과 공기하기 어렵다. 이는 (10)을 통해 확인된다.

(10) '-을 수밖에 없다'의 의미 특성

　가. *어쩌면 회의가 벌써 끝났을 수밖에 없어요.

② 가능성이 점쳐지는 사태의 의미 속성에 따른 차이

'-기(가) 십상이다'와 '-는 수가 있다'는 해당 문형을 통해 가능성이 점쳐지는 사태의 의미 속성에 있어서 다른 문형과 구별된다. 즉 이 두 문형은 앞으로 안 좋은 일이 일어날 가능성이 있음을 알려 주며 경고하거나 주의를 줄 때 주로 사용되는 경향이 있다. 따라서 부정적인 사태를 나타낼 때 자연스러우며 긍정적인 사태와는 잘 어울리지 못한다. 아래 예문 (11가, 나)를 통해 이를 확인할 수 있다.

(11)　가. 지금 속도로는 (??제 시간에/너무 늦게) 도착하기 십상이겠어요.
　　　 나. 너 그러다가 시험 결과가 나오면 (??만족하는/후회하는) 수가 있어.

◉ 3.2.2. 문법적 차이

가능성 표현 문형의 문법적 특징을 요약하면 다음 〈표 91〉과 같다.

〈표 91〉 가능성 표현의 문법적 특징

문법 항목	주어 제약	선행 용언 제약	선어말어미 제약	시제 제약	문장 유형 제약
-을 수밖에 없다	O	O	O	X	O
-기(가) 십상이다	O	O	O	X	O
-기(가) 쉽다	O	O	O	X	O
-을 만하다	O	X	O	X	O
-을 법하다	O	X	O	X	O
-을 수 있다	O	X	O	X	O
-는 수가 있다	O	O	O	O	O
-을지(도) 모르다	O	X	O	X	O
-기(가) 어렵다	O	O	O	X	O
-을 수 없다	O	X	O	X	O
-을 리(가) 없다	O	X	O	X	O
-을 리(가) 만무하다	O	X	O	X	O

위의 표에서는 각 문형의 문법적 특징을 주어 제약, 선행 용언 제약, 선어말어미 제약, 시제 제약, 그리고 문장 유형 제약으로 구분하여 나타냈다. 어떤 문형의 문법적 특징에 대하여 기술할 때에는 해당 문형이 문장의 어떤 부분에 분포하는지를 우선적으로 고려하여야 한다. 여기에서 다루고 있는 가능성 표현 문형은 모두 문장의 술부에 나타나는 것으로서, 위와 같은 기준과 관련된 제약을 살펴봄으로써 그 문법적 특징들에 대한 차이를 변별할 수 있다. 다음은 각각에 대한 설명이다.

우선 '주어 제약'이라 함은 해당 문형이 사용된 문장의 주어에 대한 제약을 뜻한다. 위에서 언급하였다시피 대부분의 가능성 표현은 화자가 주어와 일치할 때 현재 상황의 가능성에 대하여 추측하는 것이 부자연스러우므로 1인칭 주어를 취하기 어렵다는 주어 제약이 있다.

둘째, 선행 용언 제약과 선어말어미 제약은 해당 문형의 앞에서 해당 문형과 결합하는 용언의 어간과 선어말어미에 대한 제약을 각각 가리킨다. 예컨대 '비가 왔을 수도 있어요.'와 같은 문장에서 추측을 나타내는 문형 '-을 수(도) 있다' 앞에는 용언 '오다'와 선어말어미 '-었-'이 순서대로 결합되어 있다. 이 경우 선행 용언 제약은 '오다'와 같이 해당 문형의 어간 자리에 위치하는 용언의 품사에 대한 제약을, 선어말어미 제약은 '-었-'과 같이 선행 용언과 해당 문형 사이에 위치하는 선어말어미에 대한 제약을 나타내는 것이다.

셋째, 시제 제약과 문장 유형 제약은 모두 해당 문형의 뒤에서 해당 문형과 결합하는 형태들에 관련된 것이다. 예를 들어 '비가 올 수도 있었습니다.'와 같은 문장에서 문형 '-을 수(도) 있다' 뒤에는 선어말어미 '-었-'과 종결어미 '-습니다'가 차례로 결합되어 있다. 이때 '-었-'과 같이 시제를 나타내는 선어말어미의 출현과 관련된 제약을 시제 제약, '-습니다'와 같이 문장 유형을 결정 짓는 어말어미의 종류와 관련된 제약을 문장 유형 제약이라고 부를 수 있다.

지금까지 기술한 바를 '-을 수(도) 있다'의 예를 통하여 도표로 정리해 보면 다음과 같다.

〈표 92〉 각 문법 제약에 관여하는 성분 및 형태의 예시

비가	오-	-았-	-을 수 있-	-었-	-습니다
주어	선행 용언	선어말어미	해당 문형	시제	문장 유형

이상과 같은 기준으로 추측 표현의 문법적 특징을 살펴본 결과, 위의 〈표 92〉에 나타난 각 문형의 문법 제약들 중에서 차이를 보이는 것을 중심으로 설명하면 다음과 같다.

먼저 '-는 수가 있다'와 '-을지(도) 모르다'는 다른 가능성 표현과 달리 시제 제약이 있다. 즉 이들 문형과 그 후행 종결어미 사이에 시제를 나타내는 선어말어미 중 '-었-'이 개재되기 어렵다(12가, 나). '-는 수가 있다'의 경우, '-었-'이 개재되면 (12다)의 예문에서 보이는 바와 같이 '가능성'이 아닌 '대안'이나 '방법'을 나타내는 용법에 가까워진다.

(12) 시제 제약

　가. 그렇게 계속 놀다가는 시험에 떨어지는 수가 (있다/있겠다/??있었다).

　나. 김 선생님께서는 아마 서울에 계실지도 (몰라요/모르겠어요/*몰랐어요).

　다. 버스로 가는 수가 있었네.

　둘째, 가능성 표현은 선행 용언과의 결합 제약 여부에 있어서 다양한 특징을 보인다. '-을 수밖에 없다', '-기(가) 십상이다', '-기(가) 쉽다', '-는 수가 있다', '-기(가) 어렵다'는 결합 가능한 선행 용언의 의미나 품사에 있어 제약이 있다. 구체적으로, '-을 수밖에 없다'는 주로 형용사와 잘 결합하며 특히 타동사와 결합하는 경우에는 '가능성'의 의미보다는 '대안'이나 '방법'의 의미에 가까워진다. 이는 아래 예문 (13가)와 같다. 반면에 '-기(가) 쉽다', '-기(가) 십상이다', '-기(가) 어렵다', '-는 수가 있다'는 주로 동사와 결합하는 편인데 이는 예문 (13나)에서 확인된다. 그밖에 '-을 만하다', '-을 법하다', '-을 수 있다', '-을 수 없다', '-을 리(가) 없다', '-을 리(가) 만무하다'에는 이러한 제약이 없다(13다).

(13) 선행 용언 제약

　가. 그는 피곤할 수밖에 없었다. → 다른 가능성이 없음.

　　그는 야근할 수밖에 없었다. → 다른 대안이나 방법이 없음.

　나. 지금 날씨를 봐서는 저녁에 (*춥기/추워지기) (쉽겠다/십상이겠다/어렵겠다).

　　지금 날씨를 봐서는 저녁에 (*춥는/추워지는) 수가 있겠다.

　다. 지금 날씨를 봐서는 저녁에 (추울/추워질) (만하다/법하다/수 있다/수 없다/리 없다/리 만무하다).

◉ 3.2.3. 담화적 차이

이들 문형의 담화적 차이는 주로 사용되는 장르나 사용역 등 의사소통 상황과 관련된 차이와 화청자 관계를 고려한 공손성 정도에 대한 차이, 그리고 특정한 맥락 환경에서의 확장적 · 담화적 기능에 대한 정보를 아우른다.

우선 사용역상 차이를 비교해 보면 다음과 같다.

첫째, 가능성 표현으로 사용될 때 의미가 비슷한 두 문형인 '-을 만하다'와 '-을 법하다'를 비교하면 전자가 비교적 비격식적이다. '-을 리(가) 없다'와 '-을 리(가) 만무하다' 역시 전자가 비교적 비격식적이다. 이러한 차이는 상대적인 것이다.

〈표 93〉 장르 및 사용역상 차이 비교

비격식적 ◀━━━━━━━━━━━━━━▶ 격식적	
-을 만하다	-을 법하다
-을 리(가) 없다	-을 리(가) 만무하다

둘째, '-기(가) 십상이다'와 '-는 수가 있다'는 경고하거나 주의를 주는 상황에서 많이 사용되므로 청자가 화자보다 윗사람일 때 사용하면 (14가)와 같이 의사소통상 적절하지 못한 경우가 많다. 또한 '-을 수밖에 없다'와 '-을 수 없다', '-을 리가 없다/만무하다'의 경우 화자의 어조가 직설적이고 단언적이기 때문에 자칫 공손하지 못하게 받아들여질 소지가 있다. 이는 (14나, 다)에서 보이는 바와 같다.

(14) 가. ??아버님, 그렇게 계속 투자하시다가는 (파산하기 십상이세요/파산하는 수가 있으세요).

　　나. ??교수님, 저는 오늘 수업에 늦을 수밖에 없습니다.

　　다. ??교수님, 저는 오늘 수업에 제때 올 (수 없습니다/리가 없습니다/리가 만무합니다).

셋째, 가능성 표현은 확장적 기능이 다양하다. 예를 들면, '-을 수 있다'는 제 안이나 부탁을 공손하게 표현하고 싶을 때 사용되기도 한다. 이는 예문 (15가, 나)에서 확인할 수 있다. 한편 '-을 수 없다'는 (15다)와 같이 '더 … -을 수 없 다'의 꼴로 써서 가장 극단적인 상태임을 표현할 때 사용되기도 한다. 마지막 으로 '-을지(도) 모르다'는 완곡하게 거절하거나(15라) 사과하는 상황에서(15 마)를 쓸 때가 있다.

(15) 가. 우리 토요일에 <u>만날 수 있을까요?</u> (제안)

나. 죄송하지만 저 좀 <u>도와주실 수 있어요?</u> (부탁)

다. 기분이 이보다 더 <u>좋을 수 없어요.</u> (최상)

라. A: 김 선생님, 내일 모임에 참석하실 거죠?

B: 글쎄요. 몸이 좀 안 좋아서 못 <u>갈지도 모르겠군요.</u> (거절)

마. 지금 가고 있는데 차가 너무 막혀서 <u>늦을지도 모르겠어요.</u> 정말 죄송 합니다. (사과)

경험 표현

 들어가는 말

'-어 보다'는 보조용언 구성이며 '-은 적이 있다/없다'는 '적'이라고 하는 의존명사를 중심으로 한 의존명사 구성이지만, 이 두 표현 모두 화자가 과거에 경험한 일을 나타낸다는 공통점이 있다. '-어 보다'는 종결형으로 사용할 때에는 선어말어미 '-었-'을 결합한 '-어 봤다'의 꼴로 주로 사용된다는 특징이 있다. 그러나 관형사절 내에서나 그 외의 환경에서도 늘 '-었-'이 나타나는 것이 아니기 때문에 여기에서는 '-어 보다'를 기본형으로 삼아 논의를 진행하고자 한다. 이 두 표현은 화자의 경험을 나타낸다는 공통점이 있지만 이 두 표현이 '-어 본 적이 있다'와 같이 사용될 수도 있다는 점에서 계열 관계를 이루지는 않는다. 여기에서는 경험을 나타내는 이 두 표현을 서로 비교해 보고자 한다.

〈표 94〉 경험 표현의 목록

-어 보다 -은 적이 있다/없다

 현행 교재 출현 현황

두 표현의 한국어 5종 교재 출현 현황은 〈표 95〉와 같다. '-어 보다'는 1급과 2급에서 주로 제시되며, '-은 적이 있다/없다'는 주로 2급에서 제시되었으나 한 교재에서는 3급 초반에 제시되기도 하였다. 이를 통해 대개 '-어 보다'가 '-

은 적이 있다/없다'보다 더 이른 시기에 제시됨을 알 수 있다. 경험 표현은 제시에 있어서 교재마다의 차이가 있었다. 5종 한국어 교재에서는 이 두 표현 중 하나만을 경험 표현으로 제시하거나 이 둘을 모두 제시하는 경우가 있었다. 전자의 경우, 한 교재에서는 '–어 보다(–어 봤어요)'만을, 다른 교재에서는 '–은 적이 있다/없다'만을 제시하고 있었다. 후자의 경우, '–어 보다'를 먼저 제시하고 바로 다음 과에서 '–은 적이 있다/없다'가 제시되고 있었다.

〈표 95〉 경험 표현의 현행 교재 출현 현황

초급	중급	고급
–어 보다(경험)		
–은 적이 있다/없다		

③ 문형 간 비교

3.1. 공통점

첫째, 이 두 표현은 과거의 경험을 나타낸다는 점에서 공통적이다. 화자가 과거에 있었던 혹은 했던 무수히 많은 사건 중에서 자신이 경험한 특별한 과거의 일을 '–어 보다'와 '–은 적이 있다'로 나타낼 수 있다.

(1) 가. 저는 번지점프를 (해 봤어요/한 적이 있어요).
　　나. 저도 한복을 (입어 봤어요/입은 적이 있어요).

둘째, 이 두 표현은 화자가 직접 행했던 행위를 나타내므로 두 표현의 선행 용언으로는 동사가 오는 것이 자연스럽다. 선행 용언이 동사일 때는 두 표현이 교체가 가능하다. (2가)는 선행 용언이 동사일 때 '–어 보다'와 '–은 적이 있다'가 큰 의미 차이 없이 교체 가능함을 보인 것이다. 이 두 표현은 (2나)에서처럼

'예쁘다'라는 상태 용언과 결합하면 어색한 문장이 된다.

(2) 선행 용언 제약

　가. 혼자 여행을 (해 봤어요/한 적이 있어요).

　나. 저는 (*예뻐 봤어요/*예쁜 적이 있어요).

3.2. 차이점

　첫째, 이 두 표현은 부정적 경험을 표현할 수 있는지 여부에 차이가 있다. '-어 보다'의 '보다'는 '시도'의 의미가 있는 보조용언인데, 여기에 '-었-'이 결합됨으로써 '그러한 일을 시도했다'고 하는 의미를 띠게 되고, 그것이 결국 경험이라는 용어로 정리가 된 것으로 볼 수 있다. 따라서 특수한 맥락이 아니라면 부정적 경험을 나타낼 때에는 '-은 적이 있다'를 사용하는 것이 자연스럽다. 아래 (3가)의 '지갑을 잃어버리다', (3나)의 '다치다'는 화자가 원하여 한 경험이 아닐 가능성이 높으며 화자에게 있어서 긍정적인 경험이 아니므로 특별한 맥락이 없이 '-어 보다'를 사용하면 어색하다. 반면, '-은 적이 있다/없다'는 이러한 사태의 가치에 관계없이 두루 쓸 수 있다. 그러나 객관적으로는 부정적인 경험이라고 하더라고 화자가 이를 자랑스럽게 여기거나 특별하다고 여긴다면 '-어 보다'를 쓸 수 있다. (3다)는 그러한 경우를 보인 것인데, '경찰차를 탔다'는 것 자체는 부정적인 경험일 수도 있지만, 화자가 이를 재미있는 경험이라고 생각한다면 '-어 보다'를 사용하여도 어색하지 않다.

(3) 부정적 경험을 표현할 수 있는지 여부

　가. 저는 지하철에서 지갑을 (??잃어버려 봤어요/잃어버린 적이 있어요).

　나. 저는 팔을 (??다쳐 봤어요/다친 적이 있어요).

　다. A: 내가 그저께 경찰차 탔다고 얘기했나?

　　　B: 어! 나도 (경찰차 타 봤는데/탄 적 있는데), 왜 탔어?

둘째, 주어 결합 제약에 차이가 있다. '-어 보다'는 시도를 한 주체가 필요하기 때문에 인칭 명사만이 주어가 될 수 있는 반면, '-은 적이 있다'는 그런 제약이 없다.

(4) 주어 인칭 제약

　　가. 예전에 교복이 (*찢어져 봤어/찢어진 적이 있어).
　　나. 여기도 비가 많이 (*와 봤어/온 적이 있어).

셋째, 형용사와의 결합에 있어서 차이를 보인다. '-어 보다'는 형용사와의 결합에 제약을 보이는데 이는 보조용언 '보다'의 어휘적 속성이 동적인 사태와 잘 어울리기 때문이다. 그러나 입말에서 '젊다', '예쁘다'와 같은 일부 형용사에 '-어 보다'가 함께 쓰기도 하는데, 이때에는 화자가 '젊다'나 '예쁘다'와 같은 상태가 지속되는 시간을 겪은 경험이 있음을 나타내게 된다. 반면, '-은 적이 있다/없다'는 형용사와의 결합에 제약이 없다.

(5) 서술어 결합 제약

　　가. 나도 한때 그 가수가 (*좋아 봤었지/좋았던 적이 있었지).
　　나. 그 사람이 (*유명해 봤다/유명한 적이 있었다).

넷째, 양 표현이 문장의 종결 표현으로 쓰였을 때, '-었-'을 필수로 요구하는지 여부에 차이가 있다. '-어 보다'는 '보다'에 '-었-'이 반드시 결합하여 '-어 봤다'의 꼴로 사용하여야만 경험의 의미가 있지만, '-은 적이 있다'는 그렇지 않다. '-은 적이 있다/없다'는 '적'이 이미 '과거의 일'이라는 의미가 있으므로 그 자체로 과거의 경험을 나타낼 수 있다. 다만, '-은 적이 있었다/없었다'와 같이 '있다', '없다'에 '-었-'이 결합할 수 있는데, 이 경우에는 현재와의 단절감을 강조하기 위한 것이다.

(6) '-었-'과의 결합 제약

　　가. 초등학생 때 나도 짝사랑을 (*해 본다/해 봤다).

　　나. 초등학생 때 나도 짝사랑을 (한 적이 있다/한 적이 있었다).

능력 표현

 들어가는 말

이 장에서는 이른바 '능력 표현'으로 묶일 수 있는 2개의 문형을 다룬다. 이 문형은 모두 동작주의 능력의 유무에 대해 나타낼 때 쓴다는 점에서 의미 · 기능상 공통점이 있다. 이처럼 의미 · 기능이 유사한 서로 다른 형태의 경우 상호 차이를 변별하여 교수할 필요성이 매우 크다. 따라서 이 장에서는 의미 · 기능 중심 접근으로서 서로 유사한 '능력 판단'의 의미 · 기능을 나타내는 문형을 다루기로 한다.

〈표 96〉 능력 표현의 목록

−을 수 있다/없다 −을 줄 알다/모르다

 현행 교재 출현 현황

이 장에서 다루는 위의 능력 표현의 출현 현황을 현행 주요 5종 교재에서 살펴본 결과, 이들은 초급에서부터 중급 초반에까지 걸쳐 제시되어 있음을 알 수 있다. 의미 · 기능이 유사한 문형이 비교적 이른 학습 시기에 제시되는 만큼 이 두 문형을 잘 변별하여 습득할 수 있도록 교수해야 할 필요가 있다. 세부적인 급수는 교재에 따라 다르지만 대체적인 현행 교재 출현 현황을 숙달도별로 나타내면 다음과 같다.

〈표 97〉 능력 표현의 현행 교재 출현 현황

초급	중급	고급
-을 수 있다/없다		
-을 줄 알다/모르다		

③ 문형 간 비교

3.1. 공통점

이 장에서 다루는 2개의 대상 문형은 동작주의 능력의 유무에 대해 나타낼 때 쓴다는 공통분모 위에 있다. 아래 (1가)와 (1나)의 예문에서 보이는 바와 같이 서로 다른 문형은 모두 '수영을 하다'와 같이 동작이나 행위를 나타내는 명제와 결합하여 해당 동작이나 행위를 수행할 수 있는 능력이 동작주에게 있는지 없는지에 대하여 나타내고 있음을 알 수 있다. 이러한 의미 · 기능상 공통점은 이들 각 문형을 그 상이한 형태에도 불구하고 의사소통적 관점에서 '능력 표현'이라는 하나의 범주로 묶을 수 있도록 한다.

(1) 가. 서율이는 수영을 (할 수 있다/할 줄 안다).
　　나. 서율이는 수영을 (할 수 없다/할 줄 모른다).

이러한 의미 · 기능적 공통점은 이들 문형이 일부 문법적 특징을 공유할 수 있도록 하기도 한다. 즉 이들 문형은 공통적으로 다음과 같은 문법적 특징이 있다.

첫째, 이들은 모두 동작이나 행동에 대한 동작주의 능력의 유무를 나타내기 때문에 주로 유정성이 있는 주어와 함께 쓰인다. 무정성 주어가 사용된 아래 예문에서 (2가)의 경우 능력을 나타내는 것이 아니라 '가능성'을 나타내는 용법으로 해석되며 (2나)의 경우는 어색하게 받아들여진다. 만일 (2나)가 (2다)

와 같이 과거형으로 쓰인다면 이때는 '지각'이나 '착각'을 나타내는 의미로 해석된다. 어쨌든 (2나, 다) 모두 '능력'을 나타내는 것으로는 해석되지 않는다.

(2) 주어 제약

　　가. 오늘은 비가 (올 수 있어요/올 수 없어요). → '능력'이 아닌 '가능성'의 의미
　　　　가 됨.
　　나. ??오늘은 비가 (올 줄 알아요/올 줄 몰라요). → 어색함.
　　다. 오늘은 비가 (올 줄 알았어요/올 줄 몰랐어요). → '지각'이나 '착각'의 의미
　　　　가 됨.

　둘째, 이들은 주로 동사와 결합하며 형용사와 결합하기 어렵다는 특징이 있다. 이는 위의 주어 제약과 마찬가지로 이들 문형이 동작이나 행동에 대한 동작주의 능력의 유무를 나타낸다는 의미적 특징에서 비롯된 것이다. 이들 문형이 형용사와 결합한 아래 예문을 보면, (3가)의 경우 '능력'의 유무를 나타내는 것이 아니라 '가능성'의 유무를 나타내는 것으로 해석이 되며 (3나)는 어색한 문장이 된다. 만일 (3다)와 같이 과거형으로 쓰인다면 이때는 '지각'이나 '착각'을 나타내는 의미로 해석된다. 그러나 (3나, 다) 모두 '능력'을 나타내는 것으로는 해석되지 않는다는 점에서는 마찬가지다.

(3) 선행 용언 제약

　　가. 서율이는 (예쁠 수 있어요/예쁠 수 없어요). → '능력'이 아닌 '가능성'의 의
　　　　미가 됨.
　　나. ??서율이는 (예쁠 줄 알아요/예쁠 줄 몰라요). → 어색함.
　　다. 서율이는 (예쁠 줄 알았어요/예쁠 줄 몰랐어요). → '지각'이나 '착각'의 의
　　　　미가 됨.

　셋째, 이 문형은 모두 청유형이나 명령문으로 사용될 수 없다는 문장 유형 제약이 있다. 즉 이들 문형을 사용해서 동작주의 능력의 유무에 대하여 진술하거나 질문할 수는 있지만 청유나 명령을 하는 것은 가능하지 않다. 청유형

이나 명령형 종결어미와 결합할 수 없다는 것은 이들 문형에 포함된 '있다/없다', '알다/모르다'와 같은 용언의 특성이기도 하다. 이러한 점은 아래 예문 (4)에서 확인할 수 있다.

(4) 문장 유형 제약

　　가. 서율이는 수영을 할 수 (있습니다./있습니까?/*있읍시다./*있으십시오.)
　　나. 서율이는 수영을 할 수 (없습니다./없습니까?/*없읍시다./*없으십시오.)
　　다. 서율이는 수영을 할 줄 (압니다./압니까?/*압시다./*아십시오.)
　　라. 서율이는 수영을 할 줄 (모릅니다./모릅니까?/*모릅시다./*모르십시오.)

3.2. 차이점

'-을 수 있다/없다'와 '-을 줄 알다/모르다'의 의미상 차이는 해당 문형이 나타내는 능력의 배경에 따른 의미 차이와 관련된다. 자세히 말하면, '-을 수 있다/없다'는 타고난 능력이나 배우거나 익혀서 갖춘 능력, 상황적인 가능성 모두를 폭넓게 의미할 수 있다. 그러나 '-을 줄 알다/모르다'는 주로 타고난 능력보다는 배우거나 익혀서 갖추게 된 능력의 유무를 나타낸다. 이러한 차이는 예문 (5가, 나)를 비교해 보면 알 수 있다. '부자가 되다'는 그 의미 속성상 배우거나 익혀서 갖출 수 있는 능력이 아니다. 따라서 '-을 수 있다'와 결합한 (5가)의 예문은 가능한 데 비해서 (5나)와 같이 '-을 줄 알다'와 결합하는 것은 어렵다. 이와는 달리 (5다, 라)에서 볼 수 있는 바와 같이 '한국어를 배워서 한국어를 하다'는 후천적인 학습과 노력에 의해 획득 가능한 능력이므로 이 경우 '-을 줄 알다'와도 결합이 가능하다. '-을 수 있다'와 '-을 줄 알다'의 이러한 의미상 차이를 잘 드러내는 예문으로는 흔히 (5마)와 같은 예문의 제시가 가능하다.

(5) 능력의 배경에 따른 의미 차이

　가. 나는 마음만 먹으면 언제라도 부자가 될 수 있다.

　나. ??나는 마음만 먹으면 언제라도 부자가 될 줄 안다.

　다. 제임스는 한국어를 할 수 있어요. 한국어를 배웠거든요.

　라. 제임스는 한국어를 할 줄 알아요. 한국어를 배웠거든요.

　마. 저는 운전할 줄 알지만 한국 운전면허가 없어서 한국에서는 운전할 수 없어요.

　한편, 능력 표현 '-을 줄 알다'는 특정 담화적 기능을 나타내는 경우도 있다. '-을 줄만 알았지'의 형태로 두 문장을 연결할 때는 주로 선행절과 후행절의 서술부가 서로 반대되는 의미가 있는데, 이때는 '능력'뿐 아니라 반복적으로 하곤 하는 일도 나타낼 수 있다. 특히 부정적인 행위를 반복적으로 한다는 점을 강조하며 그 점을 비난하는 기능을 하는 경우가 많다. 보통 선행절의 '-을 줄만 알았지'는 '-을 줄은 모른다'와 짝을 이루어 사용되는데, 이는 아래 예문에서 보이는 바와 같다.

(6) '-을 줄만 알았지'의 담화적 기능

　가. 남편은 집을 어지를 줄만 알았지 치울 줄은 모른다.

　나. ??남편은 집을 어지를 수만 있지 치울 수는 없다.

당연 표현

들어가는 말

이 장에서는 서술되는 사태가 당연한 것이라는 화자의 인식을 나타내는 두 개의 표현을 다룬다. 이 문형은 '법', '마련' 등의 명사를 포함한 구성으로서 해당 명사 본래의 의미가 이들 문형의 의미에 영향을 미치는 것이다. 이들은 서술되는 사태가 당연한 것이라는 인식을 드러내기 때문에 주로 자연적인 이치나 객관적 사실을 나타내는 문장에 사용된다는 공통점이 있다. 이 장에서는 의미·기능상 유사성을 중심으로 하여 이 두 문형을 비교해 보도록 한다.

〈표 98〉 당연 표현의 목록

−은/는 법이다
−기/게 마련이다

현행 교재 출현 현황

이 장에서 다루는 당연 표현의 출현 현황을 현행 주요 5종 교재에서 살펴본 결과, 이들은 주로 중급 후반인 4급과 고급 초반인 5급에서 제시되고 있었다. 이 문형은 자연적인 진리나 불변의 이치, 객관적 사실을 전달하는 데 주로 사용되는 경향이 있는데 이러한 특성으로 인해 교재에서도 과학, 경제 등의 주제와 연동되어 있는 경우가 많았다. 이러한 사회적 주제들은 대부분 중급 후반 이후에 제시되는 경향에 따라 이들 문형 역시 4급 이상에서 제시되는 것으로 보인다. 세부적인 급수는 교재에 따라 다르지만 대체적인 현행 교재 출현 현황을 숙달도별로 나타내면 다음과 같다.

〈표 99〉 당연 표현의 현행 교재 출현 현황

초급	중급	고급
	−은/는 법이다	
	−기/게 마련이다	

③ 문형 간 비교

3.1. 공통점

이 장에서 다루는 2개의 대상 문형은 모두 서술되는 사태가 당연한 것이라는 화자의 인식을 나타낼 때 쓴다는 공통분모 위에 있다. 아래 (1가)의 예문에서 보이는 바와 같이 '−는 법이다'와 '−게 마련이다'는 모두 '봄이 오면 꽃이 핀다'와 같은 명제에 결합하여 해당 명제가 당연한 이치라는 화자의 태도를 나타내는 역할을 한다. 이러한 의미 · 기능상 공통점은 이들 각 문형을 그 상이한 형태에도 불구하고 의사소통적 관점에서 '당연 표현'이라는 하나의 범주로 묶을 수 있도록 한다.

(1) 가. 겨울이 가면 봄이 오고, 봄이 오면 꽃이 (피는 법이다/피게 마련이다).

이러한 의미 · 기능적 공통점은 이들 문형이 일부 문법적 특징을 공유할 수 있도록 하기도 한다. 즉 이들 문형은 공통적으로 다음과 같은 문법적 특징이 있다.

첫째, 이들은 주로 어떤 일에 대해서 그것이 자연스러운 이치라는 화자의 인식을 나타내므로 일반적인 원리를 언급할 때 쓰는 일이 많다. 따라서 특정 인물을 지칭하는 주어와는 잘 어울리지 않는 편이다. 아래 예문 (2가)에서와 같이 특정 인물을 지칭하는 주어가 오면 매우 어색하게 느껴지는 반면 주어를 '누구나'로 바꾼 예문 (2나)는 적절하게 느껴지는 것을 알 수 있다.

(2) 주어 정보

　가. *(나는/너는/서율이는) 노력한 만큼의 성과를 (이루는 법이지/이루기
　　　마련이지).
　나. 누구나 노력한 만큼의 성과를 (이루는 법이지/이루기 마련이지).

　둘째, 이들은 주로 세상의 이치나 일반적인 원리를 진술할 때 주로 사용되기 때문에 현재 시제로 표현되는 것이 자연스러우며 과거 시제나 미래 시제로 쓰기 어렵다는 특징이 있다. 이는 아래 예문을 통해 확인할 수 있는데, 현재 시제로 진술된 (3가)는 정문인 것이 틀림없지만 과거로 표현된 (3나)와 미래로 표현된 (3다)는 매우 어색하게 느껴진다.

(3) 시제 정보

　가. 원래 겨울은 여름보다 (추운 법이다/춥게 마련이다).
　나. ??원래 겨울은 여름보다 (추운 법이었다/춥게 마련이었다).
　다. ??원래 겨울은 여름보다 (추운 법이겠다/춥게 마련이겠다).

　셋째, 이 문형은 모두 〈명사+'이다'〉의 구성을 포함하는 까닭에 '이다'의 종결어미 결합 제약이 그대로 있다. '이다'는 명령형이나 청유형 종결어미와 결합이 불가능한데 이러한 특성을 '-은/는 법이다'와 '-기/게 마련이다' 역시 공유하는 것이다. 이러한 점은 (4가, 나)를 통해 확인할 수 있다. 의문문의 경우 주로 '-지요'나 '-잖아요' 등과 결합한 확인의문문으로 사용되는 경향이 있으며 일반적인 의문문으로 사용되는 경우는 거의 없는 것으로 보인다. 이러한 특징 역시 이들 문형이 일반적인 원리나 객관적인 사실을 나타내는 명제에 주로 결합하기 때문인 것으로 볼 수 있다. 어떠한 명제가 일반적인 원리일 것이라고 생각한 후 그것을 확인하는 질문은 가능하지만 배경지식이 없는 상태에서 일

반적인 원리 자체를 묻는 것은 사실상 어렵기 때문이다. 이러한 점은 아래 예문 (4다, 라)를 통해 알 수 있다.

(4) 문장 유형 제약

　가. 시간이 지나면 자연히 (잊혀지는 법입시다/잊혀지게 마련입시다).

　나. 시간이 지나면 자연히 (잊혀지는 법이십시오/잊혀지게 마련이십시오).

　다. 시간이 지나면 자연히 (잊혀지는 법이지요/법이잖아요/??법입니까)?

　라. 시간이 지나면 자연히 (잊혀지게 마련이지요/마련이잖아요/??마련입니까)?

　마지막으로 이들은 청자가 윗사람일 때는 사용을 주의해야 한다는 담화적 공통점도 있다. 이들 문형은 어떤 명제에 대해 당연하다는 화자의 인식을 나타내므로 윗사람에게 쓸 때는 공손성이 결여되기 쉬운데, 마치 아랫사람이 윗사람에게 당연한 이치를 알려 주는 듯한 느낌이 들기 때문이다. 따라서 아래 예문과 같은 상황에서 사용하지 않도록 주의해야 한다.

(5) 공손성의 문제

　가. (부하 직원이 회사 상사에게) ??사장님, 열심히 노력하면 결국엔 성공하는 법입니다.

　나. (며느리가 시어머니에게) ??어머님, 나이가 들면 주름이 들게 마련이에요.

　다. (학생이 교수에게) ??교수님, 원래 학기말에는 바쁜 법입니다.

3.2. 차이점

　이제까지 살펴본 것과 같이 당연한 이치 표현은 의미적, 문법적, 담화적 특성을 대부분 공유한다. 따라서 이들은 별다른 의미 차이 없이 서로 바꿔 쓸 수 있다. 한 가지 주의할 점은, '-기/게 마련이다'와는 달리 '-은/는 법이다'의 경우 문법론적 이형태가 있다는 것이다. '-기 마련이다'와 '-게 마련이다'는 형태적인 차이에도 불구하고 모든 경우에 교체가 가능하지만, '-은 법이다'와 '-는 법이다'는 앞에 오는 말의 품사에 따라 둘 중 하나만을 골라 써야 하기 때문에 이 점을 주의해야 한다. 즉 선행 용언이 형용사일 때는 '-(으)ㄴ 법이다'를, 동사일 때는 '-는 법이다'를 선택해야 한다. 아래 예문을 통해 보면, '-기/게 마련이다'의 경우 (6가)와 같이 동사와 결합한 경우나 (6나)와 같이 형용사가 결합한 경우 모두 상관없이 '-기'나 '-게' 중 하나를 쓸 수 있다. 그러나 '-은/는 법이다'의 경우 (6다)와 같이 동사가 결합한 경우에는 '-는'을, (6라)와 같이 형용사가 결합했을 때에는 '-(으)ㄴ'을 선택해야 한다. 사실 이러한 점은 이들 문형이 교수되는 숙달도를 고려할 때 학습자들이 이미 알고 있는 지식일 가능성이 높다. 그렇지만 학습자들이 저지를지 모를 실수를 방지하는 측면에서 다시 한 번 짚어 주면 좋을 것이다.

(6) 이형태에 있어서의 차이

　가. 봄이 오면 꽃이 (피기 마련이다/피게 마련이다).
　나. 능력 있는 사람이 더 (바쁘기 마련이다/바쁘게 마련이다).
　다. 봄이 오면 꽃이 (*핀 법이다/피는 법이다).
　라. 능력 있는 사람이 더 (바쁜 법이다/*바쁘는 법이다).

메모 · 요약 표현

 들어가는 말

　용언을 명사형으로 만드는 형태에는 '–기', '–음', '–을 것'이 있다. 그런데 이들의 특이한 점은 다른 종결어미처럼 문장의 종결 기능을 한다는 것이다. 이들을 완벽한 종결어미로 볼 수는 없으나 종결어미와 유사 기능을 하는 문법 항목으로 보아도 무방하다. 이들은 말할 때 사용되기보다는 쓸 때, 특히 간략하게 요약하는 상황에서 사용되는 경우가 많다. 따라서 여기에서 '메모 · 요약 표현'이라고 명명하였다. 여기에서 '–기'와 '–음'은 명사형 전성어미로 국어학에서 자주 그 차이에 대해서 논의되던 것이다. 그러나 한국어 교육 분야에서는 '–을 것'도 '–기', '–음'과 함께 자주 논의되는 편이다. 이들의 기능이 겹치는 데가 있기 때문이다.

〈표 100〉 메모 · 요약 표현 목록

–기
–음
–을 것

현행 교재 출현 현황

〈표 101〉 메모 · 요약 표현의 현행 교재 출현 현황

초급	중급	고급
	−기	−기
−음	−음	
−을 것	−을 것	

　‘−기’와 ‘−음’, ‘−을 것’은 모든 한국어 교재의 교수요목에 출현한 것은 아니다. 교재별로 큰 편차를 보였다. 위의 세 형태를 모두 교수요목에서 다룬 교재는 고려대 교재였으며 아예 다루지 않은 교재도 두 종이 있었고, 나머지 두 종의 교재 중 한 교재에서는 ‘−기’와 ‘−을 것’을, 다른 한 교재에서는 ‘−기’와 ‘−음’을 교수요목의 문법 항목으로서 다루고 있었다. 메모할 때 사용되는 경우가 많고, 구어로서의 의사소통적인 상황에서는 자주 사용되지 않는다는 점에서 이들 형태가 학습 목표로서 전면적으로 제시되지 않았을 가능성이 있다.

문형 간 비교

　앞서 말한 바와 같이 이들 형태는 모두 동사나 형용사와 같은 용언을 명사형으로 바꿀 수 있다. 물론 ‘−기’와 ‘−음’은 명사형 어미로, ‘−을 것’은 관형사형 어미와 의존명사의 결합으로 그 문법 범주는 다르다. 그러나 특이한 점은 이들 형태가 모두 종결어미처럼 문장의 종결 기능을 한다는 점이다. 그리고 요약하여 간결하게 메모하는 상황에서 사용된다. 즉 문어성이 강한 형태라 볼 수 있다. 그럼 우선 이들이 어떠한 문법적 특징이 있는지 예문을 통해 살펴보겠다.
　‘−기’, ‘−을 것’의 주어로는 보통 인칭에 관계없이 사람을 나타내는 주어가 온다. 그러나 '-음'의 주어로는 사람뿐만 아니라 무정물 주어도 가능하다. 그러나 이들 세 형태는 모두 주어가 생략될 때가 많다.

(1) 주어 제약

    가. (학생들은) 교실에서 떠들지 말기.
    가'. *(이 나무는) 빨리 자라기.
    나. (김 부장은) 오늘까지 보고서 끝낼 것.
    나'. *(강아지는) 오늘 약 먹을 것.
    다. (박 과장은) 보고서 제출 완료함.
    다'. (이 나무는) 빨리 자람.

  위 예문들을 보면 공통적으로 모두 주어 생략된 것이 자연스러운 것을 알 수 있다. 또한 '-기'와 '-을 것'의 주어로는 사람이 오는 것이 가장 자연스럽고, '-음'은 이러한 제약이 없는 것을 알 수 있다. 이러한 이유는 각각의 기능과 연관이 있다. '-기'와 '-을 것'은 보통 할 일을 명시하거나 명령할 때 사용된다. 따라서 할 일을 알리고 명령하는 일은 보통 사람 사이의 일이므로 사람이 주어로 오는 것이 자연스러운 것은 당연하다. 그러나 '-음'의 기본 기능은 어떤 상황에 대한 '보고'이다. 어떤 상황을 보고할 때에는 그 대상이 사람이든 사람이 아니든 상관이 없다. 따라서 '-음'의 주어로 꼭 사람이 올 필요가 없는 것이다. 한편 구체적으로 주어를 명시해 줄 필요가 없는 경우에는 일반적으로 주어를 생략하여 쓰는 것이 보통이다.
  한편 '-기', '-을 것'의 기능은 '약속', '지시', '명령'이기 때문에 주로 동사와 결합하는 것이 자연스럽다. 그러나 '-음'은 이러한 선행 용언에 대한 제약이 없다.

(2) 선행 용언 제약

    가. 내일까지 10쪽 읽어 오기.
    가'. *내일 예쁘기.

나. 화요일에 숙제 제출할 것.

나'. *내일 선생님일 것.

다. 어제 보고서 제출함.

다'. 오늘은 화장실이 깨끗함.

위의 예문을 보면 모두 '-기', '-을 것'에 형용사나 〈명사+'이다'〉가 결합하는 것이 부자연스러운 것을 알 수 있으나 '-음'에는 이러한 제약이 없다. 이러한 선행 용언의 제약 또한 이들의 기능에서 기인하는 것을 알 수 있는데 '-기', '-을 것'의 기능은 '약속', '명령'이므로 당연히 동사와의 결합이 적절하며, '-음'은 어떠한 상황에 대한 보고를 나타내므로 이러한 제약이 없는 것이 당연한 것이다.

다음으로 선어말어미 제약과 관련하여 살펴보겠다. '-기'와 '-을 것'은 선어말어미 '-시-', '-었-', '-겠-'과 결합할 수 없으나 '-음'은 '-시-', '-었-', '-겠-'과 결합할 수 있다.

(3) 선어말어미 제약

가. 제시간에 (*도착하시/*도착했/*도착하겠)기.

나. 제시간에 (*도착하실/*도착했을/*도착하겠을) 것.

다. 제시간에 (도착하심/도착했음/도착하겠음).

앞서 반복한 바와 같이 '-기'와 '-을 것'의 기능은 명령에 가깝다. 명령은 미래의 일을 지시하므로 과거의 선어말어미 '-었-'과 결합이 불가능하다. 또한 미래의 일이나 의지나 추측의 양태를 나타내는 '-겠-'과의 결합도 불필요하다. 또한 '-기'와 '-을 것'은 명령을 하는 다른 상황에서 사용되는 '-세요', '-십시오' 등과 다른 점이 구체적인 청자를 지정하지 않는다는 것이다. 따라서 '-기'와 '-을 것'의 주어(여기에서는 듣는 사람이 주어이므로 청자와 동일 인물)에 대한 높임을 나타내는 '-시-'를 붙이지 않는다. 그러나 '명령'의 의미와 관련이 없는 '-음'은 이러한 제약에서 자유롭다.

이와 같이 '-기'와 '-을 것'은 약속을 하거나 지시나 명령을 하는 상황에서 자주 사용되는데 이들이 어떤 속성이 있는지 더 살펴보겠다. '-기'는 일어나지 않은 어떤 상황을 일반화, 추상화하여 말할 때 사용한다. 따라서 계획, 결심, 약속, 지침을 말할 때 주로 사용된다.

(4) 가. 오늘 세탁소에 들러서 코트 맡기기. (계획)

　　나. 새해부터는 열심히 운동하기. (결심)

　　다. 이번 크리스마스에 각자 선물 준비하기. (약속)

　　라. 도서관에서 조용히 하기. (지침)

위의 예문들은 '-기'가 계획, 결심, 약속, 지침을 적을 때 사용됨을 보이고 있다.[42]

이와 같이 '-기'가 아직 일어나지 않은 어떤 상황을 말한다는 점에서 '-을 것'과 공통점이 있다. 그러나 다른 사람에게 어떤 일을 하도록 명령하는 기능은 '-을 것'에서 두드러진다. 똑같은 상황을 '-기'로 나타내면 '약속'의 의미가 두드러진다.

(5) 가. 내일 회의에 제시간에 오기. → 약속의 의미가 강함.

　　나. 내일 회의에 제시간에 올 것. → 지시의 의미가 강함.

한편 '-기'와 '-을 것'이 추상적인 일이나 아직 일어나지 않은 미래의 일을 지시한다는 점에서 '-음'과 대비된다고 할 수 있다. '-음'은 이미 일어난 구체적인 상황을 가리킬 때 사용된다. 똑같은 상황을 '-음'으로 나타내면 '보고하기'의 의미가 나타난다.

(6) 가. 회의 자료 준비하기. → 나 자신의 할 일(계획) 쓰기

　　나. 회의 자료 준비할 것. → 다른 사람에게 지시

　　다. 회의 자료 준비함. → 자신이 한 일에 대한 보고

---

42) 이뿐만 아니라 속담을 말할 때에도 어떤 상황을 일반화하여 말하는 것이므로 '-기'가 사용되는 경우가 많다.
　가. 칼로 물 베기.
　나. 하늘의 별 따기.

이와 같이 '-기', '-을 것', '-음'은 모두 용언을 명사화시키며, 종결 기능을 하며, 모두 메모, 공고문, 보고서와 같은 문어에서 사용된다는 점에서 공통점이 있지만 각각의 세부 기능에 있어서 분화가 됨을 알 수 있다.

반발 및 불평의 인용 표현

 들어가는 말

모든 형태의 종결어미는 사실 불평의 상황에서 사용될 수 있다.

(1) 가. 놀고들 <u>있네</u>.

　　나. 아침부터 또 <u>시작이군</u>. 또 <u>시작이야</u>.

위의 예문을 보면 각각 '–네', '–군', '–어'와 같은 종결어미가 불평하거나 불만이 있는 상황에서 사용된 것을 알 수 있다. 만약 명제의 내용이 불평의 상황과 관련이 되어 있으면 그 문장의 화행은 불평이 된다. 그리고 그것은 문법적인 요소에 의한 것이 아닌 명제 내용의 의미적인 요소에 의한 것이다. 그러나 한국어 종결어미 중에는 특히 '불평', '불만', '반발'과 관련된 상황에서 빈번하게 사용되는 형태가 있는데 그것은 인용을 나타내는 종결어미이다. 이들의 기본적인 기능은 다른 사람의 말을 인용하는 것이다. '–다고/냐고/자고/으라고 하다'는 각각 평서, 의문, 청유, 명령의 내용을 인용할 때 쓰이는 형태이다. 그런데 이 '–다고/냐고/자고/으라고 하다'가 줄어든 형태에 '–니까(요)', '–면서(요)' 등의 형태가 결합되어 불평을 나타내는 경우가 많다.[43] 인용형에서 발견되는 이러한 '불평'의 의미는 맥락 안에서 발생되는 화행적인 의사소통 기능이며, 맥락에서 독립된 의미·기능은 아니다. 억양이라든지 명제의 내용, 상황적

---

43) 그러나 〈표준국어대사전〉에서 이러한 인용 표현을 찾아보면 '–는다고(요)', '–는다니(요)', '–는대(요)', '–으라고(요)', '–으라니까(요)', '–으라면서(요)', '–자고(요)', '–자면서(요)'에는 부정 및 불만의 의미가 기술이 되어 있었으나 나머지 '–냐니(요)', '–냐고(요)', '–냐니까(요)', '–냐면서(요)', '는다니까(요)', '–는단다', '–으라니(요)', '–으래(요)', '–자니(요)', '–자니까(요)'와 같은 형태들은 종결어미로 제시되지 않은 것도 있었으며 반발 및 불평의 의미는 기술되어 있지 않았다.

인 맥락에 의하여 이러한 불평의 의미가 발생된다.

강현화·황미연(2009:23)에 따르면 불평 표현의 간접 전략 중 가장 많은 부분을 차지하는 것은 '(반복을 통한) 재확인', '(제3자, 상대) 인용형', '(화자 발화) 자기 부정'이라고 하였다. 그런데 여기에 속하는 형태들에는 '-다고(요)', '-냐고(요)', '-다던데(요)', '-다더냐' 등과 같이 대부분 인용형이 있었다. 따라서 여기에서는 불평 또는 그와 유사한 의미를 나타내는 인용형 종결어미들을 한데 모아 놓고 어떠한 특징들이 있는지를 살펴보겠다.

의미 기술을 위하여 '반발', '불만', '불평', '비난', '비아냥거림' 등과 같은 메타 용어가 쓰인다면 이는 매우 유사한 의미·기능이 있는 것으로 파악할 수 있다. Olshitain & Weinbach(1987)에서 제시한 불평 전략을 보면 '암시적 비난', '불만의 표현', '명백한 불평', '비난과 경고', '직접적인 위협'[44] 등으로 나눌 수 있다. 이 절에서는 의미 기술에 있어 이와 같은 메타 용어의 인용형 어미들을 아래와 같이 모아서 기술하도록 한다. 여기에서는 다른 절에서와 같이 형태들의 차이점에 초점을 두어 기술하기보다는 다음과 같은 인용형들이 불만 상황을 나타내는 경우를 예문을 통해 살피고 어떠한 특징으로, 이들이 불만 상황에서 인용 결합형이 빈번하게 사용되는지 그리고 불만 상황의 하위 유형과 그 특징을 밝히고자 한다.

〈표 102〉 반발 및 불평의 인용 표현 목록

-냐니(요), -냐고(요), -냐니까(요), -냐면서(요),
-는다고(요), -는다니(요), -는다니까(요), -는대(요), -는단다,
-으라고(요), -으라니(요), -으라니까(요), -으라면서(요), -으래(요),
-자고(요), -자니(요), -자니까(요), -자면서(요)

---

44) 각각의 원어를 보면 'below level of reproach', 'disapproval', 'complaint', 'warning', 'threat'으로 나타난다. 이와 관련한 내용은 강현화·황미연(2009:7~8)에서 재인용하였다.

② 현행 교재 출현 현황

한국어 교재에서 이와 같은 인용형들은 목표 문법으로 나오기보다는 말하기, 듣기의 대화 속에서 노출되는 경우가 많았다. '-는대(요)', '-내(요)', '-으래(요)', '-자고(요)'와 같이 각각 '-는다고 하다', '-냐고 하다', '-으라고 하다', '-자고 하다'의 줄임꼴 형태만 명시적으로 교수요목에만 보이고 있다. 또한 이러한 '-는대(요)', '-으래(요)', '-자고(요)' 외에도 '-다고(요)', '-는다면서(요)', '-는다니(요)', '-는다니까(요)'의 형태만 교재의 교수요목에 제시되어 있었다. 따라서 아래의 표에서는 교재의 교수요목에 제시된 위의 형태들만 출현 현황을 표시하였다.

〈표 103〉 반발 및 불평의 인용 표현의 현행 교재 출현 현황

초급	중급	고급
	-는대(요)	
	-내(요)	
	-으래(요)	
	-자고(요)	
	-다고(요)	
	-는다면서(요)	
	-는다니(요)	
	-는다니까(요)	

이는 〈표 102〉의 목록과 비교해 보았을 때 그 수가 현저히 적다. 이와 같은 인용 결합 형태가 현재 한국어 교육 현장에서 적극적으로 다루어지지 않고 있음을 알 수 있다. 또한 이들 형태를 교재에서 학습 목표로 제시하고 가르치기는 하나 인용의 기능을 한다는 것 외에 불평하는 상황에서 사용될 수 있다는 점이 명시적으로 드러나 있지 않다. 간혹 교재의 듣기 스크립트나 말하기 대화

에서 간접적으로 이 형태들의 '불평 말하기'의 상황을 접하기는 하지만 학습자들이 해당 기능을 학습할 기회로 이어지는지는 미지수다.

한편 교재에서는 〈표 103〉에서와 같이 모두 중급에서 제시되고 있다. 초급이나 고급에는 이러한 인용형이 목표 문법으로 제시되지 않았다.

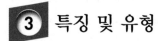 **특징 및 유형**

우선 이들은 모두 간접인용을 나타내는 '-는다고/냐고/자고/으라고 하다'에서 '하다'를 뺀 형태에 보조사 '요' 혹은 '-는다', '-냐', '-자', '-으라' 뒤에 종결어미화된 연결어미 '-니까(요)', '-면서(요)' 등이 결합하였다는 형태적인 공통점이 있다.

기본적으로 이와 같은 인용 결합형 어미들이 사용되었을 때에 가장 무표적인 의미는 (의문형으로 사용될 경우) 상대방 혹은 제3자가 한 말에 대한 확인, 또는 (평서형으로 사용될 경우) 상대방의 확인 요청에 대한 응답이다. 못 들었을 때 다시 한 번 말해 달라고 요청하는 방식 중에 하나로 인용형이 사용될 수 있다.

(2) 가: 아빠가 뭐라고 하신 거니? 뭘 먹고 <u>싶으내</u>?

　　나: 네, 엄마. 아빠가 뭘 먹고 싶냐고 하셨어요.

(3) 가: 창문 좀 닫아 주세요.

　　나: 뭐라고요? 시끄러워서 못 들었어요.

　　가: 창문 좀 닫아 <u>달라고요</u>.

위의 예문 (2)를 보면 (화자가 이해한) 다른 사람이 한 말에 인용형 '-내(요)'를 붙여 확인하고 있다. 그리고 예문 (3)에서는 상대방의 확인 요청에 대하여 자신이 한 말을 인용하여 응답하고 있는 것을 보고 있다. 이때 예문 (2)와 (3)은 각각 정보를 요구하는 물음과 정보를 제공하는 대답으로 볼 수 있으며, 밑 줄 친 곳은 각각 '-냐고 했어?', '-으라고 했어요'로 복원될 수 있다.

그러나 해당 형태들이 불만을 표출할 때 사용될 경우 이들의 기능이 이와 같이 어떤 앞선 내용에 대한 '확인' 또는 '확인 요청에 대한 응답'에 초점이 가기보다는 '반복'에 가게 된다는 점에서 공통된다. 또한 이들은 원래 형태로 복원될 수 없는 경우가 대부분이다. 즉 새로운 의미를 획득하여 굳어진 꼴이라는 것이다.

3.1. 반복의 기제

이러한 '반복'이라는 기제가 사용되는 것은 두 가지 형식으로 나누어 볼 수 있다. '다른 사람에게 들은 내용을 반복하는 형식'과 '자신의 말을 반복하는 형식'이 그것이다. 예문을 통해 이러한 형식을 살펴보겠다.

① 다른 사람의 말을 반복하는 유형

인용하는 형식을 빌려 상대방 또는 제3자가 한 말의 내용을 반복하는 경우에는 보통 그 문장의 끝이 올라가는 경우가 많다. 그러나 화자가 청자에게 어떠한 정보를 요구하는 의미에서의 진정한 의문문은 아니다. 그 끝이 올라가게 하여 발화되는 것은 단지 화자가 어떠한 의도를 가지고 상대방의 반응을 유발하기 위함이다. 예문을 통하여 살펴보겠다.

(4) 가: 이번 가족 여행은 자전거로 서울에서 부산까지 가는 게 어떻겠니?

나: 네? 자전거로 그 거리를 <u>여행하자니요?</u> 말도 안 돼요!

(5) 가: 우리 설렁탕 먹자.

나: 이렇게 더운 날 그 뜨거운 걸 <u>먹자고?</u>

위의 예문 (3)과 (4)를 보면 모두 발화자 '가'가 한 말을 인용하는 형식을 빌려 '나'가 의문문으로 되묻고 있다. 그런데 이 의문문들은 모두 어떠한 정보를 요구하기 위한 것이 아니다. 상대방이 한 말을 다 정확히 이해하고 있고, 자신이 이해한 내용 혹은 그 이상의 해석을 붙여 인용형과 결합하여 되묻고 있다. 특히 (5)에서 '나'는 설렁탕을 먹자는 '가'의 말을 그대로 인용하여 말하지 않고 '오늘은 날씨가 덥다. 그리고 설렁탕은 아주 뜨거운 음식이다.'라는 정보를 덧붙여 이해한 내용에 자신의 해석을 덧붙여 말하고 있다. 이렇게 말하는 의도는 '상대방에게 정보를 요구하기 위함'이 아니다. 모두 상대방의 말에 대한 자신의 반발을 드러내기 위함이다. 사실 반발·불평을 드러내기 위해서는 직접적으로 그렇게 하기 싫다는 내용을 문장으로 말해도 된다. 예를 들어 예문 (4)에서는 '그렇게 하기 싫어요', 예문 (5)에서는 '우리 다른 거 먹자'와 같이 직접적으로 반대의 의견을 말할 수 있다. 그러나 이와 같이 인용형을 이용하여 상대방의 발화 내용을 다시 한 번 반복한다는 것은 상대방에게 해당 내용을 다시 한 번 상기해 줌으로써 '너는 지금 이것을 말이라고 하느냐, 다시 한 번 (네가 한 말 혹은 제3자가 한 말을) 생각해 봐라'라는 강한 반발심을 드러내고 있는 것이다.

② 자신의 말을 반복하는 유형

인용의 형식을 빌려 자신의 말을 반복하는 경우에 대해 살펴보겠다. 어떤 내용을 반복하여 제시한다는 것은 그 내용을 강조하는 것이라 할 수 있고, 자신이 한 말을 다시 반복하는 의도 또한 있을 것이다. 이러한 유형은 주로 '거부', '핀잔', '질책'과 같은 불평 화행의 하위 유형에서 발견될 수 있다.

(6) 가: 같이 놀러 가자.
  나: 나 바쁘다니깐요!

(7) 가: 아, 너무 배고프다!
  나: 그러게, 내가 아까 라면 먹자니까!

(8) 가: 요즘 왜 이렇게 계속 피곤하지?
  나: 그러게 제가 뭐랬어요? 밥 좀 잘 먹고 잘 자라니까요!

(9) 가: 지금 몇 시니? 지금 몇 시냐고!
  나: 죄송해요. 다음부터 일찍 들어올게요.

위의 예문 (6)은 상대방의 제안에 대한 '거부' 의사를 밝힐 때 '저 바빠서 못 가요.'와 같이 말해도 되는데 인용형을 써서 강한 거부 의사를 나타내고 있다. 예문 (7), (8)은 '핀잔'을 주는 상황이라고 볼 수 있다. 이 예문에서 인용형 어미를 통해 화자는 이미 일어난 일에 대하여 자신의 의도와는 다르게 흘렀다는 점을 강조하여 자신이 앞선 맥락에서 제시하였던 내용을 상대에게 다시 상기시킴으로써 상대방에게 핀잔을 주고 있다. 예문 (9)에서는 자신이 한 말을 다시 한 번 '-냐고(요)'를 통해 반복함으로써 상대방의 잘못을 질책하고 있는 것을 볼 수 있다. 이와 같이 자신의 말을 반복함으로써 상대방에게 자신의 의사를 강하게 표현하고 있고, 자신의 의사와 반대인 상대에게 강한 반발, 불평의 마음을 전달하고 있다. 한편 이와 같이 자신의 말을 반복함으로써 반발의 효과를 얻는 경우는 앞서 다른 사람의 말을 반복함으로써 반발의 효과를 얻는 경우와 달리 평서형으로 실현되는 것 또한 알 수 있다.

이와 같이 인용형을 통해 반발 · 불평의 화행이 이루어지는 경우 '정보 전달'을 기반으로 하고 있지 않고 '감정 전달'에 치중되어 있는 것을 알 수 있다. 인용형으로 끝나는 불평 발화들은 이와 같이 감정을 적극적으로 드러내는 형식이므로 비격식적인 상황에서만 사용될 수 있으며 청자와 화자의 관계가 가까운 경우에만 사용될 수 있다는 특징이 있다. 또한 단순히 다른 사람의 말을 그대로 인용할 경우의 억양과 불만을 나타낼 경우의 억양은 확연히 다르다.

3.2. 불평 화행의 하위 용법

위의 인용형들은 크게 보면 모두 '불평'의 화행에 속하는 기능을 가지고 있으나 자세히 들여다보면 세부 용법으로 나눌 수 있다. 강현화 외(2016)『한국어교육 문법 - 자료편』의 의미 풀이에서 핵심 의미를 담은 메타 용어를 중심으로 정리해 본 결과 '반박 · 부정', '불평 · 불만', '핀잔', '질책', '비꼼 · 비아냥거림'으로 분류할 수 있었다. 이들 불만의 하위 용법을 나타내기 위하여 어떠한 형태가 사용될 수 있으며, 각 용법에는 어떠한 특징이 있는지 예문을 통하여 살펴보겠다.[45]

첫째, '반박·부정'의 용법이 있다. 뜻풀이에서 '반대 내용', '반대 의견', '반발'과 같은 용어가 나왔을 경우에 '반박·부정'으로 분류할 수 있었다. 아래의 예문을 보면 모두 상대방의 발화에 대한 반대 의견, 거절, 부정을 나타내는 것을 볼 수 있다. 아래의 표에서 예문 (1)을 보면 과자가 정말 맛있다는 '가'의 의견에 대하여 '맛있냐고요?'라고 말하며 상대방의 의견에 대하여 반대 의견을 말하고 있다. 사실 여기에서 부정형을 사용하여 '아니요, 별로 맛이 없어요.'라고 말할 수도 있다. 그런데 여기에서는 인용형의 형식을 빌려 강한 반대 의견을 나타내고 있는 것이다. 또한 예문 (2~7)에서도 각각 '먹지 않았어', '결혼하지 않으면 좋겠다', '저는 당신하고 차를 마시고 싶지 않아요' '나는 너랑 같이 안 놀 거야', '그 영화 보고 싶지 않아', '헤어지면 안 돼' 등과 같이 부정형으로서 자신의 의사를 나타낼 수 있다. 그러나 여기에서는 인용형을 덧붙여 자신의 반대·거부 의사를 감정적으로 말하고 있다.

'-다니까(요)'로 발화된 예문 (4)를 제외한 이 용법에서는 위에서 말한 두 가지 반복의 기제 중 다른 사람의 말을 반복하는 방법을 통하여 반박 또는 부정의 화행을 표현하고 있다. 또한 이들은 대부분 그 끝이 올라가는 억양으로 발화된다. 그러나 어떤 정보를 요구하는 물음이 아니다. 단지 강한 반발심을 표현한다.

뜻풀이	해당 형태	예문
다른 사람의 질문의 내용에 반대 내용을 말할 때 사용한다.	-냐고(요)	(1) 가: 이 과자 정말 맛있지 않아요? 나: 네? 맛있냐고요? 전 이 과자는 너무 달아서 싫던데요.
	-냐니(요)	(2) 가: 너 내 아이스크림 먹었지? 나: 뭐? 내가 네 아이스크림을 먹었냐니? 난 보지도 못했거든?

---

45) 그러나 이들 유형의 분류는 사실 필자의 주관에 의한 것이므로 앞으로 후속 연구를 통해 객관적인 토대를 마련해야 할 필요가 있겠다.

다른 사람의 말에 반대 의견을 표현할 때 사용한다.	-는다고(요)	(3) 가: 아버지, 어머니, 저는 올해에 이 여자와 결혼하겠습니다. 나: 뭐라고? 대학교 졸업도 안 했는데 결혼하겠다고?
다른 사람의 말에 반발하는 태도로 대답할 때 사용한다.	-는다니까(요)	(4) 가: 저랑 차나 한잔해요. 나: 글쎄, 저는 시간이 없다니까요!
강하게 반발할 때 사용할 수 있다.	-는대(요)	(5) 가: 누가 언제 너랑 같이 논대? 난 싫어.
다른 사람의 청유나 제안의 내용에 대해 반대 의견을 표현할 때 사용한다.	-자고(요)	(6) 가: 이번에 새로 개봉한 공포 영화 어때? 같이 보자. 나: 뭐? 그걸 같이 보자고? 내가 공포 영화 싫어하는 거 알잖아.
	-자니(요)	(7) 가: 우리 헤어지자. 나: 뭐? 헤어지자니. 우리가 어떻게 만났는데!

이와 같이 반박·부정을 나타내는 인용형으로는 '-냐고(요)', '-냐니(요)', '-는다고(요)', '-는다니까(요)', '-는대(요)', '-자고(요)', '-자니(요)'와 같은 것들이 논의될 수 있겠다.

둘째, '불평·불만'의 용법이 있다. 불평이나 불만은 위의 '반박·부정' 용법과 달리 부정형으로 대치될 수 없다는 특징이 있다. 그러나 상대방이 한 말을 인용하는 형식을 통하여 상대에 대한 불평이나 불만을 표출하는 것은 처음에 제시된 용법인 '반박·부정'과 같다. 대부분의 사람들은 자기 자신보다는 타자에 대하여 불평을 가지며 그것을 표출하고자 하는 욕구를 더 강하게 가질 것이다. 따라서 대부분 타자의 말을 인용하면서 불만을 표출한다.

그러나 '반박·부정'과 다른 점은 상대방의 말대로 하지 않겠다는 의지가 담긴 것이 아니라는 점이다. 다음 표에서 예문 (8)을 보면 살을 빼라는 상대방의 말에 대하여 기분이 상했음을 표현한 것이지 살을 빼지 않겠다는 의사를 표현한 것이 아니며, (9)에서는 누나가 과자를 먹은 사실을 인용형을 빌려 얘기하는 것은 그 상황 자체에 대하여 불만이 있음을 제3자인 엄마에게 알리는 것이며 (10)에서도 더 이상 기다리지 않겠다는 반박을 한 것이 아니라 더 기다려야 한다는 사실에 대한 불평을 나타내고 있다. (11)에서도 아침이 없다는 사실에 대한 불평을, (12)에서는 아빠의 핀잔에 대한 불평을, (13)에서는 상대방의 명령에 대하여 반감을 가지고 불평을 드러내고 있다. (14)에서는 '누가', '언제'와 같은 의문사와 주로 함께 쓰여 반발심을 드러내고 있으며 (15), (16)에서도 상대방의 말에 대한 불평을 드러내고 있다.

뜻풀이	해당 형태	예문
상대방의 질문에 반감을 드러내며 제시할 때 사용한다.	-냐면서(요)	(8) 가: 너 밥을 먹다 말고 어디로 가는 거야? 나: 언제 살 뺄 거냐면서. 가: 그래서, 지금 내가 그 말 했다고 삐친 거야?
남에게 이르기: 남에게 이를 때 사용할 수 있다. 주로 아이들이 사용한다.	-는대(요)	(9) 가: 엄마, 누나가 나 몰래 내 과자 먹었대요. (타인이 한 말을 인용하는 것이 아니라 그 상황을 보고 말함.)
상대방의 요구 및 명령에 대한 거부 의사 및 불평을 밝힐 때 사용한다.	-으라고(요)	(10) 가: 손님, 조금만 더 기다려 주시겠어요? 나: 지금 한 시간이나 기다렸는데 더 기다리라고요?
	-으라니(요)	(11) 가: 여보, 오늘 아침에 시간이 없어서 식사 준비를 못 했어요. 과일이라도 드세요. 나: 뭐라고? 나보고 아침을 굶으라니요?
상대방의 핀잔 또는 꾸지람에 억울함 또는 화를 표현할 때 사용하기도 한다.	-으라니까(요)	(12) 가: 민수야, 아까 패스할 때 상대를 보고 패스했어야지. 나: 아빠, 그럼 아빠가 한번 해 보시라니까요?
상대방이 한 명령의 내용을 인용하여 자신의 발화 및 행동에 대한 근거 및 배경을 제시할 때 사용한다. 보통 상대방의 명령에 반감을 드러내며 제시할 때 사용한다.	-으라면서(요)	(13) 가: 왜 연락이 없어? 나: 왜 연락이 없냐고? 네가 이제 연락하지 말라면서. 가: 아니, 내 말은 그게 아니었는데…….

강한 반발하거나 의문을 제기한다.	-으래(요)	(14) 가: 아, 어제 밤새워 부엌 정리했더니 너무 피곤하다. 나: 누가 너보고 그런 걸 하래?
앞서 상대방이 한 청유 및 제안에 대한 반감을 가지는 화자의 태도를 드러낼 때 사용된다.	-자면서(요)	(15) 가: 너 왜 그동안 연락이 없었어? 나: 우리 당분간 자기 일에만 집중하자면서. 그래서 연락 안 했는데? 가: 너 내가 그렇게 얘기해서 삐쳤구나? 맞지?
상대방의 제안에 대하여 강한 불만을 표현한다.	-재(요)	(16) 가: 현정아, 우리 너무 힘들지 않냐? 나: 그러니까, 누가 아침부터 등산하재?

이와 같이 불평·불만을 나타내는 인용형으로는 '-냐면서(요)', '-는대(요)', '-으라니(요)', '-으라면서(요)' '-으래(요)', '-자면서(요)', '-재(요)'가 있다고 볼 수 있겠다.

셋째, '핀잔'이 있다. 아래 예문을 보면 이 용법에서는 위의 첫 번째와 두 번째 용법에서와 달리 보통 화자 자신의 발화를 반복하는 것을 통하여 핀잔을 주는 화행을 나타냄을 알 수 있다. 자신이 앞서 한 말을 한 번 더 강조하여 발화함으로써 왜 내 말을 듣지 않았냐고 상대에게 핀잔을 주게 되는 것이다. 이 용법에서는 보통 '-으라니까(요)', '-자니까(요)'가 사용된다.

뜻풀이	해당 형태	예문
상대방이 처한 상황을 보고 그 상황에 대해 나무라듯 핀잔을 줄 때 사용한다.	-으라니까(요)	(17) 가: 담배를 피우니까 달리기할 때 힘든 것 같아. 나: 제발 담배 좀 끊으라니까요.
	-자니까(요)	(18) 가: 지금 너무 배고프다. 나: 그러게 내가 뭐랬어! 아까 편의점에서 라면이라도 사 먹자니까.

넷째, '질책'이 있다. 질책 또한 '핀잔'과 같이 보통 화자 자신의 발화를 반복함으로써 그 화행이 드러난다. '질책'의 기능에는 '-냐고(요)'가 해당되는 것으

로 보았다.

뜻풀이	해당 형태	예문
윗사람이 아랫사람에게 질책할 때 사용할 수 있다.	-냐고(요)	(19) 어머니: 너 지금 몇 시야? 몇 시냐고. 아들: 네, 어머니, 얼른 들어갈게요. 죄송해요.

　다섯째로, '비꼬기 · 비아냥거리기'가 있다. 이 용법은 상대방의 말이나 상황을 비꼬아서 말하는 것을 말한다. 사실이라고 믿지 않는 내용에 인용형을 덧붙여 타인을 비꼬는 것이다. 만약 아래의 예문 (20)이 '너네 집이 부자야?', '너희 아빠는 젊었을 때 인기가 엄청 많으셨어', '걔는 미스코리아 대회라도 나가'와 같이 무표적인 '-어(요)'를 사용해서 말한다면 어감도 달라질 뿐더러 예문의 의미도 달라진다. 즉 타인의 말을 인용하는 형태들인 '-는다면서(요)', '-는단다', '-는다니(요)'를 통해 해당 명제 내용이 사실이 아니어도 자신의 발화에는 책임이 없음을 표현하게 되며, 이것이 참이 아닌 명제와 결합함으로써 거기에서 '비꼬기 · 비아냥거리기'의 화행의 의미가 도출된다.

뜻풀이	해당 형태	예문
비꼬아서 말할 때도 사용할 수 있다.	-는다면서(요)	(20) 가: 너네 집이 부자라면서? 그런데 왜 여기서 아르바이트를 하고 있어?
	-는단다	(21) 가: (비웃으면서) 얘, 너희 아빠는 젊었을 때 인기가 엄청 많으셨단다. 난 못 믿겠지만…….
어떤 상황에 대하여 비아냥거리며 말할 때 사용한다.	-는다니(요)	(22) 가: 미연이는 요즘 다이어트 해서 오늘 저녁 굶는대요. 나: 걔는 미스코리아 대회라도 나간다니?

발견한 사실 표현

 들어가는 말

　새롭게 알게 된 사실을 말할 때 사용하는 종결 형태에는 '-네(요)', '-는군(요)', '-는구나' 등이 있다. 이 세 형태는 학습자들이 헷갈려하는 표현으로 기존 연구나 한국어 문법서에서 비교 연구가 많이 되어 있다. 이들은 사전이나 문법서, 기존 연구에서 모두 '감탄'을 할 때 사용하는 것으로 기술되고 있다. 그러나 본서에서는 '감탄'이라는 용어를 조금 비판적으로 살펴 '네(요)', '-는군(요)', '-는구나'의 실제 사용 의미를 들여다보고자 한다. '감탄'을 〈표준국어대사전〉에서 찾아보면 '마음속 깊이 느끼어 탄복함'이라 뜻풀이가 되어 있는데 일상생활 속에서 이러한 '감탄'의 경험이 자주 일어나지 않기도 하거니와 실제로 '-네(요)', '-는군(요)', '-는구나'는 일상적으로 빈번하게 사용되고 있기 때문이다. 이 세 형태가 사용될 때를 살펴보면 감각으로 인지한 것에 대하여 새로움, 즉각성을 표현할 때 사용하는 것으로 보인다. 이렇게 '-네(요)', '-는군(요)', '-는구나'는 새롭게 발견한 사실을 말할 때 사용하는 것으로 기술될 수 있었는데 그렇다면 이들의 차이는 무엇일까? 각각의 형태들의 의미적, 문법적, 담화적인 특성을 면밀히 살펴봄으로써 알아보도록 하겠다.

〈표 104〉 발견한 사실 표현의 목록

-네(요)
-는군(요)
-는구나

② 현행 교재 출현 현황

아래의 〈표 105〉를 '-는군(요)'와 '-네(요)'는 초급과 중급에 걸쳐 제시되고 있으며 '-는구나'는 반말로 중급부터 제시되고 있다. 이 중에서 '-는군(요)'와 '-네(요)'는 이들 문법 항목이 제시되기 전에 말하기 지문이나 듣기 지문 등을 통하여 미리 노출되고 있는 경우가 많았다.

〈표 105〉 발견한 사실 표현의 현행 교재 출현 현황

초급	중급	고급
-는군(요)		
	-네(요)	
	-는구나	

빈도상으로 보면 '-는구나'의 빈도가 이 셋 중에서 가장 많다. 그런데 한국어 교재의 특성상 초급 후반에 반말이 제시되고 있으므로 '-는구나'가 이 셋 중에서 가장 나중에 제시되고 있는 것을 알 수 있다. 한편 '-네(요)'와 '-는군(요)'를 보면 '-는군(요)'가 '-네(요)'보다 먼저 제시되는 경향이 있다. 그러나 빈도를 살피면 '-네(요)'가 '-는군(요)'보다 높은 편이다. 따라서 '-네(요)'를 먼저 제시하는 것이 바람직한 것으로 보인다. 또한 요즘 '-네(요)'의 사용 영역이 확장되는 추세를 보이고 있다. 이는 '-는군(요)'의 영역까지 침범하는 것으로 보이기도 하는데 그만큼 '-네(요)'의 빈도와 활용도가 높다는 뜻이기도 하다. 또한 학습자들이 '-네(요)'를 사용할 곳에 '-는군(요)'를 먼저 사용하여 다소 부적절하게 보이는 경우가 있다. 자연스러운 발화로 이끌기 위하여 '-네(요)'를 먼저 제시하고 다음에 '-는군(요)'를 제시하여 이 형태를 사용하는 상황을 자세히 제공하는 방향으로 교재에 반영해야 할 것으로 보인다.

③ 문형 간 비교

3.1. 공통점

이들 형태는 모두 새롭게 알게 된 사실을 말할 때 사용된다는 점에서 공통점이 있다.

(1) 가. 와, 오늘 학교에 사람이 정말 <u>많네요</u>.
　　나. 아휴, 정말 고생을 많이 <u>했군요</u>.
　　다. 아, 그래서 연정이가 중국어를 <u>잘하는구나</u>.

위의 예문 (1)이 사용되는 상황을 보면 공통적으로 화자 자신의 경험적인 인지 등을 통하여 새롭게 발견한 사실을 말할 때 사용한다. 이러한 공통된 의미적 특성으로 인하여 이들의 문법적 특징도 공유하고 있는 부분이 많다. 우선 이들의 제약 여부를 간략하게 정리하면 아래의 표와 같다.

〈표 106〉 '-네(요)', '-는군(요)', '-는구나'의 문법적 특징

문법 항목	주어 제약	선행 용언 제약	선어말어미 제약
-네(요)	○	×	×
-는군(요)	○	×	×
-는구나	○	×	×

위의 주어 제약의 내용을 예문과 함께 자세히 살펴보도록 하겠다.
'-네(요)', '-는군(요)', '-는구나'는 주로 2인칭이나 3인칭 주어와 함께 쓰는 것이 자연스럽다. 왜냐하면 이들은 모두 '새롭게 발견한 내용'을 말할 때 사용하는 것이기 때문이다. 상식적인 상황에서 화자인 자신은 자기 자신에 대하여 잘 알고 있는 것이 보통이다. 따라서 1인칭, 화자를 주어로 하여 '-네(요)', '-는군(요)', '-는구나'로 말하게 되면 다음의 예문 (2)와 같이 어색하게 된다.

(2) 가. *저는 집 근처 공원에서 자전거를 <u>타네요</u>.

　나. *저는 집 근처 공원에서 자전거를 <u>타는군요</u>.

　다. *나는 집 근처 공원에서 자전거를 <u>타는구나</u>.

그러나 새롭게 발견한 자신의 모습이나 감정에 대해서 말할 때에는 1인칭 주어와 함께 쓸 수 있다.

(3) 가. (어렸을 때 찍힌 비디오를 보며) 나도 어렸을 때 춤을 잘 <u>췄네</u>.

　나. 나도 어렸을 때 춤을 잘 <u>췄구나</u>.

　다. 저도 어렸을 때 춤을 잘 <u>췄군요</u>.

위의 예문 (3)을 보면 어렸을 때 자신이 찍힌 비디오 영상을 보며 그동안 몰랐던 자신의 과거 모습을 새롭게 알게 되었을 때 1인칭 주어이지만 '-네(요)', '-는구나', '-는군(요)'를 사용하여 말하는 것이 자연스러운 것을 알 수 있다.

한편 이 형태들은 선행 용언 제약, 선어말어미 제약이 모두 없다는 점에서 공통점이 있다.

3.2. 차이점

'-네(요)', '-는군(요)', '-구나'는 앞서 말한 바와 같이 모두 새롭게 알게 된 사실을 말할 때 사용하는 종결 표현이다.

(4) 가. 오늘 날씨가 꽤 <u>선선하네요</u>.

　나. 올해에 집값이 <u>내리겠군요</u>.

　다. 그래서 연정이가 중국어를 <u>잘하는구나</u>.

위의 예문을 통해 각 형태들의 의미를 살펴보면 (4가)에서 '-네(요)'는 즉각적으로 느껴 새롭게 알게 된 내용을 말할 때 사용되었으며, (4나)에서 '-는군(요)'는 추론하여 새롭게 알게 된 내용을 말할 때 사용되었고, (4다)에서 '-는구나' 또한 추론하여 새롭게 알게 된 내용을 말할 때 사용되었다. 이렇듯 이 세 형태는 기본적으로 새롭게 알게 된 내용을 말할 때 사용한다. 그러나 몇 가지의 측면에서 볼 때 차이점이 있다. 첫 번째는 추론의 과정을 거치는지의 여부이며, 두 번째는 발화 상황의 성격이다.

① 추론의 과정을 거치는지의 여부

우선 예문을 통해 추론의 과정을 거치는가의 여부를 알아보도록 하겠다.

(5) 가: 아, 네가 연정이 동생이군. → 자연스러움.

　　가´: 아, 네가 연정이 동생이구나. → 자연스러움.

　　가″: 아, 네가 연정이 동생이네. → 부자연스러움.

　　나: 네, 맞아요. 제가 연정 누나 동생이에요.

'-는군(요)'와 '-는구나'는 추론의 과정을 거친 후에 새롭게 알게 된 사실을 말할 때 사용한다. 위의 예문에서 주어진 상황은 어떤 두 사람을 한번에 본 적이 없고, 각각 다른 시각에 다른 장소에서 따로 본 경험으로 두 사람이 서로 남매라는 것을 알게 된 것이다. 한 사람이 어떤 사람이 동생이라는 사실을 알기 위해서는 두 사람의 생김새, 행동, 성격 등의 여러 단서를 가지고 추론하는 과정이 선행되어야 한다. 따라서 '-는군(요)'와 '-는구나'를 추론의 과정이 수반되어야 하는 위와 같은 상황에서 사용한 것은 자연스럽다. 또한 감탄사 '아'(조금 길게 끄는 듯한 느낌으로)와 같이 모르던 것을 깨달았음을 나타낼 때 내는 소리와 잘 어울린다.

한편 '-네(요)'는 추론의 과정 이전에 화자의 지각으로 인한 발견 사실을 즉각적으로 말할 때 사용한다. 따라서 위의 상황에서는 부자연스러운 것을 알 수 있다. 한편 '-네(요)'는 새로운 정보를 처음 맞닥뜨리자마자 놀라듯이 말할 때 사용하므로 '앗', '어머' 등과 같은 감탄사와 공기하는 것이 더 자연스럽다.

② 발화 상황의 성격

'-네(요)'와 '-는구나'는 주로 비격식적인 상황에서 화자와 청자가 마주 대하고 말하는 상황에서 아주 자연스럽다. 또한 공적인 상황에서 '-네(요)'는 '-는군(요)'에 비해 비교적 선호되지 않는 양상을 보인다.

그러나 '–는군(요)'는 비격식적인 상황에서 화자와 청자가 마주 대하는 상황에서 약간 부자연스럽다. 그러나 '–는군(요)'는 공적인 상황에서는 '–네(요)'보다 선호되는 경향을 보인다. 또한 '요'가 제거된 '–는군'은 혼잣말의 상황에서 자연스럽다. 아래의 예문 (6)과 (7)을 통해 확인할 수 있다.

(6) 일상적인 대화 상황: 서로 얼굴을 마주보고 이야기할 때

　가: 제가 이번 주말에 일이 있어서 회사에 나가야 돼요.

　나: 그러니? 그럼, 다음 주 평일에 만날 수밖에 없겠구나. → 선호됨.

　나': 그래요? 그럼, 다음 주 평일에 만날 수밖에 없겠군요. → 쓰이기는 하나
　　비교적 덜 선호됨.

　나": 그래? 그럼, 다음 주 평일에 만날 수밖에 없겠군. → 혼잣말로 들림.

(7) 공적인 상황 (축구 중계 방송에서)[46]

　가. 결국 심판이 여기에서 경기를 중단시키는군요. → 선호됨.

　나. 결국 심판이 여기에서 경기를 중단시키네요. → 쓰이기는 하나 비교적 덜 선
　　호됨.

지금까지, '–는군(요)', '–는구나', '–네(요)'의 차이점을 살펴보았다. 이들의 핵심적인 차이점을 정리하면 '–는군(요)'와 '–는구나'는 '–네(요)'와 달리 추론의 과정을 거친 후에 말할 때 사용되는 경향을 보인다는 것이다. 한편 '–네(요)'는 즉각적인 새로운 깨달음의 내용을 말할 때 사용된다. 따라서 '–네(요)'는 말을 꺼낼 때 자주 사용되는 경향이 있는 반면, '요'가 결합된 '–는군요'와 '–는구나'는 다른 사람의 말에 대해 반응할 때 사용되는 경향이 있다. 그리고 '요'가 제거된 '–는군'은 혼잣말로서 사용되는 경우가 많다. 또한 '–는구나'와 '–네(요)'는 비공식적인 상황에서 선호되며, '요'가 결합된 '–는군요'는 비격식체임

---

46) 공적인 상황에서 반말은 잘 사용되지 않으므로 반말체인 '–는구나'는 제외하여 예문을 넣었다.

에도 불구하고 공적인 상황에서 선호된다.

〈표 107〉 발견한 사실 표현의 차이점 정리

문법 항목	–네(요)	–는군(요)	–는구나
추론의 과정	거치지 않음. 즉각적임.	추론의 과정을 거침.	추론의 과정을 거침.
공적인 상황	선호되지 않음.	선호됨.	선호되지 않음.
집단적인 대상에게 말함.	선호되지 않음.	선호됨.	선호되지 않음.

❀ 부담 제거 표현 ❀

1 들어가는 말

이 장에서는 화자의 감정을 나타내는 양태 표현 중에서도 후련함을 나타내는 표현으로 묶일 수 있는 2개의 문형을 다룬다. 이 문형은 모두 어떤 행동을 종결지음으로써 심리적·물리적 부담을 제거한다는 의미를 기반으로 하고 그 결과로서 화자가 후련한 감정을 갖게 됨을 표현할 수 있다는 공통점이 있다. 이 장에서는 이러한 의미·기능을 중심으로 하여 다음 두 문형을 다루기로 한다.

〈표 108〉 부담 제거 표현의 목록

−어 버리다
−어 치우다

2 현행 교재 출현 현황

이 장에서 다루는 표현의 출현 현황을 현행 주요 5종 교재에서 살펴본 결과, '−어 버리다'는 주로 중급에 제시되어 있었고 '−어 치우다'는 1종의 교재에만 출현하였는데 해당 제시 급수는 6급이었다. 세부적인 급수는 교재에 따라 다르지만 대체적인 현행 교재 출현 현황을 숙달도별로 나타내면 다음과 같다.

〈표 109〉 부담 제거 표현의 현행 교재 출현 현황

초급	중급	고급
	-어 버리다	
		-어 치우다

③ 문형 간 비교

3.1. 공통점

이 장에서 다루는 2개의 대상 문형은 모두 화자가 부담을 제거함으로써 얻게 되는 후련한 느낌을 표현한다는 공통점이 있는데 이러한 의미는 본용언 '버리다'와 '치우다'가 갖는 '제거'의 의미에서 비롯된 것이다. 본용언의 의미는 자연히 이들이 보조용언으로 사용된 '-어 버리다'와 '-어 치우다'의 의미에도 영향을 미치는데 이들 문형에서 제거되는 것은 주로 심리적인 부담인 경우가 많다. 아래의 예문에서 이 두 문형의 공통점을 발견할 수 있다.

(1) 가. 미뤄 두었던 설거지를 해 버리고/해 치우고 나니 속이 시원하다.

이러한 의미·기능적 공통점은 이들 문형이 일부 문법적 특징을 공유할 수 있도록 하기도 한다. 즉 이들 문형은 모두 일차적으로는 서술된 행위의 완료를 나타내므로 동사와만 결합할 수 있으며 형용사나 '이다'와는 결합하기 어렵다. 이러한 점은 아래 예문에서 보이는 바와 같다.

(2) 선행 용언 제약

    가. 구름이 해를 (먹어 버린다/먹어 치운다).
    나. *구름이 해를 먹어 날이 (어두워 버린다/어두워 치운다).

3.2. 차이점

'–어 버리다'와 '–어 치우다'는 모두 어떤 행위의 완료를 나타내지만 세부적으로 보면 조금 차이가 있다. '–어 버리다'는 어떤 일이 완전히 끝났기 때문에 해당 행위를 되돌릴 수 없음을 강조하는 것인 반면에 '–어 치우다'는 빨리 끝내기 어려운 많은 양의 일을 쉽고 빠르게 끝냄을 강조하는 의미가 있다.

(3) 가. 그는 피자 한 판을 다 먹어 버렸다.

　　나. 그는 피자 한 판을 다 먹어 치웠다.

위의 예문을 보면 (3가)에서의 '먹어 버리다'는 그 행동의 결과로 피자가 남지 않은 현실을 되돌릴 수 없다는 의미를 함축하는 반면 (3나)의 '먹어 치우다'는 그 행동이 쉽고 빠르게 이루어졌음을 강조하는 의미를 나타낸다. 따라서 보통의 경우 (3가)는 아래의 (4가)와 같이 해석이 되고 (3나)는 (4나)와 같이 해석된다.

(4) 가. 그는 피자 한 판을 이미 먹어 버렸다.

　　나. 그는 그렇게 큰 피자 한 판을 다 먹어 치웠다.

이러한 차이 외에 '–어 버리다'와 '–어 치우다'에는 통사적인 차이도 있다. '–어 버리다'는 자동사나 타동사를 가리지 않고 결합이 가능한 반면에 '–어 치우다'는 자동사와 결합하기 어렵다. 이는 아래 예문 (5가)를 통해 확인할 수 있다. 그뿐만 아니라 '–어 치우다'는 타동사 중에서도 극히 제한적인 일부 동사와만 주로 결합하여 사용되는 특성이 있는데, '–어 치우다'가 주로 결합하는 동사로는 '먹다, 갈다, 하다, 팔다' 등이 있다. '–어 치우다'가 주로 결합하는 동사의 예는 아래 예문 (5나~마)를 통해서 제시하였다.

(5) 선행 용언의 차이

　　가. 십 년 묵은 체중이 내려가 버렸다/*치웠다.

나. 날벌레가 꼬이기 전에 포도를 얼른 <u>먹어 치워라</u>.

다. 김 사장은 비서를 <u>갈아 치우기</u> 일쑤다.

라. 얼른 숙제부터 <u>해 치우고</u> 놀자.

마. 몇 가지 남아 있던 것마저 오전에 <u>팔아 치운</u> 덕에 가게 문을 일찍 닫았다.

상태 지속 표현

 들어가는 말

'-어 두다'와 '-어 놓다', '-고 있다'와 '-어 있다'는 모두 어떤 행위의 과정 혹은 결과 상태의 지속을 나타낸다. 여기에서 이들 네 표현은 모두 '상태의 지속'이라는 메타 용어로 묶일 수 있으나 사실 '-어 두다'와 '-어 놓다'를 한 쌍으로 '-고 있다'와 '-어 있다'를 다른 한 쌍으로 취급하는 것이 용이하다. 한송화(2000)에서 양태적 보조용언에 '-어 놓다'와 '-어 두다'가 속하는 것으로 보았고, '-어 있다'와 '-고 있다'는 상적 보조용언에 속하는 것으로 보았다. 김성화(2003)에서는 결과성 종결상에 속하는 것으로 '-어 있다', '-고 있다'를 함께 묶었고, 보유성 종결상에 속하는 것으로 '-어 두다', '-어 놓다'가 있는 것으로 보았다.

따라서 여기에서도 '상태 지속'이라는 한 메타 용어로 묶일 수 있으나 '-어 두다'와 '-어 놓다'를 한 쌍으로 보아 '유지'라는 용어로, '-고 있다'와 '-어 있다'를 다른 한 쌍으로 보아 '지속'이라는 용어로 묶어 서로 비교하여 기술하도록 하겠다.

〈표 110〉 상태 지속 표현의 목록

유지/보유	-어 두다
	-어 놓다
결과의 지속	-고 있다
	-어 있다

② 현행 교재 출현 현황

〈표 111〉 상태 지속 표현의 현행 교재 출현 현황

초급	중급	고급
	–어 놓다	
	–어 두다	
–고 있다		
–어 있다		

  우선 '–어 놓다'와 '–어 두다'의 경우를 보면 대부분의 현행 교재에서 중급에서 제시하고 있었다. 특이한 점은 두 교재에서 '–어 놓다'와 '–어 두다'를 한꺼번에 제시하거나 앞뒤 단원에 배치하고 있다는 점이었다. 이 교재에서는 모두위 두 문법이 유사하다고 판단하여 한 번에 제시하는 것으로 보인다.

  한편 '–고 있다'와 '–어 있다'는 초급과 고급에 걸쳐 제시되고 있었다. 그런데 동작의 진행을 나타내는 '–고 있다'가 아닌 상태 지속의 '–고 있다'가 따로제시된 경우는 한 교재만 있었다. 다른 교재에서는 별도의 제시를 하지 않았다.

③ 문형 간 비교

3.1. 공통점

① '–어 두다'와 '–어 놓다'

  의미적인 측면에서 보면 '–어 놓다'와 '–어 두다'는 모두 상태 지속을 나타낸다. 모두 상적인 속성을 나타내는 보조용언 구성이라 할 수 있다. 의미적으로 큰 차이가 없다.

(1) 가. 그 책들은 저 선반에 쌓아 두세요.

나. 그 책들은 저 선반에 쌓아 놓으세요.

위의 예문과 같은 말을 들으면 듣는 이들은 모두 같은 상황을 연상할 것이다. 위의 예문들 대신 '그 책들은 저 선반에 쌓으세요.'라고 하여도 그 기본적인 의미는 같다. '-어 두다'와 '-어 놓다'는 상적인 의미를 첨가할 뿐이다. 김정남 (2011:68)에서는 '-어 놓다'와 '-어 두다'의 공통점을 '행동의 끝냄'과 '결과의 유지'라고 하였다. 행동의 완료 및 결과의 유지는 어떤 상황의 시간적 속성과 관련된 상적 의미라고 할 수 있다. 이 두 보조용언 구성은 모두 상적 의미에 있어서 동의어라 할 수 있다. 그러나 양태적 속성에 있어서 차이가 난다. 이 양태적 속성에 의한 차이점은 다음에서 살펴보도록 하겠다.

이들은 서로 의미가 비슷하므로 문법적 특징 또한 비슷하다. 우선 모두 주로 주어 자리에 어떤 일을 판단하여 결정할 수 있는 유정물이 오는 것이 보통이다. 따라서 사람을 나타내는 주어나 사람들이 속해 있는 어떤 단체 명사가 오는 것이 가장 자연스럽다. 동물이 주어로 오는 경우는 어색하다. 그러나 만약 화자가 동물이 판단을 하고 행동을 할 수 있다고 여기는 경우에는 가능하기도 하다.

(2)47) 주어 자리에 유정물이 오는 것이 자연스러움

가. 나는 여행 전날에 미리 짐을 (싸 놓았다/두었다).

나. 회사 측에서는 이미 경력직 채용의 기회를 (마련해 놓았다/두었다).

다. 강아지는 내가 준 밥을 조금 (남겨 놓았다/두었다).

위의 예문을 보면 (2가)에서는 '나'라는 사람 주체가, (2나)에서는 '회사'라는 어떤 결정을 할 수 있는 집단 명사가, (2다)에서는 '강아지'라는 동물이 주어

---

47) 예문 (2가~다) 모두 비문은 아니나 수용 가능성에 있어서 차이가 있다. (2가)와 (2나)는 매우 자연스럽지만 화자에 따라 (2다)는 자연스럽지 않을 수도 있다. 특히 '강아지는 내가 준 밥을 조금 남겨 두었다'는 다소 어색하게 들릴 수 있는데 그 이유는 '-어 두다'에 양태적인 요소가 더 포함되기 때문인 것으로 보인다. 이것은 아래에서 양태적 속성으로 인한 차이점을 알아보면서 살펴보기로 한다.

로 나왔다. '-어 놓다'와 '-어 두다'가 어떤 상황의 시간적 구조를 가지는 동사와만 결합이 가능하다는 점으로 미루어 볼 때 주어에 유정물만 가능하다는 점은 당연한 것이다.

다음으로 '-어 놓다'와 '-어 두다'는 주로 동사와 결합한다. 형용사와 결합하는 것이 부자연스럽다. 앞서 '-어 놓다'와 '-어 두다'는 상적 의미에 있어 공통점이 있었는데 그중에 하나가 '행동의 끝냄'이다. 동사는 어떤 상황의 시작점과 끝점이 있으나 형용사는 시작점과 끝점이 없으며 단지 상태만을 나타낼 뿐이다. 따라서 아래의 예문과 같이 형용사와 '-어 놓다' 및 '-어 두다'와의 결합은 매우 어색하다.

(3) 선행 용언 제약

　가. *나는 남자 친구를 만나기 전에 (예뻐 놓았다/두었다).

위의 예문을 보면 '예쁘다'와 같이 상태를 나타내는 용언과 '-어 놓다', '-어 두다'와의 결합은 매우 어색함을 알 수 있다.[48]

또한 '-어 놓다'와 '-어 두다' 앞에 '-었-', '-겠-'과 같은 선어말어미가 오는 것이 매우 어색하다.

(4) 선어말어미의 선행 불가

　가. *빈집에 불을 (켰어/켜겠어) 놓았다.
　나. *여기에 잠시 차를 (세웠어/세우겠어) 둡시다.

위의 예문을 보면 '-어 놓다'와 '-어 두다' 앞에 '-었-'과 '-겠-'이 결합되는 것이 어색한 것을 알 수 있다. 선행 용언과 '-어 놓다' 및 '-어 두다'가 매우 밀접한 관련을 맺고 있고 완전히 결합하여 하나의 의미를 형성하고 있으므로 그 사이에 어떠한 요소가 개입되기 어렵기 때문이다. 또한 '-어 놓다'와 '-어 두

---

48) 그러나 '-어 놓아서'와 같이 '-어 놓다'가 연결어미 '-어서'와 결합된 연결형으로 쓰일 경우에 특정 문맥에서는 형용사와의 결합이 가능한 경우가 있다.

다'의 상적 의미와 이들 선어말어미의 의미로 인하여 결합이 어려운 면도 있다. 시제 선어말어미로서 '-었-'은 과거를 나타낸다. 한편 '-어 놓다'와 '-어 두다'에는 행동의 끝냄이라는 의미가 있다. 이때 서로의 의미가 중첩되므로 결합되는 것이 불필요하다. 또한 선어말어미로서의 '-겠-'은[49] 미래와 관련이 있다. 그런데 완료와 관련이 있는 '-어 놓다', '-어 두다'와는 그 의미가 서로 상충하므로 결합이 어색하다. 그러나 '-어 놓았다/놓겠다', '-어 두었다/두겠다'와 같이 '-어 놓다'와 '-어 두다'의 뒤에 '-었-'과 '-겠-'이 오는 것은 자연스럽다.

(5) 선어말어미의 후행 가능

　가. 비가 오기 전에 빨래를 (걷어 놓았다/놓겠다).
　나. 비가 오기 전에 빨래를 (걷어 두었다/두겠다).

　위의 예를 보면 '-었-'과 '-겠-'이 각각 '-어 놓다'와 '-어 두다' 뒤에 오는 것이 자연스러운 것을 알 수 있다.

② '-고 있다'와 '-어 있다'

　우선 '-고 있다'에는 두 가지 의미가 있음을 전제한 후 논의를 진행할 필요가 있다. '진행상'을 나타내는 '-고 있다'가 있고, '-어 있다'와 마찬가지로 '결과상'을 나타내는 '-고 있다'도 있다. 진행상의 '-고 있다'는 아래의 예문에서와 같이 어떤 행동이 발화시 당시에 진행됨을 나타낼 때 사용된다.

(6) 가: 동생은 지금 뭐 하니?
　　나: 운동하고 있어요.

　한편 '결과상'을 나타내는 '-고 있다'는 어떤 행동의 결과나 상태가 계속 지속됨을 나타낼 때 사용되는데 이러한 상적 속성을 '-어 있다'와 공유한다. 따

---

49) '-겠-'은 보통 추측이나 의도, 양태를 나타내는 선어말어미로 많이 보고 있다. 그러나 '-겠어 두다', '-겠어 놓다'와 같이 보조용언 구성 앞에 결합이 될 때에는 양태를 나타내는 자리가 아니므로 시제 관련 선어말어미로서 기술하였다. 보통 한국어의 문장 구조에서 명제 내용 안에 시제가 결합되고, 그 다음에 상, 양태 순으로 해당 요소가 결합되기 때문이다.

라서 여기에서는 이 두 가지의 '-고 있다' 중에서 '결과상'을 나타내는 '-고 있다'와 '-어 있다'를 비교하고자 한다.

(7) 가. 나는 집중해서 생각을 좀 하느라고 눈을 <u>감고 있었다</u>.
　　 나. 내 동생은 지금 할머니 댁에 <u>가 있다</u>.

위의 (7가)의 예문을 보면 '-고 있다'를 통하여 눈을 감은 행위의 결과의 지속 상태를 나타내고 있으며 (7나)의 예문에서는 '-어 있다'가 할머니 댁에 감 (도착)의 결과 상태를 나타내고 있다. 이는 모두 어떤 행위의 결과로 인한 상태의 지속을 가리킨다. '-고 있다'와 '-어 있다'는 이와 같이 결과 상태의 지속이라는 상적 속성을 공유한다.

이처럼 결과 상태의 지속을 나타내는 '-어 있다'와 '-고 있다'는 아래와 같은 문법적인 측면에 있어 공유하는 점도 있고 그렇지 않은 점도 있다. 선행 용언 제약과 선어말어미 제약과 관련한 공통점을 살피도록 하겠다.

(8) 선행 용언 제약: 형용사와 결합하기 어려움

　　 가. *식당 종업원은 손님들에게 매우 <u>친절하고 있다</u>.
　　 나. *아이는 할아버지 앞에서는 매우 <u>착해 있다</u>.

위의 예문 (8)에서 '친절하다'와 '착하다'라는 형용사에 각각 '-고 있다'와 '-어 있다'가 결합하였는데 이는 어색하다. '-고 있다'와 '-어 있다' 모두 동사와 결합한다는 특징이 있다. 그러나 동사의 유형에 있어 차이가 있다. '-고 있다'와 '-어 있다'가 어떤 행동의 결과의 지속 상태를 나타낸다는 의미로 미루어 볼 때 당연한 특징이라 할 수 있다. 형용사는 '행동'을 나타내는 것이 아니라 '상태'를 나타내며 형용사로 인하여 어떠한 결과가 발생할 수 없다. 어떠한 '결과'는 동작성의 완료를 통하여 도달할 수 있는 어떠한 상태인데 형용사의 실체인 '상태'는 정적인 것으로 '-고 있다'나 '-어 있다'에 결합할 수 있는 속성의 것이 아니다.

다음으로 선어말어미 제약에 대한 사항을 살펴보겠다. '-고 있다'나 '-어 있다' 앞에 선어말어미가 결합될 수 없다. 즉 선행 용언과 '-고 있다' 및 '-어 있다'의 사이에 어떠한 요소도 개입될 수 없다. 이는 선행 용언과 보조용언 구성이 만나 상적 의미를 획득함으로써 서로 매우 밀접한 관계를 맺고 있기 때문이다.

(9) 선어말어미의 선행 불가

　가. *나는 눈을 (떴고/뜨겠고) 있다.
　나. *다리가 아파서 계속 의자에 (앉았고/앉겠고) 있다.

　그러나 '-고 있다'와 '-어 있다'의 뒤에 선어말어미가 오는 것은 가능하다.

(10) 선어말어미의 후행 가능

　가. 나는 눈을 뜨고 (있었다/있겠다).
　나. 다리가 아파서 계속 의자에 앉아 (있었다/있겠다).

　위의 예문을 보면 선행 용언과 '-고 있다'와 '-어 있다'가 결합한 것 뒤에 '-었-'과 '-겠-'이 결합하는 것이 자연스러운 것을 알 수 있다.

3.2. 차이점

① '-어 두다'와 '-어 놓다'

　이들의 의미는 그동안 여러 연구와 문법서에서 보통 큰 차이 없이 바꿔 쓸 수 있다고 하였으나 양태적인 의미에서 차이가 난다. 앞서 말한 바와 같이 '완료와 지속'이라는 상적 의미에서는 서로의 차이가 없다. 그러나 말하는 이의 명제 또는 청자에 대한 태도인 '양태'의 영역에서는 이들을 구분할 수 있다.

　임홍빈(1993:148~149)을 보면 '-어 놓다'에는 '무책임이나 방기'의 뜻이 있지만 '-어 두다'에는 이러한 의미가 없다고 하였으며, 한국어 문법서들에서는 '-어 두다'가 어떤 일을 하기 위해 미리 준비해 둔다는 의미가 강하다는 점에서 구분을 하였다. 한편 이기동(1979)이나 손세모돌(1994, 1996)에서는 '-어 놓다'에 '이동' 혹은 '상태 유지'의 의미가 있으며, '-어 두다'는 반대라 하였다. 김영태(1998)에서는 '-어 두다'에 '보유', '상태 유지'의 의미가, '-어 놓다'에 '유지' 및 '보존'의 양태 의미가 있다고 보았다. 그러나 이러한 선행연구들의 설명으로는 이 두 보조용언 구성의 차이점을 설명하기 어렵다. 그러나 한송화(2000)에 따르면 '-어 두다'는 '주어에 이익이 되는 행위'에만 결합할 수 있다고 하였는데 이러한 관점을 도입한다면 이 둘의 차이가 설명될 수 있을 거라 생각된다.50)

(11) 가. 이 내용은 시험에 나오니까 알아 놓으세요.
     나. 이 내용은 시험에 나오니까 알아 두세요.

위 예문은 해당 명제의 상황이 문장의 주어인 청자에게 도움이 되는 경우이다. 이때 '-어 두다'를 사용하는 것이 자연스럽고 '-어 놓다' 또한 자연스럽다. '-어 놓다'는 앞서 말한 기준에 있어 무표적이다. 문장의 주어에게 도움이 되는 경우 혹은 도움이 되지 않는 경우에 모두 사용될 수 있다. 그렇다면 반대로 해당 명제의 상황이 문장의 주어에 도움이 되는 것과 상관이 없는 경우의 예문으로 이 두 형태가 쓰인 문장의 적합성을 살펴보도록 하겠다.

(12) 가. 남자 친구는 화가 나서 나에게 주려던 편지를 구겨 놓았다.
     나. ??남자 친구는 화가 나서 나에게 주려던 편지를 구겨 두었다.

위의 예문을 보면 (12가)는 자연스러우나 (12나)는 어색하다. 위의 명제 상황은 주체인 '남자 친구'에게 별다른 이익이 되는 상황이 아니다. 이러한 경우에 '-어 놓다'가 사용된 문장은 자연스럽지만 '-어 두다'가 사용된 문장은 어색한 것이다. 그러나 만약 위 예문의 주어인 '남자 친구'가 어떠한 목적을 가지고 편지를 구긴 것이라면 (12나)도 특정 맥락에서는 자연스러울 수 있다. 예를 들어 주어인 '남자 친구'가 구겨진 편지를 '나'에게 보이기 위하여 일부러 한 것이

---

50) '-어 두다'와 '-어 놓다'의 의미 차이를 밝히는 김정남(2011)의 논문에서도 한송화(2000)의 논의를 따르고 있다.

라면 그 행동이 자신에게 어떤 목적을 달성할 수 있는 수단이 되므로 '-어 두다'가 자연스러울 수 있다.

② '-고 있다'와 '-어 있다'

이 둘은 위에서 살펴본 바와 같이 문법적 특징에 있어 공통적인 부분도 있지만 다른 점도 있다. 가장 특징적인 것은 결합할 수 있는 동사의 종류가 다르다는 것이다. 주어 제약을 비롯한 문법적인 차이에 대하여 하나씩 살펴보도록 하겠다.

우선 주어 자리에 오는 명사들의 특징에 대해서 알아보겠다. '-고 있다'는 주로 사람 또는 동물과 같은 유정물 주어와 주로 함께 쓰지만 '-어 있다'에는 특별한 제약이 없다.

(13) 주어 제약

　　가. 형은 무거운 가방을 들고 있고, 나는 가벼운 가방을 들고 있다.
　　나. 강아지는 옷을 입고 신발을 신고 있었다.
　　다. 나는 30분 전에 이미 약속 장소에 가 있었다.
　　라. 꽃이 길가에 피어 있다.

위의 예문 (13가, 나)는 '-고 있다'의 주어 자리에 각각 사람과 동물이 온 것을 보이고 있다. 즉 '-고 있다'의 주어로 무정물이 올 수 없다. 반면 (13다, 라)에서는 '-어 있다'의 주어에 사람인 '나'와 무정물인 '꽃'이 올 수 있다.

다음으로 '-고 있다'는 주로 '입다', '신다', '쓰다', '걸치다'와 같은 착용 동사나 '감다', '들다', '메다' 등과 같이 신체를 이용한 동작을 나타내는 특정 동사와 결합한다. 그러나 '-어 있다'는 주로 목적어를 요구하지 않는 자동사나 피동사와 결합한다.

(14) 선행 동사의 종류

　　가. 오빠는 모자를 쓰고 셔츠를 입고 신발을 신고 있다.

나. 텔레비전이 <u>켜져 있다</u>.

나'. *눈을 <u>감아 있다</u>.

(14가)를 보면 '쓰다', '입다', '신다'와 같은 착용 동사와 '-고 있다'가 결합하여 각각 모자를 쓰고, 셔츠를 입고, 신발을 신은 후의 결과 상태를 나타내고 있다. (14나)는 피동사 '켜지다'에 '-어 있다'가 결합되어 어떠한 결과 상태를 나타내고 있다. 그러나 타동사인 '감다'와 '-어 있다'의 결합은 어색함을 알 수 있다.

성취 표현

 들어가는 말

이 장에서는 이른바 '성취 표현'으로 묶일 수 있는 2개의 문형을 다룬다. 이 문형은 모두 동작주가 어떤 행위를 함으로써 목표를 달성하거나 무엇을 성취함을 나타낸다는 점에서 함께 비교될 수 있다. 이들은 완료의 의미를 포함한다는 점에서 상적인 의미가 있는 동시에 서술되는 사태에 대한 화자의 태도를 드러낸다는 점에서 양태적 의미를 나타낼 수 있다. 여기에서는 이러한 의미적 특징을 중심으로 하고 문법적, 담화적 특징을 아울러 살펴봄으로써 이 두 문형을 비교해 보도록 한다.

〈표 112〉 성취 표현의 목록

-고 말다 -어 내다

 현행 교재 출현 현황

이 장에서 다루는 성취 표현의 출현 현황을 현행 주요 5종 교재에서 살펴본 결과, '-고 말다'는 주로 중급에 제시되어 있었고 '-어 내다'는 고급에 제시되어 있었다.[51] 세부적인 급수는 교재에 따라 다르지만 대체적인 현행 교재 출현

---

51) 일부 교재의 경우 '-고 말다'는 중급에서 먼저 제시된 이후 고급에서 다시 제시되기도 하였다.

현황을 숙달도별로 나타내면 다음과 같다.

〈표 113〉 성취 표현의 현행 교재 출현 현황

초급	중급	고급
	-고 말다	
		-어 내다

 3 문형 간 비교

3.1. 공통점

이 장에서 다루는 2개의 대상 문형은 모두 무엇을 성취함을 나타낸다는 공통점이 있다. 아래 (1가)의 예문에서 보이는 바와 같이 이들 문형은 모두 서술된 사태, 즉 '진실을 밝히다'가 동작주가 성취하고자 하는 목표임을 나타내는 역할을 하고 있다.

(1) 가. 저는 반드시 진실을 밝히고 말겠습니다/밝혀 내겠습니다!

이러한 의미 · 기능적 공통점은 이들 문형이 일부 문법적 특징을 공유할 수 있도록 하기도 한다. 즉 이들 문형은 공통적으로 다음과 같은 문법적 특징이 있다.

첫째, 이들은 모두 동작주가 의지를 가지고 무엇을 성취함을 나타내므로 유정성이 있는 주어와 주로 공기한다. 다음 예문에서 유정성이 있는 주어 '나'가 쓰인 (2가)와 달리 유정성이 없는 주어 '날씨'가 쓰인 (2나)의 경우 다른 의미로 해석되거나 비문이 되는 것을 알 수 있다.

(2) 주어 제약

　　가. 나는 반드시 과거의 명성을 (되찾고 말겠다/되찾아 내겠다).
　　나. 오후 들어 날씨가 (^{??}맑아지고 말겠다/*맑아져 내겠다).

　둘째, 이 문형은 어떠한 행위의 성취를 의미하기 때문에 주로 동사와 결합한
다는 특징이 있다. 형용사는 일반적으로 동작성을 가지지 못하기 때문에 이들
문형 앞에 결합하기 어렵다. 동사가 결합된 예문 (3가)와 형용사가 결합된 예
문 (3나)를 비교해 보면 이러한 사실을 알 수 있다.

(3) 선행 용언 제약

　　가. 김 형사는 끈질긴 수사 끝에 진실을 (밝히고야 말았다/밝혀 냈다).
　　나. 마침내 비가 그치고 날씨가 (*맑고 말았다/*맑아 냈다).

　셋째, 이 문형과 선행 용언 사이에는 어떠한 선어말어미도 결합되기 어렵
다. 이들 문형은 모두 보조적 연결어미와 보조용언이 포함된 구성으로 이루어
져 있는데, 보조적 연결어미 앞에는 선어말어미가 오기 어려운 것이 일반적이
다. 그러나 '-고 말다'의 경우, 형태가 유사한 '-고말고'의 앞에는 선어말어미
가 올 수 있다는 사실과 다르므로 이 점을 짚어 줌으로써 학습자가 느낄 혼란
을 미연에 방지해 줄 수 있다.

(4) 선어말어미 개재 불가

　　가. *나는 마침내 학위를 (받았어/받겠어) 냈다.
　　나. *나는 마침내 학위를 (받았고/받겠고) 말았다.
　　다. 나는 마침내 학위를 받았고말고.

3.2. 차이점

　'-어 내다'는 어려운 일을 스스로의 노력이나 힘으로 끝내 성취함을 나타내

는데 과거에 성취했음을 나타낼 수도 있고 앞으로 성취하고자 하는 의지를 나타낼 수도 있다. 반면에 '-고 말다'는 이루기 쉽지 않은 어떤 일을 이루고자 하는 화자의 의지를 나타낼 때 주로 쓰이며 과거의 성취를 나타낼 때는 잘 쓰지 않는다는 차이가 있다.

(5) 시제에 따른 의미상 차이

    가. 우리 선수단은 기필코 동메달을 <u>따고 말겠습니다</u>.
    나. 우리 선수단은 기필코 동메달을 <u>따 내겠습니다</u>.
    다. 우리 선수단은 동메달을 <u>따고 말았습니다</u>.
    라. 우리 선수단은 동메달을 <u>따 냈습니다</u>.

  위의 예문을 비교해 보면 '-고 말다'와 '-어 내다'의 이러한 차이를 알 수 있다. 미래 시제로 쓰인 (5가, 나)에서 모두 동메달을 따는 일은 앞으로 성취해야 할 목표로 설정되어 있고 그것을 성취하겠다는 강한 의지를 나타내고 있다. 이러한 의미로 사용될 때는 '-고 말다'와 '-어 내다' 사이에 큰 의미의 차이가 없다. 그러나 과거 시제로 쓰인 (5다, 라)는 의미 해석이 달라진다. (5다)에서는 동메달을 딴 것이 기대에 못 미치는 성과인 것으로 해석되는 것이 가능한 반면에 (5라)에서는 동메달을 딴 것이 좋은 성과임이 표현되어 있는 것이다. 만일 (5다)를 '우리 선수단은 동메달을 따내고야 말았습니다.'와 같이 고치면 위에서 언급한 (5다) 해석의 중의성은 해소되고 성취의 의미가 분명해진다. 따라서 '-고 말다'가 성취 표현으로 쓰일 때는 주로 화자나 동작주의 의지를 나타내며 미래 시제로 사용되는 것이 자연스러움을 알 수 있다.
  한편 '-어 내다'는 '-고 말다'에 비해 결합 가능한 동사가 제한적이며 특히 '-되다', '받다' 등과 같이 피동적 의미를 나타내는 동사와 결합하면 부자연스럽거나 다른 의미를 함축하게 된다는 점에서 '-고 말다'와 다르다.

(6) 선행 용언에 따른 의미상 차이

    가. *나는 챔피언이 <u>되어 내겠다</u>.

나. 나는 챔피언이 되고 말겠다.

다. 나는 무슨 수를 써서라도 장학금을 받아 내겠다.

라. 나는 열심히 공부해서 장학금을 받고 말겠다.

우선 (6가)와 (6나)를 비교해 보면, '되다'가 '-고 말다'와 결합한 (6나)는 자연스러운 반면 '-어 내다'와 결합한 (6가)는 비문으로 해석되는 것을 알 수 있다. 또한 (6다)와 (6라)를 비교해 보면, 상호 의미가 다소 다르게 해석되는 것을 알 수 있다. (6다)는 자격이 안 되는데도 불구하고 부당한 방법을 쓰거나 억지로 장학금을 받겠다는 동작주의 의지를 나타내는 반면 (6라)는 열심히 노력해서 장학금을 받을 만한 자격을 획득하겠다는 동작주의 의지를 나타내는 것으로 해석되는 것이 자연스럽다. 따라서 '-어 내다'가 피동적 의미를 나타내는 동사와 결합하여 이러한 의미를 나타낼 수 있음을 알고, 사용할 때 이 점을 주의할 수 있도록 해야 할 필요가 있다.

속성 판단 표현

 들어가는 말

이 장에서는 이른바 '속성 판단 표현'으로 묶일 수 있는 3개의 문형을 다룬다. 이 문형은 모두 대상의 속성이나 상태에 대한 화자의 판단을 나타낼 때 쓴다는 점에서 의미·기능상 공통점이 있다. 이처럼 의미·기능이 유사한 서로 다른 형태의 경우 상호 차이를 변별하여 교수할 필요성이 매우 크다. 따라서 이 장에서는 의미·기능 중심 접근으로서 서로 유사한 '속성 판단'의 의미·기능을 나타내는 문형을 다루기로 한다.

〈표 114〉 속성 판단 표현의 목록

-은/는 편이다
-은/는 축에 들다
-은/는 감이 있다

 현행 교재 출현 현황

이 장에서 다루는 위의 속성 판단 표현의 출현 현황을 현행 주요 5종 교재에서 살펴본 결과, 이들은 초급 후반에서부터 중급, 고급 교재에까지 걸쳐 제시되어 있음을 알 수 있다. 세부적인 급수는 교재에 따라 다르지만 대체적인 현행 교재 출현 현황을 숙달도별로 나타내면 다음과 같다.

〈표 115〉속성 판단 표현의 현행 교재 출현 현황

초급	중급	고급
–은/는 편이다		
	–은/는 축에 들다	
		–은/는 감이 있다

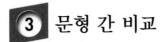

③ 문형 간 비교

3.1. 공통점

◉ 3.1.1. 의미적 특성

이 장에서 다루는 3개의 대상 문형은 모두 대상의 속성이나 상태에 대한 화자의 판단을 나타낼 때 쓴다는 공통분모 위에 있다. 아래 (1가)의 예문에서 보이는 바와 같이 서로 다른 3개의 문형은 모두 '오늘은 날씨가 덥다.'와 같이 속성이나 상태를 나타내는 명제와 결합하여 해당 속성이나 상태에 대하여 화자가 그 명제와 같이 판단을 내리고 있음을 나타내는 역할을 하는 것이다. 이러한 의미·기능상 공통점은 이들 각 문형을 그 상이한 형태에도 불구하고 의사소통적 관점에서 '속성 판단 표현'이라는 하나의 범주로 묶을 수 있도록 한다.

(1) 가. 오늘은 날씨가 (더운 편이에요/더운 축에 들어요/더운 감이 있어요).

◉ 3.1.2. 문법적 특성

위와 같은 의미·기능적 공통점은 이들 문형이 일부 문법적 특징을 공유할 수 있도록 하기도 한다. 즉 이들 문형은 공통적으로 다음과 같은 문법적 특징이 있다.

첫째, 이들은 모두 대상의 속성이나 상태에 대하여 진술할 수 있는 의미가 있는 용언과 결합하기 때문에 주로 형용사와 결합할 때 자연스러우며 동사의 경우 일반적으로 결합이 어렵다는 특징이 있다. 형용사가 쓰인 예문 (2가~다)는 정문인 반면 동사가 쓰인 예문 (2라~바)는 비문이 되는 것에서 이러한 사실을 확인할 수 있다.

(2) 선행 용언 제약

　　가. 오늘은 날씨가 <u>추운 편이에요</u>.

　　나. 오늘은 날씨가 <u>추운 축에 들어요</u>.

　　다. 오늘은 날씨가 <u>추운 감이 있어요</u>.

　　라. *오늘은 비가 <u>오는 편이에요</u>.

　　마. *오늘은 비가 <u>오는 축에 들어요</u>.

　　바. *오늘은 비가 <u>오는 감이 있어요</u>.

그런데 동사의 경우에도 '정도의 어떠함'을 표현해 주는 부사를 동반한 경우에는 이들 문형과의 결합이 가능하다. 이는 다음 예문에서 확인되는 바와 같다.

(3) 정도 부사와 공기할 때 동사 결합 가능

　　가. 오늘은 비가 많이 <u>오는 편이에요</u>.

　　나. 오늘은 비가 많이 <u>오는 축에 들어요</u>.

　　다. 오늘은 비가 너무 많이 <u>오는 감이 있어요</u>.

둘째, 이 속성 판단 표현은 모두 해당 문법 항목이 선행 용언과 결합할 때 그 사이에 시제를 나타내는 선어말어미 '-었-'과 '-겠-'이 개재될 수 없다는 선어말어미 제약이 있다. 이는 이들 문형이 형태적으로 선어말어미와 결합이 불가능한 관형사형 어미 '-은/는'을 포함하고 있기 때문이다. 이는 (4가, 나)를 통해 확인해 볼 수 있다.

(4) 시제 선어말어미 제약

　가. *오늘은 날씨가 더웠는 (편이에요/축에 들어요/감이 있어요).
　다. *오늘은 날씨가 덥겠는 (편이에요/축에 들어요/감이 있어요).

　셋째, 이들 문형은 공통적으로 결합 가능한 종결어미가 제한적이며 특히 (5가, 나)에서 보이는 것과 같이 청유형, 명령형 종결어미와는 결합하지 못한다. 즉 문장 유형에 대한 제약이 있다. 이는 대상의 속성이나 상태에 대해 화자가 '판단'을 내리는 해당 문형의 의사소통적 기능이 명령이나 청유의 서법과 어울릴 수 없기 때문인 것으로 보인다.

(5) 문장 유형 제약

　가. *오늘은 날씨가 더운 (편입시다/축에 듭시다/감이 있읍시다).
　나. *오늘은 날씨가 더운 (편이십시오/축에 드십시오/감이 있으십시오).

　한편, 이러한 속성 판단 표현은 담화적 측면에서 역시 공통점이 있다. 이는 공손성과 관련된 것으로서, 이들 문형은 모두 대상의 속성에 대한 화자의 판단의 뜻을 담고 있으므로 윗사람에게 쓰면 무례하게 받아들여질 수 있다. 대화 상대방에 대해서 말할 때는 그 사람이 어떠한 사람이라고 평가하는 의미를 담게 되기 때문이다.

(6) 담화 맥락에 따른 공통점

　가. ??선생님, 선생님은 무척 훌륭하신 (편이에요/축에 들어요/감이 있어요).

3.2. 차이점

◉ 3.2.1. 의미상 차이

속성 판단 표현의 의미 차이는 화자의 주관적 판단이 개입되는 정도에 따른 차이에 기인한다. 이러한 의미 기준에 따르면, '-은/는 편이다'와 '-은/는 축에 들다'는 주로 대립되는 두 가지 속성 중에서 어느 쪽에 더 가까운지를 나타내면서 그 속성이 어느 정도 있는지를 나타낸다는 점에서 거의 의미의 차이 없이 바꿔 쓸 수 있다. 이에 비해 '-은/는 감이 있다'는 주로 대상의 속성의 어떠함에 대한 객관적 진술보다는 화자의 주관적인 평가나 판단이 개입되어 있다는 느낌을 준다. '-은/는 감이 있다'에서 '감(感)'은 '주관적인 느낌'을 의미하며, 이에 따라 '-은/는 감이 있다'는 주로 대상의 속성의 어떠함에 대한 객관적 진술보다는 화자의 주관적인 평가나 판단이 개입되어 있다는 느낌을 준다. 따라서 상태나 속성의 정도가 대체로 어떠하다는 화자의 주관적인 의견을 완곡하게 나타낼 때 주로 사용되는 경향이 있다.

이러한 차이는 아래 예문 (7가, 나)의 비교를 통해 확인해 볼 수 있다. (7가)에서 '그 남자는 키가 좀 작다'는 판단은 화자의 주관적인 생각을 표현하는 것이므로 '-은/는 편이다', '-은/는 축에 들다'와 마찬가지로 '-은/는 감이 있다' 역시 적절하게 받아들여진다. 반면에 (7나)에서는 '그 남자의 키는 180cm이다'는 객관적 정보가 주어져 있고 이에 근거한 판단을 내리는 상황이므로 '-은/는 감이 있다'는 어색하게 느껴지는 것이다.

(7) 가: 그 남자는 키가 좀 작은 (편이더라/축에 들더라/감이 있더라).

　　나: 아니야. 180cm라던데 그 정도면 오히려 큰 (편이지/축에 들지/*감이 있지).

◉ 3.2.2. 문법적 차이

속성 판단 표현 문형의 문법적 특징을 요약하면 아래 표와 같다.

〈표 116〉 속성 판단 표현의 문법적 특징

문법 항목	주어 제약	선행 용언 제약	선어말 어미 제약	시제 제약	문장 유형 제약
-은/는 편이다	X	O	O	X	O
-은/는 축에 들다	X	O	O	X	O
-은/는 감이 있다	X	O	O	X	O

위의 표에서는 각 문형의 문법적 특징을 주어 제약, 선행 용언 제약, 선어말 어미 제약, 시제 제약, 그리고 문장 유형 제약으로 구분하여 나타냈다. 어떤 문형의 문법적 특징에 대하여 기술할 때에는 해당 문형이 문장의 어떤 부분에 분포하는지를 우선적으로 고려하여야 한다. 여기에서 다루고 있는 속성 판단 표현 문형은 대부분 문장의 술부에 나타나는 것으로서, 위와 같은 기준과 관련된 제약을 살펴봄으로써 그 문법적 특징들에 대한 차이를 변별할 수 있다. 각각에 대한 설명은 다음과 같다.

우선 '주어 제약'이라 함은 해당 문형이 사용된 문장의 주어에 대한 제약을 뜻한다. 예를 들어 명령형 종결어미들은 주로 주어 없이 사용되거나 2인칭 주어와 함께 사용되어야 하는데, 이렇게 볼 때 명령형 종결어미는 주어 제약이 있다고 할 수 있다. 이 장에서 다루고 있는 속성 판단 문형은 공통적으로 주어 제약이 없다는 특성이 있다.

둘째, 선행 용언 제약과 선어말어미 제약은 해당 문형의 앞에서 해당 문형과 결합하는 용언의 어간과 선어말어미에 대한 제약을 각각 가리킨다. 예컨대 '날씨가 더운 편이었습니다.'와 같은 문장에서 속성에 대한 판단을 나타내는 문형 '-은/는 편이다' 앞에는 용언 '덥다'가 결합되어 있으며 선어말어미 자리는 비어 있다. 이 경우 선행 용언 제약은 '덥다'와 같이 해당 문형의 어간 자리에 위치하는 용언의 품사에 대한 제약을, 선어말어미 제약은 선행 용언과 해당 문형 사이에 위치하는 것이 가능하거나 불가능한 선어말어미에 대한 제약을 나타내는 것이다.

셋째, 시제 제약과 문장 유형 제약은 모두 해당 문형의 뒤에서 해당 문형과 결합하는 형태들에 관련된 것이다. 예를 들어 '날씨가 더운 편이었습니다.'와 같은 문장에서 문형 '-은/는 편이다' 뒤에는 선어말어미 '-었-'과 종결어미 '-습니다'가 차례로 결합되어 있다. 이때 '-었-'과 같이 시제를 나타내는 선어말어미의 출현과 관련된 제약을 시제 제약, '-습니다'와 같이 문장 유형을 결정짓는 어말어미의 종류와 관련된 제약을 문장 유형 제약이라고 할 수 있다.

이제까지 기술한 바를 '-은/는 편이다'의 예를 통하여 도표로 정리해 보면 다음과 같다.

〈표 117〉 각 문법 제약에 관여하는 성분 및 형태의 예시

날씨가	더우-	Ø	-ㄴ 편이-	-었-	-습니다
주어	선행 용언	선어말어미	해당 문형	시제	문장 유형

이상과 같은 기준으로 속성 판단 표현의 문법적 특징을 살펴본 결과, 위의 〈표 116〉에 보이는 바와 같이 이들 세 가지 문형은 다섯 가지 문법적 제약에 있어서 특징이 동일한 것으로 보인다. 따라서 이들은 통사적 결합 관계의 측면에서는 모두 동일한 속성을 보인다고 할 수 있다. 그러나 형태적 측면, 그리고 주로 공기하는 부사어에 있어 차이점을 발견할 수 있다.

먼저 형태적 측면에서의 차이는 이들 문형이 용언이 아닌 명사를 선행어로 취할 때 나타난다. '-은/는 편이다'와 '-은/는 축에 들다'는 정도성이 있는 명사를 선행어로 취할 수도 있는데, 이때 '-은/는 편이다'는 '명사+인 편이다'의 꼴이 되고 '-은/는 축에 들다'는 '명사+축에 들다'의 꼴이 되는 것이 자연스럽다는 점에서 상이하다. 이러한 차이는 다음 예문 (8)에서 확인해 볼 수 있다. 한편, 이들과는 달리 '-은/는 감이 있다'는 명사와 결합하면 어색하다.

(8) 명사와 결합할 때 형태의 차이

    가. 신혜는 <u>부자인 편이다</u>.

    나. 신혜는 <u>부자 축에 든다</u>.

    다. ^{??}신혜는 <u>부자인 감이 있다</u>.

  다음으로 이들 문형이 주로 공기하는 부사어에 있어서 차이가 있는데, 이는 어휘적 차이로 볼 수 있다. 속성 판단 표현 문형은 모두 대상의 속성을 묘사할 때 사용되므로 특히 부사어와 공기할 때가 많다. 이때 '-은/는 편이다'와 '-은/는 축에 들다'는 대부분의 정도 부사와 공기가 자연스럽다. 반면에 '-은/는 감이 있다'는 '너무', '지나치게' 등과 같이 화자의 주관적인 판단의 의미가 내포된 부사어를 필요로 할 때가 많다는 점에서 구별된다. 이러한 차이는 예문 (9)에서 확인된다.

(9) 공기하는 부사어에 있어서의 어휘적 차이

    가. 신혜는 밥을 많이 <u>먹는</u> (편이다/축에 든다/[?]감이 있다).

    나. 신혜는 밥을 지나치게 많이 <u>먹는</u> (편이다/축에 든다/감이 있다).

◉ 3.2.3. 담화적 차이

  속성 판단 표현의 담화적 차이는 주로 사용되거나 사용되기 어려운 특정 장르 및 사용역에 있어서의 차이를 포함한다. 이러한 점에서 '-은/는 감이 있다'는 다른 두 문형 '-은/는 편이다', '-은/는 축에 들다'와 구분된다. 즉 '-은/는 감이 있다'는 주관적인 평가의 의미를 포함하기 때문에 정확성과 객관성을 중요시하는 전문적 · 학술적 · 공식적 맥락에서는 잘 사용되기 어렵다는 장르적 특성을 보인다. 이러한 차이는 아래 (10)에서 확인될 수 있다.

(10) 장르에 있어서의 차이

    가. (보고서에서) 올해 여름은 유난히 <u>더운 편이다</u>.

나. (보고서에서) 올해 여름은 유난히 <u>더운 축에 든다</u>.

다. (보고서에서) ??올해 여름은 유난히 <u>더운 감이 있다</u>.

안타까움 표현

1 들어가는 말

이 장에서는 이른바 '안타까움 표현'으로 묶일 수 있는 2개의 문형을 다룬다. 이 문형은 모두 서술된 사태에 대해 안타깝게 여기는 동작주나 화자의 감정을 나타낼 때 쓴다는 점에서 의미·기능상 공통점이 있다. '-고 말다'는 경우에 따라 '성취'를 나타내기도 하고 '-어 버리다'는 '후련함'을 나타내는 용법도 있지만 여기에서는 '안타까움'을 나타낼 때 이 두 문형의 공통점과 차이점에 대하여 다루기로 한다.

〈표 118〉 안타까움 표현의 목록

-고 말다 -어 버리다

2 현행 교재 출현 현황

이 장에서 다루는 위의 안타까움 표현의 출현 현황을 현행 주요 5종 교재에서 살펴본 결과, '-고 말다'와 '-어 버리다'는 모두 중급에서 제시되어 있었다.[52] 세부적인 급수는 교재에 따라 다르지만 대체적인 현행 교재 출현 현황을 숙달도별로 나타내면 다음과 같다.

---

52) 일부 교재의 경우 '-고 말다'는 중급에서 먼저 제시된 이후 고급에서 다시 제시되기도 하였다.

<표 119> 안타까움 표현의 현행 교재 출현 현황

초급	중급	고급
	-고 말다	
	-어 버리다	

③ 문형 간 비교

3.1. 공통점

◎ 3.1.1. 의미적 특징

이 장에서 다루는 2개의 대상 문형은 모두 화자나 동작주의 안타까운 감정을 나타낸다는 공통점이 있다. 아래 (1가)의 예문에서 보이는 바와 같이 이들 문형은 모두 서술된 사태, 즉 '경기에 지다'에 대해서 화자가 느끼는 감정이 '안타까움'이라는 점을 나타내는 역할을 하고 있다.

(1) 가. 우리 팀은 최선을 다했지만 경기에 (지고 말았다/져 버렸다).

◎ 3.1.2. 문법적 특성

이러한 의미 · 기능적 공통점은 이들 문형이 일부 문법적 특징을 공유할 수 있도록 하기도 한다. 즉 이들 문형은 공통적으로 다음과 같은 문법적 특징이 있다.

첫째, 이들은 모두 완료된 사태에 대한 감정을 나타내는 것이므로 주로 동사와 결합한다. 대부분의 형용사는 끝점을 가지지 않는 상태나 속성을 서술하기 때문에 '-고 말다'나 '-어 버리다'의 이러한 의미와 어울리기 어렵다. 또한 서술된 사태에 대하여 화자나 동작주가 느끼는 감정이 '안타까움'이므로 주로 부정적인 의미의 동사와 잘 결합하는 특성이 있다.

(2) 선행 용언 제약

　　가. 야외 행사를 하는데 비가 (오고 말았다/비가 와 버렸다).

　　나. *야외 행사를 하는데 날씨가 (춥고 말았다/추워 버렸다).

　　다. 그는 시험에 (떨어지고 말았다/떨어져 버렸다).

　　라. ??그는 시험에 (합격하고 말았다/합격해 버렸다).

　위의 예문 (2가, 나)를 비교해 보면 '-고 말다'와 '-어 버리다' 앞에 동사의 결합은 자연스러우나 형용사가 결합하면 비문이 됨을 알 수 있다. 또한 (2다, 라)를 통해서 '시험에 떨어지다'라는 비극적인 사태에 대해서는 '-고 말다'와 '-어 버리다'의 결합이 자연스러운 반면에 '시험에 합격하다'라는 긍정적인 사태와 이들 문형이 결합하는 경우 자연스러운 정도가 다소 떨어지는 것을 알 수 있다. (2라)의 경우 아주 비문으로 여겨지는 것은 아니지만 적어도 '그가 시험에 합격하다'라는 사태에 대해서 화자가 원하지 않았거나 예상하지 않았던 일이라는 의미를 함축하게 된다.

　둘째, 이 문형과 선행 용언 사이에는 어떠한 선어말어미도 결합되기 어렵다. 이들 문형은 모두 보조적 연결어미와 보조용언이 포함된 구성으로 이루어져 있는데, 보조적 연결어미 앞에는 선어말어미가 오기 어려운 것이 일반적이다. 그러나 '-고 말다'의 경우, 형태가 유사한 '-고말고'의 앞에는 선어말어미가 올 수 있다는 사실과 다르므로 이 점을 짚어 줌으로써 학습자가 느낄 혼란을 미연에 방지해 줄 수 있다.

(3) 선어말어미 개재 불가

　　가. *그는 시험에 (떨어졌어 버렸다/떨어졌고 말았다).

　　나. 그는 시험에 떨어졌고말고.

3.2. 차이점

◉ 3.2.1. 의미상 차이

앞의 예문 (1)에서와 같이 '-어 버리다'와 '-고 말다'가 안타까운 감정을 나타낼 때는 서로의 의미가 매우 유사하여 별다른 제약 없이 바꿔 쓸 수 있다. 그런데 '-어 버리다'는 '-고 말다'와 달리 안타까움과는 반대로 후련한 감정을 나타낼 때도 있다. 따라서 어떤 행동이 끝남에 따라 화자나 동작주가 후련한 감정을 느끼게 되는 상황에서는 '-어 버리다'를 사용하는 것이 자연스럽다. 이는 아래 예문과 같다.

(4) 가. 그동안 미뤄 뒀던 청소를 다 <u>끝내 버렸다</u>.
　　나. ??그동안 미뤄 뒀던 청소를 다 <u>끝내고 말았다</u>.

◉ 3.2.2. 문법적 차이

'-고 말다'와 '-어 버리다' 사이에는 이러한 의미 차이 외에 문법적 차이도 존재한다. '-고 말다'는 명령문이나 청유문에서는 사용되기 어렵다는 제약이 있지만 '-어 버리다'에는 이러한 제약이 없다.

(5) 가. 확 (<u>죽어 버려라</u>/??<u>죽고 말아라</u>). (명령문)
　　나. 확 (<u>죽어 버리자</u>/??<u>죽고 말자</u>). (청유문)

위의 예문을 보면, '-어 버리다'는 명령문과 청유문으로 모두 사용될 수 있지만 '-고 말다'는 명령문이나 청유문에서 사용되기 어렵다는 것을 알 수 있다. 이러한 차이는 '-고 말다'는 주로 과거에 일어난 일에 대한 안타까움을 나타낼 때 사용된다는 점에서 비롯된 것으로 보인다. '-어 버리다'와는 달리 '-고 말다'는 일어나지 않았으면 좋았을 어떤 일이 끝내 일어났음을 나타내면서 동시에 그 일이 일어난 것에 대한 안타까운 마음을 드러낼 때 주로 쓰인다. 따라서 몇몇 예외적인 경우를 제외하고는 과거의 사태를 표현하는 것이 보통이며, 이에 따라 명령문이나 청유문에서 사용되는 것에도 제약을 받는 것이다.

알려 주기 표현

 들어가는 말

상대방에게 어떤 내용을 알려 줄 때 사용하는 종결 형태에는 '–거든(요)', '–잖아(요)', '–더라', '–더라고(요)', '–는단다', '–는답니다' 등이 있다. 물론 평서문으로서 '–습니다', '–아/어요'와 같은 종결어미를 비롯하여 많은 종결 형태가 '진술'의 기능을 수행하면서 청자에게 어떠한 내용을 기본적으로 '설명'을 하거나 '알려 주는' 경우가 많다. 그러나 아래에서 알아볼 '–거든(요)', '–잖아(요)', '–더라', '–더라고(요)', '–는단다', '–는답니다'는 결과적으로 볼 때 '알려 주기'의 기능을 수행하고 있으나 화자가 상대방의 인식의 상태에 대해 생각하고 있는 양상과 알려 줄 내용을 얻은 출처 등에서 차이가 있다. 각각의 형태들의 의미적, 담화적인 특성을 면밀히 살펴봄으로써 이들의 공통점과 차이점에 대하여 알아보도록 하겠다. 단, 여기에서 '–더라'와 '–더라고(요)', '–는단다'와 '–는답니다'는 서로 대화 참여자들 간의 관계 차이만 있는 것으로 보아 한꺼번에 다루기로 한다. 총 네 가지 문법 항목 '–거든(요)', '–잖아(요)', '–더라고(요)', '–는답니다'를 비교하도록 한다.

〈표 120〉 알려 주기 표현의 목록

–거든(요)
–잖아(요)
–더라고(요)(–더라)
–는답니다(–는단다)

② 현행 교재 출현 현황

아래의 〈표 121〉을 보면 '-거든(요)'와 '-잖아(요)'는 초급과 중급에 걸쳐 제시되고 있다. 한편 '-더라고(요)'는 보통 중급에서 제시되고 있으나 연세대 교재에서는 5급에서도 제시되고 있었다. 한편 '-는답니다'는 한 교재를 제외하고 다른 교재에서는 출현하지 않았다. 이와 같이 이 형태들 모두 중급에서 집중적으로 제시되고 있는 것을 알 수 있는데 이는 학습자에게 혼란을 줄 수 있다. 따라서 이들의 차이를 알고 어떤 상황에서 선호되는지 파악하여 놓는 것이 필요하겠다.

〈표 121〉 알려 주기 표현의 현행 교재 출현 현황

초급	중급	고급
	-거든(요)	
	-잖아(요)	
	-는답니다	
	-더라고(요)	

'-거든(요)'와 '-잖아(요)'는 빈도도 높고 교재의 중복도도 높다. 또한 이유를 말할 때 즐겨 사용되는 형태이다. 이유를 말하는 상황은 실제 발화 상황에서도 많이 나타나는 맥락 중 하나이다. 따라서 앞부분에 나타나는 것이 바람직하다고 생각된다. 그러나 사실 '이유'를 말하는 표현은 연결어미나 여러 연결 구성 표현을 통해서도 말할 수 있다. 따라서 기본적인 이유 표현으로서 초급에서 좀 더 단순하고 쉬운 형태를 먼저 배운 후에 이들을 대체할 수 있으며 화자의 의도를 좀 더 잘 드러낼 수 있는 형태로서 '-거든(요)'와 '-잖아(요)'를 배우는 것이 좋겠다. 그리고 '-거든(요)'와 '-잖아(요)'는 상호 보완적인 특징이 있으므로 중급의 비슷한 시기에 제시되어야 할 것이다. 이들을 비교하면서 배우는 것이 학습자들에게는 더 효과적이기 때문이다. 다음으로 '-더라고(요)'가 제시

되어야 할 것으로 보인다. '-더라고(요)' 또한 이유를 말할 때 사용되며 자신의 경험을 청자에게 알려 줄 때 흔히 사용되는 형태이다. '-거든(요)', '-잖아(요)' 보다는 빈도가 낮으므로 이 형태들을 배운 후에 제시되는 것이 자연스럽겠다. 마지막으로 '-는답니다'가 제시되는 것이 적절한 것으로 보인다. '-는답니다'의 의미 또는 문법적 복잡도는 높지 않으나 사용되는 상황이 제한적이고 그만큼 빈도도 낮기 때문이다.

③ 문형 간 비교

3.1. 공통점

이들 형태는 모두 화자가 청자에게 해당 명제의 내용을 알려 줄 때 사용된다는 점에서 공통적이다. 화자는 획득한 정보에 대하여 청자에게 알려 주는 상황이다.

(1) 가. 저는 항상 고기를 많이 사요. 가족들이 고기를 정말 좋아하거든요.
　　나. 커피를 또 마셔요? 아까 마셨잖아요.
　　다. 신혜가 요리를 정말 잘하더라고요.
　　라. 요즘은 통이 넓은 바지가 유행이랍니다.

위의 예문 (1)이 사용되는 상황을 보면 공통적으로 어떠한 정보를 알려 주는 경우에 사용됨을 알 수 있다. 물론 (1가)에서의 '-거든(요)'의 기능은 앞선 발화에 대한 '이유'를 말하는 것으로 보인다. 그러나 기본적인 의미는 상대방이 모르는 내용을 알려 주는 것이다.

한편 이들의 담화적 특징에서 어느 정도 공유하고 있는 부분은 이 형태들이 모두 구어에서 활발히 사용되며 비격식적인 상황에서 선호된다는 점이다. 따라서 격식적인 상황에서 윗사람에게 사용하는 경우가 드물며 주의가 필요하다.

3.2. 차이점

◉ 3.2.1. 문법적 차이

이들의 문법적 특징을 통해 차이점을 살펴보도록 하겠다. '-거든(요)', '-는답니다', '-잖아(요)'는 선어말어미 제약에 있어 '-겠-' 결합이 어색하다는 점이외에는 별다른 제약이 없다. 그러나 '-더라고(요)'는 주어 제약, 선행 용언 제약이 있으며 다른 세 형태보다 조금 더 복잡한 것이 특징이다. 이들의 제약여부를 간략하게 정리하면 아래의 표와 같다.

〈표 122〉 알려 주기 표현의 문법적 특징

문법 항목	주어 제약	선행 용언 제약	선어말어미 제약
-거든(요)	×	×	○
-잖아(요)	×	○	○
-는답니다(-는단다)	×	×	○
-더라고(요)(-더라)	○	○	×

위의 주어 제약, 선행 용언 제약, 선어말어미 제약의 내용을 예문과 함께 아래에서 자세히 살펴보도록 하겠다.

우선 주어 사용에 있어서 '-거든(요)', '-잖아(요)', '-는답니다'는 자유롭다. '-는답니다'가 인용형인 '-는다고 하다'의 축약형으로 사용될 경우에는 1인칭 사용이 어색하지만 문법화가 진행되어 '-는다고 하다'로 환원할 수 없는 '알려 주기'의 용법으로 사용될 경우에는 1인칭 사용도 자연스럽기 때문이다. 한편 '-더라고(요)'는 주로 2인칭이나 3인칭 주어와 함께 쓰는 것이 자연스러우며 1인칭 주어를 사용할 수는 있으나 한정적인 상황에서만 사용할 수 있다.

(2) 가. 어제 새로 생긴 식당에 가 보니 주인이 <u>친절하더라고요</u>.

　　나. *내가 아침에 운동을 <u>하더라고요</u>.

　　다. (꿈에서 보니) 내가 하늘 위를 <u>날더라고요</u>.

'-더라고(요)'는 과거의 어느 시점에 '새롭게 깨닫게 된 것이나 새롭게 든 생각'을 청자에게 알려 줄 때 사용한다. 즉 '-더라고(요)' 의미의 핵심은 '새롭게 알게 된 것'에 있는데 주어가 화자, 즉 1인칭이면 자기 자신에 대한 것은 새롭게 깨달을 것이 별로 없으므로 (2나)의 예문과 같이 어색하게 된다. 그러나 새롭게 발견한 자신의 모습이나 감정에 대해서 말할 때에는 (2다)의 예문에서와 같이 1인칭 주어와 함께 쓸 수 있다. '거든(요)', '-잖아(요)', '-는답니다', '-더라고(요)'의 주어 제약과 관련한 내용을 예문으로 보이면 아래와 같다.

(3) 주어 제약

　　가. (나는/너는/언니는) 화가 나면 아예 말을 안 <u>하거든</u>.

　　나. (나는/너는/언니는) 화가 나면 아예 말을 안 <u>하잖아</u>.

　　다. (저는/당신은/언니는) 화가 나면 아예 말을 안 <u>한답니다</u>.

　　라. (*저는[53]/당신은/언니는) 화가 나면 아예 말을 안 <u>하더라고요</u>.

두 번째로 선행 용언의 제약에 대해서 살펴보도록 하겠다. 주어 인칭의 제약과 마찬가지로 '-더라고(요)'를 제외한 나머지 형태들은 선행 용언의 제약이 없다. 그러나 '-더라고(요)'는 의미상의 특징으로 인하여 주어가 1인칭일 때 선행 용언의 제약이 있다.

(4) 선행 용언 제약

　　가. 어제 저는 동생의 합격 소식을 듣고 정말 <u>기쁘더라고요</u>.

　　나. 어제 채린이가 동생의 합격 소식을 듣고 정말 (*<u>기쁘더라고요/기뻐하</u>

---

53) 이 경우에는 앞서 말한 바와 같이 새롭게 발견한 자신의 모습에 대해 말할 경우에 '나도 몰랐는데 저는 화가 나면 아예 말을 안 하더라고요.'라고 할 때에는 1인칭 주어와의 쓰임이 가능하나 그 외의 경우에는 어색하다.

더라고요).

　다. *어제 저는 학교 앞에 있는 도서관에 <u>가더라고요</u>.

　라. 어제 채린이가 학교 앞에 있는 도서관에 <u>가더라고요</u>.

　위의 예문 (4가, 다)에서 알 수 있다시피 1인칭 주어일 경우에는 감정을 나타내는 형용사와만 결합이 자연스럽다. 그러나 '-더라고(요)'의 주어가 1인칭이 아닌 경우에는 감정 형용사가 사용되는 것이 부자연스러우며 이때에는 '-어하다'를 붙여야 한다. 이는 위의 예문 (4나)를 통해 알 수 있다.

　다음으로 선어말어미와의 결합 특징을 살펴보도록 하겠다.

(5) 선어말어미 제약

　가. 어머님이 (<u>오시거든/오셨거든/*오겠거든</u>).

　나. 어머님이 (<u>오시잖아요/오셨잖아요/*오겠잖아요</u>).

　다. 어머님이 (<u>오신답니다/오셨답니다/*오겠답니다</u>).[54]

　라. 어머님이 (<u>오시더라고요/오셨더라고요/오겠더라고요</u>).

　위의 예문 (5)를 보면 '-더라고(요)'를 제외하고 '-거든(요)', '-잖아(요)', '-는답니다'는 선어말어미 '-겠-'과의 결합이 부자연스럽다. 이 세 형태가 지닌 본유의 의미 · 기능과 '-겠-'의 추측의 기능이 충돌하기 때문이다. '-거든(요)'와 '-잖아(요)', '-는답니다'는 모두 화자 자신이 비교적 확실하게 알고 있는 것을 청자에게 알려 주는 것으로 '-겠-'의 추측의 기능과 상충된다. 따라서 이들이 결합하면 어색하게 느껴지는 것이다. 그러나 '-더라고(요)'의 기능을 살펴보면 과거에 '새롭게' 알게 된 것을 청자에게 전달하듯 말할 때 쓰는 것이다. 따라서 과거의 어느 시점에서 추측한 것을 전달하듯 말할 때 '-겠-'을 사용하는 것은 자연스러울 수 있다.

---

54) 여기에서는 '-는다고 합니다'로 환원할 수 없는 문법화된 '-는답니다' 용법만을 다룬다. 인용의 '-는다고 합니다'의 준꼴로서 '-는답니다'와 '-겠-'의 결합은 자연스러우나 여기에서 말하는 용법의 문법화된 '-는답니다'와 '-겠-'의 결합은 어색하다.

◉ 3.2.2. 양태 의미상 차이

'-거든(요)', '-잖아(요)', '-는답니다', '-더라고(요)'는 모두 화자가 청자에게 명제의 내용을 알려 주고자 할 때 사용되는 종결 표현이다.

(6) 가. 은행이 학교에서 멀거든요.
　　나. 은행이 학교에서 멀잖아요.
　　다. 은행이 학교에서 멀답니다.
　　라. 은행이 학교에서 멀더라고요.

위의 예문을 통해 각 형태들의 의미를 살펴보면 (6가)에서 '-거든(요)'는 상대방이 모르고 있을 거라고 생각하는 내용을 알려 줄 때 사용한다. (6나)에서 '-잖아(요)'는 상대방이 알아야 한다고 생각하는 내용을 상대방이 몰랐을 때 사용한다. (6다)에서 '-는답니다'는 상대방이 해당 내용을 모른다고 생각하는 내용을 알려 주듯 말할 때 사용한다. (6라)에서 '-더라고(요)' 화자가 과거의 어느 시점에 새롭게 깨닫게 된 것이나 새롭게 든 생각을 청자에게 전달하듯 말할 때 사용한다. 이렇듯 모두 이 네 형태의 기본적인 화행이 '알려 주기'에 있음을 알 수 있다. 그러나 몇 가지의 측면에서 볼 때 차이점이 있는데 면밀히 살펴보도록 하겠다. 첫 번째 측면은 청자의 현재 인식 상태에 대한 화자의 생각이며, 두 번째로는 전달할 정보를 얻은 경로 및 해당 정보에 대한 책임성, 세 번째로 화자의 청자에 대한 태도이다.

① 청자의 인식 상태에 대한 화자의 생각

화자는 청자가 해당 명제의 내용을 안다고 생각하는지 아니면 모른다고 생각하는지에 따라 위 네 형태의 차이를 가를 수 있다. 우선 '-잖아(요)'는 화자가 자신이 말하는 내용을 청자가 알아야 한다고 생각하고 말할 때 사용할 수 있다. 청자가 알고 있지만 발화 당시에 잠시 잊어버렸거나 깨닫지 못했을 것이라 생각하여 그 명제 내용을 환기하기 위하여 '-잖아요'를 사용하는 것이다.

(7) 가: 언니, 내년에 아빠 환갑이잖아. 우리 선물 같이 준비하자.

나: 그래, 좋아.

위의 예문 (7)을 보면 자매가 아버지의 생신을 알아야 하는 것은 당연하므로 '가'인 동생이 언니에게 아버지의 생신을 환기하는 상황에서 '-잖아(요)'를 사용하는 장면은 자연스럽게 보인다. 반면 아래 예문 (8)에서는 화자는 자신이 말하는 내용을 청자가 모를 것이라고 생각할 때 '-거든(요)'를 사용하였다. 보통의 자매라면 아버지의 생신을 아는 것이 당연하므로 좀 부자연스럽다.

(8) 가: ??언니, 내년에 아빠 <u>환갑이거든</u>. 우리 선물 같이 준비하자.

　　나: 그래, 좋아.

또한 '-는답니다' 역시 상대방이 해당 명제의 내용을 모른다고 생각하고 말할 때 사용하는 종결 형태이다. 따라서 상대방이 안다고 생각하면서 '연정 씨, 연정 씨의 생일은 오늘이랍니다.'라고 말하는 경우에는 어색하지만 상대방이 지금 잠시 자신의 생일을 잊어버려 화자가 그 내용을 일깨워 주기 위하여 말할 경우에는 가능하다.

한편 '-더라고(요)'는 청자의 인식 상태에 대하여 화자가 상관하지 않는다. 아래 예문 (9)와 (10)을 보면 상대방이 알고 있는지의 여부에 상관없이 단지 자신이 과거에 깨달은 것을 전달하듯 말할 때 사용한다.

(9) 가: 내일 아버지 <u>생신이더라고</u>. 너 알았어?

　　나: 당연히 알았지.

(10) 가: 내일 아버지 <u>생신이더라고</u>. 우리 무슨 선물을 준비할까?

　　나: 글쎄, 뭐가 좋을까?

② 전달할 정보를 얻은 경로 및 정보에 대한 책임성

해당 명제의 정보를 언제, 어떻게 얻었는지를 살핌으로써 위 형태들의 차이를 살펴볼 수 있다. 이와 관련하여 '-거든(요)', '-잖아(요)', '-는답니다'는 관련이 별로 없으나 '-더라고(요)'는 관련이 있다. '-더라고(요)'는 '과거'에 화자가 '자신의 지각 능력'을 통해 새롭게 깨닫거나 알게 된 내용을 말할 때 사용하는 종결 표현이다 그러나 나머지 표현은 화자가 정보를 언제, 어떻게 획득하였는지에 상관없이 쓰일 수 있다. 따라서 해당 명제 내용의 출처가 어디에 있는지를 밝히지 않음으로써 오히려 '-거든(요)', '-잖아(요)', '-는답니다'는 해당 명제에 대하여 단언적으로 발언하는 듯한 느낌을 준다. 그러나 '-더라고(요)'는 자신의 과거 경험을 통한 인식에 기반하고 있음을 밝히고 있기 때문에 단언성이 조금 줄어들며 이는 발언에 대한 책임성 또한 낮아지는 효과를 가져 온다.

(11) 가. 그 식당 음식은 별로 맛이 없거든요.
    나. 그 식당 음식은 별로 맛이 없잖아요.
    다. 그 식당 음식은 별로 맛이 없답니다.
    라. 그 식당 음식은 별로 맛이 없더라고요.

위의 예문에서 (11가~다)는 '그 식당 음식이 별로 맛이 없다.'는 명제 내용에 대하여 단언적으로 이야기를 하고 있다. 그러나 (11라)는 해당 내용에 대하여 화자 '개인'의 경험에 국한시켜 말함으로써 덜 단언적이고 발언에 대한 책임성 또한 약화되는 효과를 가져오고 있다.

③ 청자에 대한 화자의 태도

화자의 청자에 대한 태도 또한 이 형태들을 특징짓는 요소라고 할 수 있는데 여기에 가장 관련되는 형태는 '-는답니다'이다. '-는답니다'는 격식체이나 청자에 대하여 조금 더 우호적인 태도일 때 사용하는 경향이 있다. 유치원에서 선생님들이 아이들을 대상으로 동화책을 읽어 주는 상황에서와 같이 다수의 사람들에게 친절한 태도로 알려 주며 말하고 싶을 때 사용되는 경향이 있다. 사실이 형태는 구어에서 주로 사용되나 구어의 특징이 있는 문어에서도 사용된다. 요즘 인터넷이 보편화되고 사람들이 개인의 이야기를 블로그나 홈페이지를 통하여 불특정 다수의 사람들에게 전달하는 경우가 많다. 특히 상품 후기나 자신의 블로그나 홈페이지를 방문하는 사람들에게 자신이 알고 있는 정보를 친절하게 전달할 때 '-는답니다'를 사용하여 말하는 경우를 많이 볼 수 있다. 예를 들면 다음과 같이 자신의 화장품 정보를 불특정 다수의 네티즌에게 친근한 태도로 알려 줄 때 '-는답니다'가 사용되는 경우를 자주 볼 수 있다.

(12) 가. 파운데이션에 이 크림을 섞어 바르면 피부가 아주 <u>촉촉해진답니다</u>.

   그러나 나머지 형태들에서는 특별히 친절한 태도의 요소가 담겨 있는 것으로 보이지는 않는다.

◉ 3.2.3. 화행 기능상 차이

   이 네 종결 표현은 서로의 화행 기능을 비교하면 더 확연한 차이를 알 수 있다. 우선 '-거든(요)'의 여러 화행 기능을 아래 예문을 통해 살펴보자.

(13) 가. A: 너희 집은 왜 오늘 하루 종일 청소해?

        B: 내일 중요한 손님이 <u>오시거든요</u>. → 근거 말하기

   나. 사실 제가 오늘 휴대 전화를 안 <u>가져왔거든요</u>. 그래서 말인데…….

        → 화제 도입

   다. A: 어머나, 규현이가 정말 잘생겼네요.

        B: 그렇죠? 규현이가 남편을 닮은 것 같아요. 남편도 젊었을 때 좀 <u>멋 있었거든요</u>. → 자랑하기

   라. A: 연정아, 이제부터 정말 너한테 잘할게. 나를 믿어 줘.

        B: <u>됐거든</u>. 우린 이미 끝났어. → 단호하게 거절하기

   '-거든(요)'는 '화제 도입, 근거 말하기, 자랑하기, 단호하게 거절하기'의 화행을 보인다. 그런데 억양의 차이가 존재한다. (13가)에서와 같이 '-거든(요)'가 근거를 말할 때 사용되면 그 말끝이 내려가는 경향을 보인다. 한편 (13라)와 같이 단호하게 거절할 때에는 말끝이 짧게 된다.

   다음으로 '-잖아(요)'의 여러 화행 기능을 예문을 통해 살펴보겠다.

(14) 가. 내가 어제 콘서트에 <u>갔잖아</u>. → 화제 도입

   나. 우리 피자 시킬까? 엄마가 피자 <u>좋아하시잖아</u>. → 근거 말하기

   다. 왜 이렇게 늦게 들어왔어요? 아이들이 엄마를 많이 <u>찾았잖아요</u>!

→ 비난하기

라. 얘는 그것도 모르니? 답은 3번이잖아. → 핀잔주기

마. 저 수학 문제는 잘 풀 수 있어요. 제가 수학과 출신이잖아요. → 강조하기

바. 민수 씨는 지금 학생이잖아요? → 확인하기

사. 아, 맞다! 지금 할아버지가 산에 계시잖아. → 깨달은 사실 드러내기

아. 아시다시피 이 집 커피가 맛있잖아요. → 동의 구하기

'-잖아(요)'는 '화제 도입, 근거 말하기, 비난하기, 핀잔주기, 강조하기, 확인하기'의 화행을 보인다. 여기에서 '-잖아(요)'가 '비난하기'의 화행으로 실현될 경우에 문말이 상승되지 않고 지속되면서 강하게 끄는 듯한 억양이 나타난다. '-거든(요)'와 '화제 도입, 근거 말하기'의 화행을 공유하나 다른 화행 기능은 공유하고 있지 않다.

다음으로 '-는답니다'의 화행을 살펴보겠다. '-는답니다'는 아래 예문에서와 같이 '알려 주기'의 기능 외에는 별다른 화행이 없다.

(15) 가. A: 부장님, 요즘은 이 가수의 춤이 유행이랍니다. → 알려 주기

　　　B: 그래? 요즘 텔레비전을 안 보니까 통 모르겠네.

다음으로 '더라고(요)'는 '화제 제시, 근거 말하기'의 화행을 보인다.

(16) 가. A: 이 초콜릿 좀 많이 달더라고요. → 청자 반응 유도

　　　B: 그래? 난 괜찮던데.

　나. A: 너 왜 그 초콜릿 안 먹어?

　　　B: 이 초콜릿이 좀 많이 달더라고요. → 근거 말하기

그런데 이 '-더라고(요)'의 억양은 화행에 따라 달라진다. 청자 반응을 유도할 경우에는 '-더라고(요)'의 말끝이 올라가는 경향이 있고, 근거를 말할 때 사용되는 '-더라고(요)'는 말끝이 내려가는 경향이 있다.

이와 같이 이 네 종결 표현은 모두 상대방에게 '알려 주기'라는 동일한 의미·기능을 수행하고 있는 것처럼 보이나 다양한 맥락 속에서 서로 다른 여러 화행으로 사용될 수 있으며, 그 특징이 서로 다르다.

정리하면, 우선 '-거든(요)'는 청자가 해당 내용을 모를 거라고 생각하여 알려 줄 때 사용하며, '-더라고(요)'에 비하여 단언적이며, '-는답니다'에 비해 특별히 청자에 대한 친근한 느낌이 포함되어 있지는 않다. 두 번째로 '-잖아(요)'는 청자가 해당 내용을 알고 있을 거라고 생각하며 환기할 때 사용하며, '-거든(요)'와 마찬가지로 '-더라고(요)'에 비해 단언적이고, 청자에게 친근한 태도를 특별히 지니고 있지 않다. 세 번째로 '-는답니다'는 청자가 해당 내용을 모를 거라고 생각하여 말하는 경우에 사용하며, 단언적이고 청자에 대한 친근한 느낌이 포함되어 있다. 마지막으로 '-더라고(요)'는 청자의 인식 상태에 대하여 상관이 없으며 특별히 청자에 대한 친근한 느낌이 있지는 않으며 다른 형태들과 달리 단언적이지 않다. 따라서 화자는 자신의 발언 내용에 대한 책임성이 낮다. 이와 같은 속성은 아래와 같이 정리될 수 있다.

〈표 123〉 알려 주기 표현의 차이점 정리

문법 항목	-거든(요)	-잖아(요)	-는답니다	-더라고(요)
청자의 인식 상태에 대한 화자의 생각	청자가 명제 내용을 모를 거라 생각함.	청자가 명제 내용을 알 거라 생각함.	청자가 명제 내용을 모를 거라 생각함.	상관없음
정보의 출처	상관없음	상관없음	상관없음	화자의 과거 경험을 통한 지각
단언성과 책임성	단언성↑ 책임성↑	단언성↑ 책임성↑	단언성↑ 책임성↑	단언성↓ 책임성↓
청자/독자에 대한 태도	-	-	친근한 태도	-
기타 화행 기능	화제 도입, 근거 말하기, 자랑하기, 단호하게 거절하기	화제 도입, 근거 말하기, 비난하기, 핀잔주기, 강조하기, 확인하기, 깨달은 사실 드러내기, 동의 구하기	알려 주기	청자 반응 유도, 근거 말하기

의도 및 계획 표현[55]

 들어가는 말

의도 및 계획을 말할 때 사용하는 표현에는 '-겠-', '-을게(요)', '-을래(요)', '-을 것이다', '-고자 하다', '-으려고 하다', '-을까 보다', '-을까 싶다', '-을 테다' 등이 있다. 한국어 교육 현장에서 미래를 말할 때 사용하는 표현으로 보통 '-을 것이다'와 '-겠-'을 기본적으로 가르치고 그 후에 '약속'의 의미로 '-을 게(요)'를, '의도/의향'의 의미로 '-을래(요)'를 제시하여 가르친다. '-으려고 하다' 또한 초급에서 '의도'를 나타내는 표현으로 제시된다. 나머지 표현은 중급 이상에서 제시되거나 한국어 문법 사전에는 출현하나 한국어 교재에는 제시되지 않는 경우가 많다. 여기에서 '-겠-', '-을게(요)', '-을래(요)', '-을 것이다'를 비롯한 의도 및 계획을 나타내는 표현은 공통적으로 대부분 '미래의 사건'을 말할 때 사용한다.[56] 명제의 내용이 모두 미래의 시점에 놓여 있기 때문에 이 형태들이 공유하는 문법적인 제약도 많다. 그러나 이들은 모두 화자의 태도와 담화적인 측면에서 차이가 있다. 지금부터 이러한 내용에 대하여 알아보고자 한다.

---

55) 이 장의 내용은 '장채린(2017), 한국어. 의지·의도 표현들의 의미 비교, 『한국어 의미학』 56집'을 참고하였다.

56) '-으려고 하다'는 '-으려고 했다'와 같은 형태로 쓰이면 과거의 상황을 나타낼 때에도 사용되기도 한다.

〈표 124〉 의도 및 계획 표현의 목록

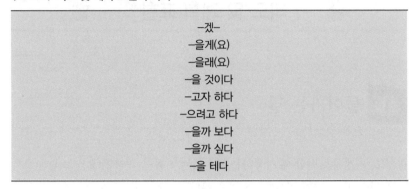

-겠-
-을게(요)
-을래(요)
-을 것이다
-고자 하다
-으려고 하다
-을까 보다
-을까 싶다
-을 테다

 현행 교재 출현 현황

'-겠-', '-을게(요)', '-을래(요)', '-을 것이다', '-으려고 하다'는 초급에 제시되는 표현이다. 여기에서 '-을 것이다'와 '-겠-', '-을게(요)'는 보통 초급의 초반 부분에서 제시되며 '-을래(요)'는 대부분의 교재에서 초급의 후반 부분에서 제시되는 형태이다. 모두 초급에서 제시되므로 학생들은 이 표현 간의 차이가 무엇인지 초급부터 혼란을 겪을 가능성이 많다.

〈표 125〉 의도 및 계획 표현의 현행 교재 출현 현황

초급	중급	고급
-겠-		
-을게(요)		
-을래(요)		
-을 것이다		
-으려고 하다		
	-을까 보다	

한편, '-을까 보다'는 본서에서 검토한 5종 교재 중 한 교재의 교수요목에서
만 출현하였으며, '-을까 싶다'와 '-을 테다'는 5종 교재의 교수요목에서 제시
되지 않았다. 따라서 아래에서 문형 간 비교를 할 때에는 교재 출현 빈도가 없
거나 낮은 '-을까 보다', '-을까 싶다', '-을 테다'는 제외하고 설명하고자 한
다. 또한 '-으려고 하다'도 제외되었는데 '-겠-', '-을게(요)', '-을래(요)', '-
을 것이다'는 공통적으로 '화자'의 '현재 의도'를 나타내는 표현으로 볼 수 있으
나 '-으려고 하다'는 화자가 아닌 문장의 '주어'의 의도를 나타내는 표현으로
볼 수 있기 때문이다.[57]

 # 3 문형 간 비교

3.1. 공통점

이들 형태는 모두 화자의 의지, 의향, 다짐 등을 나타내며 이것은 미래의 사
건에 대한 내용을 말할 때 사용된다는 점에서 공통점이 있다. 아래의 예문을 보
면 미묘한 의미 차이는 있으나 모두 명제의 내용이 미래의 상황이다.

(1) 가. 이번 발표 준비는 꼭 미리 하겠습니다.

　　나. 제가 다시 전화할게요.

　　다. 이번에는 짧은 머리로 할래요.

　　라. 이번 방학 때에는 바이올린을 (배울 겁니다/배울 거예요).

이와 같이 명제가 모두 미래 사건을 가리키며 화자의 의지가 반영된 내용을

---

57) '-겠-', '-을 것이다', '-을게(요)', '-을래(요)'가 '의지'의 의미를 나타낼 경우에 주어로 1인
칭만 가능하지만 '-으려고 하다'의 주어는 2인칭, 3인칭도 가능하다는 점, 또한 위의 네 표현은
현재 시제로만 사용되지만 '-으려고 하다'는 과거 상황의 의지를 표현하는 것도 가능하다는 점
으로 이 사실을 알 수 있다.

가리키므로 문법적인 특징도 거의 같다. 아래 〈표 126〉에서 보는 바와 같이 주어, 선행 용언, 선어말어미 결합에서 공통적인 제약이 있다. 예문과 함께 이러한 공통점에 대하여 아래에서 자세히 알아보도록 하겠다.

〈표 126〉 의도 및 계획 표현의 문법적 특징

문법 항목	주어 제약	선행 용언 제약	선어말어미 제약
–겠–	O	O	O[58)
–을게(요)	O	O	O
–을래(요)	O	O	O
–을 것이다	O	O	O

첫째, 주로 1인칭 주어와 함께 사용한다. 이 형태들의 의미에는 화자의 의지가 반영이 되어 있다. 화자 자신의 의지 및 계획, 의도를 말할 때 사용하는 형태이므로 주어도 1인칭이 가장 자연스럽다. 아래의 예문을 보면 2인칭이나 3인칭이 오면 매우 부자연스러운 것을 알 수 있다.

(2) 주어 제약

　　가. (내가/*네가/*연정이가) 여기 앉겠어.
　　나. (내가/*네가/*연정이가) 여기 앉을게.
　　다. (내가/*네가/*연정이가) 여기 앉을래.
　　라. (내가/*네가/*연정이가) 여기 앉을 거야.[59)

둘째, 주로 동사와 결합한다. 위와 같은 맥락으로 주어의 의도나 의지를 말하는 것이므로 형용사보다는 동사가 자연스럽다. 형용사는 시작점이나 끝점이 없고, 어떠한 속성을 묘사할 때 사용한다. 형용사는 주어의 의지나 의도를

---

58) '의지'를 나타내는 '–겠–'은 선어말어미 '–었–' 및 '–(으)시–'와의 결합이 어렵다. 그러나 '추측' 용법의 '–겠–'과는 이와 같은 선어말어미 제약이 없다.
59) '–을 것이다'를 단순 미래의 일을 말하는 기능으로 파악하면 2, 3인칭 주어도 가능하나 여기에서는 화자의 의지를 말하는 용법으로서의 '–을 것이다'만을 다루기로 한다.

말할 때에 사용되기 어렵다. 이때에는 동사를 사용하는 것이 자연스럽다. 예를 들어 아래 예문 (3가~라)를 보면 '예쁘다'라는 상태는 자신의 의지나 의도로만 획득하기 힘든 것이다. 따라서 동사와의 결합만 자연스럽다는 공통된 문법적 특징이 있다.

(3) 선행 용언 제약

　　가. *내일은 좀 <u>예쁘겠어요</u>.
　　나. *내일은 좀 <u>예쁠게요</u>.
　　다. *내일은 좀 <u>예쁠래요</u>.
　　라. *내일은 좀 <u>예쁠 거예요</u>.[60)]

　셋째, '-시-', '-었-', '-겠-'과 같은 선어말어미와 결합이 어렵다. 앞에서 언급한 바와 같이 '-겠-', '-을게(요)', '-을래(요)', '-을 것이다'는 화자의 의도 및 의지를 표현할 때 사용하는 형태이다. 따라서 보통 화자 자신이 주어로 오는 경우가 많은데 이는 '-시-'와의 결합을 매우 어색하게 한다. 또한 이 형태들은 미래의 상황을 언급할 때 사용하므로 '-었-'과의 결합도 매우 어색하다. 또한 추측 또는 미래를 나타내는 '-겠-'과도 어색하다는 공통점이 있다. 아래 (4)의 예문들을 통해 확인할 수 있다.

(4) 선어말어미 제약

　　가. *이 옷은 제가 (<u>입으시겠어요/입었겠어요</u>).
　　나. *이 옷은 제가 (<u>입으실게요/입었을게요/입겠을게요</u>).
　　다. *이 옷은 제가 (<u>입으실래요/입었을래요/입겠을래요</u>).
　　라. *이 옷은 제가 (<u>입으실 거예요/입었을 거예요/입겠을 거예요</u>).

---

60) 여기에서도 역시 '-을 것이다'를 단순 미래 또는 추측의 용법으로 파악하면 가능하나 여기에서는 화자의 의지를 말하는 용법으로만 제한한다.

3.2. 차이점

◉ 3.2.1. 의미상 차이

'-겠-', '-을게(요)', '-을래(요)', '-을 것이다'는 모두 명제가 미래의 일을 나타내지만 이들의 구체적인 의미는 다르다. 문법 사전이나 교재에서 이들의 의미를 기술하기 위해 사용하는 용어가 다르다.

(5) 가. 이제부터 규칙적으로 운동을 (하겠습니다/하겠어요/하겠어).
    나. 이제부터 규칙적으로 운동을 할게요.
    다. 이제부터 규칙적으로 운동을 할래요.
    라. 이제부터 규칙적으로 운동을 (할 겁니다/할 거예요).

위의 예문을 보면 (5가)는 확고한 의지, 결심을 나타내며 (5나)는 누군가에게 약속하는 의미로, (5다)는 자신의 의향을 나타내고, (5라)는 운동을 하겠다는 자신의 계획 내지는 의지를 말하고 있다. 이들은 각각 '의지', '약속', '의향', '계획' 등의 술어로 의미가 드러난다. 그러나 어떤 상황에서는 이들이 서로 바꿔 써도 자연스러운 상황이 있으므로 의미적인 특성을 살펴본다 하여 이들의 차이점이 확연히 드러나는 것은 아니다. 이 형태들의 문법적인 특성 또한 거의 같으므로 '의미적인 특징, 문법적인 특징'만을 가지고 이들 간의 차이를 밝힐 수 없다. 그러나 양태 의미상 특성을 아울러 살펴보면 이들의 차이점을 밝힐 수 있다. 아래에서 자세히 살펴보도록 하겠다.

◉ 3.2.2. 양태 의미상 차이

이들의 차이는 양태적인 속성을 함께 살펴보면 더 확실하게 알 수 있는데 크게 해당 미래의 일에 대하여 생각한 시점이 발화시와 비교하여 언제인지에 대한 문제, 상대방을 고려하는지의 유무 이 두 가지 측면에서 살필 수 있다.

① 미래의 일에 대하여 생각한 시점이 언제인지에 대한 문제

명제의 내용에 나타난 미래의 일에 대하여 생각한 시점이 언제인지에 따라 이 형태들의 차이점을 구분할 수 있다. 우선, '-겠-'은 발화 당시에 생각한 미래의 일을 말할 때 사용한다. 즉 즉각적으로 결정한 미래의 일이나 의지를 말할 때 사용한다. 박재연(2004)에서는 '-겠-'이 사용된 문장에서 항상 판단 자체는 현재의 것이라고 한 바 있다. '-겠-'에 선행하는 해당 명제의 내용 자체는 과거, 현재, 미래 모두 될 수 있으나 '-겠-' 자체는 항상 발화시 현재의 판단이라는 것이다. 아래 예문 (6)을 보면 현재의 요청 사항에 대하여 즉각적으로 미래의 의지를 표현하기 위하여 '-겠습니다'를 사용하여 응답하고 있다.

(6) 가: 김 과장, 지금 당장 식당을 예약할 수 있겠나?

　　나: 네, 지금 <u>하겠습니다</u>.

'-을게(요)' 또한 발화 당시에 생각한 미래의 일을 말할 때 사용할 수 있다. 즉, 즉각성을 띠고 있다. 아래의 예문 (7)을 보면 상대방의 질문에 대하여 즉각적으로 미래의 일에 대하여 내린 결정을 말할 때 '-을게(요)'를 사용한 것으로 매우 자연스럽다. 그러나 '드릴 거예요'로 대답하면 매우 어색하게 되는 것을 알 수 있다. '-을 것이다'는 발화시 이전에 생각하거나 계획한 일을 말할 때 사용되는 것이 자연스럽기 때문이다.

(7) 가: 채린 씨, 언제 만날 수 있어요?

　　나: 지금 스케줄을 보니 이번 주는 어려울 것 같네요. 다시 전화 (<u>드릴게</u>
　　　　<u>요</u>/*드릴 거예요).

'-을래(요)' 또한 앞선 형태들과 마찬가지로 발화 당시에 생각한 미래의 일을 이야기할 때 사용되는 경향이 있는 듯하다. 아래의 예문 (8)을 통해 확인해 볼 수 있겠다.

(8) 가: 커피하고 녹차 중에서 뭐로 할래?

　　나: 녹차 <u>마실래</u>.

반면 '-을 것이다'는 위의 세 형태들과 달리 발화 시점 이전부터 생각했던 미래의 일을 말할 때에도 사용할 수 있다. 즉, 발화 시점에 생각한 미래의 일이 아닐 때에도 사용할 수 있다. 해당 명제의 내용을 언제 생각했는지가 중요하지 않다.

(9) 가: 넌 졸업하고 뭘 할 거야? 계획이 있어?

　　나: 응, 난 컴퓨터 게임을 만드는 일을 <u>할 거야</u>. 어렸을 때부터 내 꿈이었어.

② 상대방에 대한 고려가 있는지 없는지에 대한 문제

'-겠-'과 결합된 명제에는 대화 상대방에 대한 고려가 있는지의 여부에 대하여, 우선 상대방의 요청 사항이나 희망 사항에 대한 대답을 할 경우에 '-겠-'을 아래 예문과 같이 사용할 수 있는 점으로 보았을 때 상대방에 대한 고려가 있는 듯이 보이기도 한다. 그러나 상대방이 없는 경우 단지 화자 자신의 의지를 말할 때에도 자주 사용될 수 있다. 즉 상대방에 대한 고려가 수반되는 경우나 그렇지 않은 경우나 모두 사용될 수 있다.

(10) 가: 내일까지 신제품 발표회 준비를 끝내 주세요.

　　나: 네, 알겠습니다. 내일 발표 준비를 다 끝내도록 <u>하겠습니다</u>.

(11) 가. 올해에는 꼭 논문을 <u>쓰겠어</u>.

한편 '-을게(요)'는 대화 상대방에 대한 고려가 수반된다. 특히 '-을게(요)'는 상대방의 의중과 부합이 된다고 생각하는 내용을 말할 때 사용한다. 대화 상대방에게 도움이 되지 않거나 상대방과 전혀 무관한 내용을 말할 때에 '-을게(요)'를 사용하면 매우 어색해진다. 아래 예문 (12)의 질문은 단순히 휴가 계획을 물어본 것이다. 이에 대한 대답은 상대방과 무관한 자신만의 계획을 말하는 것이 자연스럽다. 이때 '-을게(요)'를 사용하여 대답을 하면 다음과 같이 매우 어색한 예문이 된다.

(12) 가: 이번 휴가 때 어디에 갈 거예요?

　　나: *저는 이번 휴가 때 바다로 <u>갈게요</u>.

한편, '-을게(요)'는 대화 상대방을 고려하여 대화 상대방의 의중과 부합하는 내용으로 대답할 때 사용하는 것이 자연스러우므로 '-겠-'과 마찬가지로 상대방의 요청 사항이나 희망 사항에 대한 대답을 할 경우에는 아래 (13)의 예문과 같이 '-을게(요)'가 자주 사용된다.

(13) 가: 언제 돈을 갚을 수 있어요?

　　　나: 월급 받으면 바로 <u>갚을게</u>.

반면, '-을래(요)'는 상대방에 대한 고려가 반영되어 있지 않으므로 '-겠-'이나 '-을게(요)'와 달리 상대방의 요청 사항에 대한 대답을 할 경우에 즐겨 사용되지 않는다. 아래의 예문 (14)와 같이 상대방의 상황에 관계없이 의향을 말할 때 사용된다.

(14) 가: 너 오늘은 뭐 먹고 싶어?

　　　나: 오늘은 된장찌개 <u>먹을래</u>.

또한 '-을 것이다'를 사용하여 말할 때에는 상대방에 대한 고려가 수반되지 않는다. 따라서 '-겠-'이나 '-을게(요)'가 상대방의 요청 사항에 대한 대답을 할 때 주로 사용되는 것과 달리 '-을 것이다'는 예문 (15)와 같이 상대방의 상황에 관계없는 자신의 계획을 말할 때 사용된다.

(15) 가: 이번 방학 계획은 뭐예요?

　　　나: 이번 방학에는 외국 여행을 <u>할 거예요</u>.

그러나 만약 상대방이 요청하였을 때 '-을 것이다' 또는 '-을래(요)'로 대답을 하게 되면 어색하거나 무례한 느낌이 든다. 예문 (16)을 보면 '-을게(요)' 또는 '-겠-'을 사용하여 대답하면 자연스러운 상황에서 '-을 것이다'와 '-을래(요)'를 사용하여 대답을 하여 매우 부자연스러운 예문이 되었다. '-을 것이다'와 '-을래(요)'는 상대방에 대한 고려가 전제되지 않은 경우에 사용될 수 있기 때문이다.

(16) 가: 연정 씨, 이 자료 좀 복사해 주세요.

나: 네, <u>복사하겠습니다</u>.

나': 네, <u>복사할게요</u>.

나": *네, <u>복사할 거예요</u>.

나"': *네, <u>복사할래요</u>.

한편, 위의 설명과 예문에 따르면 '–겠–'과 '–을게(요)'는 모두 청자에 대한 고려를 하는 경우에 사용되나 이 두 형태는 그 사용되는 상황에서 차이점을 보인다. '–겠–'은 보통 격식적인 상황에서 선호되어 (16)에서 '복사하겠습니다'와 같이 '–습니다'와 주로 결합되며, '–을게(요)'는 해(요)체 종결어미로서 상대적으로 비격식적인 상황에서 주로 사용된다.

지금까지의 내용을 정리하면, 우선 '–겠–'은 발화 당시에 생각한 미래의 일에 대하여 말하며, 대화 상대방에 대한 고려가 꼭 수반되는 것은 아니다. '–을게(요)'는 발화 당시의 의지를 말할 때 사용되며, 대화 상대방에 대한 고려가 전제되어야 한다는 점, 그리고 '격식성'의 유무에 있어 차이가 있다. '–겠–'은 종결어미 '–습니다'와 결합하여 '–겠습니다'의 형태로 사용되는 경우가 많다. 즉, 격식적인 상황에서 선호된다. 반면 '–을게(요)'는 비격식적인 상황에서 주로 사용되는 특징이 있다. '–을래(요)' 또한 비격식적인 상황에서 주로 사용되며, 상대방에 대한 고려가 전제되어 있지 않고, 발화 상황 당시에 생각한 미래의 일을 이야기할 때 사용된다. 마지막으로 '–을 것이다'는 상대방에 대한 고려 요소가 없으며, 발화 시점 이전에 결심한 미래의 일을 이야기할 때 사용한다. 이러한 차이점을 예문을 통해 살펴보면 아래와 같다.

(17) 발화 시점 이전에 결심한 미래의 일을 말하는 경우

　가: 대학 졸업 후에 무엇을 할 계획이에요? 어렸을 때부터 꿈꿔왔던 일이
　　뭐예요?

　나: 혼자 세계 여행을 <u>할 거예요</u>. → 자연스러움.

　나': 혼자 세계 여행을 <u>할래요</u>. → 어색함.

　나": 혼자 세계 여행을 <u>할게요</u>. → 어색함.

나''': 혼자 세계 여행을 하겠어요. → 어색함.

(18) 상대방에 대한 고려가 필요한 경우

　　가: 내일까지 신제품 발표회 준비를 끝내 주세요.

　　나: 네, 내일 발표 준비를 다 끝내도록 하겠습니다. → 자연스러움/그러나 '-겠-'

　　　　은 상대방에 대한 고려가 필요하지 않은 경우에도 사용될 수 있음.

　　나': 네, 내일 발표 준비를 다 끝내도록 할게요. → 자연스러움.

　　나'': 네, 내일 발표 준비를 다 끝내 놓을래요. → 어색함.

　　나''': 네, 내일 발표 준비를 다 끝내 놓을 거예요. → 어색함.

위와 같은 속성들은 아래와 같이 정리될 수 있다.

〈표 127〉 의도 및 계획 표현의 차이점 정리

문법 항목	-겠-	-을게(요)	-을래(요)	-을 것이다
상대방 고려	-	○	×	×
현장성/즉각성	○	○	○	×
요청에 대한 응답 가능	○	○	×	×
기타	격식적인 상황에서 선호됨.	-	-	-

의무 표현

 들어가는 말

'-어야 되다'와 '-어야 하다'는 모두 '당위', '의무'를 나타내는 표현이다. 이 두 표현은 그동안 교재나 사전에서 변별점이 강조되기보다는 서로 교체 가능한 표현으로 제시되어 왔다. 그도 그럴 것이 이 두 표현이 의미적으로 크게 다르다고 할 수 없으며 모두 현대 한국어에서 잘 쓰이는 표현이기 때문이다. 그러나 한 언어 내에서 완벽한 동의어란 존재할 수 없다는 점을 고려해 보면, 이 둘의 차이는 과연 무엇인가 하는 의문을 품게 된다. 여기에서는 이 두 표현의 공통점과 차이점에 주목하여 이 두 표현을 변별해 보고자 한다.

〈표 128〉 의무 표현의 목록

-어야 되다
-어야 하다

 현행 교재 출현 현황

'-어야 되다'와 '-어야 하다'는 5종 교재에서 모두 초급에서 제시되고 있었다. 이 두 표현은 모든 교재에서 교체 가능한 표현으로 제시되고 있었다. 그러나 대표형 제시에는 차이가 있었는데, '-어야 하다'를 대표형으로 제시하고 '하다'가 '되다'로 교체되는 일이 있다고 제시하는 교재가 있는 반면, '-어야 되다'를 대표형으로 제시하고 '하다'로 바꾸어 쓸 수 있음을 문법 설명에서 제시하는 교재도 있었다. 이 두 표현의 차이에 대해서는 대개 설명이 제시되지 않았는데, 한 교재에서 '-어야 되다'가 '-어야 하다'보다 더 자주 사용된다는 점에 대해 간단히 언급하고 있었다. 이 두 표현은 교재의 목적-구어 중심 교재인지 문어 중심 교재인지-에 따라서 둘 중 한 표현을 대표형으로 세울 수 있을 것으로 보인다.

〈표 129〉 의무 표현의 현행 교재 출현 현황

초급	중급	고급
-어야 되다		
-어야 하다		

3 문형 간 비교

3.1. 공통점

첫째, 화자가 어떤 일에 대한 당위성을 나타낸다는 점에서 공통점이 있다. 따라서 이 두 표현은 대개 교체하여 사용할 수 있다.

(1) 가. 시험 전에는 공부해야 (돼요/해요).

나. 이 약은 밥 먹기 전에 먹어야 (됩니다/합니다).

다. 한국 남자들은 군대에 가야 (돼요/해요).

둘째, 이 두 표현은 인칭 제약 없이 두루 쓰일 수 있다. (2가)는 1인칭 주어, (2나)는 2인칭 주어, (3다)는 3인칭 주어와 '-어야 되다', '-어야 하다'가 쓰인 예이다.

(2) 주어 제약

가. 나는 오늘 청소를 해야 (된다/한다).

나. 걱정만 하지 말고, 너는 일단 좀 해 봐야 (돼/해).

다. 이거는 우리가 고칠 게 아니라 직원이 고쳐야 (돼/해).

셋째, 이 두 표현의 선행 용언은 형용사와 동사 둘 다 사용할 수 있다. (3가)는 '가다'라는 동사와 (3나)는 '깨끗하다'는 형용사와 함께 쓰일 수 있음을 보인 것이다.

(3) 선행 용언 제약

가. 시험이 있어서 학교에 가야 (돼요/해요).

나. 새 집의 조건은 일단 집이 깨끗해야 (됩니다/합니다).

넷째, '-어야 되다'와 '-어야 하다'는 '당위성' 외에 여러 가지 화행 기능을 수행한다. 이 두 표현은 화청자의 체면을 위협하는 상황을 완화하려는 화자의 발화 전략을 돕는 표현으로 매우 활발히 사용되는데, 화자 자신과 관련하여서는 '후회, 의지', 상대방과 관련하여서는 '거절, 충고, 부탁, 제안' 등의 상황에서 이 두 표현이 자주 쓰인다(강현화, 2008:38~40). 이 두 표현은 단순히 당위만을 나타내는 것이 아니라 일차 의미인 당위성에 기대어 다양한 화행 기능을 수행하고 있다. (4가)는 후회, (4나)는 거절, (4다)는 충고나 제안의 기능을 수행하고 있다.

(4) 다양한 화행 기능의 수행

가. A: 휴대폰 또 고장 났어?

   B: 아, 저번에 새 걸로 바꿨어야 (됐는데/했는데).

나. A: 오늘 같이 밥 먹으러 갈래?

   B: 미안, 나 아르바이트 가야 (돼/해).

다. A: 민수한테서 연락 왔는데 어떻게 하지?

   B: 일단 먼저 사과할 때까지 기다려야 (돼/해). 알았지?

3.2. 차이점

첫째, '-어야 하다'는 주로 문어에서 사용하는 반면, '-어야 되다'는 주로 구어에서 활발히 쓰인다. 이 두 표현은 앞서 밝혔듯이, 당위 표현으로서 화자의 공손 전략의 하나로 모두 사용할 수 있다. 그렇지만 '-어야 하다'는 문어에서 주로 사용된다는 특징으로 말미암아 단순히 당위성만을 나타내는 경우가 많은 반면, '-어야 되다'는 구어, 즉 면대면 대화에서 사용되는 경우가 많아 단순 당위나 의무만을 표현하기보다 다양한 화용 기능과 연관되어 있는 일이 많다.

(5) 문어에서의 쓰임

　가. (신문 기사에서) 우리 군의 병력을 더 <u>보강해야 한다</u>. → 더 자연스러움.
　나. (신문 기사에서) 우리 군의 병력을 더 <u>보강해야 된다</u>.

(6) 구어에서의 쓰임

　가. (친구와의 대화에서) 나 오늘 <u>밤새워야 해</u>.
　나. (친구와의 대화에서) 나 오늘 <u>밤새워야 돼</u>. → 더 자연스러움.

둘째, 이 두 표현은 당위성의 강도에 있어서 미세한 차이가 있다. '-어야 되다'가 '-어야 하다'보다 더 당위성이 강조되는 것으로 보이는데, 이는 '되다'가 '어쩔 수 없는 상황'을 드러낸다는 것과 관계가 있다(강현화, 2008:38).

(7) 당위성의 정도에 따른 차이

　가. 오늘은 학교에 <u>가야 해요</u>. → 꼭 듣고 싶은 강의가 있어요.
　나. 오늘은 학교에 <u>가야 돼요</u>. → 시험이 있어요. (강현화, 2008)

제안 및 청유 표현

 들어가는 말

제안이나 청유를 할 때 사용하는 표현에는 '-읍시다', '-을까(요)', '-을래(요)', '-지(요)', '-지그래(요)'가 있다. 일상생활에서 제안이나 청유를 하는 상황은 매우 자주 있으며 한국어 교재에서도 제안 및 청유에 관련된 상황은 빈번하게 제시되고 있다. 이들 형태 중 서법 체계상 청유법으로 통용되는 '-읍시다'를 제외하고는 모두 본유의 의미가 제안, 청유를 바로 나타내지는 않는다. 모두 원래 지니던 의미에서 제안이나 청유의 의미가 파생된 것이다. 따라서 미묘하게 의미가 다르며 쓰이는 상황도 다르다. 지금부터 이러한 공통점과 차이점에 대하여 알아보고자 한다.

〈표 130〉 제안 및 청유 표현의 목록

-읍시다
-을까(요)
-을래(요)
-지(요)
-지그래(요)

 현행 교재 출현 현황

위 형태들은 대부분 초급과 중급에서 제시된다. 다음의 〈표 131〉에서 보면 '-을까(요)'와 '-읍시다'는 초급에서 가장 먼저 제시되는 형태로 보통 의문형의 '-을까(요)'와 청유형의 '-읍시다'는 각각 제안을 하는 질문, 그리고 그에 대한 대답으로 한 쌍으로 사용된다. 또한 자신의 의향 및 의도를 나타내는 '-을래(요)'가 의문문에서 쓰였을 경우 제안하는 기능을 수행할 수 있는데 이는 초급과 중급에 걸쳐 제시되고 있다. 한편 '-지(요)'는 초급과 중급 교재에서 모두 나타나는데 대부분 '확인'의 용법만 제시하고 있다. '-지(요)'는 '해체'에서 평서, 의문, 명령, 제안의 의미로 두루 쓰이지만 교재의 교수요목에서는 대부분 확인의 용법만이 제시되고 있었다. 여기에서 다룰 제안 및 권유로 쓰이는 '-지(요)'는 교재의 목표 문법으로는 제시되고 있지 않았다.

〈표 131〉 제안 및 청유 표현의 현행 교재 출현 현황

초급	중급	고급
-을까(요)		
-읍시다		
	-을래(요)	
	-지그래(요)	
-지(요)		

제안 및 청유의 상황은 실제 발화 상황에서 빈번하게 나타나므로 교재의 초급과 중급에 걸쳐 나타나는 것은 바람직한 것으로 보인다. 그러나 '제안' 또는 '청유'라는 화행 자체가 사실 청자에게 부담을 줄 수 있는 행위이므로 공손성이 요구되기도 한다. 또한 '제안' 또는 '청유'에서 파생되어 '권유', '의향 묻기' 등이 나타나기도 하는데 이렇게 세분화된 기능을 수행하는 형태를 조금씩 배워 가야 할 필요가 있다. 처음에는 단순한 화행만을 수행하는 형태를 배우나 나중에는 조금 더 복잡한 기능을 수행하는 형태를 배우는 식으로 제시하는 방향이 바람직하겠다. 사실 '-읍시다'의 교재 중복도는 매우 높은 편이며, 대부분 초급의 초반 부분에 제시되고 있다. 그러나 실제로 이 형태가 사용되는 상황은 다소 제한적이다. 주로 다수의 청자를 대상으로 하며 격식적인 상황에서 사용된다. 그런데 학습자가 이러한 상황에 놓이게 될 가능성은 적다. 따라서

학습자의 부적절한 발화 생산을 방지하기 위해 주의하여 가르쳐야 할 것이다.

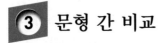 3 문형 간 비교

3.1. 공통점

이들 형태는 모두 청자의 행동이 관여하는 내용이 명제가 되며, 제안 및 권유의 기능을 수행한다.

(1) 가. 오늘은 카페에서 공부할까요?

나. 길거리에 쓰레기를 버리지 맙시다.

다. 오늘 날씨가 좋은데 같이 산책하실래요?

라. 이거 맛있는데 더 먹지그래요.

마. 우리 밥이나 먹으러 가지.

위 예문들의 명제는 아직 일어나지 않은 미래 사건을 가리킨다. 또한 화자가 청자의 행동에 대하여 관여하고 있음을 알 수 있다. (1라)를 제외한 (1가~다)와 (1마)는 모두 주어가 1인칭 복수이다. 주어가 1인칭 복수인 '우리'가 되는 것은 제안 및 청유에서 공통적으로 두드러지는 특징이다. '제안'의 기능으로 인하여 필연적으로 문법적인 특징도 비슷하다. 예문과 함께 이러한 공통점에 대하여 다음에서 자세히 알아보도록 하겠다.

〈표 132〉 제안 및 청유 표현의 문법적 특징

문법 항목	주어 제약	선행 용언 제약	선어말어미 제약
-을까(요)	○	○	○
-읍시다	○	○	○
-을래(요)	○	○	○
-지그래(요)	○	○	○
-지(요)	○	○	○

첫째, 주로 3인칭 주어와 함께 쓰이는 것이 부자연스럽다. 이 형태들에는 화자와 청자의 행동에 대하여 제안하는 의미가 있으므로 주어도 1인칭 복수가 가장 자연스럽다. 그러나 '-지그래(요)'는 화자가 자신의 행동이 아닌 청자의 행동에 대하여서만 권유하는 의미가 있으므로 2인칭 주어도 가능하며, '-을래(요)' 또한 상대방의 의향을 물음을 통하여 제안하는 기능이 있으므로 2인칭 주어도 자연스럽다. 하지만 공통적으로 이 형태들 모두 3인칭과의 쓰임은 매우 어색하다.

(2) 주어 제약

가. (우리는/*너는/*연정이는) 영화나 <u>볼까</u>?
나. (우리는/*당신은/*연정이는) 영화나 <u>봅시다</u>.
다. (우리는/너는/*연정이는) 영화나 <u>볼래</u>?
라. (우리는/너는/*연정이는) 영화나 <u>보지그래</u>.
마. (우리는/*너는/*연정이는) 영화나 <u>보지</u>.

둘째, 주로 동사와 결합한다. 여기에서 다루고 있는 '제안, 권유, 청유'와 같은 기능은 공통적으로 모두 청자의 '행동'에 관여하고 있다. 따라서 형용사보다는 동사와의 결합이 더 자연스럽다. 다음의 예문 (3)에서와 같이 형용사와 결합하는 것은 부자연스럽다. 그러나 '-읍시다'의 경우에는 '침착하다', '행복하다', '건강하다'와 같은 일부 형용사와 결합하여 '침착합시다', '행복합시다', '건강합시다'와 같이 말하는 것은 자연스럽다.

(3) 선행 용언 제약

　가. *우리 <u>귀여울까</u>?
　나. *우리 <u>귀여웁시다</u>.
　다. *우리 <u>귀여울래</u>?
　라. *우리 <u>귀엽지그래</u>?
　마. *우리 <u>귀엽지</u>.

　셋째, '-었-', '-겠-'과 같은 선어말어미와 결합이 어렵다. 한편 주체 높임의 선어말어미 '-시-'와는 결합이 자연스럽다. 2인칭 주어와도 자연스러운 '-을 래(요)', '-지그래(요)'는 '-시-'와의 결합이 자연스러우며 '-읍시다' 같은 경우 도 가끔 '-으십시다', '-을까(요)' 또한 '-으실까(요)'의 형태로 사용되기도 한 다. 하지만 이들 다섯 개 형태는 모두 '-었-', '-겠-'과의 결합이 부자연스럽 다. 해당 명제가 모두 미래의 상황을 언급할 때 사용하므로 '-었-'과의 결합 이 매우 어색해지며, 이미 미래를 나타내는 것이 확실하므로 추측·미래의 선 어말어미 '-겠-'과의 결합도 어색하다는 공통점이 있다. 아래 (4)의 예문들을 통해 확인할 수 있다.

(4) 선어말어미 제약

　가. 이번 휴가에는 제주도로 (<u>가실까요</u>/*<u>갔을까요</u>/*<u>가겠을까요</u>).
　나. 이번 휴가에는 제주도로 (<u>가십시다</u>/*<u>갔읍시다</u>/*<u>가겠읍시다</u>).
　다. 이번 휴가에는 제주도로 (<u>가실래요</u>/*<u>갔을래요</u>/*<u>가겠을래요</u>)?
　라. 이번 휴가에는 제주도로 (<u>가시지그래요</u>/*<u>갔지그래요</u>[61]/*<u>가겠지그래요</u>)?
　마. 이번 휴가에는 제주도로 (<u>가시지요</u>/*<u>갔지</u>/*<u>가겠지</u>).

---

61) '-지그래(요)'의 과거는 '-지그랬어(요)'와 같이 표현하며 이때는 '제안'의 기능을 가지지 않 는다. 핀잔 등의 발화 효과를 가진다.

지금까지 '-을까(요)', '-읍시다', '-을래(요)', '-지그래(요)', '-지(요)'의 의미적, 문법적인 특징을 살펴 공통점을 살펴보았다.

다음으로 이들의 공통적인 담화적인 특징을 살펴보도록 하겠다. 모두 구어에서 활발히 사용된다. '하오체', '해요체'로 쓰인다 하더라도 윗사람에게는 사용할 때 조심스러우며, 청자가 화자보다 아랫사람이거나 청자와 화자의 나이가 같은 경우에 사용하는 것이 자연스럽다. 또한 화자인 자신보다 사회적 지위가 높은 사람에게 사용하는 것은 어색하다. 예를 들어 회사에서 부하 직원이 상사에게 야유회 장소를 강화도로 하는 것을 제안할 때 아래의 예문 (5가)에서 하는 것은 화용적으로 보았을 때 부적절한 경우가 될 수 있다. 대신 아래 (5나)에서와 같이 '올해 야유회 행사는 강화도에서 하는 것이 어떻습니까?' 또는 '강화도에서 하는 것이 어떨까요?'와 같이 약간 우회적으로 표현하는 것이 더 적절한 것으로 보인다.

(5) (회사에서 부하 직원이 상사에게)

　　가. 올해 야유회 행사는 강화도로 (<u>갑시다./갈래요?/가시지그래요?/가시</u>
　　　　<u>지요.</u>) → 어색함.
　　나. 올해 야유회 행사는 강화도에서 하는 것이 어떻습니까? → 적절함.

3.2. 차이점

'-을까(요)', '-읍시다', '-을래(요)', '-지그래(요)', '-지(요)'는 모두 제안 및 권유의 기능이 있지만 이들의 어감과 사용되는 상황은 조금씩 다르다. 의미를 조금 더 면밀히 보는 과정을 통하여 '권유'와 '제안'의 의미 차이, 문법적, 담화적인 차이 등을 설명할 수 있을 것으로 보인다.

(6) 가. 다른 동네로 이사 <u>갈까요?</u>
　　나. 다른 동네로 이사 <u>갑시다.</u>
　　다. 다른 동네로 이사 <u>갈래요?</u>

라. 다른 동네로 이사 <u>가지그래요?</u>

마. 다른 동네로 이사 <u>가지요</u>.

위의 예문을 통해 확인되는 각 문장의 기능을 살펴보면 (6가)는 제안, (6나)는 청유, (6다)는 상대방의 의향 묻기, (6라)는 권유, (6마)는 청유로 정리할 수 있겠다. (6가~마) 중에서 (6라)가 좀 다른 형태들과는 다른 의미적 특성이 있는 것으로 보이는데 첫 번째로 행동의 주체가 누구냐에 따라 구분할 수 있을 것으로 보인다.

◉ 3.2.1. 행동의 주체

〈표 133〉 행동의 주체에 따른 연속체

화자의 행동	←	→	청자의 행동
	-을까(요)	-읍시다 -지(요)	-을래(요)	-지그래(요)

위의 〈표 133〉을 보면 '-을까(요)'와 '-읍시다', '-지(요)'는 상대적으로 화자와 청자의 행동적인 개입이 함께 나타나고 '-을래(요)'와 '-지그래(요)'는 화자보다는 청자의 행동의 개입이 더 크게 요구되는 경우에 사용된다. 이는 2인칭 주어의 허용 여부와도 맞물려 생각해 볼 수 있겠다. 즉 '-을까(요)', '-읍시다', '-지(요)'는 주로 1인칭 복수 주어와 함께 사용되며 '-을래(요)', '-지그래(요)'는 2인칭 주어와 함께 사용되는 것이 자연스러운 점을 생각해 보면 〈표 133〉에서 그 차이를 발견할 수 있을 것이다.

다음으로 발화 상황의 격식성/비격식성 정도 및 다수의 청자를 대상으로 하는지를 살핌으로써 이들의 차이를 밝힐 수 있다.

◉ 3.2.2. 발화 상황의 특징

'-을까(요)?'는 주로 비격식적인 상황에서 마주 대하고 말하는 경우에 주로 사용된다. 따라서 다수의 청자보다는 개별적인 대상에게 말할 때 주로 사용한다. 그러나 공식적인 상황 또는 공공의 장소에서 다수를 대상으로 하여 말하는 경우에는 부자연스러운 것을 아래의 예문 (7)을 통하여 알 수 있다.

(7) 가. 식사 후에 커피숍에 <u>갈까요</u>? → 비격식적인 상황, 개인적으로 말함. 자연스러움.

　　나. 신호등을 <u>지킬까요</u>? → 공공의 장소에서 볼 수 있는 표어 등에서 '-을까(요)?'는 부자연스러움.

한편 '-읍시다'는 주로 격식적인 상황에서 사용된다. 마주 대하고 말하는 경우에도 사용되나 마주 대하고 있지 않은 상황에서도 자주 사용된다. 즉, 개인을 대상으로 하여 말할 때에도 사용되나 집단을 대상으로 하는 경우에도 사용된다. 따라서 공공장소에서 이루어지는 캠페인이나 표어에서 자주 사용된다.

(8) 가. (공공장소의 캠페인) 길거리에 쓰레기를 <u>버리지 맙시다</u>.

'-을래(요)?'는 '-을까(요)?'와 마찬가지로 주로 비격식적인 상황에서 마주 대하고 말하는 경우에 주로 사용된다. 따라서 다수의 청자보다는 개별적인 대상에게 말할 때 주로 사용하는 경향이 있으며, '-읍시다'와 같이 공공장소의 캠페인에 사용되는 것은 어색하다.

(9) 가. 주말에 놀이 공원에 <u>갈래요</u>? → 비격식적인 상황, 개인적으로 말함. 자연스러움.

　　나. 건물 내에서 <u>금연하실래요</u>? → 공공의 장소에서 볼 수 있는 표어 등에서 부자연스러움.

'-지그래(요)', '-지(요)' 또한 비격식적인 표현으로 '-읍시다'와는 다른 성격을 보이며 '-을까(요)'와 '-을래(요)'처럼 다수의 청자보다는 개별적인 대상에게 말할 때 주로 사용한다.

지금까지의 내용을 정리하면 우선 '-을까(요)'와 '-읍시다'는 화자와 청자 모두의 행동에 초점을 맞추어 제안할 때 사용하나, '-을래(요)'는 청자의 의향 및 행동에 초점을 맞추어 제안할 때 사용하고, '-지그래(요)'와 '-지(요)'는 '권유'의 의미가 크며, 화자가 청자의 행동에 관여하여 개입하는 정도가 클 때 사용된다. 따라서 '-을까(요)'와 '-읍시다'는 1인칭 복수가 주어가 되는 것이 자연스럽고 '-을래(요)', '-지그래(요)', '-지(요)'는 2인칭이 주어가 되는 것이 자연스럽다. 또한 발화 상황에 따라 차이를 확인할 수 있는데 '-읍시다'를 제외한 '-을까(요)'와 '-을래(요)', '-지(요)', '-지그래(요)'는 주로 비격식적인 상황에서 마주 대하고 말하는 경우에 주로 사용된다. 따라서 다수의 청자보다는 개별적인 대상에게 말할 때 주로 사용하게 되는 반면 '-읍시다'는 물론 개별적인 대상에게 말할 때에도 사용되나 집단을 대상으로 하는 경우에도 사용된다. 따라서 공공장소에서 이루어지는 캠페인이나 표어에서 자주 사용된다.

이와 같은 속성을 표로 정리하면 아래와 같다.

〈표 134〉 제안 및 청유 표현의 차이점 정리

문법 항목	-을까(요)	-읍시다	-을래(요)	-지(요)	-지그래(요)
의미	제안	청유	의향 묻기	청유	권유
행동의 주체	화자와 청자	화자와 청자	청자	청자	청자
격식성 정도	비격식적	격식적	비격식적	비격식적	비격식적
대화 상대자	개인	개인, 집단	개인	개인	개인

진행 표현

 들어가는 말

진행을 나타내는 표현에는 '-고 있다'와 '-는 중이다'가 있다. 하나는 보조 용언 구성이며 다른 하나는 관형형 어미 '-는'과 의존명사 '중'이 함께 쓰여 이루어진 구성으로 문법적 지위는 다르나 의미의 유사성으로 인하여 한자리에서 논의될 수 있겠다. 이들은 모두 발화시 당시의 행동이 끝나지 않고 진행되고 있다는 상적 의미를 나타낸다. 많은 경우 대부분의 한국어 교재나 문법서에서 이들 표현이 서로 대치되어 사용될 수 있다고 보고 있다.

〈표 135〉 진행 표현의 목록

-고 있다 -는 중이다

 현행 교재 출현 현황

'-고 있다'는 한국어 교재에서 비교적 초급에 해당되는 1급과 2급에 제시되고 있으며 '-는 중이다'는 2급과 3급에 걸쳐 제시되었다. 즉 학습자들은 '-고 있다'를 먼저 접한 후에 '-는 중이다'를 접하게 되는데 교재에 설명된 내용이 비슷하기 때문에 학습자들은 '-는 중이다'를 배우면서 '-고 있다'와 어떻게 다른지 알고 싶어 할 가능성이 많다.

〈표 136〉 진행 표현의 현행 교재 출현 현황

초급	중급	고급
-고 있다		
-는 중이다		

③ 문형 간 비교

3.1. 공통점

이 두 형태는 어떤 동작의 지속이라는 점에서 모두 큰 의미 차이 없이 바꿔 쓸 수 있다.

(1) 가. 지금 동생은 텔레비전 보고 있어요.
    나. 지금 동생은 텔레비전 보는 중이에요.

위의 예문을 보면 모두 발화시 당시 진행되고 있는 행동을 말할 때 '-고 있다'와 '-는 중이다'가 사용되었으며 큰 의미 차이를 못 느낄 것이다.

이러한 의미적 특성을 공유하고 있는 것과 같이 문법적인 특성 또한 공유하는 것이 많다. 선행 용언 제약과 선어말어미 제약에 있어서 비슷하다. 두 표현 모두 동사와 결합하는 것이 자연스러우며 형용사나 '이다'와는 결합이 부자연스럽다.

(2) 선행 용언 제약

    가. 지금 집에 (가고 있어요/가는 중이에요).
    나. *저는 (친절하고 있어요/친절한 중이에요).

위의 예문을 보면 형용사와의 결합은 부적절한 것을 알 수 있다. 그러나 모든 동사와의 결합이 자연스러운 것은 아니다. '-고 있다'와 '-는 중이다' 모두 상황의 '진행'에 초점이 가 있으므로 동사 중에서도 주로 시간의 폭이 있는 동사와 결합한다. 아래 예문 (3)에서와 같이 '도착하다', '죽다', '(시험에) 탈락하다'와 같이 순간을 나타내는 동사와는 적절성이 다소 떨어진다.

(3) 선행 동사의 유형

　가. ?우리가 탈 기차가 서울에 (도착하고 있어요/도착하는 중이에요).
　나. ?한 병사가 전쟁 중에 (죽고 있어요/죽는 중이에요).
　다. ?언니가 시험에 (떨어지고 있어요/떨어지는 중이에요).

　그러나 이들 예문의 주어가 복수가 되면 각각 '여러 기차가', '여러 병사들이', '많은 사람들의 시험 점수가'가 되므로 이것을 전체적으로 조망하였을 때 같은 행동이 지속적으로 일어나는 것으로 관찰될 수 있으므로 적절한 문장이 된다. 또한 (3가)와 같은 문장은 '도착하다'가 비록 짧은 순간에 일어나는 행동 유형이기는 하나 기차역에서는 중요한 상황으로 '도착하다'라는 상황의 내부 구조가 다소 길게 여겨질 수 있으므로 문맥에 따라서는 이것이 자연스럽게 느껴질 수도 있겠다.
　그러나 여기에서 기본적으로 '-고 있다'와 '-는 중이다'라는 기본 의미에 비추어 보았을 때 이와 같은 특수적인 맥락 외에서는 어색하다.
　한편 선어말어미 '-었-', '-겠-'이 '-고 있다'와 '-는 중이다'의 앞에 결합하는 것은 부자연스러우나 뒤에 결합하는 것은 자연스럽다.

(4) 선어말어미와의 결합

　가. *나는 네가 집에 올 때 (잤고 있다/자겠고 있다).
　나. 나는 네가 집에 올 때 (자고 있었다/자고 있겠다).

　이와 같이 의미적, 문법적 측면에서는 이 둘의 차이가 드러나지 않는다. 사건의 속성과 그로 인한 담화적 효과에 있어 차이가 드러나는데 그것에 대해 살펴보도록 하겠다.

3.2. 차이점

이들의 차이는 '-고 있다'와 '-는 중이다'가 나타내는 사건의 속성에 있어 차이가 있는데 그것을 그림으로 나타내면 아래와 같다(박문자, 2007: 58).

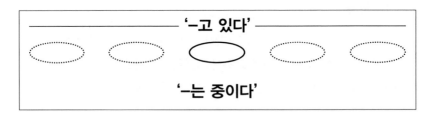

위의 그림을 보면 '-는 중이다'가 지칭하는 시간의 폭이 '-고 있다'가 지시하는 시간의 폭보다 짧다. 따라서 아래와 같은 예문에서 '-고 있다'가 선호되는 이유를 설명할 수 있다.

(5) 가. ?저는 지금 서울에 사는 중이에요.
    나. 저는 지금 서울에 살고 있어요.

'서울에 살다'라는 이 상황은 그 시간 폭이 다른 행동에 비하여 상대적으로 길게 느껴지는 편이다. 따라서 짧은 시간 폭을 지시하는 '-는 중이다'보다는 긴 시간 폭을 지시하는 '-고 있다'와의 결합이 자연스러운 것이다.

따라서 '-는 중이다'를 사용하면 어떤 주체가 동작이 진행되고 있는 상황 속에 놓여 있다는 사실을 강조하게 된다. 이러한 특징으로 말미암아 발화 효과를 가지게 된다. 그중에 한 예로 아래의 상황을 들 수 있겠다.

(6) 가: 지금 잠깐 통화 가능하신가요?
    나: 아, 저 지금 회의하는 중입니다. → 선호됨.
       아, 저 지금 회의하고 있어요.

위의 상황을 보면 통화가 가능한지를 물어보는 발화자 '가'의 질문에 '나'는 부정 혹은 거절의 뜻으로 자신이 무엇을 하고 있는지를 밝혔다. 이때 선호되는 표현은 '-고 있다'가 아닌 '-는 중이다'이다. 같은 상황을 표현함에 있어서 두 표현 중에 하나가 선호되는 이유는 '-는 중이다'는 시간 폭이 짧고 그 상황 속에 자신이 놓여 있음을 강조하게 되므로 방해받고 싶지 않은 마음, 거절의 의사를 간접적으로 강하게 드러낼 수 있기 때문이다.

추측 표현

 들어가는 말

여기에서는 이른바 '추측 표현'으로 흔히 언급되는 8개의 문형을 다룬다. 이 문형은 모두 서술된 사태가 화자의 추측이라는 점을 나타낸다는 점에서 의미·기능상 공통점이 있다. 물론 이 형태들이 언제나 추측의 의미·기능만을 나타내는 것은 아니다. 예를 들어 종결어미 '-을걸(요)'는 '또 지각했네, 조금 일찍 출발할걸.'과 같은 문장에서는 후회를 나타내고 '-겠-'이나 '-을 것이다'는 흔히 미래 시제를 나타내는 용법이 제일 먼저 교수되며 그때는 화자의 계획이나 의지 등을 표현하는 용법이 주로 제시되곤 한다. 이렇듯 하나의 형태에 여러 가지 의미·기능이 대당되는 경우에 그들 각 용법에 따른 변별도 중요하지만, 의미·기능이 유사한 서로 다른 형태 사이의 변별 역시 그 중요성이 간과되어서는 안 된다. 따라서 이 장에서는 형태 중심 접근이 아닌 의미·기능 중심 접근으로서 서로 유사한 추측의 의미·기능을 나타내는 문형을 다루기로 한다.

〈표 137〉 추측 표현의 목록

-은/는/을 게 틀림없다
-겠-
-을 것이다
-을걸(요)
-나/은가 보다
-은/는/을 모양이다
-은/는/을 것 같다
-은/는/을 듯싶다/듯하다

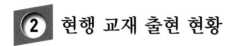

② 현행 교재 출현 현황

이 장에서 다루는 위의 추측 표현의 출현 현황을 현행 주요 5종 교재에서 살펴본 결과, 이들은 초급, 중급, 고급 교재에 걸쳐 제시되어 있음을 알 수 있다. 세부적인 급수는 교재에 따라 다르지만 대체적인 현행 교재 출현 현황을 숙달도별로 나타내면 다음과 같다.

〈표 138〉 추측 표현의 현행 교재 출현 현황

초급	중급	고급
-겠-		
-은/는/을 것 같다		
-은/는/을 모양이다		
-을 것이다		
	-은/는/을 게 틀림없다	
	-나/은가 보다	
	-을걸(요)	
		-은/는/을 듯하다/듯싶다

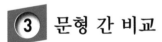

③ 문형 간 비교

3.1. 공통점

이 장에서 다루는 8개의 대상 문형은 '-겠-'과 같은 선어말어미, '-을걸(요)'와 같은 종결어미, '-을 것이다' 등과 같은 우언적 구성 등 다양한 형태적 기원이 있다. 그러나 이러한 차이점에도 불구하고 이들은 모두 서술된 사태가 화자의 추측이라는 점을 나타낸다는 공통분모 위에 있다. 다음 (1가)의 예문에서 보이는 바와 같이 서로 다른 문형은 모두 '비가 오다'라는 명제와 결합하여 이 명제가 화자의 추측이라는 점을 드러내는 역할을 하는 것이다. 이러한 의미 · 기능상 공통점은 이들 각 문형을 그 상이한 형태에도 불구하고 의사소통적 관점에서 '추측 표현'이라는 하나의 범주로 묶을 수 있도록 한다.

(1) 가. 비가 (올 게 틀림없어요/오겠어요/올 거예요/올걸요/오나 봐요/올 모양이에요/올 것 같아요/올 듯해요/올 듯싶어요).

이러한 의미 · 기능적 공통점은 이들 문형이 일부 문법적 특징을 공유할 수 있도록 하기도 한다. 즉 이들 문형은 공통적으로 다음과 같은 문법적 특징이 있다.

첫째, 이들은 모두 화자가 현재 행하고 있는 사태에 추측 표현을 쓰는 게 어색하므로 1인칭 주어와 함께 쓰면 어색한 경우가 있다. 특히 이러한 주어 제약은 현재 시제, 그리고 진행상과 결부될 때 더욱 두드러지는데, 아래 예문 (2)에서 이를 확인할 수 있다.[62]

(2) 주어 제약

가. *저는 지금 밥을 먹고 <u>있는 게 틀림없어요</u>.

나. *저는 지금 밥을 먹고 <u>있겠어요</u>.

다. *저는 지금 밥을 먹고 <u>있을 거예요</u>.

---

62) 이러한 제약은 자신이 현재 하고 있는 일을 추측하는 것이 의미적으로 부자연스럽기 때문에 발생한다. 따라서 현재가 아닌 상황에서는 1인칭 주어 사용도 일반적으로 제약되지 않는다.

  가. 나는 내일 열시에 (<u>자고 있을 게 틀림없어</u>/<u>자고 있을 거예요</u>/<u>자고 있을걸</u>/<u>자고 있을 거 같아요</u>).

또한 현재 시점이라 하더라도 화자가 자신이 미처 몰랐던 사실을 새롭게 깨달았음을 의미할 때는 1인칭 주어가 사용될 수 있다.

  가. 이렇게 어려운 문제를 풀다니, 나는 <u>천재인 게 틀림없어</u>.

  나. 이렇게 어려운 문제를 풀다니, 나는 <u>천재인가 봐</u>.

  다. 이렇게 어려운 문제를 풀다니, 나는 <u>천재인 모양이야</u>.

  라. 이렇게 어려운 문제를 풀다니, 나는 <u>천재인 것 같아</u>.

  마. 이렇게 어려운 문제를 풀다니, 나는 <u>천재인 듯해</u>.

라. *저는 지금 밥을 먹고 <u>있을걸요</u>.

마. *저는 지금 밥을 먹고 <u>있나 봐요</u>.

바. *저는 지금 밥을 먹고 <u>있을 모양이에요</u>.

사. *저는 지금 밥을 먹고 <u>있을 것 같아요</u>.

아. *저는 지금 밥을 먹고 <u>있을 듯해요/있을 듯싶어요</u>.

둘째, 이 문형은 모두 해당 문형에 결합 가능한 선행 용언의 품사에 대한 제약이 없다. 일반적으로 추측의 대상이 되는 사태는 동작성 사건일 수도, 정적인 현상이나 상태일 수도 있기 때문이다. 따라서 보통 동사나 형용사에 따른 제약 없이 어떤 품사의 용언이든 결합이 가능하다. 해당 문형이 동사와 결합된 (3가)와 형용사와 결합된 (3나)를 비교해 보면 이러한 점이 확인됨을 알 수 있다.[63]

(3) 선행 용언 품사 제약 없음

가. 비가 (<u>올 게 틀림없어요/오겠어요/올 거예요/올걸요/오나 봐요/올 모양이에요/올 것 같아요/올 듯해요/올 듯싶어요</u>).

나. 날씨가 (<u>추울 게 틀림없어요/춥겠어요/추울 거예요/추울걸요/춥나 봐요/추울 모양이에요/추울 것 같아요/추울 듯해요/추울 듯싶어요</u>).

셋째, 이 문형은 '-을걸(요)'를 제외하고는 모두 어말어미 앞에 위치하는데, (2다)와 (2라)에서 보이는 바와 같이 결합 가능한 후행 종결어미가 제한적이다. 즉 이들 문형이 사용될 수 있는 문장의 유형에 따른 제약이 있어, 이들 문형은 공통적으로 청유문이나 명령문에서는 쓰이기 어렵다. 이는 '화자'의 추측을 나타낸다는 의미·기능이 명령이나 청유의 서법과 상충되기 때문이다. 아래 예문 (4가)는 추측 표현이 청유형 문장으로 사용될 수 없음을 보여 주고 (4나)는 명령문으로 사용될 때 비문이 됨을 보여 준다.

(4) 문장 유형 제약

---

63) (3가)는 (1가)와 동일한 것으로 독자의 편의를 위해 반복하였다.

가. *좀 (쉴 게 틀림없읍시다/쉬겠읍시다/쉴 겁시다/쉬나 봅시다/쉴 모양
입시다/쉴 것 같읍시다/쉴 듯합시다/쉴 듯싶읍시다).

나. *좀 (쉴 게 틀림없으십시오/쉬겠으십시오/쉴 거십시오/쉬나 보십시
오/쉴 모양이십시오/쉴 것 같으십시오/쉴 듯하십시오/쉴 듯싶으십시오).

3.2. 차이점

◉ 3.2.1. 의미상 차이

추측 표현의 의미 차이는 다음과 같이 두 가지 측면에서 변별된다. 첫째, 화
자가 인식하는 추측의 확실성 정도에 따른 차이가 있다. 둘째, 화자가 인식하
는 추측의 근거에 따른 차이가 있다. 이러한 두 가지 기준에 따른 차이를 구체
적으로 살펴보면 다음과 같다.

1 화자가 인식하는 추측의 확실성 정도에 따른 의미 차이

이 문형은 화자가 해당 사태에 대해 어느 정도의 확신으로 추측하는지에 따
라 가장 확실성이 낮은 문형으로부터 가장 확실성이 높은 문형까지 일렬로 늘
어뜨릴 수 있다. 이는 다음 표와 같다.

〈표 139〉 추측의 확실성 정도에 따른 연속체

확실성 낮음 ←			→ 확실성 높음
−은/는/을 것 같다	−나/은가 보다	−겠−	−은/는/을 게 틀림없다
−은/는/을 듯싶다/ 듯하다	−은/는/을 모양이다	−을걸(요)	
		−을 것이다	

우선 '-은/는/을 것 같다'와 '-은/는/을 듯하다/듯싶다'는 보통 그 추측이 화자의 개인적 견해일 뿐이라는 전제를 내세우므로 화자가 표현하고자 하는 확실성의 정도가 비교적 낮다고 볼 수 있다. 이에 따라 이들 문형은 아래 (5가, 나)와 같이 불확실성의 의미가 있는 부사어 '왠지'와 공기할 수 있다는 특징을 보인다.

그 옆으로 위치한 '-나/은가 보다'와 '-은/는/을 모양이다'는 상대적으로 보았을 때는 중간 정도의 확실성을 표현하는데, 이 두 문형을 사용할 때 화자가 인지하는 확실성의 정도는 중립적인 수준보다 높은 편이다. 이러한 점은 (5다)에서와 같이 이들 문형이 불확실한 추측 표현과 자주 어울리는 '왠지' 등의 부사어와 공기하기 어렵다는 사실을 통해 확인되며, 이는 (5가, 나)와 대별된다.

다음으로 위치한 '-겠-', '-을걸(요)', '-을 것이다'는 비교적 확실성의 정도가 높은 편이다. 따라서 (5라)에서와 같이 화자가 이들 문형을 사용할 때는 그 추측의 내용, 즉 '내일 비가 온다'는 내용이 번복될 가능성이 높지 않다고 받아들여지는 게 일반적이다. 그러나 이들 문형은 화자의 확신을 담보하는 것은 아니며, 이는 마지막으로 위치한 '-은/는/을 게 틀림없다'와 구분되는 점이다. '-은/는/을 게 틀림없다'는 형태적으로 '앞의 사실이 분명하고 확실하다'는 뜻의 '틀림없다'를 포함하므로 화자가 확신을 가지고 단정적인 추측을 할 때 사용되는 것이다. 따라서 (5마)와 같은 표현은 추측 표현 가운데에서 화자가 인지하는 확실성의 정도가 가장 높으며 화자의 확신에 가까운 강한 추측을 나타낸다.

(5) 확실성의 정도에 따른 의미 차이

　가. 왠지 반가운 손님이 올 것 같아요.

　나. 왠지 반가운 손님이 (올 듯해요/올 듯싶어요).

　다. *왠지 반가운 손님이 (오나 봐요/오는 모양이에요).

　라. 내일 비가 (오겠습니다/올걸/올 것입니다).

　마. 내일 비가 올 게 틀림없습니다.

② 화자가 인식하는 추측의 근거에 따른 차이

이 문형은 화자가 인식하는 추측의 근거에 따른 의미상 차이도 있다. 이러한 의미상 차이는 화자가 추측을 표현할 수 있도록 하는 근거가 화자의 즉각적 지각 경험인가의 여부, 화자의 과거 경험을 통한 배경 지식에 의한 것인가의 여부, 화자의 주관적인 근거인가 객관적인 근거인가에 따른 차이 등이다. 이러한 근거에 따른 의미상 차이를 보다 구체적으로 살펴보면 다음과 같다.

첫째, '-겠-', '-나/은가 보다', '-은/는/을 모양이다'는 주로 현장에서 지각한 경험에 근거하여 즉각적인 추측을 할 때 사용된다. 따라서 아래 예문 (6가)와 같이 근거가 없는 막연한 추측을 표현하면 어색하다. 한편, '-겠-'은 추측의 사태가 추측의 근거로서 화자가 지각한 사태보다 시간적으로 나중이라는 점에서 다른 문형과 차이가 있다. 다시 말해, '-겠-'이 사용된 예문 (6나)에서 화자는 먼저 '먹구름이 끼었다'는 사태를 지각한 후, 그것을 근거로 하여 '비가 오겠다'는 미래의 사태를 예견하고 있다.64) 이와는 달리 '-나/은가 보다'가 사용된 예문 (6다)에서는 화자가 '사람들이 우산을 쓰고 있다'는 지각 사태를 근거로 하여 동시간대의 사태인 '지금 비가 온다'를 추측하고 있다. 이러한 차이가 있으므로 만일 '-겠-'이 사용된 (6가)와 동일한 의미를 표현하고자 한다면 '-나/은가 보다'가 아니라 '-(으)려나 보다'를 사용해야 한다(6다). 한편, '-은/는/을 모양이다'의 경우, 관형형 어미의 선택에 따라 과거, 현재, 미래의 일을 추측할 때 모두 사용될 수 있다. 이는 (6라), (6라'), (6라")의 비교를 통하여 알 수 있는데, 이들은 각각 미래, 현재, 과거의 사태에 대한 추측을 나타내고 있다.

(6) '-겠-', '-나/은가 보다', '-은/는/을 모양이다'의 의미 특성

　가. *왠지 차가 (막히겠다/막히나 보다/막히는 모양이다).

　나. 먹구름이 낀 걸 보니 ← 지각 사태 　곧 비가 오겠어요. ← 추측 사태

---

64) '-겠-' 앞에 '-었-'을 붙여 '-었겠-'을 사용하면 과거의 사태를 추측하는 것이 가능하다. 예를 들어 '열이 이렇게 높은 걸 보니 많이 힘드셨겠어요.'와 같은 문장에서 이를 확인할 수 있다. 그러나 '-겠-'만 쓰인 경우에는 본문에 기술한 바와 같이 미래의 사태를 추측하는 의미로 사용되는 것이 일반적이다.

다. 사람들이 우산을 쓴 걸 보니 ← 지각 사태 지금 비가 <u>오나 봐요</u>. ← 추측 사태

다'. 먹구름이 낀 걸 보니 ← 지각 사태 곧 비가 <u>오려나 봐요</u>. ← 추측 사태

라. 먹구름이 낀 걸 보니 ← 지각 사태 곧 비가 <u>올 모양이에요</u>. ← 추측 사태

라'. 사람들이 우산을 쓴 걸 보니 ← 지각 사태 지금 비가 <u>오는 모양이에요</u>.
　　← 추측 사태

라". 땅이 젖은 걸 보니 ← 지각 사태 비가 좀 전에 <u>온 모양이에요</u>. ← 추측 사태

　둘째, '-을 것이다'와 '-을걸(요)'는 과거의 경험을 통해 형성한 배경 지식에 기대어 추측을 할 때 주로 사용된다. 예를 들어 아래 예문 (7가)에서 화자는 '전에 들었던 남편에 대한 얘기'라는 배경 지식을 근거로 가동하여 '현정이는 결혼을 했다'는 명제에 대한 추측을 하고 있는 것이다. '-을 것이다'와 '-을걸(요)'가 주로 논리적인 추론에 따른 예상이나 예측을 나타낼 때 사용되는 경우가 많은데, 그 이유는 바로 이와 같은 특징 때문이다. 아래 (7나)와 (7다)를 비교해 보면 이러한 점을 확인할 수 있다.

(7) '-을 것이다', '-을걸(요)'의 의미 특성

　가. 현정이는 아마 결혼을 (<u>했을 거예요/했을걸요</u>). 전에 남편 얘기를 들었거든요.

　나. 금리가 인상되면 부동산 가격은 (<u>하락할 것이다/하락할걸요</u>).

　다. ??금리가 인상되면 부동산 가격은 (<u>하락하겠다/하락하려나 보다/하락할 모양이다</u>).

　셋째, '-은/는/을 것 같다'와 '-은/는/을 듯하다/듯싶다'는 근거가 없는 막연한 추측을 나타낼 수 있다는 점에서 다른 문형과 구분된다. 따라서 다음 예문 (8가, 나)와 같이 '왠지', '그냥' 등과 함께 나타나는 것이 가능하다. '-은/는/을 것 같다'와 '-은/는/을 듯하다/듯싶다'로 근거가 있는 추측을 나타내는 것도 가능한데, 이때는 주로 그 추측이 화자의 개인적 견해라는 뜻을 강조하면서 조심스럽게 표현한다. 예문 (8다)를 통해서 이러한 뉘앙스의 차이를 살펴볼 수 있다.

(8) '-은/는/을 것 같다', '-은/는/을 듯하다/듯싶다'의 의미 특성

　가. 왠지 차가 (막힐 것 같아요/막힐 듯해요).

　나. A: 차가 (막힐 것 같아요/막힐 듯해요).

　　　B: 왜요?

　　　A: 그냥요.

　다. 제 생각에는 차가 (막힐 것 같아요/막힐 듯해요/??막히겠어요/??막히나
　　봐요/??막히는 모양이에요/??막힐 거예요/??막힐걸요).

　넷째, '-겠-', '-은/는/을 것 같다', '-은/는/을 듯하다/듯싶다'는 객관화가
불가능한, 화자의 주관적인 경험 근거에 의거한 추측을 나타낼 수 있다는 점
에서 다른 추측 표현과 구분될 수 있다. 예를 들어 아래 예문 (9가)에서 사용
된 근거인 '나는 단 걸 좋아한다'는 오로지 화자 자신에게 한정된 지극히 주관
적인 것으로, 이때는 '-겠-', '-을 것 같다', '-을 듯하다/듯싶다'에 의한 추측
만이 허용된다. 반면에 (9나)에서 사용된 근거인 '불티나게 팔린다'는 다른 사
람들과 공유하는 객관적인 사실에 입각한 것으로 이때는 모든 추측 표현이 사
용될 수 있다.

(9) '-겠-', '-은/는/을 것 같다', '-은/는/을 듯하다/듯싶다'의 의미 특성

　가. 저 초콜릿 케이크 무척 (맛있겠어요/맛있을 것 같아요/맛있을 듯해
　　요/*맛있나 봐요/*맛있는 모양이에요/*맛있을 거예요/*맛있을걸요).
　　저는 단 걸 좋아하거든요.

　나. 저 초콜릿 케이크 무척 (맛있겠어요/맛있을 것 같아요/맛있을 듯해요/
　　맛있나 봐요/맛있는 모양이에요/맛있을 거예요/맛있을걸요). 불티나
　　게 팔리네요.

◎ 3.2.2. 문법적 차이

추측 표현 문형의 문법적 특징을 요약하면 다음 표와 같다.

〈표 140〉 추측 표현의 문법적 특징

문법 항목	주어 제약	선행 용언 제약	선어말 어미 제약	시제 제약	문장 유형 제약	분포· 활용 제약
−은/는/을 게 틀림없다	O	X	O	X	O	X
−겠−	O	X	−	−	O	X
−을 것이다	O	X	O	O	O	O
−을걸(요)	O	X	O	−	−	−
−나/은가 보다	O	X	O	O	O	O
−은/는/을 모양이다	O	X	O	O	O	X
−은/는/을 것 같다	O	X	O	O	O	X
−은/는/을 듯싶다/듯하다	O	X	O	O	O	X

위의 표에서는 각 문형의 문법적 특징을 주어 제약, 선행 용언 제약, 선어말 어미 제약, 시제 제약, 문장 유형 제약, 그리고 분포·활용 제약으로 구분하여 나타냈다. 어떤 문형의 문법적 특징에 대하여 기술할 때에는 해당 문형이 문장의 어떤 부분에 분포하는지를 우선적으로 고려하여야 한다. 여기에서 다루고 있는 추측 문형은 대부분 문장의 술부에 나타나는 것으로서, 위와 같은 기준과 관련된 제약을 살펴봄으로써 그 문법적 특징에 대한 차이를 변별할 수 있다. 각각에 대한 설명을 보이면 다음과 같다.[65]

우선 '주어 제약'이라 함은 해당 문형이 사용된 문장의 주어에 대한 제약을 뜻한다. 앞에서 언급하였다시피 대부분의 추측 표현은 화자가 주어와 일치할 때 현재 상황에 대해 추측하는 것이 부자연스러우므로 특정 맥락을 제외하고는 1

---

65) 해당 문형이 나타나는 문장 내 위치와 해당 문형의 형태적 기원이 무엇인지에 따라 유의미한 문법 제약이 달라진다. 예컨대 연결어미 및 연결 표현의 경우 후행절에 관한 제약이 설명되어야 하는 것이 맞지만, 이 절에서 살펴보는 것과 같이 문장의 술부에 위치하는 표현에 있어서 후행절 제약은 유의미한 문법 제약이 아니다. 따라서 문법적 차이를 기술할 때 사용되는 메타 용어들이 각각 무엇을 가리키는 것인지는 비교되는 문형의 형태적·분포적 특징에 따라서 그때그때 달리 기술되어야 할 것이다. 이러한 측면에서 종결 표현의 유사 문형 변별 파트에서는 다소 중복되는 부분이 있더라도 비교되는 문형이 달라질 때마다 문법적 제약을 설명하는 메타 용어에 대한 설명을 제공하도록 하였다.

인칭 주어를 취하기 어렵다는 주어 제약이 있다.

둘째, 선행 용언 제약과 선어말어미 제약은 해당 문형의 앞에서 해당 문형과 결합하는 용언의 어간과 선어말어미에 대한 제약을 각각 가리킨다. 예컨대 '비가 왔을 것 같아요.'와 같은 문장에서 추측을 나타내는 문형 '-을 것 같다' 앞에는 용언 '오다'와 선어말어미 '-었-'이 순서대로 결합되어 있다. 이 경우 선행 용언 제약은 '오다'와 같이 해당 문형의 어간 자리에 위치하는 용언의 품사에 대한 제약을, 선어말어미 제약은 '-었-'과 같이 선행 용언과 해당 문형 사이에 위치하는 선어말어미에 대한 제약을 나타내는 것이다.

셋째, 시제 제약과 문장 유형 제약, 그리고 분포 및 활용 제약은 모두 해당 문형의 뒤에서 해당 문형과 결합하는 형태에 관련된 것이다. 예를 들어 '비가 올 것 같았습니다.'와 같은 문장에서 문형 '-을 것 같다' 뒤에는 선어말어미 '-었-'과 종결어미 '-습니다'가 차례로 결합되어 있다. 이때 '-었-'과 같이 시제를 나타내는 선어말어미의 출현과 관련된 제약을 시제 제약, '-습니다'와 같이 문장 유형을 결정짓는 어말어미의 종류와 관련된 제약을 문장 유형 제약이라고 할 수 있다. 한편, 결합 가능한 어말어미의 종류는, 해당 문형의 문장 유형과 관련된 제약뿐 아니라 해당 문장의 분포나 활용에 관한 제약에 관여할 수도 있다. 예를 들어, 추측을 나타내는 문형 '-나/은가 보다'가 연결어미와 결합할 때는 주로 '-는데'와 결합하는 특징이 있는데, 이러한 점은 이 문형의 활용에 관한 특징이라고 할 수 있다.

이제까지 기술한 바를 '-나/은가 보다'의 예를 통하여 도표로 정리해 보면 다음과 같다.

〈표 141〉 각 문법 제약에 관여하는 성분 및 형태의 예시

비가	오-	-았-	-나 보-	Ø	-아요
주어	선행 용언	선어말어미	해당 문형	시제	문장 유형
					-ㄴ데
					분포 · 활용

이상과 같은 기준으로 추측 표현의 문법적 특징을 살펴본 결과, 위의 〈표

141)에 나타난 각 문형의 문법 제약들 중에서 차이를 보이는 것을 중심으로 설명하면 다음과 같다.

먼저 '-은/는/을 게 틀림없다'는 다른 추측 표현과 달리 시제 제약이 없다. 즉 '-은/는/을 게 틀림없다'와 후행 종결어미 사이에 시제를 나타내는 선어말어미 '-었-'과 '-겠-'이 모두 개재될 수 있는데, 이는 (10가)와 같다. 다른 추측 문형은 모두 시제 제약이 있는데, 구체적으로는 다음과 같다. 우선 '-을 것이다', '-나/은가 보다'는 어떤 시제 선어말어미도 허용하지 않는다(10나, 다). '-은/는/을 모양이다', '-은/는/을 것 같다', '-은/는/을 듯하다/듯싶다'는 '-었-'과 결합이 가능하지만 '-겠-'은 허용하지 못한다(10라~바).

(10) 시제 제약에 있어서의 차이

  가. 선생님께서는 아마 서울에 사실 게 (틀림없어요/틀림없었어요/틀림없겠어요).
  나. 선생님께서는 아마 서울에 사실 (거예요/*거였어요/*거겠어요).
  다. 선생님께서는 아마 서울에 사시나 (봐요/*봤어요/*보겠어요).
  라. 선생님께서는 아마 서울에 사시는 (모양이에요/모양이었어요/*모양이겠어요).
  마. 선생님께서는 아마 서울에 사시는 (것 같아요/같았어요/*같겠어요).
  바. 선생님께서는 아마 서울에 사시는 (듯해요/듯했어요/*듯하겠어요).

둘째, '-을 것이다', '-나/은가 보다'는 특히 어말어미와 결합할 때 분포와 활용에서 상대적으로 자유롭지 못하다는 특징을 보인다. '-을 것이다'는 '추측'뿐 아니라 '의지'의 용법도 나타낼 수 있는데, '-을 것이다'가 양태를 나타내는 일부 종결어미와 결합하면 '추측'보다 '의지'에 가까운 의미를 나타내게 된다. 그럴 때는 추측의 의미가 있는 부사어 '아마'와 공기하지 못한다는 사실을 통해 이러한 점이 확인되는데, 이는 다음 예문 (11가)에서 보이는 바와 같다. 한편, '-나/은가 보다'는 연결어미와 결합할 때 주로 '-는데'와 결합하며 다른 연결어미와 결합하면 어색한 경우가 많은데, 예문 (11나)에서 이러한 점이 확인된다.

(11) 분포·활용 제약에 있어서의 차이

　　가. 김 선생님은 아마 서울에 사실 (<u>거예요</u>/*거군요/*거네요/*거지요).

　　나. 동생은 지금 자고 있나 (<u>본데</u>/*보지만) 어떻게 하지요?

◉ 3.2.3. 담화적 차이

　이들 문형의 담화적 차이는 주로 사용되는 장르나 사용역 등 의사소통 상황과 관련된 차이와 특정한 맥락 환경에서 갖게 되는 확장적·담화적 기능에 대한 정보를 아우른다.

　우선 장르와 사용역상 차이를 비교해 보면 다음과 같다.

　첫째, '-은/는/을 게 틀림없다', '-을걸(요)', '-나/은가 보다', '-은/는/을 것 같다'는 다른 문형에 비해 주로 구어에서, 그리고 비격식적인 상황에서 많이 사용되는 경향이 있다. 따라서 예문(12가)에서와 같이 이들 문형을 공식적인 성격의 장르인 일기 예보 방송 담화에서 사용한다면 적절성이 훼손됨을 알 수 있다. 이는 물론 상대적인 것이며 절대적으로 그러하다고 보기는 어렵다.

　둘째, 의미의 측면에서 유사한 '-을 것이다'와 '-을걸(요)'를 비교해 보면, 이들은 의미상 보이는 상호 유사성에도 불구하고 주로 사용되는 사용역에 있어서는 차이가 있다. 즉 '-을 것이다'는 '-을걸(요)'에 비해 덜 친숙한 관계에서, 보다 격식적인 상황에서도 사용될 수 있으며, '-을걸(요)'의 경우 친숙하지 않은 관계에서, 또는 격식적인 상황에서 사용할 경우 매우 어색하거나 공손성이 훼손될 여지가 있다. 이러한 점은 예문 (12나)에서 확인된다.

　셋째, '-은/는/을 것 같다'와 '-은/는/을 듯하다/듯싶다'는 주로 개인적인 견해임을 담보하는 추측을 나타내므로 '정확성'을 중요시하는 전문성·학술성·공식성을 띠는 장르에서는 잘 사용하지 않는다는 점에서 공통적이다. 따라서 만일 신문 기사와 같은 장르에서 이들 문형이 사용된다면 매우 적절하지 않게 느껴질 것이다(12다). 그런데 이 둘을 비교해 보면 '-은/는/을 것 같다'는 보다 구어적이며 '-은/는/을 듯하다/듯싶다'는 보다 문어적이다. 이러한 차이 역시 상대적인 것이며 절대적인 것이라고 볼 수는 없다.

(12) 장르 및 사용역상 차이

    가. (일기 예보 방송에서) ??내일은 비가 (올 게 틀림없습니다/올걸요/오려
       나 봅니다/올 것 같습니다).

    나. (공식적 회의 자리에서) 저희 팀의 예측에 의하면 하반기 매출은 200%
       (성장할 것입니다/??성장할걸요).

    다. (신문 기사에서) ??여당과 야당의 대표가 내일 만나 이 문제를 (논의할
       것 같다/논의할 듯하다/논의할 듯싶다).

추측 표현은 다양한 확장적 기능을 가지기도 한다. 예를 들면, '-겠-'은 상대
방의 감정에 공감을 표현할 때 사용될 수 있고(13가), '-은/는/을 것 같다'는 자
신의 견해를 공손하게 표현하려는 의도로 선택될 때가 많다(13나). 또한 '-을
것이다'는 비교적 확신적인 태도를 나타내므로 화자가 상대방을 안심시키기 위
한 의도를 가질 때 사용하기도 한다(13다).

(13) 가. A: 일이 많아서 어제도 밤을 샜더니 정말 피곤해요.
       B: 정말 피곤하겠어요.
    나. 이 구두는 좀 비싼 것 같아요.
    다. 걱정 마. 다 잘 될 거야.

한정 표현

 들어가는 말

이 장에서는 이른바 '한정 표현'으로 묶일 수 있는 3개의 문형을 다룬다. 이 문형은 모두 오직 서술되는 사태 그것뿐이고 그 이상은 아님을 나타낸다는 점에서 의미상 공통점이 있다. 이처럼 의미 · 기능이 유사한 서로 다른 형태의 경우 상호 차이를 변별하여 교수할 필요성이 매우 크다. 따라서 이 장에서는 의미 · 기능 중심 접근으로서 서로 유사한 '한정 표현'의 의미 · 기능을 나타내는 문형을 다루기로 한다.

〈표 142〉 한정 표현의 목록

―을 뿐이다
―을 따름이다

 현행 교재 출현 현황

이 장에서 다루는 한정 표현의 출현 현황을 현행 주요 5종 교재에서 살펴본 결과, 이들은 주로 중급에서 제시되고 있었다. '―을 뿐이다'는 교재에 따라 3급 또는 4급에서 제시되고 있었고 '―을 따름이다'는 1종 교재(연세대)에서만 제시되어 있었는데 4급에 출현하고 있었다. 이러한 현행 교재 출현 현황을 숙달도 별로 나타내면 다음과 같다.

〈표 143〉 성취 표현의 현행 교재 출현 현황

초급	중급	고급
	−을 뿐이다	
	−을 따름이다	

 ## 3 문형 간 비교

3.1. 공통점

이 장에서 다루는 3개의 대상 문형은 오직 서술되는 사태 그것뿐이고 그 이상은 아님을 나타낼 때 쓴다는 공통분모 위에 있다. 아래 (1가)의 예문에서 보이는 바와 같이 서로 다른 2개의 문형은 모두 '노력하다'와 같이 화자가 한정하고자 하는 명제와 결합하여 그것을 강조하는 기능을 한다. 이러한 의미 · 기능상 공통점은 이들 각 문형에 포함되어 있는 의존명사 '뿐'과 '따름'의 본래 의미의 공통점으로부터 기인한 것이다.

(1) 가. 나는 그저 열심히 (노력할 뿐이다/ 노력할 따름이다).

이러한 의미 · 기능적 공통점은 이들 문형이 일부 문법적 특징을 공유할 수 있도록 하기도 한다. 즉 이들 문형은 공통적으로 다음과 같은 문법적 특징이 있다.

첫째, 이들은 일반적으로 과거나 현재의 일에 대하여 한정하는 용법으로 사용된다. 따라서 선행 용언과 결합할 때 선어말어미 '−었−'이 개재되는 것은 가능한 반면 '−겠−'은 개재되기 어렵다. 이러한 점은 예문 (2가, 나)를 통해서 확인된다. 또한 이들 문형과 어말어미 사이에도 역시 선어말어미 '−었−'은 개재될 수 있지만 '−겠−'이 개재되면 매우 어색해진다. 이러한 점은 예문 (2다, 라)에서 볼 수 있다.

(2) 시제 선어말어미 제약

　가. 뜻하지 않게 폐를 끼쳐 (미안했을 뿐이네/미안할 뿐이네/*미안하겠
　　　을 뿐이네).
　나. 뜻하지 않게 폐를 끼쳐 (미안했을 따름이네/미안할 따름이네/*미안하
　　　겠을 따름이네).
　다. 나는 그저 열심히 노력할 (뿐이지/뿐이었지/*뿐이겠지).
　라. 나는 그저 열심히 노력할 (따름이지/따름이었지/*따름이겠지).

　둘째, 이들은 주로 평서문으로만 쓰이고 명령문, 청유문은 물론 의문문으로
도 잘 사용되기 어렵다. 이는 이들 문형이 주로 어떤 사태에 대하여 한정하여
서술할 때만 사용되며 질문이나 명령, 청유의 기능과는 어울리기 어렵다는 것
을 뜻한다. 아래의 예문에서 이 점을 확인할 수 있다.

(3) 문장 유형 제약

　가. 그저 열심히 노력할 (뿐입니다./??뿐입니까?/*뿐입시다./*뿐이십시오.)
　나. 그저 열심히 노력할 (따름입니다./??따름입니까?/*따릅입시다./*따름
　　　이십시오.)

　셋째, 이 한정 표현은 모두 결합 가능한 연결어미에 있어서도 제약이 있다.
후행절이 이어질 때에는 주로 '-을 뿐이지'나 '-을 따름이지'의 꼴로만 쓰이며
여타의 연결어미들은 결합하기 어렵다는 특징이 있다. 이는 (4가, 나)를 통해
확인해 볼 수 있다.

(4) 연결어미 제약

　가. 그간 너무 바빴을 (뿐이지/따름이지) 일부러 네 연락을 피한 건 아니야.
　나. *그간 너무 바빴을 (뿐이지만/뿐인데/뿐이나) 일부러 네 연락을 피한
　　　건 아니야.

3.2. 차이점

'-을 뿐이다'와 '-을 따름이다'는 의미상으로도, 문법적으로도 대부분의 특성을 공유한다. 따라서 대부분의 경우에 이 두 문형을 서로 교체하여 사용할수 있다. 다만 담화적으로 공손성의 정도에 따라서는 다소 차이가 있는 것으로 보인다. 담화적으로 '-을 따름이다'가 '-을 뿐이다'에 비해서 보다 제약적으로 사용되는 것으로 보이는데 이러한 차이는 말뭉치에서의 빈도 차이로 드러난다. 실제 말뭉치 용례를 보면 '-을 따름이다'의 빈도는 '-을 뿐이다'의 빈도 대비 2% 정도밖에 되지 않는다.[66] '-을 따름이다'는 '-을 뿐이다'에 비해서 청자가 화자보다 윗사람일 때나 화자와 청자가 친밀하지 않은 상황이나 격식적인 장면에서 보다 선호되는 경향이 있는 것으로 보인다. 또한 이러한 특성으로 인해 화자가 청자에게 격식적으로 사과하는 상황에서는 '-을 따름이다'가 '-을 뿐이다'보다 빈번히 사용되는 경향이 나타난다. 선행 동사가 '송구하다'인 경우 '-을 따름이다'와 결합한 용례는 '-을 뿐이다'와 결합한 용례보다 3배 이상 많았다. 그러나 이러한 차이는 다분히 상대적인 것이며 정도의 차이가 크다고 보기도 어렵기 때문에 위에 언급한 것과 같은 상황에서도 '-을 뿐이다'를 사용한다고 해서 공손성이 훼손되는 것은 아니다.

(5) 사용상의 차이

　가. 청자가 윗사람일 때

　　A: 자네, 요즘 논문 쓰느라고 고생이 많지?

　　B: 고생은요. 그저 열심히 <u>노력할 따름입니다</u>.

　나. 청자가 아랫사람일 때

　　A: 선배님, 요즘 논문 쓰느라고 고생이 많으시지요?

　　B: 고생은. 그저 열심히 <u>노력할 뿐이지</u>.

---

66) Trend 21 코퍼스를 대상으로 하였다.

해라체 의문형 종결어미

1 들어가는 말

'-니'와 '-냐'는 의문형 종결어미로서 같은 화계인 해라체에 속한다. 따라서 한국어 문법서에서 보통 이들이 많은 경우에 서로 대체되어 사용될 수 있는 것으로 보고 있다. 〈표준국어대사전〉에 따르면 '-냐'는 "해라할 자리에 쓰여, 물음의 뜻을 나타내는 종결어미"라 하였고, '-니' 또한 그 풀이가 같다. 다만 '-니'를 '-냐'에 비하여 좀 더 친밀하고 부드럽게 이르는 말로 보고 있다는 점을 차이로 두고 있다. 이와 같이 이들의 기능은 비슷할 수 있으나 분명 담화적인 특징에 있어 차이가 있으며 위의 〈표준국어대사전〉의 기술로는 이 두 형태의 차이를 모두 포괄하지 못한다. 한국어 학습자들이 한국에 체류하는 기간이 길수록 다양한 담화 상황에 놓이게 되는데 원활하고 자연스러운 인간관계와 의사소통을 위해서는 이러한 종결어미의 미묘한 차이를 알 필요가 있다.

〈표 144〉 해라체 의문형 종결어미 목록

-니
-냐

2 현행 교재 출현 현황

해당 표현은 보통 교재의 '반말'이나 '낮춤말' 등의 교수요목 안에 제시되고 있었으며 아예 해당 형태가 제시되지 않는 경우도 많았다. 보통 반말이 제시되는 2급에서 함께 다루어지는 것으로 파악되었으나 사실 반말로는 해체인 '-어'가 제시되고, '-니'와 '-냐'는 상대적으로 비중이 높지 않았다. 해라체 자체가 한국어 교재에서 교수요목으로 제시되는 경우가 드물었다. 이는 학습자들이 해라체를 생산하는 입장보다는 이해하는 입장에 있기 때문인 것으로 풀이될 수 있겠다.

〈표 145〉 해라체 의문형 종결어미의 현행 교재 출현 현황

초급	중급	고급
-니		
-냐		

③ 문형 간 비교

3.1. 공통점

이 두 표현은 모두 같은 해라체에 속하며 물을 때 사용한다는 점에서 같다. 또한 주어 제약, 선행 용언이나 '-시-', '-었-', '-겠-' 등의 선어말어미 제약과 같은 문법적 제약이 거의 없다는 점에서도 비슷하다. 여기에서 우선 선어말어미 제약만 살펴보겠다.[66]

(1) 가. 할머니 어디 (계시니/계시냐)?

　　나. 어제 수업에 왜 (빠졌니/빠졌냐)?

　　다. 내가 네 생일을 (잊어버리겠니/잊어버리겠냐)?

위의 예문을 보면 모두 선어말어미와의 제약이 없다. 명제의 내용이나 시제,

---

66) 아래 예문들은 모두 강현화 외(2016)에서 그대로 가져오거나 약간의 수정을 가한 것들이다.

상에 관여되지 않으며 단지 화자의 청자에 대한 태도만을 나타내는 종결어미이므로 이러한 제약이 없는 것은 당연하다.

한편 담화 정보를 보면 주로 구어에서 사용되며, 아랫사람이나 나이가 같은 사람에게 사용할 수 있으며 아주 가까운 사이에서만 사용할 수 있다는 점 또한 서로 비슷하다.

그러나 이 두 형태는 모두 아무리 가족과 같이 가까운 사이이며 나이 차이가 별로 나지 않아도 나이가 많은 사람에게 사용하는 것은 어색하다. 아래 예문을 통해 살펴보자.

(2) 가. (한 살 어린 동생이 형에게) 밥 먹었냐? → 어색함. 버릇이 없게 느껴짐.

　　 나. (한 살 많은 형이 동생에게) 밥 먹었냐? → 자연스러움.

　　 다. (한 살 어린 동생이 언니에게) 밥 먹었니? → 어색함. 버릇이 없게 느껴짐.

　　 라. (한 살 많은 언니가 동생에게) 밥 먹었니? → 자연스러움.

이러한 공통점은 이들 형태가 속한 화계에서 오는 것으로 파악할 수 있겠다. 모두 해라체로서 낮춤말이다. 따라서 나이가 조금이라도 많은 사람에게 사용하는 것은 적절성이 떨어질 수 있다.

3.2. 차이점

그동안 '-니'와 '-냐'의 차이점으로 제시되어 온 것은 앞서 〈표준국어대사전〉에 기술된 바와 같이 '-니'가 '-냐'에 비하여 좀 더 친밀하고 부드러운 표현이라는 점과 '-니'는 여성스러운 말투에서 '-냐'는 남성적인 말투에서 사용된다는 것이다. 이러한 설명은 일면 타당하나 모든 경우에 적용되는 것은 아니다. 특히 '-니'가 '-냐'에 비하여 친밀감을 나타내는지는 의문이다.

이들의 차이점에 대한 기술은 화용적 요인별로 좀 더 정교화될 필요가 있다. 본서에서는 이 둘의 의미 차이에 크게 관여하는 화용적 요인이 화청자의 성별과 화청자 간의 친밀한 정도라 본다. 따라서 요인별로 어떻게 다른지 살펴보도록 하겠다.

① 성별

'-니'와 '-냐'의 선택에는 화자의 성별보다는 청자의 성별이 작용한다. 보통 남성에게 말하는 경우에는 '-니'보다는 '-냐'를 사용하는 경우가 많고, 여성에게 말하는 경우에는 '-냐'보다는 '-니'를 선호한다. 즉 화자의 성별보다는 청자의 성별에 좌우되는 경우가 많다. 따라서 '-냐'는 조금 더 거친 느낌이 들고, '-니'는 부드러운 느낌이 있다.

(3) 가. (언니가 여 동생에게) 우산은 챙겼니?

　　나. (형이 남동생에게) 우산은 챙겼냐?

그러나 이것은 절대적인 기준이 아니며 아래의 친밀도 및 사회적 거리감에 의한 선택이 가장 크게 나타나는 것으로 보인다.

② 친밀도 및 사회적 거리감

'-니'와 '-냐' 모두 낮춤의 대상에게 사용되는 것이 일반적이다. 그러나 친밀도 혹은 사회적 거리에 있어 차이가 있다. '-니'는 대화 참여자들끼리의 친밀도가 낮을 때에도 사용될 수 있다. 예를 들어 한 어른이 처음 보는 아이에게 나이를 물을 때 '몇 살이냐?'라고 하기보다는 '몇 살이니?'라고 할 가능성이 높다. 그러나 서로의 사회적 거리가 없고, 매우 친밀한 관계에서 물을 때에는 '어디 가냐?'와 같이 물을 가능성이 높다. 이때에는 대화 참여자들의 성별에 관계없이 '-냐'가 사용되는 것이 자연스럽다.

이러한 친밀도의 차이가 적용되어 '-니'를 사용하면 '-냐'에 비하여 상대적으로 상대와의 거리감이 들기도 한다. 또한 상대방이 아랫사람이라는 것을 확실히 전제하게 되는 효과를 가져온다. 이에 대하여 송지영(2013)에서는 '-니'는 화용 전략으로서 친밀의 정도가 낮은 상대에게 거리를 표시하는 소극적 공손의 기능, 상대방의 심리적 상태에 대한 배려나 친절을 표현하는 적극적 공손의 기능 등을 한다고 하였다.

이러한 '-니'와 '-냐'의 특징을 다음과 같은 상황에서 적용하여 자세히 내용을 살펴보도록 하겠다.

(4) 가. 어디 가니?

　　나. 어디 가냐?

　위의 질문을 여러 화용적 상황을 가정하여 살펴보도록 하겠다. 만약 매우 친한 친구끼리라면 (4가)보다는 (4나)를 선호할 것이다. 비록 '−냐'가 낮춤말이지만 같은 나이의 아주 친밀한 친구에게 사용하는 것은 자연스럽다. 그러나 이러한 경우에 '−니'를 사용하게 되면 (4가)를 듣는 사람은 자신이 상대보다 아랫사람이 된 것 같고 거리감이 느껴져 기분이 나쁠 수가 있다. 그러나 반대로 별로 친하지 않은 상황에서 (4나)의 '어디 가냐?'라는 발화를 들었을 경우에는 기분이 나쁠 수가 있다. 존중받지 못했다는 느낌이 들 수 있기 때문이다. 이러한 경우에는 무표적인 '어디 가?'를 사용하는 것이 자연스러울 것이다.

희망 표현

 들어가는 말

  화자가 자신의 희망을 표현하는 것은 의사소통의 기본적인 욕구에 해당하는 매우 중요한 기능이다. 한국어 학습자들에게도 한국어로 자신이 원하는 바를 표현하는 일은 기초적인 의사 표현 행위 중 하나이다. 한국어에서 화자의 희망을 나타내는 표현으로는 '-고 싶다', '-었으면 좋겠다', '-(으)면 싶다', '-(으)면 하다' 등을 들 수 있다. 여기에서는 희망 표현으로 활발히 사용되는 '-고 싶다', '-었으면 좋겠다'를 중심으로 희망 표현을 변별해 보고자 한다.

〈표 146〉 희망 표현의 목록

-고 싶다
-으면 싶다
-으면 하다
-었으면 좋겠다[67]

---

67) 김서형(2007)에 따르면 '-었으면 좋겠다'가 '-으면 좋겠다'보다 구어 말뭉치에서 더 자주 출현하기는 하지만, 실제 언중은 이를 구분하지 않고 이 둘을 구분하여 제시할 만큼 의미 분화를 나타내지 않는다. 그러나 청자에게 어떤 행위를 요구하고자 하는 의도에서 발화를 할 때에는 '-으면 좋겠다'가 '-었으면 좋겠다'보다 더 직접적으로 느껴진다는 차이가 있다고도 하였다. 그러나 이는 이 두 표현을 가를 만큼의 큰 차이라고 볼 수 없으므로 본서에서는 이 둘을 구별하지 않는 입장을 취하며, 말뭉치 빈도를 고려하여 '-었으면 좋겠다'를 대표형으로 삼아 기술한다.

② 현행 교재 출현 현황

화자의 희망을 표현하는 것은 매우 기본적인 의사소통의 욕구 중 하나이므로 한국어 교재에서도 비교적 초기 단계에서부터 희망 표현을 제시하고 있었다. 5종 교재에서 희망 표현은 '-고 싶다'가 먼저 제시된 후에 '-었으면 좋겠다'가 제시되는 순서로 나타났다. '-고 싶다'는 화자 자신이 하고자 하는 것을 직접적으로 제시하는 희망 표현으로, 활용이 간단하며 화용적인 제약 없이 널리 쓸 수 있다. '-었으면 좋겠다'는 한국어 교재에서 대개 '-(았/었)(으)면 좋겠다'의 꼴로 제시하고 있었는데, 과거의 일이 아님에도 '-었-'을 문형에서 포함하고 있다는 점, 활용을 해야 한다는 것이 학습자에게 부담으로 작용할 수 있다. 의미적으로도 '-었으면 좋겠다'가 '-고 싶다'보다 1인칭 화자뿐만 아니라 여러 가지 상황에 대한 화자의 희망을 나타낼 수 있고 파생적 기능이 있어 상대적으로 더 복잡성을 띤다. 따라서 '-고 싶다'를 제시한 후에 '-었으면 좋겠다'를 제시하는 것은 타당한 것으로 보인다. 한 교재에서는 '-었으면 좋겠다/하다'로 문형을 제시하고 있어, '좋겠다' 대신에 '하다'로 대체할 수 있음을 표시하고 있었다. 다만, '-었으면 좋겠다'와 '-었으면 하다'는 대개의 경우 교체가 가능하다고 볼 수 있으나 담화적 특징이 미세하게 다르므로 이에 대한 추가적 설명이 제시되어야 할 것으로 보인다.

〈표 147〉 희망 표현의 현행 교재 출현 현황

초급	중급	고급
-고 싶다		
-었으면 좋겠다		

3 문형 간 비교

3.1. 공통점

이 두 표현은 화자의 희망을 나타낸다는 공통점이 있다. 이러한 공통점으로 말미암아 문장의 주어가 일인칭이며 서술어가 동사일 때에는 교체가 가능하다.

(1) 가. 저는 시간이 있으면 여행을 (가고 싶어요/갔으면 좋겠어요).

　　나. 저는 배가 고파서 밥을 (먹고 싶어요/먹었으면 좋겠어요).

　　다. 나는 피곤해서 (자고 싶어/잤으면 좋겠어).

3.2. 차이점

첫째, 이 두 표현은 주어 제약에 있어서 차이가 있다. '-고 싶다'는 1인칭 화자만이 주어로 올 수 있다는 주어 제약이 있다. 한편, '-었으면 좋겠다'는 통사적으로 내포문을 구성하므로 희망을 하는 주체는 화자 자신이지만 희망하는 사태의 주체는 화자 자신이 될 수도 있고, 청자 혹은 다른 사람이나 사물 등이 자유롭게 올 수 있다. (2가)와 같이 '-고 싶다' 구문에서 주어는 일인칭 화자인 '나'밖에 쓸 수 없다. (2나)는 '-었으면 좋겠다' 구문에서 '나' 외에 '너', '그 사람'과 같이 2인칭, 3인칭 주어가 쓰일 수 있음을 보인 것이다.

(2) 주어 제약에 있어서의 차이

　　가. (나는/*너는/*그 사람은) 일찍 집에 가고 싶다.

　　나. (나는/너는/그 사람은) 일찍 집에 갔으면 좋겠다.

그러나 '-었으면 좋겠다'는 내포문을 구성하게 되므로 내포문의 주체는 누구도 될 수 있지만, 희망을 나타내는 주체는 화자 자신이어야 한다. (3가)는 희망을 하는 주체는 화자 자신이지만 내포문의 서술어인 '잘 살다'의 주체에는 제약이 없다. 하지만 (3나)와 같이 희망을 하는 주체가 '영희'와 같이 화자 외의 인물이 된다면 어색한 문장이 된다.

(3) 주절의 주어 제약

    가. 나는 (내가/네가/그 사람이) 잘 <u>살았으면 좋겠다</u>.
    나. *영희는 (내가/네가/그 사람이) 잘 <u>살았으면 좋겠다</u>.

둘째, 이 두 표현은 서술어 결합에 있어서 차이가 있다. '-고 싶다'는 동사와만 결합하는 데에 반해, '-었으면 좋겠다'는 이러한 제약이 없이 형용사, 동사 등과 자유롭게 결합할 수 있다. 그러나 '예쁘다, 건강하다, 바쁘다' 등과 같은 일부 형용사는 '-고 싶다'와의 결합하여 사용되기도 하나 일반적이라고 보기는 어렵다.

(4) 서술어 결합 제약에 따른 차이

    가. 저는 텔레비전을 (<u>보고 싶어요/봤으면 좋겠어요</u>).
    나. 저는 친구가 (*<u>많고 싶어요/많으면 좋겠어요</u>).

셋째, '-고 싶다'나 '-었으면 좋겠다'는 모두 '-고'와 '싶다'의 사이, '-었으면'과 '좋겠다'의 사이에 부사를 개재할 수 있느냐에 따른 차이가 존재한다. '-고 싶다'는 그 구성이 비교적 단단하여 해당 구성 안에 부사 개재를 허용하지 않는다. '-었으면 좋겠다'는 '-었으면 정말 좋겠다', '-었으면 아주 좋겠다'와 같이 부사 개재를 허용한다는 점에서 차이가 있다. 이는 (5)의 예를 통해 확인할 수 있다.

(5) 부사어 개재 가능 여부에 따른 차이

    가. *쉬고 정말 싶다.

나. 쉬었으면 정말 좋겠다.

또한 이 두 표현 모두 어미에 조사가 결합될 수 있다. '–고 싶다'는 어미 뒤에 보조사 '만', '는', '야', '도'가 결합할 수 있는 데 반해, '–었으면 좋겠다'는 '은' 과 '야'와만 결합한다. (6)의 예에서는 결합 가능한 보조사의 예를 보이고 있다.

(6) 보조사 결합 양상 차이

　가. 쉬고(만/는/야/도) 싶다.
　나. 쉬었으면(*만/은/야/*도) 좋겠다.

넷째, 두 표현이 사용된 문장은 화용 의미에서 차이가 있다. '–고 싶다'는 1인칭 주어와 어울려 화자 자신의 희망을 직접적으로 표현한다. 그러나 '–었으면 좋겠다'는 내포절의 주어가 2인칭과 3인칭이 올 수 있으므로 경우에 따라서는 완곡한 요청의 의미가 있다. 즉, 발화 행위를 수행할 수 있다. (7)에서처럼 교사가 학생에게 '찾아 주세요'와 같은 직접적 명령 표현이 아닌 '–었으면 좋겠다'를 사용해 간접적으로 자료 검색을 요구할 수 있다. '–고 싶다'도 맥락에 따라서는 '허락'이라는 파생적 의미를 갖는 것으로 보이는데, 이는 화자가 '허락'을 받고 싶다는 함의를 전제했다기보다는 청자의 추론에 의해서 그렇게 해석되는 것으로 보인다.

(7) '–었으면 좋겠다'의 화용 의미

　교사: 내일까지 자료를 좀 찾아 줬으면 좋겠는데.
　학생: 네, 선생님. 제출하겠습니다.

(8) 화용적 의미의 차이

　가. A: 문 닫고 싶어.
　　 B: 응. 닫아.
　나. A: 문 닫으면 좋겠어.
　　 B: 응. 닫아 줄게.

다섯째, 이 두 표현은 격식성과 화청자의 관계에 따른 차이가 있다. '-고 싶다'는 주로 일상적인 대화에서 편한 사이의 대화에서 사용하는 것이 자연스럽다. 격식적인 상황에서 사용할 때에는 화자의 희망을 강하게 표현하게 된다. (9)에서처럼 연설자가 무언가를 호소하는 상황이라면 (9가)와 같이 '-고 싶다'를 사용하는 것이 자연스럽다. '-었으면 좋겠다'는 일상적인 대화뿐만 아니라 격식적인 상황에서도 두루 쓸 수 있다. '-었으면 좋겠다'를 사용하면 화자의 희망사항을 완곡하게 표현하게 되므로, 화자가 잘 모르는 상대나 자신보다 윗사람에게 말할 때 선호되는 경향이 있다.

(9) 직접적 희망 표현과 완곡한 희망 표현

　가. (연설장에서) 저는 지금 이 자리에서 여러분들께 정말 간곡히 <u>부탁드리고 싶습니다.</u>

　나. (연설장에서) ^{??}저는 지금 이 자리에서 여러분들께 정말 간곡히 <u>부탁드렸으면 좋겠습니다.</u>

'좋겠다' 대신에 '하다'를 사용한 '-었으면 하다'를 통해서 화자의 희망을 나타낼 수 있다. '-었으면 하다'는 '하다'라는 대용 표현으로 인해, 완곡성이 더 강해진다는 차이가 있다. 이러한 차이는 (10)의 예를 통해 확인할 수 있다. (10가)에서처럼 후배가 선배에게 이야기를 할 때에는 '-었으면 좋겠다'와 '-었으면 하다'를 모두 사용할 수 있으나, '하다'를 사용하는 쪽이 더 공손하게 느껴진다. (10나)에서처럼 선생님께 이야기를 하는 상황이라면 '좋겠다'보다 대용 표현인 '하다'를 쓰는 것이 더 적절할 것이다.

(10) 공손성의 차이

　가. 후배: 선배하고 만나서 이야기를 했으면 (좋겠는데/하는데), 혹시 시간 괜찮으세요?

　나. 학생: 선생님, 내일 좀 찾아뵈었으면 ([?]좋겠는데요/하는데요), 혹시 시간 괜찮으세요?

참고 문헌

강현주(2010), "추측과 의지의 양태 표현 "-겠-"과 "-(으)ㄹ 것이다"의 교육 방안 연구", 이중언어학 43, 29-53, 이중언어학회.

강현화(2006), "한국어교육 방법론의 재검토; 한국어 문법 교수학습 방법의 새로운 방향", 국어교육연구 18, 31-60.

_____(2007ㄱ), "한국어 교재의 문형 유형 분석 -문형 등급화를 위해-", 한국어교육 18-1, 1-12, 국제한국어교육학회.

_____(2007ㄴ), "한국어 표현문형 담화기능과의 상관성 분석 연구 -지시적 화행을 중심으로-", 이중언어학 34, 1-26.

_____(2008), "어휘접근적 문법교수를 위한 표현문형의 화행기능 분석-"-어야 하다/되다"를 사례로-", 한국어 의미학 26, 21-46, 한국어의미학회.

_____(2012), "표준교육과정의 어휘, 문법 위계화에 대한 제언", 국제한국어교육학회 춘계학술발표논문집, 293-320.

_____(2016), "의존(성) 명사를 포함하는 한국어교육 문법항목 연구 -교육용 문법항목 선정의 쟁점을 중심으로-", 언어사실과 관점 38, 63-86, 연세대학교 언어정보연구원.

강현화·이현정·남신혜·장채린·홍연정·김강희(2016), 한국어교육 문법 -자료편, 한글파크: 랭기지플러스.

강현화·황미연(2009), "한국어 교육을 위한 불평표현 문형 연구 -불평화행과 인용표현의 관계를 중심으로", 한말연구 24, 5-31.

고경태(2008), 한국어 동사 교육 연구 -동사의 통사 및 의미 교육을 위한 패턴 선정을 중심으로-, 고려대학교 박사학위논문.

고석주(2001), 한국어 조사의 연구: '가'와 '를'을 중심으로, 연세대학교 박사학위 논문.

고영근(2004), 한국어의 시제 서법 동작상, 태학사.

고영근·구본관(2008), 우리말 문법론, 집문당.

구재희(2007), 한국어 기본문형 교육 연구, 이화여자대학교 박사학위논문

구종남(2015), "'-고' 통합 보조용언의 상적 의미에 대하여", 한국언어문학 87, 5-34, 한국언어문학회.

권순구(2006), "보조용언 '버리다'의 양태 의미", 어문연구 51, 233-252, 어문연구학회.

길지혜(2010), "한국어 구어 교육을 위한 연결어미 연구", 동국대학교 석사학위논문.

김경화·김정남(2012), "한국어 이유 표현 '-느라고'와 '-는 바람에'에 대하여", 텍스트언어학 32, 1-23, 한국텍스트언어학회.

김동욱(2000), "한국어 추측표현의 의미차이에 관한 연구", 국어학 35, 171-197, 국어학회.

김문기(2007), "매인풀이씨에 나타나는 상과 양태 의미의 상관성", 한국민족문화 30, 347-373, 부산대학교 한국민족문화연구소.

_____(2010), "한국어 교재에서의 문법 항목 제시 방안 연구 -보조 용언을 중심으로-", 우리말연구 27, 우리말학회.

김미형(2011), "조사 '이/가'와 '은/는'의 기본 전제와 기능 분석", 담화와 인지 18(3), 23-64, 담화·인지언어학회.

김서형(2007), "논문: 한국어 교육을 위한 희망 표현 연구", 한국어 교육 18(1), 23-48, 국제한국어교육학회.

김성화(2003), 국어의 상 연구, 한신문화사.

김세령(2010), "한국어 학습자를 위한 추측 표현 교육 방안 연구", 국어교과교육연구 17, 93-118, 국어교과교육학회.

김수정 · 최동주(2013), "소설 텍스트에서의 주어의 실현 양상", 한민족어문학 64, 37-69, 한민족어문학회.

김수진(2007), "조사 '-마저'의 의미", 우리말글 제 40집, 53-76, 우리말글학회.

김승곤(1979), "연결형 어미{-니까}, {-아서}, {-므로}, {-매}의 말쓰임에 대하여", 통일인문학 11, 35-51, 건국대학교 인문학연구원.

김영리(1988), "국어 특수조사의 의미", 백마어문 5, 121-140, 제주대학교 사범대학 국어교육과 국어교육연구회.

김영일(2016ㄱ), "'은/는'과 '이/가'의 의미기능 및 상황모형 연구-초급 학습자를 대상으로-", 언어와 정보 사회 28, 59-107, 서강대학교 언어정보연구소.

_____(2016ㄴ), "한국어교육을 위한 '은/는'의 특성 재고찰", 국어교육 155, 217-262, 한국어교육학회.

김영태(1998), "보조용언의 양태 의미", 우리말 글 16, 1-16.

김유미(2005), 한국어교육에서 자동 문형 검사기 설계를 위한 문형 추출, 경희대학교 박사학위논문.

김유정(1998), "외국어로서의 한국어 문법 교육: 문법 항목 선정과 단계화를 중심으로", 한국어교육 9, 19-36.

김정남(2011), "보조용언 '놓다'와 '두다'의 양태적 의미", 한국어 의미학 36, 65-89, 한국어의미학회.

김정란(1987), "국어 특수조사의 소고-"까지, 조차, 마저"에 대해서", 사림어문연구 4, 203-214, 사림어문학회.

김정숙 · 남기춘(2002), "영어권 한국어 학습자의 조사 사용 오류 분석과 교육 방법: '-이/가'와 '-은/는'을 중심으로", 한국어 교육 13(1), 27-45, 국제한국어교육학회

김제열(2001), "한국어 교육에서 기초 문법 항목의 선정과 배열 연구", 한국어교육 12-1, 93-121, 국제한국어교육학회.

김종록(1991), "'~나마'의 통사와 의미", 어문학 통권 52, 133-158, 한국어문학회.

_____(2007), "선어말어미 '-는-', '-느-' 통합형 접속어미의 사전 표제어 분석, 어문학 95, 23-54, 한국어문학회.

김준기(2011), "연결어미 '-아서'의 의미 고찰", 어문학 112, 1-25, 한국어문학회.

김중섭 · 이정희(2008), 일본인 한국어 학습자의 작문에 나타난 주격조사 오류 연구, 이중언어학 36, 69-91, 이중언어학회.

김지은(1998), 우리말 양태용언 구문 연구, 한국문화사.

김지현(2007), "한국어 주어의 무조사 현상 연구-담화, 화용 층위의 정보성을 중심으로", 우리어문연구 28, 7-31, 우리어문학회.

김지혜(2009), "한국어 연결어미 '-기에'와 '-길래'에 대한 연구 – 교육 문법 항목으로서의 '-기에' 설정을 위하여", 우리어문연구 33, 469-492, 우리어문학회.

김진희 · 김선혜(2012), "의존명사 {줄} 구성의 의미기능 연구 –한국어교육에서의 문형 선정 및 기술을 위한 시론-", 외국어로서의 한국어교육 37, 97-123, 연세대학교 언어연구교육원 한국어학당.

김진희(2011), 한국어 교재의 문법적 연어 구성 연구 –의존명사 구성을 중심으로-, 연세대학교 석사학위논문.

김호정(2006), "담화 차원의 문법 교육 내용 연구", 텍스트언어학 21, 145-177, 한국텍스트언어학회.

_____(2012), "한국어교육 문법 표현 내용 개발 연구", 국립국어원.

김효신(2007), "완료표현 '-고 말다'와 '-어 버리다'의 한국어 교육학적 연구", 한국외국어대학교 석사학위논문.

김효진(2006), 한국어 조사 '만'과 '밖에'의 분포와 의미, 서울대학교 대학원 석사학위 논문.

나은미(2011), "'-만큼'과 '-처럼'의 의미 특성과 비교 · 비유 표현", 한국어 의미학 34, 109-130, 한국어의미학회.

나은영(1997), "'까지', '조차', '마저'의 의미 구조 분석", 한국어학 6, 211-226, 한국어학회.

남기심(1978ㄱ), "'-아서'의 화용론", 외국어로서의 한국어교육 3, 9-20, 연세대학교 한국어학당.

_____(1978ㄴ), "국어 연결어미의 활용론적 기능: 나열형 '-고' 중심으로", 延世論叢 15, 1-21, 연세대학교 대학원.

_____(2001/2007), 현대국어통사론, 태학사.

남기심 · 고영근(1985/1993), 표준국어문법론, 탑출판사.

_____(1993/2014), 표준국어문법론, 박이정.

남길임(2013), "한국어 정형화된 표현의 분석 단위에 대한 연구 −형태 기반 분석과 어절 기반 분석의 비교를 중심으로−", 담화와 인지 20-1, 113-136, 담화인지언어학회.

남미정(2011), "보조사 '까지, 마저, 조차'의 발달과 의미 관련성", 국어사연구 12, 169-192, 국어사학회.

남신혜(2016), "한국어의 가능성 표현에 대한 연구 −한국어 문법 교육의 관점에서−", 새국어교육 107, 399-432, 한국국어교육학회.

노미연(2010), "중급학습자를 위한 이유 표현 교수 방안 연구 − '-느라고, −길래, −는 바람에'를 중심으로", 문법교육 12, 한국문법교육학회.

다카치토모나리(2016), "'-(으)ㄹ 것이-'와 '-(으)ㄹ 터이-'에 대한 일고찰", 언어와 정보 사회 27, 87-118, 서강대학교 언어정보연구소.

도재학(2014), "우언적 구성의 개념과 유형에 대하여", 국어학 71, 259-304, 국어학회.

류준열(1988), "'-게', '-도록'의 통사와 의미", 경상대학교 석사학위논문.

목지선(2012), "계기의 접속어미 '-고'와 '-아서'의 의미 · 통사상 차이 − 부정 표현과의 결합 양상을 중심으로", 어문학 116, 51-80, 한국어문학회.

민진영 · 안진명(2011), Korean Grammar in Use 중급, 파주: 다락원.

박나리(2013), "학문목적 한국어학습자의 학술논문에 나타난 자기의견표현담화 분석", 한국문예창작 12-1, 267-307, 한국문예창작학회.

박문자(2007), 한국어 교육 문법과 의존 구성 연구, 서울: 박이정.

_____(2007), 한국어 의존 구성의 의미 기능과 교육 방안 연구 −중국어권 학습자를 대상으로−, 서울대학교 박사학위논문.

박미화(2012), 중국어권 학습자를 위한 한국어 의존명사 교육 연구, 충남대학교 석사학위논문.

박숙영(2006), "의지 표현들의 의지 정도성 비교 −'-겠어요', '-(으)ㄹ거예요', '-(으)ㄹ래요', '-(으)ㄹ게요'를 중심으로−", 언어와 문화 2-2, 21-40, 한국언어문화교육학회.

박승윤(1988) "국어의 조건문에 관하여", 언어 13-1, 1-14, 한국언어학회

박재연(2004), 한국어 양태 어미 연구, 서울대학교 박사학위논문.

_____(2006), 한국어 양태 어미 연구, 태학사.

_____((2009), "연결어미와 양태: 이유, 조건, 양보의 연결어미를 중심으로", 한국어 의미학 30, 119-141, 한국어 의미학회.

박종호(2015), "한국어 교육에서의 문법적 연어 분류에 관한 연구 −대학기관 한국어 교재 분석을 중심으로−", 한민족문화연구 50, 239-264, 한민족문화학회.

_____(2016), "한국어 연결어미 '-느라고'의 특성과 기술 방안 − 한국어교재 및 사전 기술을 기반으로 하여", 한민족어문학 73, 93-117, 한민족어문학회.

박지윤(2011), "한국어 교육을 위한 양보의 연결어미 연구 − 기대 부정의 의미 기능을 바탕으로", 경희대학교 교육대학원 석사학위논문.

박진호(2011), "시제, 상, 양태", 국어학 60, 289-322, 국어학회.

박철우(2014), "'대조' 의미의 언어학적 성격", 한국어의미학 45, 129-157, 한국어의미학회.

박형진(2009), "'문법적 연어'에 대한 고찰", 열린정신 인문학연구 10-1, 41-57, 원광대학교 인문학연구소.

백낙천(2012), "접속어미 '-느라고'와 '-으려고'에 대하여", 국제어문학 26, 203-222, 국제언어문학회.

서정수(1994), "국어문법", 뿌리깊은나무

서혁(1995), "담화의 기능 및 유형", 국어교육학연구 5, 121-140.

서혜라(2014), "외국인 한국어 학습자의 작문 텍스트를 통해 본 '-느라고'의 사용 실태와 교육 방안, 인문학연구 96, 157-178, 충남대학교 인문과학연구소.

서희경·홍윤기(2010), "한국어 교육에서 양보 연결어미에 대한 비판적 고찰", 새국어교육 86, 185-208, 한국국어교육학회.

_____(2014), "한국어 학습자를 위한 양보 의미 교육 방안", 국어국문학 167, 41-64, 국어국문학회.

서희정(2008), "'-기' 결합형 표현항목 설정", 이중언어학 36, 209-233, 이중언어학회.

손세모돌(1994, 1996), 국어 보조용언 연구, 한국문화사.

손옥정(2012), 한국어와 중국어의 '가능성' 표현 대비 연구 -'-(으)ㄹ 수 있-'과 '能'을 중심으로-, 건국대학교 석사학위논문.

송재목(2011), "'-더니'와 '-었더니': 선어말어미 '-더-'와의 관련성을 중심으로", 국어학 60, 33-67, 국어학회.

송재영·한승규(2008), "연결 어미 '-더니' 연구", 국어학 53, 177-198, 국어학회.

송지영(2013), "한국어 종결어미 '-냐'와 '-니': 의미화용적 특성과 쓰임의 차이'", 고려대학교 석사학위논문.

송창선(2014), "'-(었)더니'의 형태와 기능", 한글 306, 51-74, 한글학회.

승종경(2011), 한국어교육을 위한 반복 구성 연구: 표현항목으로서의 반복 구성을 중심으로, 경희대학교 석사학위논문

신지연(2004), "대립과 양보 접속어미의 범주화", 어문학 84, 75-98, 한국어문학회.

안주호(2004), "명사 '모양(模樣)'과 '법(法)'의 공시성과 통시성", 국어교육 114, 167-198, 한국어교육학회.

_____(2004), "한국어 추측 표현의 통사, 의미 연구", 새국어교육 68, 97-121, 한국국어교육학회.

_____(2008), "한국어 교육에서 연결어미의 교수방안에 대한 연구 - {-길래}를 중심으로-", 한말연구 22, 193-220, 한말연구학회.

안진명·선은희(2013), Korean Grammar in Use 고급, 파주: 다락원.

안진명·이경아·한후영(2010), Korean Grammar in Use 초급, 파주: 다락원.

양현주(2015), "한국어 보조사 '-(이)나, -(이)라도, -(이)나마'의 인지의미론적 기능 연구", 한국외국어대학교 대학원 석사학위 논문.

엄녀(2008), "한·중 양태 표현의 대조적 고찰 -한국어 '-(으)ㄹ 수 있다'와 중국어 '능(能)'의 대조를 중심으로-", 이중언어학 36, 299-320, 이중언어학회.

염재상(1999), "한국어 양상표현 '-ㄹ 수 있다'의 중의성과 의미해석들", 불어불문학연구 38, 517-546, 한국불어불문학회.

염재일(2012), "'-길래'의 의미와 서법", 언어과학 19, 131-154, 한국언어과학회.

오경숙(2004), "'만큼' 비교구문과 '처럼' 비교구문의 이질성", 한국어 의미학 14, 197-221, 한국어의미학회.

_____(2009), "'줄 알다', '줄 모르다'와 사실 인식 표현", 한국어 의미학 30, 143-161, 한국어의미학회.

오현정(2011), "일반 논문: 보조사 {은/는}과 주격조사 {이/가}의 교수, 학습 방법 연구-한국어 고급 단계 외국인 학습자를 대상으로-", 한국어 의미학 35, 189-213, 한국어의미학회.

우형식(1995), "의존명사 '것, 바, 줄'의 분포와 의미기능", 한어문교육 3, 5-38, 한국언어문학교육학회.

유소영(2013), 한국어교육을 위한 문법표현 연구 -문법표현 선정과 등급화를 중심으로-, 단국대학교 박사학위논문.

유소영(2015), 한국어교육에서의 표현문형에 대한 연구: 의존명사 {수} 구성 표현문형을 중심으로, 연세대학교 석사학위논문.

유해준(2015), "유사 기능의 한국어 문법 교육 내용 연구 - '-아/어서', '-(으)니까', '-기 때문에'를 중심으로",

　　　어문론집 61, 515-538, 중앙어문학회.

윤석민(2000), 현대국어의 문장종결법 연구, 집문당.

윤평현(1981), "'-도록'의 의미와 문법", 한국언어문학 20, 27-51, 한국언어문학회.

_____(1988ㄱ), "'-게, -도록'의 의미에 대하여", 국어국문학 100, 307-318, 국어국문학회.

_____(1988ㄴ), "목적 관계 접속어미에 대한 연구", 인문과학연구 9, 187-203, 조선대학교 인문과학연구소.

이가유(2013), 중국인 학습자를 위한 한국어 의존명사 교육 연구, 전남대학교 석사학위논문.

이경선(2010), "한국어 교육에서 의존명사에 의한 문법적 연어 연구", 언어과학 17-3, 45-65, 한국언어과학회.

이광호(2009), "추정 표현의 의미 추이와 특성", 우리말연구 24, 141-164, 우리말학회.

이규호(2007), "문법 형태와 문법 표현", 한국언어문학 60, 53-82, 한국언어문학회

이금희(2007), "연결 표현 '-는 바람에, -는 통에, -는 김에, -는 탓에'에 대한 연구", 한국어교육 18-2, 243-266, 국제한국어교육학회.

_____(2013), "국어 부정칭 표현 '아무' 계의 통사적 제약과 의미 변화", 한민족어문학 65, 57-87, 한민족어문학회.

이기동(1977), "대조·양보 접속어미의 연구(Ⅰ)", 어학연구 13-2, 129-137, 서울대학교 어학연구소.

_____(1979), "조동사 "놓다"의 의미 연구", 한글 163, 465-496.

이동규(2007), "'아무+(N)(이)나'와 "N+든지"의 효과적인 제시 방안 연구", 이중언어학 35, 227-249, 이중언어학회.

이미정(2012), "한국어 목적 연결어미의 나선형 교육방안 연구", 부산외국어대학교 석사학위논문.

이미지(2013), "한국어 초급 교재에서 "이/가", "은/는"의 제시 방법에 대한 연구", 한국어 의미학 42, 407-441, 한국어의미학회.

이미혜(2002), "한국어 문법 교육에서 '표현항목' 설정에 대한 연구", 한국어교육 13-2, 205-225, 국제한국어교육학회.

_____(2004), "한국어 문법 교육에 대한 일고찰 -양태표현 교육의 현황과 과제-", 국제학술대회 발표자료집, 67-79, 국제한국언어문화학회.

_____(2005), 한국어 문법 교육 연구: 추측 표현을 중심으로, 이화여자대학교 박사학위논문

이상복(1981), "연결어미 '-아서, -니까, -느라고, -므로'에 대하여", 배달말 5-1, 55-80, 배달말학회.

이숙(1985), "연결어미 '-느라고'의 의미적·통사적 분석", 외국어로서의 한국어교육 10-1, 125-145, 연세대학교 한국어학당.

이승연(2010), "특수조사 '-(이)냐마'의 문법화 연구", 한국어학 49, 293-317, 한국어학회.

이원근(1995), "도움토씨 '나', '나마', '라도'에 대하여", 연세어문학 27, 249-270, 연세대학교 국어국문학과.

이윤진(2014), "학술텍스트의 정형화된 고빈도 헤지 '-ㄹ 수 있다'구문의 표현문형 연구 -학문 목적 한국어 교육에서 학술 문형 지도를 목적으로-", 외국어로서의 한국어교육 41, 193-224, 연세대학교 언어연구교육원 한국어학당.

이윤진·노지니(2003), "한국어교육에서의 양태 표현 연구", 한국어 교육 14-1, 173-209, 국제한국어교육학회.

이은경(1990), "국어의 접속어미 연구", 국어연구 97, 국어연구회

_____(1996), "국어의 연결 어미 연구", 서울대학교 박사학위 논문.

_____(2005), "명사를 중심어로 하는 문법적 연어 구성", 한국어 의미학 17, 177-205, 한국어의미학회.

_____(2008), 한국어 의존명사구성 표현 교육의 연구 -관형사형 어미 제약을 중심으로-, 동국대학교 석사학위논문.

이은희(2007), "한국어 교육을 위한 {-게}와 {-도록} 연구 - 코퍼스에 근거한 사용실태 분석과 그 교육 방안을

중심으로-", 고려대학교 석사학위논문.

이익섭(1986/2002), 국어학 개설, 학연사.

이익섭·채완(1999), 국어문법론강의, 서울: 학연사.

이인희(2014), "한국어 교재에서의 문법적 연어 연구", 人文科學硏究 22, 15-33, 同德女子大學校.

이정란(2011), "한국어 학습자의 화용 생산 능력과 이해 능력 비교 -추측, 희망 표현의 화행 실현을 중심으로-", 이중언어학 46, 297-319, 이중언어학회.

이정택(2011), "논문: 주어를 제한하는 "NP+에서" 구성", 한말연구 29, 281-295, 한말연구학회.

이정화(1998), 현대국어의 접속조사 연구, 이화여자대학교 석사학위 논문.

이종은(2005), "어휘적 접근법을 통한 한국어 의존용언 교육 연구", 상명대학교 박사학위논문.

이종희(2004), 국어 종결어미의 의미 체계 연구, 연세대학교 박사학위논문.

이창덕(2014ㄱ), "국어 연결어미 '-느라고'의 기능과 용법", 문법교육 22, 91-112, 한국문법교육학회.

_____(2014ㄴ), "한국어 교육에서 주어와 주제 구분에 대하여", 문법교육 21, 239-268, 한국문법교육학회.

이해영(2015), "'-더니'의 교재 기술양상과 교육방법 연구", 한국(조선)어교육연구 10, 201-224, 중국한국(조선)어교육연구학회.

이해윤(2012), "보조용언 '버리다'의 표현적 의미", 언어와 언어학 55, 239-261, 한국외국어대학교 언어연구소.

이현정·최영롱(2013), "한국어교육용 연결어미 선정을 위한 기초 연구: 구어·문어 빈도 및 교재 중복도 등의 객관적 지표를 중심으로", 언어와 문화 9-3, 245-269, 한국언어문화교육학회.

이호승(2001), "국어의 상 체계와 보조용언의 상적 의미", 국어학 38, 209-239, 국어학회.

이희자(1995), "현대 국어 관용구 결합 관계 고찰", 대동문화연구 30, 411-444, 성균관대학교 대동문화연구원.

임근석(2005), "문법적 연어의 개념 정립을 위하여", 형태론 7-2, 277-301, 도서출판 박이정.

_____(2006), 한국어 연어 연구, 서울대학교 박사학위논문.

_____(2008), "문법적 연어와 문법화의 관계", 국어학 51, 115-147, 국어학회.

_____(2009), "문법적 연어와 한국어 교육 -조사적 연어를 중심으로-", 한국어 교육 20-3, 161-184, 국제한국어교육학회.

임동훈(2003), "국어 양태 체계의 정립을 위하여", 한국어 의미학 12, 127-153, 한국어의미학회.

임지아(2010), "한국어 교육을 위한 연결어미 연구", 동아대학교 박사학위논문.

임진숙(2008), "대학 수학 목적의 한국어 교재 연구: 한국어 연결어미와 복합형을 중심으로", 영남대학교 석사학위논문.

임채훈(2002), "국어 비유구문의 의미 연구-"처럼", "만큼"을 중심으로-", 한국어 의미학 10, 209-226, 한국어의미학회.

임홍빈(1993), 뉘앙스 풀이를 겸한 우리말 사전, 아카데미하우스.

_____(2002), "한국어 연어의 개념과 그 통사 의미적 성격", 국어학 39, 279-320, 국어학회.

장미라(2006), "한국어 보조 용언의 상적 양태적 의미 기능과 통사적 특징 -'놓다, 두다, 버리다, 내다, 말다, 치우다'를 중심으로", 배달말 38, 33-61, 배달말학회.

장미라(2008), 문장 구조 중심의 한국어교육 연구, 경희대학교 박사학위논문

장요한(2009), "한국어 교육을 위한 양보 연결어미의 연구 - '-아도', '-더라도', '-고도', '-은들'을 중심으로-", 새국어교육 81, 483-503, 한국국어교육학회.

장채린·강현화(2013), 한국어 교육용 문법 항목 선정 및 복잡도 산정 -종결어미를 중심으로-, 한국문법교육학회 학술발표논문집, 107-125.

장채린(2017), "한국어 의지·의도 표현들의 의미 비교 - '-겠-', '-을 것이-', '-을게(요)', '-을래(요)'를 중심으로-", 한국어 의미학 56, 1-34, 한국어의미학회.

장향실(2008), "국어학: 외국인 학습자를 위한 "아무+명사+-(이)나"와 "의문대명사+-(이)든지"의 의미 연구", 우리어문연구 31, 69-90, 우리어문학회.

정연창 · 최현욱(1998), "담화기능적 개념에 관한 연구: 구정보-신정보를 중심으로", 언어과학 5-2, 459-487, 동남언어학회.

정종수(2014), "까닭 연결어미의 교육 순서 연구", 인문학연구 95, 259-290, 충남대학교 인문과학연구소.

정종수 · 김기범(2012), "제약에 따른 양보 어미 교육 순서 선정에 관한 연구", 한민족문화연구 41, 109-138, 한민족문화학회.

종장지(2015), 한국어 문법교육을 위한 표현문형 연구, 서울대학교 박사학위논문.

주향아(2012), "보조사 '까지, 조차, 마저' 연구", 연세대학교 대학원 석사학위 논문.

진가리(2016), "연결어미 '-느라고'의 의미와 문법 제약", 어문논총 58, 133-164, 한국문학언어학회.

진정란(2005ㄱ), "유의 표현 '-느라고, -는 바람에, -거든'의 교육문법 정보", 언어와 문화 1-2, 179-200, 한국언어문화교육학회.

_____(2005ㄴ), "한국어 이유 표현 '-길래'의 담화 문법 연구", 담화와인지 12-3, 137-154, 담화인지언어학회.

차지현(2016), "한국어 양태표현 '-것 같다'의 담화 기능에 대한 연구 -구어 말뭉치의 [±상호성] 자질을 기준으로-", 언어사실과 관점 37, 253-277, 연세대학교 언어정보연구원.

최대희(2014), "매인이름씨 '것, 줄, 바'의 형태 · 통어 · 의미적 특성 연구", 국제어문 60, 185-213, 국제어문학회.

최동주(2012), "'은/는'과 '이/가'의 출현 양상", 인문연구 65, 25-58, 영남대학교 인문과학연구소.

최석재(2013), "조사 '은/는'과 '이/가'의 의미", 우리말연구 35, 82-111, 우리말학회.

최윤곤(2004), 한국어교육을 위한 구문표현 연구, 동국대학교 박사학위논문.

_____(2009), "한국어 '표현 범주'의 개념과 유형", 새국어교육 83, 583-608, 한국어교육학회.

최정도(2007), 국어 의존명사 구성에 대한 연구 -분포 제약의 계량적 특성을 중심으로, 연세대학교 석사학위논문.

최해주(2006), "한국어 교육을 위한 보조용언의 의미 범주 설정 및 그 활용 방안", 새국어교육 74, 한국국어교육학회.

한송화(2000), "한국어 보조용언의 상적 기능과 양태기능, 화행적 기능에 대한 연구: '하다'를 중심으로", 한국어교육 11-2, 189-209, 국제한국어교육학회.

_____(2005), "중급 교재의 문법 교수 요목 선정을 위한 연구 - 연세대학교 한국어학당 4급 교재를 중심으로", 외국어로서의 한국어교육 30, 227-264, 연세대학교 언어연구교육원 한국어학당.

_____(2007), "'-으러'와 '-으려고' 연구", 어문논총 47, 343-372, 한국문학언어학회.

한예진(2010), "한국어 학습자를 위한 목적 연결어미 교육 방안 연구", 한양대학교 교육대학원 석사학위논문.

한정한(2010), "용언형 연어의 문법범주", 한국어학 49, 405-433, 한국어학회.

한정한 · 도은희(2010), "'조차', '까지', '마저'의 텍스트 의미", 한글 290, 231-263, 한글학회.

한정한 · 정희숙(2011), "추측을 나타내는 양태 표현의 문법 제약", 언어 36-4, 1117-1142, 한국언어학회.

홍혜란(2007), 고급 한국어 학습자의 문법적 연어 오류 유형 연구, 경희대학교 석사학위논문.

황주하(2015), "상황 맥락을 고려한 한국어 추측 표현 연구 -'-것 같다', '-을 것이다', '-겠-'을 중심으로-", 새국어교육 102, 365-389, 한국국어교육학회.

澤田 美恵子(2007), 現代日本語における「とりたて助詞」の研究, くろしお出版.

Bak(2003), "Conditionala in Korean Reviaited", 담화와 인지 10-2, 담화 · 인지언어학회

Brinker , K.(1985), Linguistische Textanalyse, 이성만 역(1994), 텍스트언어학의 이해, 역락.

Finocchiaro & Brumfit(1983), *The Functional-Notional Approach*, Oxford University Press.

Jakobson R. (1960), Closing Statement: Linguistics and Poetics, In Thomas Sebeok ed., Style in Language, Technology Press of Massachusetts Institute of Technology.

Olshitain & Weinbach(1987), Interlanguage Features of the Speech Act of Complaining, In G. Kasper & S. Blum-Kulka Eds., Interlanguage pragmatics, New York: Oxford University Press, 108-122.

Van EK(1976), *The Threshold Level for Modern Language Learning in Schools*, Strasbourg, France: Council of Europe.

Wilkins, D.A. (1976), *Notional Syllabuses*, Oxford University Press.

[한국어 교재]

경희대학교 국제교육원 한국어교육부(2000~2013), 한국어 초급1-고급2권, 경희대학교 출판부.

고려대학교 한국어문화교육센터(2008~2010), 재미있는 한국어1-6권, 교보문고.

서강대학교 한국어교육원(2006~2009), 서강 한국어 1-5권, 서강대학교 국제문화교육원 출판부.

연세대학교 한국어학당(2008~2009), 연세 한국어 1-6권, 연세대학교 출판부.

이화여자대학교 언어교육원(2010~2012), 이화 한국어 1-6권, 이화여자대학교 출판부.

[사전]

국립국어원(2005), 외국인을 위한 한국어 문법 2, 커뮤니케이션북스.

이희자·이종희(2001), 한국인 학습용 어미·조사 사전, 한국문화사.

이희자·이종희(2010), 한국인 학습 전문가용 어미·조사 사전, 한국문화사.

국립국어연구원(1999), 표준국어대사전, 두산동아.

[연구보고서]

국립국어원(2012), 한국어교육문법·표현 내용 개발 연구(1단계).

국립국어원(2013), 한국어교육문법·표현 내용 개발 연구(2단계).

국립국어원(2014), 한국어교육문법·표현 내용 개발 연구(3단계).

국립국어원(2015), 한국어교육문법·표현 내용 개발 연구(4단계).

[사이트]

국립국어원 한국어기초사전 웹 주소

https://krdict.korean.go.kr/mainAction

부록

한국어 교육 자료에서의
숙달도 등급 및 중복도

부록으로 한국어 교수자들이나 연구자들에게 도움이 될 만한 자료를 싣고자 하였다. 조사, 연결어미, 종결어미, 의존어 구성의 말뭉치 빈도, 그리고 주요 한국어 교재와 문법서에서의 제시 급수, 교재와 문법서 간의 중복도를 아래에 각 영역별로 제시하였다.

한국어 교재에서의 제시 급수는 교수요목에서 학습 목표로 제시된 것만을 기준으로 하였으며, 말하기 대화나 읽기나 듣기 지문에서 노출된 것은 반영되지 않았다.

① 자료 출처

○ 교재 및 문법 사전 정보

조사, 연결어미, 종결어미, 의존어 구성(연결 표현, 종결 표현, 보조 용언)의 교재와 문법 사전에서의 제시 여부와 중복도를 조사하기 위하여 사용된 자료는 아래와 같다. 조사, 연결어미, 종결어미, 의존어 구성 모두 동일한 교재 및 문법 사전을 사용하였다.

교재	사전
경희대학교 『경희 한국어』 고려대학교 『재미있는 한국어』 서강대학교 『서강 한국어』 연세대학교 『연세 한국어』 이화여자대학교 『이화 한국어』	〈한국어 기초 사전〉 『외국인을 위한 한국어 문법 2』 『어미 · 조사 사전』

○ 말뭉치 정보

본 부록에는 조사, 연결어미, 종결어미의 빈도 자료를 수록하였다. 먼저 문어에서의 조사, 연결어미, 종결어미의 빈도를 조사하기 위해서는 〈21세기 세종 계획〉에서 제공하는 문어 말뭉치를 100만 어절로 축소한 김형정(2006)의 축소 균형 말뭉치를 사용하였다. 그리고 구어에서의 빈도 조사를 위해서는 조사와 연결어미의 경우 〈21세기 세종 계획〉에서 배포하는 현대 구어 말뭉치(80만 어절)에 드라마 및 영화 대본으로 구성된 준구어 말뭉치(20만 어절)를 보충한 말뭉치를 사용하였다. 종결어미의 경우는 〈21세기 세종 계획〉의 현대 구어 말뭉치만을 활용하였다. 조사, 연결어미, 종결어미의 빈도 조사를 위해 사용한 말뭉치 정보를 정리하면 아래와 같다.

영역	문어 말뭉치	구어 말뭉치
조사	〈21세기 세종 계획〉의 문어 말뭉치를 장르별 비율을 맞추어 균형적으로 축소시킨 〈김형정 100만 어절 축소 균형 말뭉치〉 (김형정, 2006)	〈21세기 세종 계획〉의 구어 말뭉치 80만 + 드라마, 영화 등의 준구어 20만 (이현정, 최영롱, 2012)
연결어미		
종결어미		〈21세기 세종 계획〉 의 구어 말뭉치

제시 급수, 중복도 빈도 자료

1) 조사

① 교재 및 사전에서의 제시 급수와 중복도

〈표 1〉 교재 및 사전에 수록된 조사의 합집합과 중복도

| | | 교재72) | | | | | 교재 중복도 | 사전 | | | | 전체 중복도 |
		경희대	고려대	서강대	연세대	이대		기초 사전	외한문2	어미· 조사사전	사전 중복도	
과/와 73)	상대, 대상	2급		㉠2급			5	○	○	○	3	8
	접속	2급	1급	㉠1급 /5급	1급	1급						
도	더함, 포함	1급	㉠1급	1급	1급	1급	5	○	○	○	3	8
	나열			2급								
	극단	3급	2급									
만	한정	2급	㉠1급	1급	1급	1급	5	○	○	○	3	8
	비교 대상	3급	3급		3급	5급						
	조건	3급	4급	5급	3급							
만큼	비슷한 정도	3급	2급	㉠4급 /5급	2급	3급	5	○	○	○	3	8
보다	비교 대상	2급	1급		1급	1급	5	○	○	○	3	8
에	장소, 위치	1급	1급	1급	1급	1급	5	○	○	○	3	8
	목적지		1급	1급	1급	1급						
	시간	1급	1급	1급	1급	1급						
	기준	1급	1급		1급							
	조건, 환경 (~에 따르다)	3급	4급	5급	4급	4급						
	비교 대상 (~에 비하다)	3, 6급	2급		2, 4급	2급						
	특정 대상 (~에 대하다)	3급	3급		2급	2급						

---

72) ㉠는 '기타'의 의미로, 목표 문법이 아닌 참고(tip, 보너스 등)나 어휘 등으로 제시된 조사라는 것을 의미한다. 목표 문법으로 제시된 조사는 별다른 기호 없이 '1급', '2급'등으로 표기하였다.

73) 5종 교재에서 한 조사가 갖는 여러 의미 중에서 어떤 의미를 제시하고 있는지를 보이기 위해, 교재의 의미 중복도를 제시하였다. '의'와 같이 사전적으로는 여러 의미를 가지고 있으나, 5종 교재에서 유사한 의미로 제시된 경우에는 의미를 분리하지 않았다.

		교재						사전				전체 중복도
		경희대	고려대	서강대	연세대	이대	교재 중복도	기초 사전	외한문2	어미·조사사전	사전 중복도	
에서	장소	1급	1급	1급	1급	1급	5	○	○	○	3	8
	출발점		1급		1급	1급						
	근거	5급										
으로	방향	1급	1급	기2급	1급	1급	5	○	○	○	3	8
	경로					2급						
	변화 결과		4급		2급							
	재료, 원료		3급	기5급								
	수단, 도구	기2급	1급	1급		1급						
	방법, 방식			기5급								
	원인, 이유 (–으로 인해)	3급	3급	기4급		4급						
	약속, 결정	2급		2급	2급	2급						
	자격			기3급								
은/는 커녕		4급	4급	5급	5급	4급	5	○	○	○	3	8
을/를		1급	1급	1급	1급	1급	5	○	○	○	3	8
이/가	주체	1급	1급	1급	1급	1급	5	○	○	○	3	8
	대상(보격)	1급	2급	2급	1급	1급						
하고	상대, 대상			1급			5	○	○	○	3	8
	접속	1급	1급	1급	1급	1급						
이라고(인용)		2급	3급	5급	2급	3급	5	○	○	○	3	8
까지	범위의 끝	2급	1급	기1급	1급	1급	4	○	○	○	3	7
	더함		3,4급		5급							
마다		2급	2급	기2급 /5급	기1급	2급	4	○	○	○	3	7
에게	미침	2급	기1급	기2급 /5급	1급	1급	4	○	○	○	3	7
	비롯됨	2급										
은/는	주제	1급	1급	기1,2 급	1급	1급	4	○	○	○	3	7
	대조	1급				1급						
의		2급	1급	기1급	기1급 /2급	1급	4	○	○	○	3	7
이나	차선	2급	3급	기4급	2급	2급	4	○	○	○	3	7
	많음 강조	3급			2급	2급						
	상관없음	3, 4, 6급	3급									
	접속, 선택	2급	2급	기1급	1급	1급						
	비유	6급				6급						
이라도		4급	3급	기4급	3급	3급	4	○	○	○	3	7
이란		5급	4급	5급	3급		4	○	○	○	3	7
조차		4급		5급	5급	4급	4	○	○	○	3	7
처럼		3급	2급	기2급	2급	2급	4	○	○	○	3	7
치고	예외 없음	4급		5급		4급	4	○	○	○	3	7
	예외적		4급									

	교재						사전				전체중복도
	경희대	고려대	서강대	연세대	이대	교재중복도	기초사전	외한문2	어미·조사사전	사전중복도	전체중복도
밖에		2급	게4급	2급	2급	3	○	○	○	3	6
부터	2급	게1급	게1급	1급	1급	3	○	○	○	3	6
에게서	2급		게4급	1급	1급	3	○	○	○	3	6
에다가 (위치)	3급		5급	2급		4	○		○	2	6
에다가 (더함)		4급			게3급						
으로써			5급	5급	5급	3	○	○	○	3	6
이든지		2급		2급	3급	3	○	○	○	3	6
께	2급	2급	게2급		게1급	2	○	○	○	3	5
께서	1급	1급	게2급	게1급		2	○	○	○	3	5
대로 (따름)		게4급	4급/5급			2	○	○	○	3	5
대로 (구별됨)	게6급			4급							
마저	4급	4급				2	○	○	○	3	5
이나마	4급				5급	2	○	○	○	3	5
이니		6급		5급		2	○	○	○	3	5
이라든가		5급		3급		2	○	○	○	3	5
이며				4급	4급	2	○	○	○	3	5
이야말로	4급	5급	게5급		5급	3	○		○	2	5
인들	4급	6급				2	○	○	○	3	5
한테 (미침)	2급	게1급	게1급	게1급	1급	2	○	○	○	3	5
한테 (비롯됨)	1급										
더러	3급					1	○	○	○	3	4
든가				4급		1	○	○	○	3	4
따라				4급		1	○	○	○	3	4
마는				2급		1	○	○	○	3	4
보고	3급					1	○	○	○	3	4
에는	3급			4급		2	○		○	2	4
요			게2급	게1급	1급	1	○	○	○	3	4
으로부터			5급			1	○	○	○	3	4
으로서			5급			1	○	○	○	3	4
이라야	5급			4급		2	○	○		2	4
이랑	1급					1	○	○	○	3	4
이야	6급	6급				2	○	○	○	3	5
한테서	2급		게1급	게1급	1급	2	○		○	2	4
같이						0	○	○	○	3	3
만치						0	○	○	○	3	3
서						0	○	○	○	3	3
아/야(호격)		2급	게4급			1	○	○	○	3	4
에게로						0	○	○	○	3	3
에를						0	○	○	○	3	3
에서부터						0	○	○	○	3	3
으로는	5급			4급		2			○	1	3

	교재						사전				전체 중복도
	경희대	고려대	서강대	연세대	이대	교재 중복도	기초 사전	외한문2	어미·조사사전	사전 중복도	
이고						0	○	○	○	3	3
이다(서술격)						0	○	○	○	3	3
이다(접속)						0	○	○	○	3	3
이라고(보조사)						0	○	○	○	3	3
이라든지						0	○	○	○	3	3
이면						0	○	○	○	3	3
치고는	5급	㉠4급	㉠5급			1	○		○	2	3
하며						0	○	○	○	3	3
깨나						0	○	○	○	3	3
뿐						0	○	○	○	3	3
ㄹ더러						0	○		○	2	2
거나				6급		1	○			1	2
그래						0	○		○	2	2
그려						0	○		○	2	2
마냥						0	○		○	2	2
마따나						0	○		○	2	2
만은						0		○	○	2	2
말고도			5급			1			○	1	2
에게다가						0	○		○	2	2
에도			5급			1			○	1	2
에설랑						0	○		○	2	2
에야						0	○		○	2	2
엔들						0	○		○	2	2
으로까지						0		○	○	2	2
으로다가						0	○		○	2	2
을랑						0	○		○	2	2
을랑은						0	○		○	2	2
이라고는						0		○	○	2	2
이라면						0		○	○	2	2
이라야만						0	○		○	2	2
이시여						0	○		○	2	2
이여						0	○		○	2	2
치고서						0	○		○	2	2
커녕						0	○		○	2	2
토록						0	○		○	2	2
하고는						0	○		○	2	2
한테다가						0	○		○	2	2
한테로						0	○		○	2	2
까지도						0			○	1	1
께로						0			○	1	1
께서는		1급	㉠2급	㉠1급		1				0	1
께옵서						0			○	1	1

	교재						사전				전체중복도
	경희대	고려대	서강대	연세대	이대	교재중복도	기초사전	외한문2	어미·조사사전	사전중복도	
다가						0	○			1	1
들						0	○			1	1
만으로는				4급		1				0	1
만치도						0			○	1	1
만큼도						0			○	1	1
말고						0			○	1	1
말고는						0			○	1	1
보다는						0			○	1	1
보다야						0			○	1	1
보담						0			○	1	1
설랑						0	○			1	1
설랑은						0	○			1	1
에라야						0			○	1	1
에로						0	○			1	1
에서도					2급	1				0	1
에서라야						0			○	1	1
에서만					2급	1				0	1
에서야						0			○	1	1
에서야말로						0			○	1	1
에서처럼						0			○	1	1
에야말로						0			○	1	1
에의						0	○			1	1
엘랑						0			○	1	1
으로라야						0			○	1	1
으로서는						0			○	1	1
으로서도						0			○	1	1
으로서야						0			○	1	1
으로서의						0			○	1	1
이라						0			○	1	1
이란(*)74)						0			○	1	1
이랴						0			○	1	1
이사						0			○	1	1
인즉						0			○	1	1
인즉슨						0			○	1	1
입쇼						0			○	1	1
치고서는						0			○	1	1
치고서야						0			○	1	1
치고야						0			○	1	1
총합	43개	35개	25개	40개	36개		99개	69개	133개		

---

74) (*)은 〈어미·조사사전〉에서만 제시되고 있는 조사의 형태와 용법을 표시한 것이다.

② 빈도와 중복도

문법 항목	빈도			중복도		
	문어 빈도	구어 빈도	총 빈도	교재	사전	교재+사전
이/가	57,251	63,327	120,578	5	3	8
을/를	70,690	38,257	108,947	5	3	8
은/는	49,664	37,485	87,149	4	3	7
이다(서술격)	42,845	43,205	86,050	0	1	1
의	47,846	9,973	57,819	4	3	7
에	30,806	24,535	55,341	5	3	8
으로	24,065	11,636	35,701	5	3	8
도	13,127	16,625	29,752	5	3	8
에서	13,080	8,862	21,942	5	3	8
과/와	10,842	1,844	12,686	5	3	8
만	3,342	3,835	7,177	5	3	8
이나	3,506	3,432	6,938	4	3	7
에는	3,936	2,227	6,163	2	2	4
까지	2,722	2,445	5,167	4	3	7
이라고(인용)	2,516	2,439	4,955	5	3	8
에게	3,406	590	3,996	4	3	7
한테	229	2,914	3,143	2	3	5
부터	1,445	1,298	2,743	3	3	6
보다	1,657	989	2,646	5	3	8
처럼	1,664	779	2,443	4	3	7
요	115	1,980	2,095	1	3	4
에도	1,360	578	1,938	1	1	2
이랑	60	1,689	1,749	1	3	4
하고	105	1,590	1,695	5	3	8
이란	1,036	465	1,501	4	3	7
아(호격)	301	1,162	1,463	1	3	4
이야	342	1,044	1,386	2	3	5
으로는	906	470	1,376	2	1	3
으로서	982	201	1,183	1	3	4
밖에	508	546	1,054	3	3	6
이라도	555	397	952	4	3	7
으로써	641	175	816	3	3	6
이든지	380	421	801	3	3	6
으로부터	715	71	786	1	3	4
마다	396	312	708	4	3	7
대로	271	349	620	2	3	5
에다가	172	430	602	4	2	6
다가	207	390	597	0	1	1
이라든가	95	471	566	2	3	5
들	104	308	412	0	1	1

문법 항목	빈도			중복도		
	문어 빈도	구어 빈도	총 빈도	교재	사전	교재+사전
뿐	253	75	328	0	3	3
만큼	138	133	271	5	3	8
같이	142	106	248	0	3	3
조차	213	32	245	4	3	7
에서부터	110	107	217	0	3	3
거나	58	130	188	1	1	2
이니	88	92	180	2	3	5
마는	93	74	167	1	3	4
마저	153	8	161	2	3	5
보고	27	118	145	1	3	4
에게서	124	10	134	3	3	6
이야말로	104	17	121	3	2	5
서	55	52	107	0	3	3
말고	33	56	89	0	1	1
이라고는	57	18	75	0	2	2
이나마	63	7	70	2	3	5
만은	0	66	66	0	2	2
더러	42	15	57	1	3	4
만으로는	32	21	53	1	0	1
그래	48	0	48	0	2	2
치고	26	22	48	4	3	7
한테서	24	22	46	2	2	4
에를	32	11	43	0	3	3
이여	30	6	36	0	2	2
인들	36	0	36	2	3	5
은/는커녕	31	4	35	5	3	8
에게로	33	1	34	0	3	3
이라면	22	10	32	0	2	2
말고도	12	10	22	1	1	2
따라	11	7	18	1	3	4
이라고(보조사)	6	10	16	0	3	3
이고	7	6	13	0	3	3
이다(접속)	1	12	13	0	3	3
이며	4	9	13	2	3	5
이면	2	11	13	0	3	3
깨나	8	1	9	0	3	3
인즉	8	0	8	0	1	1
이라야	4	3	7	2	2	4
을랑	4	1	5	0	2	2
이사	0	5	5	0	1	1
하고는	0	5	5	0	2	2
마따나	3	1	4	0	2	2

문법 항목	빈도			중복도		
	문어 빈도	구어 빈도	총 빈도	교재	사전	교재+사전
마냥	3	0	3	0	2	2
이시여	2	0	2	0	2	2
하며	1	1	2	0	3	3
야	0	1	1	0	1	1
인즉슨	1	0	1	0	1	1
커녕	0	1	1	0	2	2
께옵서	0	0	0	0	1	1
설랑	0	0	0	0	1	1
을랑은	0	0	0	0	2	2
이라	0	0	0	0	1	1
이란(*)	0	0	0	0	1	1
이랴	0	0	0	0	1	1
입쇼	0	0	0	0	1	1
치고서	0	0	0	0	2	2

2) 연결어미

① 교재 및 사전에서의 제시 급수와 중복도

연결어미	교재 (제시 급수)						사전				교재 + 사전 중복도
	경희대	고려대	서강대	연세대	이화여대	교재 중복도	기초사전	외한문2	어미·조사사전	사전 중복도	
-게10	6급	3급	3급	3급	3급	5	O	O	O	3	8
-느라고00	3급	3급	3급	3급	3급	5	O	O	O	3	8
-는데00	2,5급	2급	2,3급	1,2급	2급	5	O	O	O	3	8
-다가03	2급	3,5급	2,3급	2,3급	2,5급	5	O	O	O	3	8
-다시피00	5급	4급	5급	5급	5급	5	O	O	O	3	8
-더니01	4급	4급	5급	4급	4급	5	O	O	O	3	8
-도록05	4,6급	6급	4급	4급	2,4급	5	O	O	O	3	8
-듯이02	4급	4급	5급	3급	4급	5	O	O	O	3	8
-어도02	3급	3급	2급	2급	3급	5	O	O	O	3	8
-어서03	2,4급	1,2,3급	1,2급	1,2급	1,2급	5	O	O	O	3	8
-으니까00	2,3급	2급	2급	1,2급	2,3급	5	O	O	O	3	8
-으려고00	2급	2급	2급	2급	1급	5	O	O	O	3	8
-으면00	2급	2급	2급	1급	1급	5	O	O	O	3	8
-으면서00	3급	2,4급	3급	2급	2급	5	O	O	O	3	8
-을수록00	4급	3급	5급	2급	2급	5	O	O	O	3	8
-어야02	4급		4급	3급	3급	4	O	O	O	3	7
-거나03		2급	1급	2급	2급	4	O	O	O	3	7
-고25	2급		1급	1급	1급	4	O	O	O	3	7
-고자11	5급		5급	4급	4급	4	O	O	O	3	7

연결어미	교재 (제시 급수)						사전				교재 + 사전 중복도
	경희대	고려대	서강대	연세대	이화여대	교재 중복도	기초사전	외한문2	어미·조사사전	사전 중복도	
-는다면00	3급		4급	3급	3급	4	O	O	O	3	7
-는지00	3급		2,4급	2,3,4급	3급	4	O	O	O	3	7
-라07	6급	4급		3급	3급	4	O	O	O	3	7
-으려00	2급		1급	1급	1급	4	O	O	O	3	7
-으려면00		4급	3급	2급	2급	4	O	O	O	3	7
-으며00	3급	4급	5급		4급	4	O	O	O	3	7
-자마자00	3급	3급		3급	2급	4	O	O	O	3	7
-지만05	2급	2급		1급	2급	4	O	O	O	3	7
-거니와00			6급	5급	6급	3	O	O	O	3	6
-고서03	5급	5급		3,4급		3	O	O	O	3	6
-곤09	4급		4급	3급	3급	4	O	O		2	6
-기로서니00	6급	6급		6급	6급	4	O	O		2	6
-길래02	4급	4급		5급	4급	4	O	O		2	6
-느니01	6급		5급	6급	6급	4	O	O		2	6
-더라도00		4급		5급	4급	3	O	O	O	3	6
-으니02	5급	6급		5급		3	O	O	O	3	6
-으되00	5급	5급		5급	6급	4	O	O		2	6
-으므로00	3급	5급			5급	3	O	O	O	3	6
-을지00			3급	2,3급	3급	3	O	O	O	3	6
-자25	6급	5급	5급			3	O	O	O	3	6
-거든02	4급			3급		2	O	O	O	3	5
-고도12		6급		3급	4급	3	O	O		2	5
-기에02				4급	3급	2	O	O	O	3	5
-던데00	4급			3급		2	O	O	O	3	5
-든지02	4급				5급	2	O	O	O	3	5
-으랴01		6급		5급	5급	3	O	O		2	5
-었더니		4급	3급	4급	4급	4			O	1	5
-었으면	4급	2급	3급	2,4급	3급	5				0	5
-거니02				6급	6급	2	O		O	2	4
-건09				4급		1	O	O	O	3	4
-고는02		4급		3급		2	O		O	2	4
-는다손00	6급	6급		6급	6급	4				0	4
-는답시고00				6급	5급	2	O	O		2	4
-다고02		5급				1	O	O	O	3	4
-던지00		4급	5급			2	O		O	2	4
-든02	5급					1	O	O	O	3	4
-든가02				4급		1	O	O	O	3	4
-어다가00				3급		1	O	O	O	3	4
-으니01	5급					1	O	O	O	3	4
-은들00	4,6급			5급		2	O	O		2	4
-을뿐더러00	6급			5급		2	O	O		2	4

연결어미	교재 (제시 급수)						사전				교재 + 사전 중복도
	경희대	고려대	서강대	연세대	이화여대	교재중복도	기초사전	외한문2	어미·조사사전	사전중복도	
−을지라도00	4급		5급	6급		3	O			1	4
−자면03	5급			4급		2	O	O		2	4
−었더라면	4급	4급		4급	3급	4				0	4
−건대03						0	O	O	O	3	3
−건마는00		6급				1	O		O	2	3
−건만00				6급		1	O		O	2	3
−게끔00	6급				5급	2	O			1	3
−기로03						0	O	O	O	3	3
−는다고01						0	O	O	O	3	3
−다08			5급			1	O		O	2	3
−다가는00				4급		1	O	O		2	3
−듯02						0	O	O	O	3	3
−어가지고	4급			2급		2		O		1	3
−어06		6급				1	O		O	2	3
−어다00			5급			1	O		O	2	3
−요18	5급					1	O	O		2	3
−으나00		4급				1	O	O		2	3
−으니만큼00				4급		1	O	O		2	3
−으려00						0	O	O	O	3	3
−으려다가00	4급	3급			3급	3				0	3
−으련마는00					6급	1	O	O		2	3
−을는지00						0	O	O	O	3	3
−지23						0	O	O	O	3	3
−지마는00						0	O	O	O	3	3
−었다가			4급	2급	2급	3				0	3
−거들랑00						0	O	O		2	2
−고야02						0	O	O		2	2
−노라고00						0		O	O	2	2
−노라니00						0		O	O	2	2
−노라면00				6급		1		O		1	2
−느니02						0	O		O	2	2
−느라00						0	O		O	2	2
−는다느니00						0	O		O	2	2
−는다마는00						0	O	O		2	2
−는다만00						0	O	O		2	2
−단20						0	O	O		2	2
−더니마는00						0	O	O		2	2
−더니만00						0	O	O		2	2
−더라면00						0	O	O		2	2
−라도02						0	O		O	2	2
−락02		5급				1	O			1	2

연결어미	교재 (제시 급수)						사전				교재 + 사전 중복도
	경희대	고려대	서강대	연세대	이화여대	교재 중복도	기초사전	외한문2	어미·조사사전	사전 중복도	
-어야만00						0	O		O	2	2
-어야지01						0	O		O	2	2
-으나마00						0	O		O	2	2
-으니까는00						0	O	O		2	2
-으니깐00						0	O	O		2	2
-으라고03						0	O	O		2	2
-으려니01						0	O	O		2	2
-으려니와00	6급					1	O			1	2
-으련만00				6급		1	O			1	2
-을라치면00				6급		1	O			1	2
-을망정00						0	O	O		2	2
-을지언정00					6급	1	O			1	2
-음에도00				5급		1	O			1	2
-자26						0	O	O		2	2
-었던들	6급			6급		2				0	2
-거늘00						0	O			1	1
-걸랑03						0	O			1	1
-고는01						0	O			1	1
-기로서00						0	O			1	1
-노라니까00						0		O		1	1
-느니만00						0	O			1	1
-느니만큼00						0	O			1	1
-느라니00						0			O	1	1
-는다거나00						0			O	1	1
-는바00						0	O			1	1
-다간03						0	O			1	1
-더라니01	5급					1				0	1
-던들00						0	O			1	1
-던바00						0	O			1	1
-디04						0	O			1	1
-로되00						0	O			1	1
-으려거든00						0	O			1	1
-으라느니00						0	O			1	1
-으락00						0	O			1	1
-으란01						0			O	1	1
-으려야00					5급	1				0	1
-으리만큼00						0	O			1	1
-으매00						0	O			1	1
-는바00						0	O			1	1
-을락01						0	O			1	1
-을래야00		6급				1				0	1

연결어미	교재 (제시 급수)						사전				교재 + 사전 중복도
	경희대	고려대	서강대	연세대	이화여대	교재중복도	기초사전	외한문2	어미·조사사전	사전중복도	
-을세라00						0	O			1	1
-자느니00						0	O			1	1
-자니02	6급					1				0	1
-었다면				3급		1				0	1
-었댔자						0			O	1	1
-었어야			4급			1				0	1
-었자						0			O	1	1
총합	54개	45개	37개	65개	52개	91개	126개	87개	75개	137개	149개

② 빈도와 중복도

연결어미	빈도			중복도		
	문어 빈도	구어 빈도	총 빈도	교재	사전	교재+사전
-고25	20,499	18,877	39,376	4	3	7
-어06	6,223	20,149	26,372	1	2	3
-어서03	12,474	7,692	20,166	5	3	8
-으면00	10,189	5,425	15,614	5	3	8
-는데00	11,568	3,354	14,922	5	3	8
-어야02	5,006	4,005	9,011	5	3	8
-으며00	230	5,700	5,930	4	3	7
-으면서00	2,908	2,801	5,709	5	3	8
-으라고03	2,668	2,322	4,990	–	2	2
-지만05	1,773	3,107	4,880	4	3	7
-으니까00	4,388	468	4,856	5	3	8
-는다고01	1,212	3,519	4,731	–	3	3
-라07	1,856	2,367	4,223	4	3	7
-어도02	2,503	1,646	4,149	5	3	8
-다08	2,622	1,473	4,095	1	2	3
-는지00	1,783	1,694	3,477	4	3	7
-으나00	802	1,449	2,251	1	2	3
-으니01	308	1,549	1,857	1	3	4
-으니02	2	17	19	3	3	6
-으려고00	1,311	563	1,874	5	3	8
-다가03	813	726	1,539	5	3	8
-자25	288	1,187	1,475	3	3	6
-는다면00	334	1,067	1,401	4	3	7
-으러00	704	681	1,385	4	3	7
-도록05	346	991	1,337	5	3	8
-거나03	403	895	1,298	4	3	7
-을지00	403	531	934	3	3	6
-었으면	601	243	844	5	0	5

연결어미	빈도			중복도		
	문어 빈도	구어 빈도	총 빈도	교재	사전	교재+사전
-었더니	658	161	819	4	1	5
-어가지고	792	–	792	2	1	3
-었다가	363	304	667	3	0	3
-라도02	49	616	665	–	2	2
-든02	213	349	562	1	3	4
-더니01	237	294	531	5	3	8
-고는02	137	385	522	2	2	4
-더라도00	144	377	521	3	3	6
-고서03	323	146	469	3	3	6
-으려00	69	365	434	–	3	3
-으려면00	257	164	421	4	3	7
-듯이02	119	280	399	5	3	8
-으므로00	11	378	389	3	3	6
-듯02	14	366	380	–	3	3
-든지02	168	181	349	2	3	5
-지23	191	155	346	–	3	3
-을수록00	123	222	345	5	3	8
-고자11	89	241	330	4	3	7
-어야지01	238	76	314	–	2	2
-곤09	30	270	300	4	2	6
-요18	50	235	285	1	2	3
-기에02	34	247	281	2	3	5
-어다00	147	125	272	1	2	3
-었다면	63	198	261	1	0	1
-자면03	62	162	224	2	2	4
-건09	85	109	194	1	3	4
-으니깐00	180	6	186	–	2	2
-게10	34	128	162	5	3	8
-자마자00	70	86	156	4	3	7
-고도12	7	128	135	3	2	5
-길래02	91	32	123	4	2	6
-다시피00	44	76	120	5	3	8
-느라00	36	82	118	–	2	2
-으되00	22	81	103	4	2	6
-던데00	85	15	100	2	3	5
-느라고00	57	42	99	5	3	8
-던지00	43	45	88	2	2	4
-음에도00	2	78	80	1	1	2
-게끔00	56	23	79	2	1	3
-고는01	74	4	78	–	1	1
-지마는00	45	28	73	–	3	3
-든가02	50	20	70	1	3	4

연결어미	빈도			중복도		
	문어 빈도	구어 빈도	총 빈도	교재	사전	교재+사전
-을지라도00	18	52	70	3	1	4
-거든02	45	22	67	2	3	5
-었어야	1	57	58	1	0	1
-어다가00	22	33	55	1	3	4
-었더라면	6	46	52	4	0	4
-은들00	5	45	50	2	2	4
-었자	25	25	50	–	1	1
-다가는00	7	40	47	1	2	3
-어야만00	35	8	43	–	2	2
-거니와00	2	38	40	3	3	6
-느니02	14	26	40	–	2	2
-으려다가00	19	20	39	3	0	3
-으니까는00	35	–	35	–	2	2
-으려니01	12	23	35	–	2	2
-을는지00	2	33	35	–	3	3
-건만00	2	32	34	1	2	3
-느니01	8	26	34	4	2	6
-고야02	2	28	30	–	2	2
-다간03	4	26	30	–	1	1
-자니02	15	15	30	1	0	1
-거니02	8	21	29	2	2	4
-노라면00	1	26	27	1	1	2
-더니만00	20	5	25	–	2	2
-을락01	2	19	21	–	1	1
-을지언정00	3	18	21	1	1	2
-으랴01	5	15	20	3	2	5
-건대03	4	15	19	–	3	3
-디04	4	13	17	–	1	1
-노라고00	1	15	16	–	2	2
-는다느니00	4	12	16	–	2	2
-는바00	8	7	15	–	1	1
-을망정00	1	14	15	–	2	2
-었던들	–	12	12	2	0	2
-는답시고00	3	7	10	2	2	4
-으니만큼00	1	9	10	1	2	3
-으락00	2	8	10	–	1	1
-을라치면00	1	9	10	1	1	2
-을래야00	5	5	10	1	0	1
-으리만큼00	–	9	9	–	1	1
-는다만00	5	3	8	–	2	2
-락02	7	1	8	1	1	2
-으려거든00	3	5	8	–	1	1

연결어미	빈도			중복도		
	문어 빈도	구어 빈도	총 빈도	교재	사전	교재+사전
−으려니와00	1	7	8	1	1	2
−으련만00	−	8	8	1	1	2
−는다거나00	7	−	7	−	1	1
−는다마는00	3	4	7	−	2	2
−는바00	−	7	7	−	1	1
−으나마00	−	7	7	−	2	2
−으라느니00	−	7	7	−	1	1
−거늘00	−	5	5	−	1	1
−을뿐더러00	1	4	5	2	2	4
−을세라00	−	4	4	−	1	1
−었댔자	−	4	4	−	1	1
−건마는00	−	2	2	1	2	3
−기로03	−	2	2	−	3	3
−기로서니00	1	1	2	4	2	6
−노라니까00	−	2	2	−	1	1
−느니만큼00	−	2	2	−	1	1
−던바00	−	2	2	−	1	1
−거들랑00	−	1	1	−	2	2
−노라니00	−	1	1	−	2	2
−더라면00	−	1	1	−	2	2
−로되00	1	−	1	−	1	1
−으려야00	1	−	1	1	0	1
−으매00	1	−	1	−	1	1
−걸랑03	−	−	−	−	1	1
−기로서00	−	−	−	−	1	1
−느니만00	−	−	−	−	1	1
−느라니00	−	−	−	−	1	1
−는다손00	−	−	−	4	0	4
−다고02	−	−	−	1	3	4
−단20	−	−	−	−	2	2
−더니마는00	−	−	−	−	2	2
−더라니01	−	−	−	1	0	1
−던들00	−	−	−	−	1	1
−으란01	−	−	−	−	1	1
−으련마는00	−	−	−	1	2	3
−자느니00	−	−	−	−	1	1

3) 종결어미

① 교재 및 사전에서의 제시 급수와 중복도

종결어미	교재 제시 급수						사전				교재+사전 중복도
	경희대	고려대	서강대	연세대	이화여대	교재 중복도	기초사전	외한문2	어미·조사사전	사전 중복도	
-던데요	고급1	3급	3A	3급	3급	5	O	O	O	3	8
-습니다	초급1	1급	2B	1급	1급	5	O	O	O	3	8
-어	중급1	2급	2B	2급	2급	5	O	O	O	3	8
-어요	초급1	1급	1A	1급	1급	5	O	O	O	3	8
-으세요	초급1	1급	1A	1급	1급	5	O	O	O	3	8
-을게요	초급2	1급	1B	1급1	1급	5	O	O	O	3	8
-을까요	초급1, 고급2	1,2급	1B,2A	1급	1,2급	5	O	O	O	3	8
-을래요	고급2	1급	3B	2급	2급	5	O	O	O	3	8
-읍시다	초급1	1급	2A	1급	1급	5	O	O	O	3	8
-지요	초급2	1급	1B	1급	1급	5	O	O	O	3	8
-거든요	중급1	3급		3급	2급	4	O	O	O	3	7
-네요	중급1	2급	3B,5B	3급		4	O	O	O	3	7
-는대요		3급	3A	3급	3급	4	O	O	O	3	7
-는데요	초급2		2A	1급	2급	4	O	O	O	3	7
-습니까	초급1	1급		1급	1급	4	O	O	O	3	7
-으십시오	초급1	1급		1급	1급	4	O	O	O	3	7
-을걸	고급1		5B	3급	3급	4	O	O	O	3	7
-을걸요	고급1		5B	3급	3급	4	O	O	O	3	7
-자	중급1	2급		2급	2급	4	O	O	O	3	7
-잖아요	중급1	3급	3A	3급	2급	5	O		O	2	7
-게12	고급1	4급		5급		3	O	O	O	3	6
-기는요	중급2	2급		3급		3	O	O	O	3	6
-나요	중급1			2급	2급	3	O	O	O	3	6
-는군요			4B	1급	2급	3	O	O	O	3	6
-는다		2급	3A	2급		3	O	O	O	3	6
-는다니요	중급1	4급		3급		3	O	O	O	3	6
-는다면서요	중급2	3급	3A	3급	3급	5			O	1	6
-니	고급1			2급	2급	3	O	O	O	3	6
-더라고요	중급1		3B	3급		3	O	O	O	3	6
-어라			5A	2급	2급	3	O	O	O	3	6
-으래요		3급		3급	3급	3	O	O	O	3	6
-으오		5급		5급	5급	3	O	O	O	3	6
-나	고급1			3급		2	O	O	O	3	5
-는가	고급1	6급				2	O	O	O	3	5
-는걸요	고급1			4급		2	O	O	O	3	5
-는구나	고급1		3A			2	O	O	O	3	5
-네	고급1			5급		2	O	O	O	3	5

| 종결어미 | 교재 제시 급수 | | | | | | 사전 | | | | 교재+ |
	경희대	고려대	서강대	연세대	이화여대	교재중복도	기초사전	외한문2	어미·조사사전	사전중복도	사전중복도
-는답니다			5B	3급		2	O	O	O	3	5
-더군요	중급1			2급		2	O	O	O	3	5
-더라	중급1	3급		3급		3	O	O		2	5
-어야지	고급2			3급		2	O	O	O	3	5
-어야지요				3급	3급	2	O	O	O	3	5
-으리라		5급		5급	5급	3	O	O		2	5
-을것		4급			2급	2	O	O	O	3	5
-음	고급1	4급	3B		2급	4	O			1	5
이야		2급		2급		2	O	O	O	3	5
이에요	초급1	1급	1A			3		O	O	2	5
-재요		3급			3급	2	O	O	O	3	5
-거라	고급1					1	O	O	O	3	4
-게11				4급		1	O	O	O	3	4
-고요				3급		1	O	O	O	3	4
-기	고급1	3급	3A			3	O			1	4
-내요		3급		3급	3급	3	O			1	4
-느냐			3B			1	O	O	O	3	4
-는군	고급1					1	O	O	O	3	4
-는다고요			4A			1	O	O	O	3	4
-는다지요	고급2			3급		2	O	O		2	4
-던데				4급		1	O	O	O	3	4
-소				5급		1	O	O	O	3	4
-으세	고급1			5급		2	O		O	2	4
-을게		2급				1	O	O	O	3	4
-지				3급		1	O	O	O	3	4
-거든						0	O	O	O	3	3
-고						0	O	O	O	3	3
-기는						0	O	O	O	3	3
-긴						0	O	O	O	3	3
-너라						0	O	O	O	3	3
-느냐고						0	O	O	O	3	3
-느냐고요						0	O	O	O	3	3
-느냐니						0	O	O	O	3	3
-느냐니까						0	O	O	O	3	3
-느냐니까요						0	O	O	O	3	3
-느냐니요						0	O	O	O	3	3
-는걸						0	O	O	O	3	3
-는구려				5급		1	O	O		2	3
-는다고						0	O	O	O	3	3
-는다네						0	O	O	O	3	3
-는다는구나						0	O	O	O	3	3

종결어미	교재 제시 급수						사전				교재+사전중복도
	경희대	고려대	서강대	연세대	이화여대	교재중복도	기초사전	외한문2	어미·조사사전	사전중복도	
-는다니						0	O	O	O	3	3
-는다니까						0	O	O	O	3	3
-는다니까요						0	O	O	O	3	3
-는다더라				4급		1	O	O		2	3
-는다던						0	O	O	O	3	3
-는다면서						0	O	O	O	3	3
-는단다						0	O	O	O	3	3
-는답니까						0	O	O	O	3	3
-는대						0	O	O	O	3	3
-는데						0	O	O	O	3	3
-는지요						0	O	O	O	3	3
-더라고						0	O	O	O	3	3
-던						0	O	O	O	3	3
-던가						0	O	O	O	3	3
-던가요	고급1			4급		2			O	1	3
-디						0	O	O	O	3	3
-으라						0	O	O	O	3	3
-으라고						0	O	O	O	3	3
-으라고요						0	O	O	O	3	3
-으라니						0	O	O	O	3	3
-으라니까						0	O	O	O	3	3
-으라니요						0	O	O	O	3	3
-으랍니까						0	O	O	O	3	3
-으랍니다						0	O	O	O	3	3
-으래						0	O	O	O	3	3
-으려고						0	O	O	O	3	3
-으려고요						0	O	O	O	3	3
-으마						0	O	O	O	3	3
-을까						0	O	O	O	3	3
-을라						0	O	O	O	3	3
-을래						0	O	O	O	3	3
-을지요						0	O	O	O	3	3
입니까	초급1			1급	1급	3				0	3
입니다	초급1			1급	1급	3				0	3
-자고						0	O	O	O	3	3
-자니요						0	O	O	O	3	3
-잖아						0	O	O	O	3	3
-재						0	O	O	O	3	3
-죠						0	O	O	O	3	3
-지그래요	중급2			3급	3급	3				0	3
-거들랑						0	O	O		2	2

종결어미	교재 제시 급수						사전				교재+사전 중복도
	경희대	고려대	서강대	연세대	이화여대	교재 중복도	기초사전	외한문2	어미·조사사전	사전 중복도	
-게요						0	O		O	2	2
-고말고						0	O	O		2	2
-고말고요						0	O	O		2	2
-ㄴ						0	O	O		2	2
-느냐는데						0	O	O		2	2
-느냐는데요						0	O	O		2	2
-느냐니까는						0	O	O		2	2
-느냐니깐						0	O	O		2	2
-느냐더니						0	O	O		2	2
-느냐던데						0	O	O		2	2
-느냐데						0	O	O		2	2
-느냐디						0	O	O		2	2
-느내						0	O		O	2	2
-느내요						0	O		O	2	2
-느니						0	O	O		2	2
-는구만						0	O	O		2	2
-는구먼						0	O	O		2	2
-는구먼요						0	O	O		2	2
-는다거든						0	O	O		2	2
-는다거든요						0	O	O		2	2
-는다나						0	O		O	2	2
-는다는군						0	O	O		2	2
-는다는데						0	O	O		2	2
-는다는데요						0	O	O		2	2
-는다니까는						0	O	O		2	2
-는다니깐						0	O	O		2	2
-는다더군						0	O	O		2	2
-는다더군요						0	O	O		2	2
-는다더냐						0	O	O		2	2
-는다더니						0	O	O		2	2
-는다던가						0	O	O		2	2
-는다던데						0	O	O		2	2
-는다던데요						0	O	O		2	2
-는다데						0	O	O		2	2
-는다디						0	O	O		2	2
-는다며						0	O	O		2	2
-는다죠						0	O	O		2	2
-는다지						0	O	O		2	2
-는담						0	O	O		2	2
-는데도						0	O	O		2	2
-는지						0	O		O	2	2

종결어미	교재 제시 급수						사전				교재+사전 중복도
	경희대	고려대	서강대	연세대	이화여대	교재 중복도	기초 사전	외한문2	어미·조사사전	사전 중복도	
-더구나						0	O	O		2	2
-더군						0	O	O		2	2
-더냐						0	O	O		2	2
-더라니						0	O	O		2	2
-더라니까						0	O	O		2	2
-더라니까요						0	O	O		2	2
-더랍니다						0	O	O		2	2
-더래						0	O	O		2	2
-더래요						0	O	O		2	2
-던걸						0	O	O		2	2
-던걸요						0	O	O		2	2
-람						0	O	O		2	2
-습디까						0	O	O		2	2
-습디다						0	O	O		2	2
-어야죠						0		O	O	2	2
-으니까요						0	O		O	2	2
-으라거든						0	O	O		2	2
-으라네						0	O	O		2	2
-으라는구나						0	O	O		2	2
-으라는군						0	O	O		2	2
-으라는데						0	O	O		2	2
-으라는데요						0	O	O		2	2
-으라니까는						0	O	O		2	2
-으라니까요						0	O	O		2	2
-으라니깐						0	O	O		2	2
-으라더군						0	O	O		2	2
-으라더군요						0	O	O		2	2
-으라더니						0	O	O		2	2
-으라더라						0	O	O		2	2
-으라던						0	O	O		2	2
-으라던가						0	O	O		2	2
-으라던데						0	O	O		2	2
-으라던데요						0	O	O		2	2
-으라데						0	O	O		2	2
-으라디						0	O	O		2	2
-으라며						0	O	O		2	2
-으라면서						0	O	O		2	2
-으라죠						0	O	O		2	2
-으라지						0	O	O		2	2
-으란다						0	O	O		2	2
-으랴						0	O	O		2	2

종결어미	교재 제시 급수					교재 중복도	사전			사전 중복도	교재+사전 중복도
	경희대	고려대	서강대	연세대	이화여대		기초사전	외한문2	어미·조사사전		
-으려나						0	O	O		2	2
-으려무나						0	O	O		2	2
-으련다						0	O	O		2	2
-으럼						0	O	O		2	2
-으리						0	O	O		2	2
-으리오						0	O	O		2	2
-으셔요						0	O	O		2	2
-으시어요						0	O	O		2	2
-으시지요						0	O	O		2	2
-을꼬						0	O	O		2	2
-을라고						0	O	O		2	2
-을라고요						0	O	O		2	2
-을란다						0	O	O		2	2
-자거든						0	O	O		2	2
-자거든요						0	O	O		2	2
-자고요						0	O	O		2	2
-자꾸나						0	O		O	2	2
-자는구나						0	O	O		2	2
-자는군						0	O	O		2	2
-자는데						0	O	O		2	2
-자는데요						0	O	O		2	2
-자니						0	O	O		2	2
-자니까						0	O	O		2	2
-자니까는						0	O	O		2	2
-자니까요						0	O	O		2	2
-자니깐						0	O	O		2	2
-자던데						0	O	O		2	2
-자던데요						0	O	O		2	2
-자데						0	O	O		2	2
-자며						0	O	O		2	2
-자면서						0	O	O		2	2
-겠군요				2급		1				0	1
-나이까						0		O		1	1
-나이다						0		O		1	1
-노라						0		O		1	1
-누나						0		O		1	1
-느냐죠						0		O		1	1
-느냐지						0		O		1	1
-느냐지요						0		O		1	1
-는가요						0			O	1	1
-는다나요	고급1					1				0	1

종결어미	교재 제시 급수						사전				교재+사전
	경희대	고려대	서강대	연세대	이화여대	교재 중복도	기초사전	외한문2	어미·조사사전	사전 중복도	사전 중복도
-는다마다						0		O		1	1
-는다마다요						0		O		1	1
-는다잖아						0		O		1	1
-어서요						0			O	1	1
-었어야지요			4B			1				0	1
-으라거든요						0		O		1	1
-으라더냐						0		O		1	1
-으라잖아						0		O		1	1
-으라지요						0		O		1	1
-으시겠습니까					2급	1				0	1
-으시오	고급1					1				0	1
-을는지요						0			O	1	1
인데요	초급2					1				0	1
총합	42개	33개	26개	54개	38개	75	225개	230개	117개	246	255

② 빈도와 중복도

종결어미	빈도			중복도		
	문어 빈도	구어 빈도	총 빈도	교재	사전	교재+사전
-는다	49,658	4,749	59,925	3	3	6
-어	1,297	11,850	13,291	5	3	8
-습니다	3,110	5,081	8,537	5	3	8
-어요	1,374	6,457	7,984	5	3	8
-지	683	5,545	6,304	1	3	4
-죠	151	3,871	4,039	0	3	3
-는가	853	1,186	2,134	2	3	5
이야	674	1,189	1,938	2	3	5
입니다	858	804	1,757	3	0	3
-는데	74	1,665	1,747	0	3	3
-잖아요	74	1,598	1,680	5	2	7
-거든요	40	1478	1,522	4	3	7
-을까	625	752	1,446	0	3	3
-거든	65	1,085	1,157	0	3	3
-나	174	949	1,142	2	3	5
-네	117	920	1,050	2	3	5
-는구나	127	691	832	2	3	5
-는대	37	766	807	0	3	3
-는대요	32	766	802	4	3	7
-자	272	490	792	4	3	7
-지요	522	176	756	5	3	8
-는데요	59	673	739	4	3	7

종결어미	빈도			중복도		
	문어 빈도	구어 빈도	총 빈도	교재	사전	교재+사전
-습니까	264	373	666	4	3	7
이에요	119	528	660	3	2	5
-고	54	517	577	0	3	3
-니	231	272	529	3	3	6
-느냐	95	390	496	1	3	4
-더라	37	396	437	3	2	5
-으오	309	17	360	3	3	6
-을까요	86	236	332	5	3	8
-는다고	46	273	324	0	3	3
-네요	27	287	317	4	3	7
-어라	167	73	259	3	3	6
-으래	15	236	253	0	3	3
-으라	0	224	224	0	3	3
-나요	45	146	196	3	3	6
-어야지	63	121	191	2	3	5
-던데	8	179	188	1	3	4
-읍시다	75	94	177	5	3	8
-소	118	18	149	1	3	4
-으라고	37	106	147	0	3	3
-을게요	8	132	141	5	3	8
-는가요	47	87	139	0	1	1
-는지	21	113	136	0	2	2
-을걸	8	125	134	4	3	7
-는다니까	18	106	126	0	3	3
-을래	20	102	124	0	3	3
-을게	16	102	120	1	3	4
-던가	70	39	117	0	3	3
-는군요	83	15	107	3	3	6
인데요	16	89	107	1	0	1
-는군	86	8	104	1	3	4
-으리라	92	0	102	3	2	5
-는단다	73	5	86	0	3	3
-더라고	1	84	85	0	3	3
-으니까요	48	31	84	0	2	2
-는답니다	43	28	76	2	3	5
-으래요	16	57	75	3	3	6
입니까	46	23	74	3	0	3
-어야죠	0	71	71	0	2	2
-는다니	42	17	64	0	3	3
-는구만	13	48	62	0	2	2
-잖아	51	2	59	0	3	3
-더군요	47	6	58	2	3	5

종결어미	빈도			중복도		
	문어 빈도	구어 빈도	총 빈도	교재	사전	교재+사전
-으십시오	0	53	53	4	3	7
-음	34	12	50	4	1	5
-으라니	36	9	49	0	3	3
-으라니까	8	36	45	0	3	3
-고요	19	23	44	1	3	4
-게12	31	4	38	3	3	6
-으란다	30	2	35	0	2	2
-을래요	6	27	34	5	3	8
-기	3	31	34	3	1	4
-으세요	28	2	33	5	3	8
-게11	3	26	29	1	3	4
-으랍니다	18	7	27	0	3	3
-더군	7	18	26	0	2	2
-으랴	22	2	26	0	2	2
-느내	0	25	25	0	2	2
-어서요	11	12	24	0	1	1
-는걸	15	6	23	0	3	3
-으라고요	0	22	22	0	3	3
-는다고요	2	18	20	1	3	4
-는다네	16	2	20	0	3	3
-습디다	18	0	20	0	2	2
-던데요	5	13	19	5	3	8
-을걸요	3	16	19	4	3	7
-어야지요	16	1	19	2	3	5
-거라	15	2	19	1	3	4
-으마	14	2	18	0	3	3
-자고	3	15	18	0	3	3
-게요	11	6	18	0	2	2
-는다면서요	4	13	17	5	1	6
-는구먼	14	0	16	0	2	2
-더래	3	11	14	0	2	2
-는다니깐	0	13	13	0	2	2
-는다며	1	12	13	0	2	2
-으라고	0	13	13	0	2	2
-겠군요	10	2	13	1	0	1
-는걸요	10	1	12	2	3	5
-는다니까요	5	6	12	0	3	3
-던가요	10	1	12	2	1	3
-는다는데	0	12	12	0	2	2
-는다면서	2	9	11	0	3	3
-더냐	10	0	11	0	2	2
-으세	7	2	10	2	2	4

종결어미	빈도			중복도		
	문어 빈도	구어 빈도	총 빈도	교재	사전	교재+사전
-는지요	6	3	10	0	3	3
-디	0	10	10	0	3	3
-으렴	9	0	10	0	2	2
-더라고요	1	8	9	3	3	6
-는구려	8	0	9	1	2	3
-나이다	2	7	9	0	1	1
-으시겠습니까	0	9	9	1	0	1
-는구먼요	7	0	8	0	2	2
-는다나	5	2	8	0	2	2
-더구나	6	1	8	0	2	2
-더래요	4	4	8	0	2	2
-으라며	1	7	8	0	2	2
-는다니요	5	1	7	3	3	6
-재	0	7	7	0	3	3
-는다지	5	1	7	0	2	2
-으라니까요	4	3	7	0	2	2
-으련다	6	0	7	0	2	2
-자꾸나	5	1	7	0	2	2
-너라	1	5	6	0	3	3
-느냐고	3	3	6	0	3	3
-느냐는데	5	0	6	0	2	2
-는담	5	0	6	0	2	2
-람	5	0	6	0	2	2
-으라네	5	0	6	0	2	2
-재요	0	5	5	2	3	5
-으시지요	0	5	5	0	2	2
-을란다	2	3	5	0	2	2
-을것	0	4	4	2	3	5
-는다던데	0	4	4	0	2	2
-으리	2	2	4	0	2	2
-는다는구나	3	0	3	0	3	3
-는다더라	1	2	3	1	2	3
-느니	2	1	3	0	2	2
-던걸	3	0	3	0	2	2
-습디까	3	0	3	0	2	2
-으라는데	2	1	3	0	2	2
-으라니깐	0	3	3	0	2	2
-으라더라	0	3	3	0	2	2
-으라던가	1	2	3	0	2	2
-으라던데	0	3	3	0	2	2
-으라지	3	0	3	0	2	2
-으려나	0	3	3	0	2	2

종결어미	빈도			중복도		
	문어 빈도	구어 빈도	총 빈도	교재	사전	교재+사전
-으리오	3	0	3	0	2	2
-노라	3	0	3	0	1	1
-는다잖아	1	2	3	0	1	1
-내요	0	2	2	3	1	4
-는답니까	2	0	2	0	3	3
-으려고	0	2	2	0	3	3
-느내요	0	2	2	0	2	2
-는다더군요	2	0	2	0	2	2
-는다더니	1	1	2	0	2	2
-더랍니다	1	1	2	0	2	2
-으려무나	2	0	2	0	2	2
-을꼬	2	0	2	0	2	2
-을라고요	1	1	2	0	2	2
-자니까	2	0	2	0	2	2
-누나	2	0	2	0	1	1
-는다마다	2	0	2	0	1	1
-는다지요	1	0	1	2	2	4
-긴	0	1	1	0	3	3
-느냐니	1	0	1	0	3	3
-느냐니까	1	0	1	0	3	3
-으랍니까	1	0	1	0	3	3
-지그래요	1	0	1	3	0	3
-거들랑	1	0	1	0	2	2
-느냐던데	1	0	1	0	2	2
-는다는데요	1	0	1	0	2	2
-는다더군	1	0	1	0	2	2
-는다더냐	0	1	1	0	2	2
-는다던가	0	1	1	0	2	2
-는다죠	0	1	1	0	2	2
-는데도	0	1	1	0	2	2
-더라니까	0	1	1	0	2	2
-더라니까요	0	1	1	0	2	2
-으라거든	1	0	1	0	2	2
-으라더니	1	0	1	0	2	2
-는다나요	1	0	1	1	0	1
-는다마다요	1	0	1	0	1	1
-으라더냐	1	0	1	0	1	1
-기는요	0	0	–	3	3	6
-기는	0	0	–	0	3	3
-느냐고요	0	0	–	0	3	3
-느냐니까요	0	0	–	0	3	3
-느냐니요	0	0	–	0	3	3

종결어미	빈도			중복도		
	문어 빈도	구어 빈도	총 빈도	교재	사전	교재+사전
-는다던	0	0	–	0	3	3
-던	0	0	–	0	3	3
-으라니요	0	0	–	0	3	3
-으려고요	0	0	–	0	3	3
-을라	0	0	–	0	3	3
-을지요	0	0	–	0	3	3
-자니요	0	0	–	0	3	3
-고말고	0	0	–	0	2	2
-고말고요	0	0	–	0	2	2
-ㄴ	0	0	–	0	2	2
-느냐는데요	0	0	–	0	2	2
-느냐니까는	0	0	–	0	2	2
-느냐니깐	0	0	–	0	2	2
-느냐더니	0	0	–	0	2	2
-느냐데	0	0	–	0	2	2
-느냐디	0	0	–	0	2	2
-는다거든	0	0	–	0	2	2
-는다거든요	0	0	–	0	2	2
-는다는군	0	0	–	0	2	2
-는다니까는	0	0	–	0	2	2
-는다던데요	0	0	–	0	2	2
-는다데	0	0	–	0	2	2
-는다디	0	0	–	0	2	2
-더라니	0	0	–	0	2	2
-던걸요	0	0	–	0	2	2
-으라는구나	0	0	–	0	2	2
-으라는군	0	0	–	0	2	2
-으라는데요	0	0	–	0	2	2
-으라니까는	0	0	–	0	2	2
-으라더군	0	0	–	0	2	2
-으라더군요	0	0	–	0	2	2
-으라던	0	0	–	0	2	2
-으라던데요	0	0	–	0	2	2
-으라데	0	0	–	0	2	2
-으라디	0	0	–	0	2	2
-으라면서	0	0	–	0	2	2
-으라죠	0	0	–	0	2	2
-으셔요	0	0	–	0	2	2
-으시어요	0	0	–	0	2	2
-자거든	0	0	–	0	2	2
-자거든요	0	0	–	0	2	2
-자고요	0	0	–	0	2	2

종결어미	빈도			중복도		
	문어 빈도	구어 빈도	총 빈도	교재	사전	교재+사전
-자는구나	0	0	-	0	2	2
-자는군	0	0	-	0	2	2
-자는데	0	0	-	0	2	2
-자는데요	0	0	-	0	2	2
-자니	0	0	-	0	2	2
-자니까는	0	0	-	0	2	2
-자니까요	0	0	-	0	2	2
-자니깐	0	0	-	0	2	2
-자던데	0	0	-	0	2	2
-자던데요	0	0	-	0	2	2
-자데	0	0	-	0	2	2
-자며	0	0	-	0	2	2
-자면서	0	0	-	0	2	2
-나이까	0	0	-	0	1	1
-느냐죠	0	0	-	0	1	1
-느냐지	0	0	-	0	1	1
-느냐지요	0	0	-	0	1	1
-었어야지요	0	0	-	1	0	1
-으라거든요	0	0	-	0	1	1
-으라잖아	0	0	-	0	1	1
-으라지요	0	0	-	0	1	1
-으시오	0	0	-	1	0	1
-을는지요	0	0	-	0	1	1

4) 의존어 구성

① 교재 및 사전에서의 제시 급수와 중복도

○ 의존어 구성 중 연결 표현

순서	표제어	교재						사전				교재+사전 중복도
		경희	고려	서강	연세	이대	교재 중복도	기초 사전	국어원 2	어미 조사 사전	사전 중복도	
1	-은/는 김(에)	중급1	4급	5A	4급	3-2급	5	○	○	○	3	8
2	-은/는 대(로)	중급1	3급	5B	2급	4급	5	○	○	○	3	8
3	-을 때	초급2	2급	2A	1급	2-1급	5	○	○	○	3	8
4	-기 때문에	초급2	2급	3A	2급	2-1급	5	○	○	○	3	8
5	-는 바람에	중급1	3급	5B	4급	3-1급	5	○	○	○	3	8

6	-기 전(에)	초급2	1급	2A	1급	1-2급	5	o	o	o	3	8
7	-기(에)/으니 망정이지	고급2			6급	6급	3	O		O	2	5
8	-은 채(로)	중급2	3급	5A	6급	3-2급	5	o	o	o	3	8
9	-을 테니(까)	중급2	2급	3A/4A	2급	3-2급	5	o	o	o	3	8
10	-을 텐데(도)	중급2	3급75)		3급	3-1급	5	o	o	o	3	8
11	-은/는 가운데	고급1		5B	6급	6급	4	o	o	o	3	7
12	-은/는 만큼	중급1	5급	5B	5급	6급	5	o	o	x	2	7
13	-는 반면(에)	고급1		5A	6급	3-1급	4	o	o	o	3	7
14	-을 바에(야)	고급1	6급		6급	6급	5	o	o	x	2	7
15	-는 한이 있더라도	중급1	5급		6급	4급	4	o	o	o	3	7
16	-은 후(에)	초급2	1급		1급	1-2급	4	o	o	o	3	7
17	-을 뿐만 아니라	중급2	4급		3급	3-1급	3	o	o	o	3	6
18	-는 셈 치고	중급2	5급	5B	6급	4급	5	x	x	o	1	6
19	-은/는 이상			5B	6급	5급	3	o	o	o	3	6
20	-는 중(에)	중급1			5급76)	2-1급	3	o	o	o	3	6
21	-을 겸	중급2	3급	5A	4급	4급	5	x	x	x	0	5
22	-은 나머지	고급2	4급			5급	2	o	o	o	3	5
23	-은/는 대신(에)				3급	2-2급	2	o	o	o	3	5
24	-은/는 데(에)	중급1	2급	5B	6급		5	x	x	x	0	5
25	-은 데다(가)	중급1			2급	3-2급	2	o	o	o	3	5
26	-는 동안(에)				1급	2-1급	2	o	o	o	3	5
27	-은/는 마당에	고급1				6급	2	o	o	o	3	5
28	-은 바	고급1	6급		6급	6급	5	x	x	x	0	5
29	-는 길에					2-2급	1	o	o	o	3	4
30	-은 다음(에)			2A			1	o	o	o	3	4
31	-을 대로		6급				1	o	o	o	3	4
32	-을 테지만						1	o	o	o	3	4
33	-는 통에	고급2				6급	2	o	o	x	2	4
34	-는다는 것이				3급		1	o	o	x	2	3
35	-은 끝에				6급	4급	2	x	x	o	1	3
36	-은/는 덕분에		5급		2급	2-1급	3	x	x	x	0	3
37	-는 동시(에)						0	o	o	o	3	3
38	-는 듯	고급1					0	o	o	o	3	3
39	-을 만큼	고급2					1	o	o	x	2	3
40	-는 물론이고						0	o	o	o	3	3
41	-는 사이에						0	o	o	o	3	3
42	-을 정도	중급177)	3급	5B		5급	3	x	x	x	0	3
43	-은 지		2급				0	o	o	o	3	3
44	-는 탓에	고급2			6급		0	o	o	o	3	3

75) '-을 텐데요'로 제시하고 있음.

76) '-을까 생각 중이다'로 제시하고 있음.

77) '-을 정도이다'로 제시하고 있음.

순서	표제어	교재						사전				교재+사전중복도
		경희	고려	서강	연세	이대	교재중복도	기초사전	국어원2	어미조사사전	사전중복도	
45	-을 테고						0	o	o	o	3	3
46	-는 한	중급1	5급				0	o	o	o	3	3
47	-을 게 아니라				4급	2-1급	2	x	x	x	0	2
48	-는 도중(에)						0	o	x	o	2	2
49	-은/는 뒤에						0	o	x	o	2	2
50	-은/는/을 듯이	고급1				4급	2	x	x	x	0	2
51	-은/는 양					6급	1	x	x	o	1	2
52	-는 한편						0	x	o	o	2	2
53	-을 것까지는 없겠지만	고급2			5급		1	x	x	x	0	1
54	-은/는 게						0	x	x	o	1	1
55	-은/는 결과						0	o	x	x	1	1
56	-은/는 관계로						0	x	x	o	1	1
57	-는 날엔					6급	1	x	x	x	0	1
58	-가 아닌 다음에는						0	x	x	o	1	1
59	-는다는 듯이					6급	1	x	x	x	0	1
60	-을 때마다					3-1급	1	x	x	x	0	1
61	-과 마찬가지로						0	x	x	o	1	1
62	-은/는 바와 같이						0	x	x	o	1	1
63	-과 반대로						0	x	x	o	1	1
64	-는다 뿐이지			5A			1	x	x	x	0	1
65	-을 셈으로						0	x	x	o	1	1
66	-은 이래						0	x	x	o	1	1
67	-을 적에						0	x	x	o	1	1
68	-는다는 점에서						1	x	x	x	0	1
	총합	26	23	23	30	35	137	41	39	48	128	265

○ 의존어 구성 중 종결 표현

순서	표제어	교재 제시 급수						사전				교재+사전중복도
		경희	고려	서강	연세	이대	교재중복도	기초사전	국어원2	어미조사사전	사전중복도	
1	-은/는/을 것 같다	초급2	2급	2B	1급 3급	2-1	5	O	O	O	3	8
2	-을 뻔하다	중급2	3급	5B	4급	3-2	5	O	O	O	3	8
3	-을 수 있다/없다	초급2	2급	1B	1급	1-2	5	O	O	O	3	8
4	-은/는 편이다	3급	2급	3A	3급	3-2	5	O	O	O	3	8
5	-은/는 줄 알다/모르다	고급2	3급	3B 4B	2급	3-1	5	O	O	O	3	8

순서	표제어	경희	고려	서강	연세	이대	교재 중복도	기초 사전	국어원 2	어미 조사 사전	사전 중복도	교재+ 사전 중복도
6	-을 줄 알다/모르다	중급1	3급	1B	2급	2-2	5	O	O	O	3	8
7	-기/게 마련이다	중급2 고급2	5급		4급	4급	4	O	O	O	3	7
8	-을 만하다	중급1	3급		3급	3-1	4	O	O	O	3	7
9	-는 둥 마는 둥하다		4급	5B	6급	6급	4	O	O	O	3	7
10	-는/을 수밖에 없다	중급2	2급	5A		3-2	4	O	O	O	3	7
11	-은 적(이) 있다/없다		2급	2B	2급	2-1	4	O	O	O	3	7
12	-을 것이다1	초급2	1급	1B	1급	1-2	5			O	1	6
13	-은/는/을 모양이다	중급2			3급	2-2	3	O	O	O	3	6
14	-은/는 법이다	중급2 고급2			4급	5급	3	O	O	O	3	6
15	-기(가) 일쑤이다	고급2		5B		5급	3	O	O	O	3	6
16	-은/는 셈이다	중급2		5B	4급	4급	4			O	1	5
17	-을 것이다2		1급	2A	3급		3		O	O	2	5
18	-을 리(가) 없다			5B		3-2	2	O	O	O	3	5
19	-을 뿐이다	중급2 고급1			3급		2	O	O	O	3	5
20	-은 척하다/체하다			5B		3-2	2	O	O	O	3	5
21	-기 나름이다				6급	5급	2	O	O	O	3	5
22	-으려던 참이다/차이다	중급2			3급	3-2	3			O	1	4
23	-을 따름이다				4급		1	O	O	O	3	4
24	-는 수가 있다	고급1			4급		2	O			1	3
25	-기(가) 십상이다	고급1					1	O	O		2	3
26	-을 법하다				6급		1	O	O		2	3
27	-은/는 감이 있다	고급1				6급	2			O	1	3
28	-을 지경이다	중급2					1			O	1	2
29	-단 말이다				3급		1			O	1	2
30	-은/는 축에 들다				4급		1				0	1
31	-을 수도 있다					3-1	1				0	1
32	-는 게 좋겠다		2급				1				0	1
33	-은/는/을 게 틀림없다				4급		1				0	1

○ 보조용언 구성

순서	표제어	교재						사전				교재+ 사전 중복도
		경희	고려	서강	연세	이대	교재 중복도	기초 사전	국어원 2	어미 조사 사전	사전 중복도	
1	-게 하다		3급		3급	3-1급	3	O		O	2	5
2	-고 나서	중급1		3B	3급	2-2급	4	O	O	O	3	7
3	-고 말다	중급2		5A	3급		3	O	O	O	3	6
4	-고 보니	고급1			4급		2	O	O	O	3	5

5	-고 싶다	초급1	1급	1A	1급	1-2급	5	O	O	O	3	8
6	-고 있다	초급2	2급	2A		2-2급	4	O	O	O	3	7
7	-고 해서	중급2			3급		2	O	O		2	4
8	-고자 하다			5A			1			O	1	2
9	-곤 하다	중급2		4B	3급	3-2급	4	O	O		2	6
10	-기는 하다	중급1	2급	3A	2급	3-1급	5				0	5
11	-기로 하다		2급	2A	2급		1	O	O	O	3	4
12	-기만 하다				2급		1	O			1	2
13	-는가 하면	고급1			4급		2			O	1	3
14	-다 못해				6급	6급	2				0	2
15	-다(가) 보다	중급2	3급	4A	4급	3-2급	5	O		O	2	7
16	-도록 하다				3급		1	O	O		2	3
17	-어 가다	중급2	4급	5A			4	O	O	O	3	7
18	-어 내다	고급2		5B		5급	3	O	O	O	3	6
19	-어 놓다		3급		3급	3-2급	4	O	O	O	3	7
20	-어 대다	고급2				5급	2	O	O		2	4
21	-어 두다		3급	5B		4급	3	O	O	O	3	6
22	-어 드리다						1	O	O	O	3	4
23	-어 버리다	중급2		4B	3급	3-1급	4	O	O	O	3	7
24	-어 보다	초급2	1급		2급	1-2급	5	O	O	O	3	8
25	-어 봤자				4급		1	O		O	2	3
26	-어 오다		4급			3-2급	2	O	O	O	3	5
27	-어 있다	중급2	2급	3B	2급	3-2급	5	O	O	O	3	8
28	-어 주다	초급2	2급	1B	1급	1-2급	5	O	O	O	3	8
29	-어 죽다	고급2					1	O			1	2
30	-어 치우다				6급		1		O	O	2	3
31	-어야 하다	초급2	1급	4B	2급		4	O	O	O	3	6
32	-어지다	중급1	2급	2B	2급	2-2급	5	O	O		2	7
33	-으려고 들다				6급		1	O		O	2	3
34	-으려고 하다	초급2	1급	1B	6급	1-2급	5	O	O		2	7
35	-은/는/을 듯싶다/듯하다	고급	4급		5급		3	O	O	O	3	6
36	-은가/나 보다	중급1	3급	3B	2급	3-2급	5	O	O	O	3	8
37	-은가/나 하다				5급		1				0	1
38	-을까 보다	중급2	2급		3급		5	O	O		2	7
39	-을까 하다	중급1	2급	3B	2급		4				0	4
40	-지 말다	초급2	1급		1급		3	O	O	O	3	6
41	-지 못하다	초급2	3		1급		3	O	O	O	3	6
42	-지 않다		2급	5A	4급	1-2급	4	O	O	O	3	7
43	-은가/나 싶다			5A			1	O	O	O	3	4
총합		28	23	24	29	26						

색인

담화 기능에 따른
한국어 유사 문법 항목 연구

초판발행	2017년 5월 8일
초판 5쇄	2024년 3월 22일

저자	강현화, 이현정, 남신혜, 장채린, 홍연정, 김강희
편집	권이준, 김아영, 임세희
펴낸이	엄태상
콘텐츠 제작	김선웅, 조현준, 장형진
마케팅 본부	이승욱, 왕성석, 노원준, 조성민, 이선민
경영기획	마정인, 조성근, 최성훈, 김다미, 최수진, 오희연
물류	정종진, 윤덕현, 신승진, 구윤주

펴낸곳	한글파크
주소	서울시 종로구 자하문로 300 시사빌딩
주문 및 교재 문의	1588-1582
팩스	0502-989-9592
홈페이지	http://www.sisabooks.com
이메일	book_korean@sisadream.com
등록일자	2000년 8월 17일
등록번호	제300-2014-90호

ISBN 978-89-5518-881-3 93710